D1607754

LES CYNIQUES

LE RIRE DE LA RÉVOLUTION TRANQUILLE
UNE ANTHOLOGIE

SUIVIE DE SEPT ÉTUDES

Catalogage avant publication de BAnQuébec et de BAC

Vedette principale au titre :
  Les Cyniques : le rire de la Révolution tranquille
  Comprend des références bibliographiques.
  ISBN 978-2-89031-903-5 ISBN 978-2-89031-905-9 ePub
  1. Cyniques (Groupe de comédie) - Histoire. 2. Monologues comiques québécois.
3. Humour québécois - Aspect politique. 4. Satire politique québécoise. 5. Québec
(Province) - Politique et gouvernement - 1960-1976 - Humour. I. Aird, Robert, 1975- .
II. Joubert, Lucie, 1957- . III. Titre : Rire de la Révolution tranquille.
PN1968.C3C96 2013   792.709714   C2013-942038-X

Nous remercions le Conseil des arts du Canada ainsi que la Société de développement
des entreprises culturelles du Québec de l'aide apportée à notre programme de
publication. Nous reconnaissons l'aide financière du gouvernement du Canada,
par l'entremise du Fonds du livre du Canada, pour nos activités d'édition. Nous
reconnaissons également l'aide financière du gouvernement du Canada, par l'entremise
du Programme national de traduction pour l'édition du livre, pour nos activités de
traduction.
Gouvernement du Québec – Programme de crédit d'impôt pour l'édition de livres –
Gestion SODEC.

Mise en page : Raymond Martin
Illustration de la couverture : Photo tirée du *Magazine sur scène*, vol. 1, n° 17, avril 1972
Maquette de la couverture : Raymond Martin

Distribution :

Canada	Europe francophone
Dimedia	D.N.M. (Distribution du Nouveau Monde)
539, boul. Lebeau	30, rue Gay Lussac
Saint-Laurent (Québec)	F-75005 Paris
H4N 1S2	France
Tél. : 514 336 3941	Tél. : 01 43 54 50 24
Téléc. : 514 331 3916	Téléc. : 01 43 54 39 15
general@dimedia.qc.ca	www.librairieduquebec.fr

Dépôt légal : BAnQ et BAC, 4ᵉ trimestre 2013
Imprimé au Canada

LES CYNIQUES

Le rire de la Révolution tranquille

UNE ANTHOLOGIE

SUIVIE DE SEPT ÉTUDES

Sous la direction de

ROBERT AIRD ET LUCIE JOUBERT

AVEC LA COLLABORATION DE

MARC LAURENDEAU ET ANDRÉ DUBOIS

LES CAHIERS DE L'OBSERVATOIRE DE L'HUMOUR
CAHOH # 1

Triptyque

Préface

À la fin des années 1980, j'ai soupé avec Nadia Comăneci et son ex-entraîneur Alexandre Stefu à Rosemont (!), lieu de leur nouvelle résidence. Tous les Rock et Belles Oreilles étaient là et le coach roumain, fan de RBO (!!!), racontait combien il estimait notre travail et nos prises de position politiques et religieuses, qui nous auraient valu l'incarcération à vie sous le régime Ceauşescu dont il s'était échappé. (Nadia ne disait rien car elle comprenait difficilement le français, et ses accointances avec la famille du *Conducător* lui imposaient, j'imagine, une certaine retenue.)

Tout en étant ravis d'être considérés comme des agents de changements sociaux, nous lui avons fait comprendre que le Québec n'était pas la Roumanie, et qu'aucun de nous n'aurait été assez fou (ou courageux) pour risquer sa vie à divertir le public en ridiculisant un potentat acariâtre.

Le Québec des années 1980 permettait à tous, humoristes et chroniqueurs, polémistes et démagogues, de tirer à bout portant sur tous les irritants au nom de la liberté d'expression. Et pourtant, vingt-cinq ans plus tôt, ce droit à la moquerie dénonciatrice était davantage contesté, voire dangereux. C'est là qu'interviennent les Cyniques.

J'ai découvert les Cyniques par l'entremise des mes parents qui possédaient la plupart de leurs records, comme on disait à l'époque. Enfant, bien des gags m'échappaient (*Les libéraux présenteraient un cochon dans Outremont pis y serait élu. — Justement, y'en ont présenté un!*), mais je comprenais parfaitement la mécanique de certains autres (*Le golfeur Adrien «Legs» Bigras a frappé aujourd'hui deux très vilaines balles. En effet, il a pilé sur un râteau*).

Je me rappelle aussi les rires des spectateurs gravés sur les longs-jeux. Des rires libérateurs, gros, gras, forts, unanimes et des rires de malaise et d'étonnement qui soulignaient un gag particulièrement audacieux ou choquant. Les Cyniques abordaient la religion avec mépris, caricaturant les prêtres, se moquant de l'abstinence sexuelle des uns et des penchants pédophiles des autres. Au Québec, dans les années 1960, il fallait surfer sur l'inconscience pour dire ça dans un micro.

Je n'ai jamais su s'ils agissaient par bravade ou par bravoure, si leurs gags étaient teintés d'une réelle indignation ou d'un je-m'en-foutisme estudiantin. Mais j'étais convaincu d'une chose : ces empêcheurs de tourner en rond éveillaient des consciences, et ce, au même titre que Deschamps, Charlebois, Bourgault, Chartrand contribuaient à exacerber l'inconfort dans lequel vivait le peuple québécois. Les Cyniques étaient brillants, fougueux et baveux. Ils en usaient et en abusaient.

Au fil de ma carrière, j'ai eu le plaisir de rencontrer la plupart d'entre eux, alors qu'ils s'étaient rangés. Marc Laurendeau, charmant et affable, plus sérieux qu'un pape, comme s'il voulait se dissocier de sa jeunesse débridée. Il était le plus drôle, il est devenu le plus scrupuleux. Mais quel plaisir de discuter avec lui. Marcel Saint-Germain : son rire tonitruant et sa jovialité me ravissaient, un homme chaleureux qui nous hurlait son affection, croyant probablement que nous étions tous devenus sourds. Serge Grenier, avec qui j'ai été le plus intime, avec qui j'ai eu des discussions sérieuses, distant mais bienveillant, médisant mais attachant, et qui est décédé de façon sordide à la fin d'une vie à l'image de son amertume. Je connais très peu André Dubois, mais pour moi il sera toujours le Camil Samson qui disait que «*le Québec est sur le bord du gouffre : le Crédit social va lui faire faire un pas en avant*».

Les Cyniques étaient les pères spirituels de RBO, a-t-on dit. Impossible de nier ce fait. RBO était iconoclaste, dénonciateur, méchant, revendicateur, baveux, tout ça est vrai. Sachez cependant qu'il est toujours plus facile de marcher dans un sentier quand d'autres l'ont défriché pour nous.

Respect.

Guy A. Lepage

PRÉSENTATION

Les Cyniques et leur époque

« Ils déshabillent la société. Je les appuie. » Lili Saint-Cyr
Effeuilleuse à l'origine de quelques scandales
juste avant la Révolution tranquille.[1]

Le groupe les Cyniques a marqué l'histoire culturelle du
Québec. Pour bien des Québécois, il a contribué à transformer le
visage du Québec en révolutionnant sa façon de faire de l'humour.
Dans l'histoire du Québec, les Cyniques ont leur place parmi les
plus grands humoristes et sont considérés comme des pionniers
de la satire irrévérencieuse et iconoclaste. Pour mieux apprécier
et évaluer l'œuvre des Cyniques, il convient de la situer dans le
contexte particulier des années 1960 et de jeter un regard sur ce
qui l'a précédée. L'époque dans laquelle se situent les Cyniques est
celle de la Révolution tranquille. Les jalons historiques et sociaux
des années 1960 et du début des années 1970 constituent la toile de
fond qui inspire aux Cyniques leurs textes et leurs spectacles. Au
moment où les membres des Cyniques pénètrent dans l'enceinte
universitaire, le Québec entre dans une ère d'ébullition politique,
sociale, culturelle et économique sans précédent. Du jour au
lendemain, bien des Québécois, particulièrement la jeunesse
mouvante et turbulente, sont fouettés par un souffle de liberté, de
changements et de réformes qui embras(s)e leur société.

La mort du premier ministre Maurice Duplessis, perçu comme
un autocrate, conservateur, retors, corrompu, antisyndicaliste,
redoutable homme politique au discours révolu, ouvre la porte à
tous ceux qui cherchent à sortir le Québec de sa torpeur, de son

immobilisme et de son état passéiste. L'Union nationale (UN), qui avait dominé le Québec depuis 1944, laisse le siège du gouvernement au Parti libéral de Jean Lesage, qui compte sur des ministres vigoureux, déterminés, brillants, astucieux et progressistes, qui ne perdront pas de temps à élaborer des réformes qui feront du Québec un État moderne, laïc, interventionniste et nationaliste. Par exemple, le gouvernement modernise la fonction publique, tente de donner un pouvoir économique aux Québécois en nationalisant l'électricité et s'approprie les secteurs de l'éducation et des affaires sociales autrefois réservés à l'Église catholique, qui amorce un déclin irréversible dans une province qui s'affichait pourtant si fidèle à son dogme.

Dans le domaine des arts et de la culture, on voit apparaître sur scène quatre intellectuels bouffons qui osent se moquer du clergé et des dirigeants politiques avec une virulence désinvolte qui décroche les mâchoires les plus rigides. Leurs contemporains sont unanimes : c'est du jamais vu.

Comme historien, notre devoir est de soupeser nos opinions, nos affirmations, nos perceptions qui voient tant dans la Révolution tranquille que dans l'œuvre des Cyniques une manifestation de rupture unique dans notre histoire. Surtout qu'il nous arrive parfois d'avoir la mémoire bien courte, obnubilé par le présent, sans recul et sans égard au passé, ignoré ou oublié. Toutefois, nous verrons que, si cela mérite effectivement des nuances, si la Révolution tranquille tout comme les Cyniques s'inscrivent dans un continuum historique et un contexte qui dépasse nos frontières, l'époque est bel et bien singulière, tout comme l'œuvre et le parcours des Cyniques qui ne lâchent pas de nous étourdir, par leur humour à la fois libérateur, cinglant et ludique, comme jamais on n'avait pu le faire auparavant. Pour s'en rendre compte, nous invitons donc le lecteur à un bref tour guidé dans le passé satirique du Québec, afin de voir de qui les Cyniques sont les héritiers, ainsi qu'à une présentation de l'époque des années 1960-1970, avant de plonger dans le parcours et l'œuvre des Cyniques.

Nous verrons que s'ils ne sont pas les premiers à faire dans l'humour engagé et caustique sur le sol québécois, les Cyniques représentent tout de même une rupture avec le passé. Mais s'ils bousculaient les icônes, ils ne nageaient pas non plus à contre-courant. Ils étaient plutôt assis dans le canot glissant dans le sens du flot. Seulement, ils faisaient partie d'un équipage de rameurs particuliers. Les Cyniques étaient des rameurs chahuteurs qui se moquaient de la direction que prenait parfois l'embarcation chancelante. Ils étaient de ceux qui riaient en voyant ses fuites. Mais surtout, ils riaient de ceux qui restaient derrière et qui manquaient le bateau, voguant et clapotant vers d'autres rivages.

Entre rupture et continuité

La satire politique québécoise surgit de la plume d'un Suisse et d'un... calviniste! Mais cette confession religieuse n'est connue qu'une fois que l'âme de Napoléon Aubin a quitté son corps. Parions que ce nouveau Canadien n'aurait pas profité de la même popularité autrement. En effet, cet homme de théâtre, journaliste, écrivain, éditeur et scientifique a fait rigoler le Bas-Canada avec son journal satirique, *Le Fantasque,* fondé en 1837, en pleine tempête patriotique. Tout comme les Cyniques cent vingt ans plus tard, Aubin se moque du pouvoir, plus précisément de l'oligarchie coloniale et britannique. S'il rejette l'idée de prendre les armes, prévoyant la défaite d'un soulèvement, et qu'il se moque de Louis-Joseph Papineau, il n'en partage pas moins les valeurs démocratiques et libérales des patriotes. Il raille les gouverneurs et les administrateurs, de même que la censure et la répression qui lui vaudront l'incendie de son atelier et un séjour en prison.

À la suite du *Fantasque* de Napoléon Aubin, on compte plusieurs dizaines de journaux satiriques, dont *La Scie* qui rigole à peu près de tout avec une certaine irrévérence et qui rejette la Confédération canadienne. Jean-Baptiste Côté y obtient l'insigne honneur d'être le seul caricaturiste de notre histoire à mériter la prison après s'être payé la tête des fonctionnaires. En 1877, Hector Berthelot devient notre premier humoriste de métier avec la fondation de son premier journal humoristique, *Le Canard*. Moins partisan que ses prédécesseurs et politiquement plus modéré, Berthelot tourne toujours en dérision les politiciens, assez pour être poursuivi en diffamation. Ses saillies contre l'ultramontain François-Xavier-Anselme Trudel, comparé à un asile d'aliénés à lui seul, lui méritent même un passage à tabac par les deux fils de celui qu'il appelle le «Grand Vicaire». Si Berthelot ne s'attaque pas au clergé catholique et à la religion en tant que tels, il crée tout de même un personnage au nom provocant : le père Ladébauche. Parmi sa galerie de personnages colorés, on compte aussi l'abbé Tise, qui a, on s'en doute bien, le don d'ubiquité.

Cependant, les plumes les plus acérées appartiennent aux libéraux radicaux que sont Louis Fréchette et Arthur Buies. Ils s'inscrivent dans le sillon de Voltaire, mélangeant sujets sérieux et plaisanteries, et détruisant une réputation par une raillerie saignante. Arthur Buies, qui fonde *La Lanterne* au moment de la signature de l'Acte de l'Amérique du Nord britannique (1867), n'hésite pas à ridiculiser le haut clergé, notamment Mgr Bourget, l'Église catholique, le pape, les saints et les martyrs. Mais ce journaliste et géographe qui travaillera pour la colonisation du nord québécois était trop avant-gardiste pour son temps et la pression des autorités religieuses éteindra sa *Lanterne*. Il faut croire que celle-ci n'est pas parvenue à éclairer le Québec, qui verra l'Église prendre du galon et le contrôle des institutions. Est-ce à dire que l'humour engagé, politique et social devra se taire jusqu'à «l'éveil» de la Révolution tranquille ?

Il existait bien une censure morale et religieuse au Québec. Certaines œuvres ont d'ailleurs subi les foudres des autorités religieuses, et leurs auteurs ont été mis au ban de la société[2]. À la radio, le rire méchant est interdit, de même que la vulgarité, et on évite de se moquer des politiciens qui n'hésitent pas à menacer de fermeture la station qui a piétiné leur orgueil. Mais on y pratique tout de même un humour intelligent et critique, comme dans l'émission *Nazaire et Barnabé,* qui ridiculise les échecs de la colonisation.

L'humour politique et social engagé et même insolent persiste néanmoins. Cependant, il est circonscrit à la presse indépendante, espace de liberté important, mais qui rejoint peu de Québécois[3]. Le spectacle burlesque domine nettement l'univers du comique, et les comédiens comme Paul Coutlée, Ovila Légaré et Jules Ferland, qui viennent déclamer leurs monologues entre les changements de décor d'une revue d'actualité, ne versent pas dans un humour politique ou engagé.

Dans ce dernier registre, il faut se tourner vers les chroniques de Baptiste Ladébauche du caricaturiste Albéric Bourgeois, qui sévit dans *La Presse* entre 1905 et 1954. Ladébauche, qui sera aussi accompagné de son épouse Catherine, pourfend les décideurs politiques et économiques responsables de la crise économique, les travers de la démocratie parlementaire, la corruption des mœurs politiques, les propriétaires abusifs et les injustices sociales. Son discours nous paraît nettement libéral, par exemple concernant l'égalité entre les hommes et les femmes, et il demeure entièrement profane. Toutefois, Bourgeois évite les attaques personnalisées contre des politiciens ou contre l'Église et la religion, et ses caricatures relèvent de la gouaille plutôt inoffensive. Il est particulièrement silencieux envers le duplessisme. C'est tout le contraire des caricatures de Robert LaPalme, qui a épousé la cause du quotidien *Le Devoir*. LaPalme caricature avec une virulence redoutable les élus de l'Union nationale. Il travaille dans un espace de liberté plus large que Bourgeois, *Le Devoir* étant un journal indépendant à l'abri des foudres de Duplessis.

Il est sans doute plus juste de comparer les Cyniques avec le comique de scène. Oublions le théâtre burlesque, qui est fort éloigné de ce que feront les Cyniques. Il faut plutôt regarder du côté des *Fridolinades* de Gratien Gélinas, des revues d'actualité présentées pendant la Deuxième Guerre mondiale. Elles préfigurent de magnifique façon l'humour de la Révolution tranquille. Peu de sujets ne sont pas abordés par Gélinas et ses collaborateurs : la corruption, les mœurs politiques, les trusts et leurs abus inévitables, la classe politique, Ottawa, le nationalisme, les antinationalistes du clan libéral, la guerre et tout ce que cela implique[4], la pauvreté urbaine, le peu de place laissée à l'épanouissement de l'individu étouffé par son milieu, la colonisation, le roman du terroir, les préjugés, etc. Mais encore, si on exerce une dérision contre le discours traditionaliste véhiculé par le clergé, il reste que l'Église et la religion catholique sont toujours épargnées par le rire. Il existe également un respect déférent envers les élus qui explique l'absence de blagues contre le premier ministre Adélard Godbout. De plus, le ton demeure poli, et l'humour grivois et la vulgarité n'ont pas leur place.

En général, on a tendance à considérer les Cyniques en rupture avec le passé. Radio-Canada leur a consacré un documentaire intitulé *Les Cyniques : méchante révolution*. Mais nous voyons bien qu'ils s'inscrivent dans une longue tradition satirique. Et pourtant...

Les Cyniques n'ont pas vraiment connu les revues de Gélinas. Ceux qui les précèdent plus directement sont les comiques du théâtre burlesque et les artistes de cabaret. Dans ce dernier lieu, les commentaires politiques sont passablement limités à Jacques Normand et à la troupe du Beu qui rit de Paul Berval. Dans l'ensemble, Marc Laurendeau, membre fondateur des Cyniques, décrit l'humour de cette époque comme étant de « l'humour rose », c'est-à-dire complaisant, sympathique et bon enfant. Nous sommes alors en pleine époque de ce que les générations de la Révolution tranquille qualifieront de « grande noirceur » (1944-1960).

Plusieurs historiens relativiseront cette perception. Par exemple, dans les cabarets, on pouvait entendre des blagues très grivoises dont ne se priveront pas non plus les Cyniques. Il reste que, pour bien des Québécois, ces années ont été vécues comme un étouffement intellectuel. Seulement, les Cyniques sont marqués par l'humour de l'émission radiophonique *Carte blanche*, menée par Fernand Séguin, André Roche et Roger Rolland de 1951 à 1953.

16

En pleine période duplessiste, à la radio de surcroît, ces joyeux lurons exercent une satire grinçante de la société et de la culture québécoises, parodient les hommes politiques, entretiennent une divergence avec l'idéologie conservatrice, dénoncent les illusions du système et ironisent sur les idées reçues. Inévitablement, *Carte blanche* perturbait trop les autorités, et les patrons de la station d'État ont cherché à censurer les textes des auteurs. Au printemps 1953, ces derniers préfèrent finalement laisser tomber l'émission plutôt que de ne plus avoir carte blanche. Les membres des Cyniques sont également influencés par *Les insolences du frère Untel*, essai publié par Jean-Paul Desbiens en 1960. Certains historiens voient dans ce brûlot, qui détruit sans vergogne et avec une ironie cinglante le système scolaire contrôlé par le clergé catholique, le déclencheur de la Révolution tranquille.

La Révolution tranquille

Depuis la fin des «trente glorieuses», époque bienheureuse d'après-guerre où tous les espoirs économiques et sociaux étaient permis, les historiens ont abondamment traité de la Révolution tranquille. Certains observateurs ont même vu dans le règlement sur la couleur de la margarine une de ses plus importantes réformes[5]! D'autres, plus sérieux, ont nuancé son importance en rappelant que les années qui ont précédé cette fameuse révolution n'étaient pas si ténébreuses, que le Québec se comparait à d'autres provinces canadiennes ou États américains à plusieurs égards et que plusieurs changements qu'on lui imputait avaient aussi eu lieu ailleurs en Occident. Dans l'ensemble, ces derniers historiens ont remis les pendules à l'heure en profitant du recul historique sans tomber dans le révisionnisme historique douteux.

À la Renaissance, les humanistes ont bien su dénigrer l'époque du Moyen Âge pour asseoir leurs propres valeurs. Ce n'était pas le renversement populaire d'un ordre, mais le rejet d'une culture officielle et dominante au profit d'une culture d'inspiration humaniste qui cherchait aussi à devenir dominante. En 1960, au Québec, on assiste à l'arrivée d'une élite urbaine et moderne qui vient remplacer l'élite traditionnelle et rurale. Comme les humanistes près de cinq cents ans avant eux, les artisans de la Révolution tranquille et ses premiers historiens noirciront la période antérieure. L'arrivée des libéraux au pouvoir le 22 juin 1960 sonne le glas de la « grande noirceur ».

Évidemment, la réalité est plus complexe. Au cours des années 1950, les Québécois profitent de la prospérité économique et entrent dans l'ère de la société de consommation, comme les États-Unis et le reste du Canada. L'indice du salaire moyen triple, alors que le gouvernement Duplessis investit dans les secteurs économiques névralgiques et fait construire des milliers d'écoles. La population est devenue urbaine à 71% et le Québec est nettement une société industrielle. Même Paul Sauvé, qui a succédé au défunt Maurice Duplessis, ponctuait ses phrases de « désormais » et proposait diverses réformes qu'il n'a réalisées qu'en partie, victime de la grande faucheuse cent douze jours à peine après avoir accédé au pouvoir. Jean Lesage le libéral a, du coup, retrouvé la confiance qu'il lui fallait pour remporter ses élections.

Mais alors, la Révolution tranquille n'aurait-elle été qu'un mythe ? Bien sûr que non. L'Union nationale, à l'époque, est soutenue par une élite bourgeoise provinciale et rurale qui tient un discours et projette une vision d'un autre siècle : le parti se trouve bousculé par une nouvelle élite compétente surtout branchée sur un Québec moderne et industrialisé qui doit faire face à de nombreux défis. De plus, l'autonomisme de l'UN ne suffit plus à satisfaire les nationalistes. À l'exception de la création d'un impôt provincial et du drapeau national, Duplessis s'est surtout employé à rouspéter contre les intrusions d'Ottawa dans les affaires de la province. Jamais il n'a tenté de modifier la Constitution ; l'idée d'émancipation des Canadiens français qui deviendront des Québécois lui échappe totalement. Ces derniers bénéficient de la prospérité économique de l'après-guerre, mais ils constatent qu'elle demeure dépendante de l'extérieur et qu'ils ne détiennent pas les capitaux nécessaires au développement économique du Québec.

18

Ils ont l'impression d'être les porteurs d'eau des capitalistes nord-américains qui se contentent de leur distribuer les restes de table comme tout bon gouvernement colonial en Afrique. De plus, cette prospérité économique n'est pas que le fait du régime Duplessis. Elle est conjoncturelle à l'Occident. Certes, le régime duplessiste n'a pas empêché cette prospérité, mais son conservatisme a rapidement causé des retards face au reste du pays, que ce soit sur le plan des salaires, celui de l'autonomie du pouvoir de production des Québécois ou celui des inégalités entre les francophones et les anglophones.

C'est pourquoi l'idée de « rattrapage » s'impose dans les esprits. Le Parti libéral propose en échange de la politique du laisser-aller la construction d'un véritable État providence pour extirper le Québec de sa dépendance politique et économique. C'est le « Maître chez nous » du nouveau gouvernement, qui se servira de l'État tant honni par les duplessistes, qui ne jurent que par l'entreprise privée, comme outil de développement politique, économique, social et culturel. C'est aussi une façon plus démocratique de gouverner qui s'oppose au favoritisme, à l'arbitraire et à l'autocratisme de Duplessis, et qui investira les champs jusqu'alors dominés par l'Église catholique et son clergé.

De 1960 aux années 1970, la construction d'un État moderne interventionniste et laïc entraîne une série de réformes. En éducation : démocratisation de l'enseignement, gratuité scolaire, système scolaire unifié et public de la maternelle à l'université sous l'autorité d'un véritable ministère de l'Éducation, création du Conseil supérieur de l'éducation, financement massif, etc. Dans le domaine des ressources naturelles : nationalisation de l'électricité. Main-d'œuvre : création d'un nouveau Code du travail, qui accorde la sécurité d'emploi et le droit de grève aux employés de la fonction publique. Sur le plan juridique : adoption de la loi 16, qui accorde l'égalité juridique aux époux. On compte aussi, outre la modernisation de la fonction publique, la création du ministère des Affaires culturelles et du ministère des Relations fédérales-provinciales, l'avènement de l'assurance-santé, du Régime des rentes et de la Caisse de dépôt et de placement, qui réduit la dépendance financière du Québec, l'établissement de huit entreprises publiques, de la Société générale de financement (SGF), de la doctrine Gérin-Lajoie en matière de politique internationale, etc. À partir de 1960, on commence également à briser l'accord tacite de non-agression entre l'Église, le pouvoir économique et le pouvoir politique, basé sur le respect mutuel de la zone d'action propre à chacun. L'État québécois tend donc à devenir laïc et interventionniste. Quant aux fidèles, ils désertent de plus en plus les églises. Bref, à moins que la margarine possède des vertus exceptionnelles insoupçonnées, la comparaison entre le règlement sur sa couleur et la Révolution tranquille est totalement ridicule et témoigne d'une ignorance crasse des enjeux en présence.

Toutes ces réformes se réalisent sur fond de nationalisme politique et sur le thème d'un Québec fort, francophone, doté d'un territoire immense, beau et riche, peuplé par des habitants fiers et solidaires, eux-mêmes célébrés par les chansonniers, les écrivains, les humoristes et les cinéastes. Ce nationalisme mènera naturellement à des confrontations avec Ottawa et sa politique de *nation building,* surtout après le départ de Lester B. Pearson et l'arrivée de Pierre Elliott Trudeau et de ses deux colombes, Jean Marchand et Gérard Pelletier. Les mouvements indépendantistes se renforcent avec le Mouvement souveraineté-association (MSA, 1967), qui deviendra le Parti québécois (1968) en absorbant le Ralliement national (RN), et se radicalisent avec le Front de libération du Québec (FLQ). La force du nationalisme pousse même le premier ministre Jean Lesage à laisser tomber la formule Fulton-Favreau, en 1965, ce qui retarde le rapatriement de la constitution canadienne. Quant au premier ministre Daniel Johnson, il suggère «l'égalité ou l'indépendance», mais le puissant président de Power Corporation, Paul Desmarais, viendra calmer ses ardeurs nationalistes! On dépasse donc le nationalisme économique et culturel pour atteindre un nationalisme profondément politique.

Tous ces remous se produisent dans un contexte mondial mouvementé : libéralisation des mœurs, apparition de la pilule contraceptive, réformes de l'Église catholique lors du IIᵉ concile œcuménique du Vatican, féminisme, décriminalisation de l'homosexualité et de l'avortement, culture populaire américaine qui étend partout ses tentacules au son du rock and roll, lutte des Afro-Américains contre la ségrégation et les émeutes raciales américaines, contestation de la guerre du Viêtnam, luttes nationales de libération (Cuba, Algérie, Viêtnam, nassérisme au Proche-Orient), révolution culturelle maoïste en Chine, grèves et mouvements étudiants (Mai 68), etc. La jeunesse issue du baby-boom est bruyante et contestataire. Elle s'oppose aux valeurs des générations précédentes en adoptant entre autres des valeurs d'autonomie, de liberté et d'individualisation, et épouse, dans une large mesure, des idées de gauche radicales.

Au Québec, dans un esprit d'affirmation et d'émancipation, les salariés cherchent à améliorer leur sort, et l'on assiste à un recours accru de la syndicalisation. Les conflits de travail qui s'ajoutent aux manifestations nationalistes sont parfois violents et brutaux, et la police ne ménage pas les coups de matraque. Les années 1950 ont vu également la Police provinciale réprimer très violemment les grèves, propageant l'image d'une institution oppressive qui freine l'émancipation. La transparence n'y est pas de mise, les histoires de corruption policière font souvent la manchette, et les exigences académiques pour devenir policier sont beaucoup moins restrictives qu'aujourd'hui. Plusieurs municipalités de la métropole montréalaise fonctionnent selon un système d'extorsion et de chantage auquel le corps policier, censé faire régner la loi et l'ordre, participe abondamment. Cela vaudra aux policiers d'être une cible récurrente des Cyniques.

On ne s'entend pas sur le moment qui cristalliserait la fin de la Révolution tranquille. Certains l'arrêtent dès le moment où le consensus commence à s'effriter concernant les réformes et le nationalisme, soit en 1968 avec l'arrivée de l'unioniste Jean-Jacques

Bertrand, qui remplace Daniel Johnson au poste de premier ministre. Les réformateurs ont craint l'élection de ce dernier, en 1966. Mais Johnson n'était plus ce duplessiste abhorré, ce politicien retors, le «Danny Boy» dessiné par le caricaturiste Normand Hudon. Il demeure fidèle à l'esprit réformateur et nationaliste en créant notamment de nouvelles sociétés d'État et les cégeps, en maintenant un nationalisme politique et en poursuivant l'édification d'un État interventionniste. Sous Bertrand, par contre, la promotion nationale des francophones devient plus lâche, et cela va d'ailleurs creuser la tombe de l'Union nationale, qui vote la loi 63 (1969) consacrant le libre choix de la langue d'enseignement. Par la suite, Robert Bourassa ne jure que par le progrès économique, sans toutefois montrer son intention d'augmenter la part des francophones dans le contrôle de leur économie. Il joue également un rôle de premier plan dans la proclamation de la Loi sur les mesures de guerre, lors de la crise d'Octobre 1970. Au niveau social, le consensus tend également à s'évanouir, alors que les syndiqués de la Centrale des syndicats du Québec (CSQ) et de la Centrale de l'enseignement du Québec (CEQ) qui soutenaient les réformes font front commun avec la Fédération des travailleurs du Québec (FTQ), en 1972, contre le gouvernement, ce qui se terminera par l'arrestation et l'emprisonnement de leurs chefs syndicaux. De nombreux mouvements de gauche décrient la faiblesse des réformes sociales, alors que les gens d'affaires dénoncent le coût des programmes sociaux. On retrouve également une division entre une nouvelle classe moyenne fortement nationaliste et les cadres du secteur privé, très fédéralistes. Quant à la réforme en éducation, elle fait aussi plusieurs mécontents.

Tout comme le caricaturiste Robert LaPalme a quitté *Le Devoir* à la suite de la mort de Duplessis, sa tête de Turc favorite, les Cyniques font leurs adieux à la scène quand la Révolution tranquille perd de sa vigueur. Malgré l'essoufflement de cette dernière, il n'en demeure pas moins que l'État s'engage toujours à maintenir son interventionnisme, avec notamment les grands travaux hydro-électriques, le régime universel d'assurance-maladie (1970) et celui d'aide juridique (1972). L'élection du Parti québécois, en 1976, apportera son dernier souffle à la Révolution tranquille.

Lire les textes des Cyniques donne accès à la version non orthodoxe de cette période charnière de l'histoire du Québec. On peut y observer nombre de petites histoires que la grande – avec un H majuscule – n'a pas nécessairement retenues, ou qui se perdent en même temps que les mémoires s'éteignent. Leurs cibles sont multiples et révélatrices d'une époque ; leur œuvre, un témoignage vivant et à chaud de l'actualité passée au crible, bombardée par des rires caustiques libérateurs. Par exemple, jusqu'à la fin des années 1960, les Cyniques ne parviennent pas à amuser le public au détriment du maire de Montréal, Jean Drapeau. Étant le père du métro et de l'Expo 67, du visage moderne de la métropole, le soldat incorruptible qui a lutté contre le vice et la corruption, il semble inattaquable. Mais les Cyniques, tels des prédateurs qui attendent le moment propice pour sauter sur leur proie, sont à l'affût. Drapeau amorce sa dérive alors qu'il ouvre un restaurant-opéra, Le vaisseau d'or, dans le sous-sol de l'Hôtel Windsor. Son vaisseau à grand déploiement avec ténors et orchestre dans une salle pouvant contenir trois cents personnes est démesuré par rapport au marché montréalais et il coulera à pic comme le *Titanic*. Sans compter que le maire se mettait dans une situation intenable de conflit d'intérêts. Par la suite, Drapeau perd la face lorsque le journaliste Jean-Pierre Charbonneau informe le public qu'il a soutenu la candidature de Jean-Jacques Saulnier comme chef de la police alors qu'il devait pourtant savoir que celui-ci s'était laissé corrompre. Drapeau est également celui qui exige l'adoption de la Loi sur les mesures de guerre lors de la crise d'Octobre 1970, profitant de l'occasion, en pleine campagne électorale municipale, pour assimiler l'opposition, le Front d'action politique (FRAP), au FLQ. Plusieurs des candidats de cette opposition légitime, basée sur des comités de citoyens, se retrouveront derrière les barreaux lors des arrestations arbitraires, et Drapeau remportera la totalité des 52 sièges. Malgré son succès électoral aux allures de campagne soviétique, il fait un discours furibond sur la loi et l'ordre. Tout cet épisode de notre histoire imprègne les blagues des Cyniques, qui traitent sans censure des événements d'Octobre et dévoilent le penchant autoritaire de Drapeau, qui obtient l'unanimité au conseil municipal.

Les négociations constitutionnelles, la pègre qui gangrène Montréal, l'obsession économique et la soumission devant Ottawa d'un jeune premier ministre, Robert Bourassa, qu'ils jugent insipide, les financiers anglo-saxons, la platitude, la vulgarité et l'insignifiance d'une certaine culture de masse qu'ils estiment incarnée dans les émissions, les animateurs, les chroniqueurs et les comédiens du Canal 10[6], de même que les chanteurs kitsch de cabarets de bas étage qui pullulaient dans les années 1960, les conflits de travail et les chefs syndicaux : tout cela tombe dans le broyeur redoutable des Cyniques, qui nous offrent ainsi un portrait unique, évocateur, drôle, caricatural d'une époque sans précédent dans l'histoire du Québec.

Lorsque le Parti libéral de Jean Lesage est élu en juin 1960, les futurs membres des Cyniques, qui ont subi le poids d'une morale religieuse qui les étouffait intellectuellement, éprouvent donc une grande sensation de liberté. S'ouvrait devant eux un grand espace qu'ils seront parmi les premiers à occuper et à revendiquer. Pour bien des jeunes de cette époque, le cadre dans lequel l'Église catholique et le gouvernement Duplessis les maintenaient se fissurait enfin. L'apparition et le parcours des Cyniques seront donc indissociables de la Révolution tranquille et de l'époque turbulente des années 1960-1970. Ils défonceront les portes, et ce, à tous les étages de la bâtisse. Tous les humoristes québécois sont redevables à ces insolents histrions et doivent même trouver l'humour actuel plutôt frileux en comparaison.

Les Cyniques : de l'université à la conquête du Québec

Au moment où les futurs membres du groupe (Marc Laurendeau, Marcel Saint-Germain, Serge Grenier et André Dubois) arrivent à l'Université de Montréal, celle-ci s'est mise à l'heure du changement. Il y règne une effervescence intellectuelle et contestataire. Laurendeau et Saint-Germain, qui arrivent du collège Sainte-Marie, se rassemblent pour présenter des numéros humoristiques lors d'occasions spéciales. En 1970, un ancien professeur des Cyniques devenu journaliste écrit que «c'est sur les planches du Gésù, à l'occasion des célèbres soirées parascolaires, qu'ils ont commencé à roder leur métier, leurs professeurs constituant leurs cibles d'essai. Dès cette époque, Laurendeau "faisait dandy" comme aujourd'hui, et Saint-Germain s'était déjà taillé un mini-personnage.[7]» En 1960, Laurendeau fera jaser les étudiants du campus, alors qu'il parodie l'émission radiophonique *Le chapelet en famille* du cardinal Léger – une institution! – à la manière de l'émission de combats de lutte. C'est une grande première, depuis *La Lanterne* (1867) d'Arthur Buies : on se moque ouvertement de l'Église et de son clergé, du cardinal Paul-Émile Léger de surcroît, personnage charismatique et très influent de l'époque. En 1960, Marc et Marcel présentent un numéro dans le cadre de l'émission *Le prêt d'honneur* à Télé-Métropole. Ils se font censurer un gag sur Sarto Fournier, maire de Montréal prêtant beaucoup au ridicule, mais réussissent à en glisser un autre… sur la sodomie[8]. Les patrons de la station n'avaient, semble-t-il, pas compris la blague.

André Dubois, étudiant en droit comme ses confrères Marc et Marcel, se joint à eux pour offrir ses talents de pianiste et d'imitateur à la suite d'un étudiant en philosophie, Serge Grenier, expulsé du collège Sainte-Croix et auteur d'une chronique hebdomadaire à saveur humoristique dans le journal étudiant *Le Quartier latin*. Le nombre et la composition de la bande de carabins demeurent variables. En 1961, le groupe offre un premier spectacle[9], un ciné-cabaret au Centre social du campus de l'Université de Montréal, et compte, en l'absence d'André Dubois qui n'a toujours pas joint les Cyniques, une douzaine de membres, tels que Denys Arcand, François Cousineau, Hélène d'Amour, Michel Provost, Paule Beaugrand-Champagne[10], Alain Cousineau, Richard Guay[11], Gilles Marien, Hélène Cousineau et Louise Richer[12]. Alors qu'ils poursuivent leurs études respectives, ils sortent des campus universitaires, en janvier 1963, en présentant un spectacle à la Comédie-Canadienne[13] auquel André Dubois participe dans le cadre du *Festivart*[14]. Les sketchs connus de cette époque sont *Le député de l'Union nationale, L'examen de conscience, Les frères du Sacré-Cœur* et *Le cours de sacre*. Ces premiers numéros des Cyniques frappent les esprits, parce qu'ils symbolisent la fin d'un régime perçu comme oppressant et anachronique. Les Cyniques et les rires du public se fondent pour manifester une rupture avec le passé. Cette soirée devait être à l'origine du groupe plus réduit, aussi connu sous le nom des Cyniques car « chacun des quatre avait connu, ce soir-là, un succès bœuf.[15] » Comme le fait remarquer Jean-Louis Brouillé, « il est assez amusant de constater que leurs premiers grands publics se composent de ceux qu'on appelait les "bien-pensants" qui s'empressaient, sitôt le spectacle terminé, de quitter la salle en vitesse, par crainte qu'on les surprenne en si mauvaise compagnie.[16] »

En 1964, le groupe est officiellement réduit à quatre membres. Marc Laurendeau dira, mi-sérieux, mi-blagueur que ce fut « un processus de sélection naturelle.[17] » Chacun des membres possède ses caractéristiques et compétences distinctes. Marc, gérant et leader de la bande, est un pince-sans-rire calembouriste, un monologuiste désopilant qui sait raconter, incarner le professeur et le guide inénarrable, habile dans le pastiche, la parodie et la caricature ; Marcel est le ténor volubile du groupe, bourré d'énergie, et au physique naturellement comique, qui endosse sans complexe le rôle du personnage bête ; André est un excellent imitateur et caricaturiste qui joue également du piano sur scène pour égayer les numéros ; Serge est celui au visage impavide, au ton neutre et impassible, qui lance des plaisanteries subtiles, méchantes, sadiques ou absurdes sans en avoir l'air.

Ils continuent à donner des spectacles dans les boîtes à chansons, les collèges et les universités, tout en poursuivant leurs études. Le 3 mars 1965, un mercredi des Cendres, le groupe offre une prestation à l'occasion du deuxième gala du Rassemblement pour l'indépendance nationale (RIN) au Forum de Montréal, manifestant ainsi son nationalisme, qui constitue à maints égards le moteur de la Révolution tranquille. Leur charge anticléricale est d'une telle force que plusieurs spectateurs se mettent à les huer, mais comme d'autres partagent le point de vue des humoristes, ils chahutent à leur tour les spectateurs choqués par les Cyniques. Joyeuse confusion qui se termine lorsque Serge Grenier fait un numéro dans lequel il suggère la torture des Anglais comme méthode de persuasion. Cette fois-ci, tous les spectateurs semblaient sur la même longueur d'onde ! Évidemment, Grenier n'était pas sérieux derrière son visage de pince-sans-rire impassible, mais on note aussi qu'une telle plaisanterie n'aurait pu s'exprimer dans le contexte de censure morale et chrétienne qui prévalait avant les années 1960.

À la suite de ce début de carême profané, la polémique se poursuit durant quelques semaines, ce qui les amène peu après à signer leur premier contrat de disque avec la compagnie Apex. Parlez-en en mal ou en bien, mais parlez-en ! Il n'y a pas si longtemps, ils auraient été bannis, maintenant ils vivent une véritable consécration. En août, leur premier disque tombe dans les boîtes des disquaires : *Les abominables Cyniques en spectacle*. L'album remporte en octobre le Grand prix du Festival du disque, section fantaisiste (terme souvent employé à l'époque pour désigner des productions humoristiques). Ils en vendront plus de 50 000 copies. L'année sera aussi marquée par une série de spectacles pendant les week-ends de l'été au Totem, un motel des Laurentides.

À l'inverse des humoristes professionnels d'aujourd'hui, qui se construisent un plan de carrière au moment de leur formation à l'École nationale de l'humour, les membres des Cyniques avaient tous prévu leur avenir ailleurs que dans l'humour et le *showbiz* québécois. Leur popularité grandissante les oblige à faire un choix. Malgré leurs succès académiques respectifs et les débouchés prometteurs correspondant à leur bagage universitaire, ils prennent la décision d'embrasser pour le moment une carrière dans l'humour. L'année 1965 aura été celle du début officiel de leur carrière.

À l'automne, ils donnent une série de prestations pendant un mois, à raison de six soirs par semaine (quinze spectacles), au réputé et célèbre cabaret le Casa Loma, une salle pouvant contenir environ mille personnes[18]. Leur popularité s'étendra comme une traînée de poudre. Ils feront salle comble partout et les gens se battront pour obtenir des billets. Au chic Casa Loma, ils connaissent cependant une première tentative de censure à leur égard. Non pas de l'Église ou du gouvernement, mais de la... mafia montréalaise ! En effet, Marcel Saint-Germain, le ténor du groupe, fait un numéro cocasse et grivois sur le chanteur populaire Tony Massarelli[19]. Or, ce dernier se trouve être le gendre du chef de la mafia, Vincent Cotroni, qui assiste souvent au spectacle[20]. Le propriétaire du cabaret fréquenté par des grosses pointures du crime organisé les félicitera tout en leur reprochant ce numéro qu'il ne juge pas drôle. Dans le documentaire de Radio-Canada qui leur est consacré, Laurendeau, qui visiblement n'a pas perdu son sens de l'humour, dira de cet épisode qu'ils avaient pris ces critiques comme une offre qu'ils ne pouvaient pas refuser[21].

En dehors des spectacles immortalisés sur 33 tours, les Cyniques se déploient sur le petit écran. Le 11 septembre 1966, Radio-Canada diffuse l'émission *De toutes les couleurs,* mise en scène par Paul Buissonneau. C'est l'émission-lancement de la télé couleur dans laquelle les histrions éviteront de faire des gags sur la politique et la religion, mais ils se moqueront de l'écrivain et pamphlétaire Claude-Henri Grignon, qui fera une sainte colère. L'un des intérêts à revoir cette parodie de Grignon, qui devient le Gros Grognon, et de son œuvre, *Les belles histoires des pays d'en haut,* est de tracer une filiation avec Rock et Belles Oreilles. À l'automne, ils animent également l'émission *Bonjour les affreux* à CKLM, chaque matin de 7 h 30 à 9 h 00, durant trois mois. Le 10 octobre, ils animent le Grand prix du Festival du disque, au cours duquel ils remportent le prix catégorie humoristique pour leur deuxième disque. Après la sortie de celui-ci, les Cyniques donnent une série de spectacles au Patriote, à Montréal, ainsi que dans plusieurs villes du Québec[22].

En 1967, on peut encore les voir au Casa Loma, à la Comédie-Canadienne, ainsi qu'à l'Expo 67. Ils feront même une tournée hors des grands centres en allant faire rigoler les habitants de La Manic et de la Côte-Nord avec une série de trente-deux spectacles en vingt-sept jours. Au mois de mai 1968, ils remportent le Grand prix du Festival du disque pour leur troisième album, et le mois suivant, ils prennent les rênes de l'*Émission impossible* à Radio-Canada, diffusée l'été, et qui reviendra en juin 1969. Leur quatrième disque remporte sans surprise le Grand prix du Festival du disque, après une tournée provinciale au cours de laquelle ils performent plusieurs soirs à la Comédie-Canadienne, ainsi qu'au Patriote à Montréal. Les spectacles se succèdent, notamment dans les cégeps et les universités, et sont relayés par la sortie et la vente d'albums.

Vers 1968, les Cyniques réduisent leurs attaques contre l'Église, non pas par censure, mais parce qu'ils sentent que ce sujet commence à s'user, alors que les églises se vident presque d'un seul coup en 1966-1967. Si on peut trouver que la dérision entourant cette institution religieuse symbolisait son déclin et le début de sa fin, l'ignorer ensuite reflète un cruel manque d'intérêt et sa fin tout court. Après le règne libéral des troupes de Jean Lesage (1960-1966), qui a profité d'un large consensus autour de ses réformes avec la bénédiction du quatuor, les élus au pouvoir deviennent davantage une cible de prédilection. Les Cyniques varient tout de même leurs sujets pour finalement n'en épargner aucun : la justice, la répression policière, la pègre, la corruption municipale, les classiques de la chanson d'opéra, comme *La Traviata*, tous pastichés par Saint-Germain, les contes, le fédéralisme, le bilinguisme, Pierre E. Trudeau, Robert Bourassa, Jean Drapeau, les chefs créditistes, l'Union nationale et ses députés, Michel Chartrand, le syndicalisme, la publicité, les policiers, les inégalités sociales, les homosexuels, les minorités ethniques, les vedettes, les émissions de télé et de radio populaires, le Canal 10 (Télé-Métropole) pour sa dimension populiste et quétaine, etc.

La crise d'Octobre 1970 et la Loi sur les mesures de guerre, après l'enlèvement par le Front de libération du Québec d'un diplomate britannique et du ministre Pierre Laporte, qui y perdra la vie, ébranlent le Québec. Malgré ce traumatisme collectif, les Cyniques conservent leur même licence et poursuivent la « résistance par le rire[23] ». Deux semaines après l'enlèvement du ministre Pierre Laporte, les Cyniques se donnent en spectacle au Patriote au moment où l'armée canadienne parcourt les rues de Montréal. Pendant une chanson entrecoupée de blagues, Marcel Saint-Germain informe Marc Laurendeau que Ford vient de sortir une nouvelle voiture qui a quelque chose de bien particulier : « La porte est dans le coffre ![24] » Dans un numéro où un policier bête reçoit une formation simpliste sur les événements d'Octobre, il donne un exemple en disant que « [l]e FLQ a procédé à l'enlèvement des ordures ».

Cet épisode nous paraît très significatif de l'immunité de l'humoriste. Dans le cadre de la loi martiale, des centaines de citoyens québécois ont été mis sous les verrous sans accusation, sans preuve et sans aucune condamnation. Tout comme le « fol » de cour qui se moquait de son roi sans ménagement, mais toujours sous couvert de la plaisanterie et de la folie, les Cyniques n'ont jamais été vraiment inquiétés par les autorités. Maurice Lever écrit à propos du bouffon du roi : « Par son intermédiaire, la transgression se ritualise ; elle devient spectacle, pantomime de transgression. Non seulement il exclut tout acte de subversion, mais il le rend impossible dans la mesure où il l'assume lui-même symboliquement. Aussi le pouvoir n'a-t-il jamais pu se passer de cette folie codifiée (Lever, 1983 : 153). »

En 1971, ils font leur premier spectacle à la salle Wilfrid-Pelletier de la Place des Arts, une tournée de cinq semaines à travers la province et participent comme comédiens durant l'été au film de Jacques Godbout, *IXE-13*. En décembre, ils font le *Bye Bye* en compagnie de Dominique Michel et de Denise Filiatrault. Tout comme Rock et Belles Oreilles, une dizaine d'années plus tard, les Cyniques auront touché à tous les médias avec en plus un succès cinématographique. Après la sortie d'*IXE-13*, en 1972, ils annoncent la séparation du groupe précédée d'une tournée d'adieu, alors qu'ils sont pourtant au sommet de leur gloire et de leur art. Jamais le groupe n'aura accusé de déclin ni de périodes creuses. Cette joyeuse confrérie bouffonne, et encore jeune, se saborde, estimant avoir fait le tour du jardin et convaincue que le temps est venu de passer à autre chose. Le 14 mai, à Drummondville, les Cyniques s'éteignent tout en restant vivants dans nos mémoires et en laissant un héritage durable et persistant.

Trois des Cyniques, Marc Laurendeau, Marcel Saint-Germain et André Dubois, avaient été reçus et assermentés comme avocats. Marcel Saint-Germain, décédé en 2007, a fait une maîtrise en sciences politiques portant sur les relations entre la Chine et la Tanzanie (il a appris le mandarin). Il fera une carrière comme administrateur chez Bell Canada et terminera comme dépisteur à Juste pour rire. Marc Laurendeau poursuit des études sur la violence politique au moment où le groupe se sépare (il en sortira un livre, basé sur son mémoire de maîtrise, *Les Québécois violents*) et commence une longue et fructueuse carrière en journalisme en devenant éditorialiste en chef au quotidien *Montréal-Matin*, puis analyste et chroniqueur politique à *La Presse*. On peut encore l'écouter à Radio-Canada. André Dubois a terminé une maîtrise en sciences politiques et sa thèse portait sur la Communauté urbaine de Montréal. Il a été admis au ministère des Affaires extérieures et a songé à entreprendre une carrière en diplomatie. Au même moment, plusieurs réalisateurs de Radio-Canada l'ont approché pour participer à diverses émissions. Il a finalement fait une carrière en tant qu'auteur et producteur. Serge Grenier (mort en 2012) avait été fonctionnaire au ministère de l'Éducation, à la glorieuse époque de son premier titulaire, Paul-Gérin Lajoie. Il quitta cet emploi en 1965 pour rester dans le milieu de l'humour en tant qu'auteur pour la télévision et les magazines humoristiques.

Les Cyniques : les premiers à…

Comme nous avons pu l'entrevoir, ils demeurent un groupe qui a fait tomber les tabous. Ils sont les premiers humoristes à se moquer aussi ouvertement de l'Église, du clergé, de ses dogmes, du moins depuis Arthur Buies, qui, de toute manière, était loin d'avoir le même degré de diffusion que les Cyniques. Ils le font même avec une bonne dose de grivoiserie. Du jamais vu au Québec.

Les Cyniques sont aussi le premier véritable groupe d'humoristes, si on exclut les duos fantaisistes des années 1950. André Dubois est l'un des premiers imitateurs caricaturistes. Ses parodies de Réal Caouette et de Camil Samson demeurent parmi les plus désopilantes dans l'histoire de l'humour au Québec, mais il faut admettre qu'on n'a pas des modèles si naturellement comiques tous les jours ! Il n'était d'ailleurs pas commun de se moquer directement d'une personnalité publique, ce que feront abondamment les Cyniques. Ils font preuve d'un humour irrévérencieux et même méchant, une nouveauté pour le public québécois.

Plusieurs années avant l'*Osstidcho*, Michel Tremblay et *Les belles-sœurs*, ils sont les premiers à intégrer les sacres sur scène comme en atteste *Le cours de sacre*[25]. Laurendeau avait pris soin de s'informer si le droit et la loi lui permettaient cette transgression, ce qui montre bien l'aplomb que ce monologue exigeait à l'époque[26]. Aujourd'hui, l'audace est peut-être plus de trouver le moyen de ne pas sacrer pendant son monologue.

Les Cyniques ont également frappé l'imaginaire québécois par leur humour que l'on qualifierait aujourd'hui de *politically incorrect*. On pense aux blagues de grosses de Serge Grenier, à celles sur les homosexuels ou sur les minorités ethniques, aux préjugés dont se servent les Cyniques pour faire rire leur public. Mais ce courant de rectitude politique ne survient qu'au cours des années 1980 et 1990 ; ce serait donc anachronique de juger les Cyniques à travers lui. Comment interpréter ces blagues ? Rire de

« l'Autre » remonte au moins à l'Antiquité et a comme fonction, consciente ou non, de cimenter le groupe d'appartenance. On peut supposer qu'en pleine période de nationalisme montant où les Québécois se questionnaient sur leur identité, ces blagues jouaient justement le même rôle avec les Cyniques. D'autant plus que les immigrants apprenaient l'anglais et envoyaient leur progéniture à l'école anglaise.

Toutefois, les mentalités commencent à changer dans les années 1960, et ce type de blagues employé par les Cyniques provoque des rires, mais aussi des « Onnnn ! » dans la salle, en particulier les blagues sur les Juifs. De plus, le monologue *Le racisme,* qui se présente comme une leçon sur « comment ne pas être raciste » et qui appelle à la modération, est empreint d'ironie. En effet, le professeur, interprété par Laurendeau, explique comment s'exprimer pour ne pas froisser les minorités, mais il montre plutôt que son langage contient une xénophobie larvée et que le racisme se situe beaucoup au niveau du vocabulaire. Les Québécois, surtout les Montréalais, apprennent à composer avec ces nouveaux arrivants, de plus en plus nombreux depuis l'après-guerre. On peut donc penser que les Cyniques utilisent ces préjugés pour mieux s'en moquer ou simplement pour choquer un peu les âmes sensibles. À l'instar d'Yvon Deschamps, ils aident les Québécois à prendre conscience de leurs préjugés. Il convient finalement de souligner que ces blagues demeurent au total plutôt marginales dans l'œuvre du groupe d'histrions québécois.

Les Cyniques sont aussi en rupture avec le passé québécois en transgressant une certaine morale chrétienne et humaniste qui dominait les mentalités. Celle-ci privilégiait la plaisanterie fine et polie qui épargnait les pauvres, les infirmes, la laideur physique, les enfants, les innocents qui méritaient la pitié. L'humour cynique du groupe tranche avec cette morale. Par exemple, le père Noël qui dit à un enfant : « ça fait rien, j't'hais pareil » ou lui réplique quand ce dernier prétend que sa mère est belle : « Ça doit être ton père qui est laid d'abord. » En échange d'un train électrique souhaité par le gamin, il lui propose plutôt une chaise électrique. Une telle blague ne se faisait tout simplement pas avant les années 1960. Ici, les Cyniques versent dans un comique carnavalesque d'un monde à l'envers en renversant l'image positive du père Noël. Les pastiches des contes classiques par Serge Grenier et de Tante Lucille par Marc Laurendeau sont très représentatifs de ces blagues incongrues peintes à l'humour noir et qui demeurent toujours sans précédent au Québec[27]. Par exemple, la tante Lucille qui raconte aux enfants de l'école de réforme que Pierrot lança une grenade sur un pauvre après avoir entendu parler de la lutte contre la pauvreté. Le père du garçon lui demande même de cesser de commettre des indécences sur sa petite sœur, « celle que tu as fait avorter. Un jour, tu commettras un crime sérieux ». Dans une seule phrase, on piétine deux tabous, l'inceste et l'avortement. On peut également observer dans ce monologue une dénonciation par le biais d'une ironie grinçante de la misère qui engendre la pire délinquance.

Bref, les Cyniques enchaînent les transgressions, n'hésitant pas à faire des blagues et des allusions sexuelles de manière plus directe qu'autrefois, en touchant des sujets comme la masturbation, l'avortement, l'homosexualité, l'inceste, chose bien impensable dans les décennies précédentes. Ils ne se reconnaissent aucune limite, abordant même la mort et la tragédie.

Finalement, les Cyniques, qui ne se destinaient pas au théâtre ou à la comédie, ont échafaudé un humour riche et varié. À eux seuls, ils faisaient différents types de monologues (cours de sacre ou de conduite, mots croisés, contes, etc.), touchaient à tous les genres et procédés humoristiques, à une variété de parodies et de travestissements, allant des vedettes de Télé-Métropole aux élus. Ils interprétaient des sketchs, des chansons, jonglaient avec une flopée de jeux de mots et d'esprit, etc. Leur jeu se situait à plusieurs niveaux : de la satire politique et sociale et de la grivoiserie à l'ironie fine, des blagues plus terre à terre des deux concierges d'une salle de spectacle à l'absurde de *IXE-13*. Ils sont les premiers maîtres de la parodie, bien avant RBO. De plus, le temps mort n'existe pas avec les Cyniques, qui assurent un rythme et une efficacité comique redoutable qui n'a rien à envier au stand up comique d'aujourd'hui.

Un humour subversif ou simplement de son temps ?

On serait tenté de minimiser la force transgressive des Cyniques. Comme l'affirme Marc Laurendeau dans *Les Cyniques : méchante révolution*, ils sentaient qu'ils pouvaient et devaient aller plus loin et qu'ils répondaient à un besoin du public, particulièrement celui de la nouvelle génération, les baby-boomers aspirant à plus de liberté. En 1950, nos joyeux lurons n'auraient même pas franchi le devant de la scène. L'Université de Montréal les aurait muselés aussitôt et le cabaret Au faisan doré ne les aurait jamais engagés, de peur de perdre son permis d'alcool, ou simplement par esprit de conservatisme.

Dans les années 1960, bien que des voix s'élevaient contre eux, ils ne couraient pour ainsi dire aucun risque d'être lapidés, marginalisés, bannis des cabinets d'avocats, oppressés ou poursuivis en diffamation. Leur licence reflète on ne peut mieux les changements qui s'opèrent dans les mœurs et les mentalités québécoises. Ils tendent à confirmer que les humoristes qui font entendre si bien leur voix sont davantage des témoins et des messagers de leur époque que des artistes avant-gardistes, précurseurs de transformations politiques et sociales. Les Cyniques disent ce qu'ils veulent parce que la nouvelle société qui se dessine dans le paysage québécois les autorise à le faire.

Il reste que les Cyniques sont en première ligne. Comme l'affirme avec justesse Bernard Landry, collègue étudiant à l'Université de Montréal, ils sont de véritables «révolutionnaires tranquilles». En 2011, les anciens membres du groupe, Marc Laurendeau, Serge Grenier et André Dubois (Marcel Saint-Germain étant malheureusement décédé, c'est son épouse Paule Bonin qui le représenta), reçoivent d'ailleurs la médaille de Grand Artisan de la Révolution tranquille des mains de la ministre de la Culture, des Communications et de la Condition féminine, Christine Saint-Pierre. Ils ont sans conteste joué un rôle clé. Il est plus facile pour un gouvernement de retirer ses prérogatives à l'Église catholique lorsqu'une bonne partie de la population se bidonne à son détriment. Au moment où les églises se vident, vers le milieu des années 1960, certains s'en désolent, bien sûr, mais un large public éclate de rire lorsque le prof de conduite, joué par Laurendeau, suggère à ses étudiants : « Si vous n'arrivez pas à trouver un espace, stationnez près d'une église, y a toujours de la place. » Il est plus facile pour un gouvernement progressiste de faire accepter ses réformes lorsque des artistes populaires comme les Cyniques font des conservateurs (l'Union nationale) et des ultraconservateurs (les créditistes, ses chefs Réal Caouette et Camil Samson) leurs cibles favorites.

Il convient aussi de souligner que, si elle n'est plus au pouvoir de 1960 à 1966, l'UN est tout de même dans l'opposition officielle, et que son influence est toujours importante. De même que si elle est clairement sur le déclin, l'Église reste encore omniprésente et le Québec demeure empreint du catholicisme. Bien que leur rôle soit difficile à mesurer, les Cyniques ont certainement contribué à favoriser les changements et les réformes qui se réalisent à un rythme soutenu entre 1960 et 1966.

En fait, leur prise de parole sans entrave va totalement de pair avec l'esprit de liberté et de contestation de l'époque. Les Cyniques portent en eux-mêmes l'élan de liberté émancipatoire des années 1960. On les sent également nationalistes, particulièrement dans leur manière de ridiculiser le fédéral, le premier ministre Trudeau, les Canadiens anglais, et d'épargner les militants souverainistes comme René Lévesque ou Pierre Bourgault. Toutefois, s'ils se payent la tête des gens de pouvoir et des institutions, ce ne sont pas des militants gauchistes qui se lèvent le matin en se demandant qui ils pourraient démolir. Ils évitent le pamphlet qui met le feu sans faire rire, si ce n'est un rire jaune et amer. De plus, leur charge anticléricale n'est pas antireligieuse, confusion que les membres des Cyniques ne manqueront d'ailleurs pas de corriger lorsqu'ils seront questionnés à ce sujet.

Les Cyniques ont donc marqué l'histoire du Québec avec un humour riche, créatif, iconoclaste, politique, engagé, irrévérencieux, impénitent, intelligent, grivois et, à bien des égards, sans précédent. Ils ont transgressé des interdits et participé pleinement à l'ébullition propre à la Révolution tranquille. Désormais, l'humour au Québec ne sera plus le même. Les Cyniques ont établi un standard de qualité et ils ont influencé les générations qui porteront le flambeau de la satire politique et sociale québécoise.

Protocole d'édition et remerciements

Pour toutes ces raisons, il était impérieux d'immortaliser les Cyniques par la publication de leurs textes. Mais il convenait de les faire voyager jusqu'à nous, afin de mieux apprécier leurs blagues et de comprendre cette époque unique de notre histoire à travers... ses travers. Pour ce faire, les textes sont précédés d'une mise en contexte, en encadré, et accompagnés quelquefois de notes explicatives que le lecteur pourra parcourir à la fin du volume, ou qu'il trouvera intégrées, lorsque leur brièveté le permet, dans des parenthèses ajoutées à même le corps du texte. Nous avons laissé certaines marques d'oralité lorsqu'elles apparaissaient significatives et mis entre guillemets les mots volontairement déformés pour créer un effet comique, afin de ne pas confondre le lecteur qui penserait y voir une coquille; nous nous sommes efforcés d'effectuer une transcription dans une orthographe qui donne à *voir*, littéralement, les jeux de mots. Enfin, les sketchs sont aussi précédés, même lorsqu'ils ne nécessitent pas d'explication particulière, du nom des Cyniques concernés en italiques.

Une entreprise d'édition ne se fait pas sans le secours de personnes ressources essentielles. Merci d'abord à Mathieu Beauchamp, réalisateur de l'excellent documentaire radiophonique

Les Cyniques : méchante révolution à Radio-Canada. Il nous a permis d'éplucher la revue de presse de l'époque et de prendre connaissance des entrevues avec les membres des Cyniques ; il nous a généreusement fourni des archives télévisuelles uniques grâce auxquelles on peut suivre les commentaires de certains chroniqueurs et des Cyniques eux-mêmes, découvrir des anecdotes amusantes, le parcours du groupe, ou retracer la description de gags perdus dans le temps, etc. Merci, de ce fait, à Radio-Canada : nous avons fait le tri d'une masse d'informations et avons conservé ce qui nous semblait pertinent, enrichissant ou simplement amusant.

Merci à Charles Beauchesne à qui revenait la tâche colossale de la transcription des albums des Cyniques. Merci à Alain Gendron, bibliothécaire à l'Université Laval, et à Catherine Skidds pour les recherches bibliographiques. Merci enfin, et surtout, à Marc Laurendeau et à André Dubois pour leur disponibilité : avec eux, nous avons revu et soupesé l'intérêt de chacun des textes susceptibles de figurer dans cette anthologie, éclairci certains passages difficiles à transcrire, précisé des dates et des noms ; ensemble, nous en avons éliminé un certain nombre qui paraissaient trop datés et nous avons ajouté des inédits qui feront le bonheur des admirateurs et des nostalgiques des Cyniques.

Chronologie

Octobre 1961

Les Cyniques, qui se composent alors d'une dizaine (ils seront bientôt douze) de personnes, présentent leur premier spectacle à l'Université de Montréal, au Grand Salon du Centre Social, rempli à craquer pour l'occasion.

Janvier 1963

Le groupe sort de l'enceinte universitaire pour un spectacle à la Comédie-Canadienne dans le cadre d'un festival étudiant. Une vingtaine de participants font rire le public. Marc Laurendeau, Marcel Saint-Germain, Serge Grenier et André Dubois se démarquent et formeront désormais les Cyniques.

Sketchs connus de cette époque : *Le député de l'Union nationale, L'examen de conscience, Les frères du Sacré-Cœur* et *Le cours de sacre.*

De février 1963 à mai 1965

Les quatre étudiants poursuivent sérieusement leurs études ou s'engagent même dans une carrière comme le droit et la fonction publique. En parallèle, ils prennent d'assaut les salles de spectacles des universités, des collèges et des boîtes à chansons, contaminant ainsi toute une génération avec leur rire libérateur et grinçant.

Le 3 mars 1965, un mercredi des Cendres, ils déclenchent une polémique en présentant un numéro férocement anticlérical au Forum de Montréal lors d'un gala du RIN.

Pendant l'été, ils jouent tous les week-ends au Totem, un motel des Laurentides. Leur public s'élargit et le groupe signe un premier 33 tours qui s'écoule à plus de 20 000 copies et connaît un grand succès à la radio. L'album *Les abominables Cyniques en spectacle* remporte en octobre le Grand prix du Festival du disque, section fantaisiste. Devant cette tournure des événements, le quatuor prend la décision de se consacrer exclusivement au spectacle.

À l'automne, les Cyniques affichent complet durant un mois au chic cabaret Casa Loma et poursuivent à la Butte à Mathieu pour clore l'année.

1966

En janvier, les Cyniques sévissent à la Porte Saint-Jean. En septembre, ils écrivent, animent et jouent dans l'émission qui lance la première saison en couleur à Radio-Canada, *De toutes les couleurs*. De septembre à décembre 1966, ils animent une émission du matin, *Bonjour les affreux*, à CKLM, et présentent plusieurs spectacles au Patriote de Montréal. Le 10 octobre, ils animent le Grand prix du Festival du disque, au cours duquel ils remportent le prix catégorie humoristique pour leur deuxième disque.

En décembre, ils font une semaine à guichets fermés à la Comédie-Canadienne. Ils y enregistrent leur troisième disque.

1967

L'année débute par une tournée triomphale dans tout le Québec. Puis ils retournent au Casa Loma du 6 au 19 mars. En juillet, avec un spectacle renouvelé, ils prennent l'affiche pendant deux semaines à la Comédie-Canadienne dans le cadre de l'Expo 67. Une tournée provinciale les entraîne jusque sur la Côte-Nord et à Manic 5 où ils feront 32 spectacles en 27 jours.

1968

En mai, ils remportent le Grand prix du Festival du disque pour leur troisième album. En avril, ils sont en spectacle durant deux semaines à la Comédie-Canadienne, encore suivies d'une grande tournée. À partir de juin, ils tiennent la barre d'une série d'émissions à Radio-Canada, *Émission impossible*. Retour au Patriote pendant l'automne.

1969

Au printemps, le groupe fait plusieurs spectacles dans les universités et les cégeps ou pour des associations professionnelles, ainsi qu'une série de spectacles pendant un mois au Patriote. En juin, les Cyniques reprennent les rênes d'*Émission impossible* pour une deuxième saison. À l'automne, ils sont à la Comédie-Canadienne pendant plus de deux semaines et se lancent dans une tournée, en plus de sortir un quatrième disque qui remporte aussi le Grand prix du Festival du disque.

1970

Une autre année pour laquelle le quatuor multiplie les spectacles, notamment au Patriote de Sainte-Agathe pendant un mois durant l'été, ainsi qu'au Patriote de Montréal lors de la célèbre crise d'Octobre. Leur cinquième disque les immortalise à nouveau.

1971

Au printemps, ils présentent leur premier spectacle à la Salle Wilfrid-Pelletier de la Place des Arts (PDA), en plus de remporter le trophée Meritas au Gala des artistes de Télé-Métropole. Ils visitent le public de plus de 27 villes québécoises pendant une tournée de cinq semaines. Un sixième album se retrouve chez les disquaires, et durant l'été, c'est le tournage du film *IXE-13*. Ils terminent l'année en étant les vedettes du *Bye Bye 71* en compagnie de Dominique Michel et Denise Filiatrault.

1972

En janvier, le public prend connaissance du film *IXE-13*. En mars, les Cyniques annoncent leur séparation qui sera précédée d'une tournée d'adieu qui comptera notamment des présentations à la PDA, au Centre national des arts à Ottawa et au Grand Théâtre de Québec. Leur dernier spectacle est le 14 mai à Drummondville. C'est également la dernière sortie d'un disque au titre évocateur : *Les Cyniques – Exit*.

1990

En mars, on assiste à la diffusion de l'émission en quatre parties *Les Cyniques à l'université de l'humour* à Radio-Canada.

2007

Décès de Marcel Saint-Germain le 27 décembre.

2010

De juillet à décembre, les sept albums des Cyniques sont réédités en CD. En août, on présente une édition spéciale de l'émission d'information *Tout le monde en parlait* à la télé de Radio-Canada sur «Les insolences des Cyniques» et, en novembre, le documentaire radio *Les Cyniques : méchante révolution*, en trois parties, à la Première Chaîne de Radio-Canada.

2011

En septembre, les Cyniques reçoivent la médaille de Grand Artisan de la Révolution tranquille des mains de Christine Saint-Pierre, ministre de la Culture.

2012

Décès de Serge Grenier le 6 avril.

2013

En novembre, publication de *Les Cyniques : le rire de la Révolution tranquille*.

Robert Aird
Historien, auteur et professeur
à l'École nationale de l'humour

CHAPITRE I*
LES TEXTES FONDATEURS

La soirée de culte

Marc Laurendeau

Ce monologue est considéré comme le texte fondateur des Cyniques. Marc Laurendeau parodie *Le chapelet en famille* récité quotidiennement à la radio par le cardinal Paul-Émile Léger, en prenant bien soin de rouler ses r comme l'éminence en avait l'habitude. La parodie repose sur un pastiche des retransmissions des matches de lutte que Radio-Canada a présentés pendant de nombreuses années à la télévision. Laurendeau juxtapose au chapelet la voix et les expressions imagées du commentateur sportif enjoué et verbomoteur Michel Normandin. À cette époque, la lutte professionnelle était aussi populaire que le hockey au Québec. Pour les mécréants, il faut savoir que le chapelet comportait la psalmodie de prières, et que la récitation « de trois chapelets s'appelait un rosaire, et des séquences de rosaires étaient regroupées sous le nom de "mystères", certains dits douloureux, joyeux, ou encore glorieux[28] ». Le Cynique fait une association entre la bière Red Cap, brassée par Dow, et la couleur du chapeau du cardinal, le *galero*. On imagine mal aujourd'hui à quel point ce numéro était irrévérencieux. La réception enthousiaste et spontanée du public indiquait clairement que le clergé n'était plus intouchable, et que l'on pouvait désormais ébranler les colonnes du temple, qui ne s'en remettra jamais. On peut voir ce monologue dans le film *Seul ou avec d'autres* (1961)[29] tourné à l'Université de Montréal.

* Les textes des encadrés sont de Robert Aird.

Normandin : Bonsoir, bonsoir, amateurs de rosaire ! Directement de Montréal, voici votre *Soirée de culte*, une gracieuseté de la Brasserie Dow et des Chapelets Casgrain Limitée. Bonsoir, les prieurs ! Il y a une foule ce soir au palais cardinalice. Le clergé est bien représenté. C'est noir de monde ! En vedette ce soir, *Les mystères douloureux*, dans un rosaire-revanche, trois chapelets à finir. Mais crois-tu que nos rudes égreneurs sont en forme ce soir ? À toi, Paul-Émile. Crois-tu ?

C. Léger : Je crois en Dieu, le Père tout-puissant.

Normandin : Oui, oui, mon cher Card, je n'en doute pas. Je veux dire, en quel état sont nos gladiateurs ?

C. Léger : Terriblement en état de grâce.

Normandin : Oui, oui, mon cher Card. Je ne te demanderai évidemment pas quelle est ta bière favorite. Je sais que c'est la Red Cap. C'est la bière en famille. Une famille paquetée est une famille unie ! Parmi les invités, nous apercevons des sœurs, un voile à la main. Elles se voilent. Nous apercevons un évêque une crosse à la main… Quel beau cortège ! Ding ! Ding ! Oh ! L'officiel a donné le signal. Les adeptes du mysticisme attaquent le credo classique. Puis c'est la prise de conscience, le ciseau de corps mystique et la savate franciscaine. Ça va tapocher ! Pow ! Et c'est un magnifique coup de Gloire-soit-au-Père, porté par sœur Émilie de la Force, la Merveille masquée, experte de la prise du voile. L'officiel réclame le bris. Pow ! Un gladiateur est expédié sur le carreau. «Et verbum caro factum est» (Et le verbe s'est fait chair). À demain les prieurs, alors que la Brasserie Dow présentera votre *Soirée de culte*. Et d'ici là…«Dow… minus vobiscum» (Le Seigneur soit avec vous).

Pancrasse Pot-de-vin
Premier ciné-cabaret : 28 octobre 1961

Marc Laurendeau

En 1990, à l'occasion de la série d'émissions *L'université de l'humour* à Radio-Canada, à laquelle on convie les anciens membres du quatuor, Marc Laurendeau nous fait l'honneur de reprendre le personnage de Pancrasse Pot-de-vin, inspiré d'un député de l'Union nationale et créé en 1961 pour un spectacle à l'Université de Montréal ; il fera de même, tout en remettant le personnage au goût du jour, pour l'émission radio *Le Bigot* en 1994. Cette parodie montre bien que l'ennemi à abattre était « la grande noirceur », ou à tout le moins ses résidus, malgré que le Parti libéral tienne solidement les rênes du pouvoir depuis 1960. Le gouvernement Lesage est largement épargné par le quatuor qui demeure favorable aux réformes des libéraux, qui s'inscrivent dans l'esprit progressiste de la Révolution tranquille. On se moque clairement des idées réactionnaires, rétrogrades, démagogiques, corrompues, et du style oratoire ampoulé typique de certains types de politiciens de l'époque. Marc arrivait par derrière la salle et serrait les mains en se dirigeant vers la scène comme l'aurait fait un véritable politicien.

Marc : Mes chers amis, j'étais impatient de vous serrer la main de vive voix ! Et ce n'est pas le député qui vous parle, c'est l'honnête homme. Je rends ce soir un vibrant hommage à celle que je partage mon foyer avec, celle qui élève mes enfants et qui mange ma nourriture, ma belle-mère. Et c'est avec des talles de sentiments dans les plates-bandes de mon cœur en floraison que je suis heureux de dire ce que je disais hier dans le comté voisin, à savoir, que je suis dans le plus beau comté de la province ! Dans le comté que j'ai reçu mon instruction dedans, le comté que j'ai été élu par exclamation, devant ma ville natale, mon clocher natal, mon cimetière natal. Avec l'Union nationale, le gouvernement que je travaillais pour, l'agriculture sera bien défendue, car selon l'expression venue du tiroir, protéger les cochons, c'est nous protéger nous-mêmes ! Et nous mettre à l'abri du socialisme, du communisme tel qu'on le connaît au Brésil, à Cuba et au «Gratémuala». Et je pourrais vous faire des promesses que je vais tiendre, mais que je ne m'attarderai pas à énumérer ce soir, à savoir, primo, les «ceuzes» qui ne gagnent pas une cenne, nous allons doubler leur salaire ! Deuxio, nous allons bâtir un nouveau pont ! Au-dessus du Saint-Laurent... dans le sens de la longueur ! Troisio, si vous m'élisez, je serai vingt-quatre heures sur vingt-quatre à votre disposition et le reste du temps, à ma table de travail. 90% du budget ira à la relance de l'économie ! Et les autres 50% iront à l'éducation. Quarto, nous allons développer dans les comtés une automobile électrique, de sorte que les piétons ne seront plus empoisonnés à l'oxyde de «cambronne» ! Et les routes seront pavées vingt fois de file, de sorte que vous direz : la voirie «asphataller» ! Et dans ce prolongement, dans cette lancée merveilleuse, nous allons prolonger la rue Sherbrooke jusqu'aux montagnes Rocheuses ! Et puisque vous m'avez si bien reçu, la boule de ma reconnaissance roule dans le dalot de votre bonté ! And now for the English Quebecers, ladies and gentlemen, I thank you from the bottom of my heart, and my wife, she thanks you from her bottom too !

Les sénateurs

André Dubois, Marc Laurendeau, Serge Grenier

Alors qu'en 2013 elle a été vilipendée pour des scandales de corruption, l'institution du Sénat était contestée dans les années 1960 pour son inutilité. On y nommait des amis du parti au pouvoir, souvent beaucoup trop vieux pour assumer des fonctions de législateur. Les sénateurs étaient perçus depuis longtemps dans l'opinion publique comme séniles, déphasés et se déplaçant avec d'énormes difficultés.

Le Sénat, conçu à l'origine comme un instrument de représentation des provinces, avait été décrié très peu de temps après la fondation du pays, notamment parce qu'il servait de planque dorée pour les amis du gouvernement de l'heure. Depuis bientôt 147 ans, on parle de réformer le Sénat sans jamais se brancher sur la manière d'y parvenir.

C'est justement cet immobilisme canadien que les Cyniques dénonçaient en 1964, à l'approche de l'anniversaire de la signature de la Confédération, et peu après la visite d'Elizabeth II à Québec, dans le contexte surchauffé du Samedi de la matraque. Dans un numéro intitulé *La visite de la Reine*, l'un des éléments prisés par le public était une entrevue de deux sénateurs délabrés (joués par Marc et Serge), très « durs de la feuille » et déambulant péniblement chacun avec sa canne. Leur simple entrée donnait lieu à un déploiement de tics élaborés et tordants. André faisait office d'interviewer et de reporter. Par moments, il devrait agripper les sénateurs au collet pour les empêcher de s'écrouler au plancher.

André :   Bonjour messieurs les sénateurs.

Marc et Serge : Hé ?

André (*fort*) :   Bonjour messieurs les sénateurs.

Marc et Serge : Hein ? Hein ? Bonjour.

Serge :   Parlez plus fort.

Marc :   On vous a pas entend.

Serge :   Ça fâ qu'on vous a pas répond.

André :   Je vais être obligé de répète. Bonjour. Comment allez-vous messieurs les sénateurs ?

Marc :	À part les rhumatismes pis la goutte, ça va bien.
Serge :	Moi itou, à part mon asthme pis mes varices.
André :	Je voudrais connaître votre opinion.
Marc :	Mon tropinion ?
André :	Que pensez-vous de l'actuel gouvernement libéral ?
Marc :	Hein ?
Serge :	Vous allez pas nous dire que Macdonald a été battu ?
André :	Oui, le premier ministre est maintenant un libéral du nom de Pearson.
Marc :	Hein ? Pearson ? Qu'est-ce qui est arrivé à Laurier ?
André :	Voyons messieurs les sénateurs, réveillez-vous. Lester B. Pearson, c'est l'actuel premier ministre du Canada.
Marc :	Le Canada. Lequel, mon jeune ? Le Haut ou le Bas-Canada ?
André :	Quel est votre avis sur la Confédération ?
Serge :	On espère qu'ils vont finir par la signer.
André :	Voyons, messieurs les sénateurs. Le Canada existe depuis 1867 et nous sommes en 1964.
Serge :	1964 ? Maudit que le temps passe vite !
André :	Qu'est-ce que vous pensez du séparatisme ?
Marc :	Chu de contre.
Serge :	Moi itou.
Marc :	On devrait le pendre, Louis Riel.
André :	Trouvez-vous que Sa Majesté la Reine devrait continuer à nous visiter ?
Serge :	Nous autres on l'aime bien, la Reine Victoria.
André :	Messieurs, vous ne me paraissez pas très bien informés. Quels journaux lisez-vous ?
Serge :	*La Minerve*.
André :	Voyons donc. *La Minerve* est un journal qui n'est pas publié depuis 75 ans.
Serge :	Ah ! oui ? Ça fait rien. On lit pas ben vite.

La signature de la Confédération

Marc Laurendeau, André Dubois, Marcel Saint-Germain, Serge Grenier

Cette petite scène d'histoire a été jouée par les Cyniques à la Comédie-Canadienne à l'automne 1966, soit quelques mois avant le centenaire très annoncé de la fondation du Canada. Si ce numéro n'a pas été retenu dans la discographie des Cyniques, cela s'explique par l'importance des éléments visuels.

La scène, présentée par Marcel, s'ouvre dans une demi-pénombre, visiblement au terme d'une discussion tardive entre deux Pères fondateurs. John A. Macdonald est incarné par Marc Laurendeau, tandis que Georges-Étienne Cartier est personnifié par André Dubois. Les deux sont en redingote d'époque. Cartier est assis, songeur, un parchemin sur les genoux. Macdonald, debout, une longue plume à la main, tourne autour de Cartier qu'il tente de persuader de procéder à la signature. Chacun s'exprime avec un accent très marqué.

Présentateur : *Les historiens ont souvent décrit la signature de la Confédération canadienne comme le pacte entre deux peuples fondateurs. Pourtant, dans la réalité, les choses ne se sont pas passées facilement lors des célèbres discussions à Charlottetown…*

Macdonald : Allons Cartier. Il est tard et j'aimerais me coucher. Soyez un gentleman. Toutes les autres provinces ont signé. Avant que nous formions un pays, il faut que vous apposiez votre signature. Cela fera grand plaisir à notre reine Victoria, dont le visage radieux est assis sur le trône… (*un peu extatique*) Ah ! Mother England.

Cartier : Mother England. You always talk about Mother England. I don't talk about môman France. Leave me alone. I don't want to sign your paper. The provinces do not have any « pouvoirs ». Ottawa will control l'argent, les banques, le commerce, les affaires extérieures and le pouvoir illimité de dépenser.

Macdonald : Mais les provinces comme le Québec vont contrôler l'enseignement religieux, la célébration du mariage, le tourisme, la chasse et les permis de chiens.

Cartier : Oui... C'est vrai... (*avec perplexité*)

Macdonald : Ce sera une merveilleuse Constitution où tous auront les mêmes droits. Il n'y aura pas de peuple supérieur dans ce pays. Ou presque pas.

Cartier : To me you seem very « ratoureux ». Avant de signer n'importe quoi, je voudrais qu'on parle de la question de langue. I insist we preserve the French language à travers le pays.

Macdonald : Oh ! French ! Delightful ! We English people are so fond of French. It is so typical : rendez-vous, cherchez la femme, l'amour toujours l'amour, « à qui le petit cœur après neuf heures »...

Cartier : Je sais que vous voulez préserver le français, mais écrivez-le donc sur le papier, là.

Macdonald : Plus tard, plus tard. Pour l'instant faisons un « gentlemen's agreement ». Don't you trust me ?

Cartier : Moi oui, mais mes électeurs, eux, ne vont pas vous « truster ». Écrivez-le sur papier, là.

Macdonald : Now, now, you naughty boy, ne soyez pas si pressé. Pour étudier cela, il faudra un jour créer une commission d'enquête.

Cartier : Sur le bilinguisme. This country must be bilingual !

Macdonald : I quite agree. L'anglais devrait être parlé dans tout le pays et le français dans tout le Québec.

Cartier : Hey, ça marche pas. It does not work. C'est à travers le pays qu'il faut protéger le français dans la Constitution. Ajoutez une clause.

Macdonald : Nous avons le temps d'y penser. Le feu n'est pas pris.

Cartier:	If you do not write it now, Quebec will separate.
Macdonald:	Preposterous!
Cartier:	Les États-Unis, eux, ils se sont bien séparés de l'Angleterre.
Macdonald:	Mais c'est un pays pauvre, appelé à disparaître. Je lui donne pas un mois. Allons, soyez gentil. Signez.
Cartier:	(*Sceptique, exaspéré*) Je ne suis pas encore convaincu. J'aimerais consulter mes conseillers légaux.
Macdonald:	That's all right with me.

Pause. Puis entrée-surprise de deux curés en soutane (incarnés par Serge et Marcel). Petit conciliabule à trois aux abords de la coulisse. Pendant que Cartier est tourné vers l'extérieur, Macdonald échange des salutations complices avec les curés à l'insu de Cartier. Puis retour de Cartier au centre de la scène.

Cartier:	C'est correct. J'ai décidé de signer.

Cartier signe cérémonieusement le document avec la plume que lui tend Macdonald.

Macdonald:	Je vais signer aussi (*regard autour et légère pause*). Il n'y a pas de table. Well! Je vais signer sur votre dos.

Cartier se penche un peu tandis que Macdonald prend le parchemin et la plume. Dans les secondes suivantes, Macdonald signe littéralement la Confédération sur le dos de Cartier.

Cartier:	Ça commence bien!

CHAPITRE II
LES ABOMINABLES CYNIQUES EN SPECTACLE
(VOLUME 1, 1965)

Chanson thème

Les Cyniques sont venus ce soir
Pour vous mettre des frissons sur le corps
Cyniquement en vous parlant surtout d'la po-
D'la politique, et la police, la pauvreté d'esprit
Les pauvres et la misère, car tout ce qu'on veut
C'est vous faire rire !

La censure

Marc Laurendeau, Marcel Saint-Germain

En 1925, le gouvernement crée le Bureau de la censure, qui charcutera des milliers de films qui entravaient, aux yeux des censeurs, la morale catholique. À partir des années 1960, le mouvement de libération qui souffle sur le Québec vient remettre en question l'existence de cette institution d'une autre époque. Le Parti libéral modifiera la Loi sur la censure, qui sera finalement adoptée sous le gouvernement de l'Union nationale. En 1967, le Bureau de la censure devient le Bureau de surveillance et classe désormais les films par catégories d'âge. Mais les vieux réflexes persistent, et l'escouade de la moralité prend la relève, partant à la chasse des films immoraux. Ce dialogue contient des références aux films présentés dans les différentes salles de cinéma de Montréal. On retrouve notamment *La passion du Christ* et *Séduite et abandonnée* de l'Italien Pietro Germi. Soulignons que Charlotte Whitton (1896-1975) était une travailleuse sociale et une femme politique reconnue pour son franc-parler et ses positions très conservatrices. Elle fut élue à plusieurs reprises mairesse d'Ottawa dans les années 1950-1960, mais l'électorat l'abandonne en 1964.

Marc : Mesdames et en quelque sorte messieurs... Vous savez que la Loi de la censure a été amendée de telle sorte qu'il est maintenant défendu dans la publicité pour les films, à la radio comme à la TV, de faire appel à la violence, à l'horreur et au sexe.

Marcel : Désormais, à la radio, les annonces de cinéma seront faites pour un public à vertu. Et quant aux films à caractère religieux, il faudra leur donner une note attrayante.

Marc : Venez voir *La passion* ! Vous serez cloués à votre siège...

Marcel : Et quant aux autres films, voici ce qu'il nous sera permis d'en dire :

Marc : Il faut oser voir *Scandale aux Folies-Bergères* ! C'est l'histoire d'une commère qui répand des cancans.

Marcel : Venez voir *Demain, je serai femme.* Attention, le théâtre est fermé pour cause de transformation.

Marc : *L'eau à la bouche* ! Venez voir ce qui arrive quand on coupe le câble d'un scaphandrier.

Marcel : Ne manquez surtout pas *Le lit conjugal* ! Toute la vérité sur les matelas Sealy !

Marc : Dracula et les vampires dans *Sus à l'ennemi* ! Film sur la Croix-Rouge et les donneurs de sang.

Marcel : Le grand chef-d'œuvre italien *Séduite et abandonnée... la vie passionnée de Charlotte Whitton.*

Marc : *Le plaisir de la chaire* ! Venez voir un vicaire qui adore faire des sermons !

Marcel : Ne manquez surtout pas *J'irai cracher sur vos tombes,* c'est la vengeance d'Urgel Bourgie pour les comptes non payés !

Marc : Et le chef-d'œuvre de sensualité *Le troisième sexe* ! Film sur l'apostolat des frères enseignants.

Le menu du parfait cannibale

Rappelons au sujet de ce monologue livré par Marc que des cancans circulaient à l'époque voulant que Radio-Canada compte beaucoup d'homosexuels.

Mesdames, messieurs, vous savez qu'il existe en Afrique certaines tribus de cannibales, c'est-à-dire d'hommes qui mangent d'autres hommes, ce que nous, hommes civilisés, faisons assez rarement... à moins de travailler à Radio-Canada. Un cannibale, vous savez ce que c'est; vous, en arrivant chez vous, vous dites: «Qu'est-ce qu'on a pour dîner maman?» Le cannibale, lui, dit: «Qu'est-ce qu'on a pour dîner, Maman?» Un cannibale, c'est quelqu'un qui dépasse le précepte évangélique, c'est quelqu'un qui aime son prochain, mais... avec d'la sauce. Le cannibalisme, c'est les droits des peuples à digérer d'eux-mêmes. Vous savez que les cannibales, pour bien les distinguer, c'est ceux qui à bord des avions ne demandent pas de menu, ils demandent la liste des passagers.

Vous savez, les cannibales ouvriront bientôt ici même dans le Nord un magnifique restaurant où on pourra manger du financier pour 5$, de l'avocat pour 5$, du curé pour 5$... quoique ça se fait déjà, mais gratuitement. On pourra manger également du beatnik pour 50$, le temps que ça prend, nettoyer ça... Voici donc à l'intention de ceux, les cannibales, qui ouvriront bientôt le restaurant, le menu du parfait cannibale, ou encore, comment servir vos semblables.

D'abord:

– Une demi-douzaine de chômeurs, des hors-d'œuvre.

– De la soupe aux conseillers municipaux, la meilleure soupe aux nouilles.

– Deux oeufs-nuques.

– Un chef de l'Union nationale toasté, ou plus souvent «plain».

Apéritifs :
- L'« avodka » de la défense.
- Deux « seins-zano ».

Plat principal :
- Une dame de la congrégation à la mayonnaise, pour ceux qui aiment manger froid...
- Des pieds de policiers, servis comme toujours dans un plat.
- Une vieille fille flambée, mangez peu, mangez mieux.
- Brigitte Bardot en robe de chambre servie sous forme de ragoût de boulettes.
- Un cardinal de l'ouest de marque rouge, un plaisir pour le palais, ça sera un bifteck bien « apprêtré ».
- Une demi-douzaine de « jéshuîtres ».

Dessert :
- Un sirop d'Arabe.
- Des confitures aux frères.

Pour couronner le repas : un « homolaitte » au fromage.

Les échos du concile

André Dubois, Marc Laurendeau, Marcel Saint-Germain

Le concile Vatican II (1962-1965) occupait beaucoup l'actualité à l'époque. L'Église cherchait à s'adapter aux nouvelles réalités modernes. C'est bien sûr l'occasion de blagues anticléricales. Le cardinal Léger, très conservateur, avait une grande influence au Québec et il était réputé pour son comportement de grand seigneur : une cible naturelle pour les Cyniques.

Le groupe parodie également Marcel Marcotte, un père jésuite qui animait à la radio une tribune téléphonique. Ce type d'émission fait son apparition aux États-Unis dans les années 1950 et devient très populaire dans le Québec des années 1960. On assiste ainsi à la démocratisation de la parole, autrefois réservée à une élite d'intellectuels, au clergé et à des experts en tout genre. L'une des premières tribunes à Radio-Canada est *Le père Legault vous écoute* (1966), qui sera aussi parodiée par les Cyniques. Dans le monologue ci-dessous, on réfère particulièrement au débat sur la limitation des naissances qui fait rage avec l'apparition de la pilule, non seulement au Québec, mais partout en Occident. Notons finalement que Guilda (Jean Guida de Mortellaro, 1924-2012) était un travesti né en France et une vedette populaire des cabarets montréalais. Le groupe fera quelques gags à son sujet. On retrouve Marc en présentateur et en cardinal Léger, Marcel en chanoine et André en père Marcotte. Les auditeurs anonymes qui participent à la tribune téléphonique sont identifiés par le prénom du Cynique concerné.

Présentateur : *Chers auditeurs, le poste CKAC est fier de vous présenter son émission où son éminence le cardinal Paul-Émile Léger répond aux questions de ses auditeurs, qui donnent leur opinion sur le concile Vatican II. C'est l'émission* Un coup de fil avec Paul-Émile. *Et avant de passer la parole à notre animateur, l'ami des lépreux, le prince de gale, nous allons vous faire entendre chanter, par un gai chanoine, le commercial de l'archevêché.*

Cardinal Léger, il est si agréable
« Naléger », c'est l'archevêque de bon goût
Le soir à sept heures, son chapelet, c'est le meilleur
C'est toujours amical avec le cardinal
C'est toujours amical avec le cardinal

Cardinal Léger : Où sont les photographes ? En ces temps où la foi et la morale courent de si grands dangers, votre cardinal archevêque est fier, n'est-ce pas, car dans les offices l'on va maintenant supprimer le latin dans les prières. L'avenir nous dira qui oraison. Le changement va être graduel, quand le prêtre va dire quelque chose, il n'aura plus besoin de kyrie. Les prêtres vont cesser non seulement de dire, mais de faire l'épître. L'on va « canadianiser » nos institutions, le canon de la messe deviendra le gun. L'on va introduire dans les burettes[30] un nouveau « chaser », le Tonic Water Schweppes. Également, aux communiants le matin, l'on ne servira plus le pain sans levain, on servira plutôt des céréales, Sugar Crisp de Post, ainsi ils pourront faire une vraie postcommunion. Y en a qui s'opposent à ces réformes, de véritables obsédés, de véritables réactionnaires, de véritables maniaques, auxquels je ne peux que dire : « maniaque super vos et maneat semper[31] ». Amen.

Présentateur : Merci Éminence. Et maintenant nous allons céder la parole, pour la deuxième partie de cette émission, à un personnage bien connu. Tout d'abord, nous allons vous dire que cette deuxième partie de l'émission porte sur la limitation des naissances et, pour en parler, nous avons avec nous ce soir le révérend père Marcotte de la compagnie de Jésus et fils, qui va nous livrer là-dessus des propos rudes, intempestifs et brutaux. Venez, père Marcotte (André). Attaboy, père Marcotte.

Père Marcotte :	Alors bonsoir mesdames, bonsoir mesdemoiselles, bonsoir messieurs, et bienvenue à votre émission préférée *Les échos du concile*. Avec votre animateur favori, l'animateur que vous préférez entre tous, celui que vous adorez : moi ! Alors, nous allons procéder comme à l'accoutumée, c'est-à-dire que nous allons répondre aux différents appels que nous recevons dans le studio. En voici déjà un d'ailleurs... Allô ! Allô ! Ici *Les échos du concile*, le père Marcotte à l'appareil, bonjour.
Marc :	Bonjour père Marcotte, à propos de la limitation des naissances, moi je pense qu'on devrait prendre toutes les pilules et tous les appareils, pis on devrait toute jeter ça à la mer.
Père Marcotte :	À la mer... Vous êtes sans doute un moraliste ?
Marc :	Non, je suis scaphandrier...
Père Marcotte :	Voici maintenant un mot de notre commanditaire.
Grognements	
André :	Qu'est-ce que c'est ça, maman ?
Marc :	Ben voyons donc, mon petit garçon, c'est le tigre dans l'eau bénite ! (*allusion à une publicité d'essence*)
Père Marcotte :	Allô, allô ! Ici le père Marcotte, *Les échos du concile*, bonjour !
Marc :	Bonjour père Marcotte, savez-vous, je ne suis pas tellement en faveur de la limitation des naissances, entre parenthèses, je suis danseuse à la Casa Loma.
Père Marcotte :	Bravo, bravo.
Marc :	Eh bien, je dois vous dire que jamais je n'ai employé de toutes ces pilules et de tous ces appareils, et pourtant, mon doux, jamais je n'ai eu d'enfants.
Père Marcotte :	Mais quel est votre secret !
Marc :	Oh ! je n'ai pas de secret, mon nom c'est Guilda.

Père Marcotte :	Allô, allô ! Ici le père Marcotte, *Les échos du concile*, bonjour ! Mais... Oui ?
Marc :	Bonjour père Marcotte, ici madame Gingras de la rue Montana verrat.
Père Marcotte :	Bonjour madame Verrat...
Marc :	Ben, il paraît que le concile va permettre aux prêtres de se marier, mais c'est effrayant, mon doux Seigneur !
Père Marcotte :	Appelez-moi « mon père »...
Marc :	Un prêtre pis une femme mariés, mais quel genre de ménage ça va faire, ça ? Qui est-ce qui va porter la culotte ?
Père Marcotte :	Mais je crois, madame, qu'il n'y a pas de quoi s'inquiéter, les choses étant ce caleçon... Mais revenons au thème de notre émission, si vous le voulez bien, qui est la limitation des naissances.
Marc :	Ah ! ça c'est un problème !
Père Marcotte :	Ça vous préoccupe beaucoup ?
Marc :	Ben, je pense bien, ça me tient réveillée toute la nuit ! Mon mari, lui, ça lui donne la migraine.
Père Marcotte :	Mais dites-moi, madame, est-ce que vous désirez vraiment avoir des enfants ?
Marc :	Ah ! moi, pantoute ! Je veux pas ! C'est mon mari qui veut, lui, le vieux « faticant ». Vous devriez voir comme il a l'air crasse.
Père Marcotte :	En somme, c'est un problème, un sujet sur lequel vous vous divisez ?
Marc :	À nos âges, on peut plus se multiplier !
Père Marcotte :	Mais votre mari, comment se débrouille-t-il avec son problème ?
Marc :	Il se débrouille pas pantoute, c'est toujours moi qui est obligée de prendre son affaire en main.
Père Marcotte :	Mais madame, une autre fois, je vous en prie, revenons au thème de notre émission. Selon vous, devrait-on mettre les moyens contraceptifs à la portée des jeunes ?

Marc :	Mais jamais de la vie, je suis contre l'emploi des méthodes « contracaptives » ! On en voit trop de ces jeunes gens qui vont dans le Nord aux fins de semaine commettre le péché « motel ». On en voit trop de ces jeunes filles qui vont dans le Nord aux fins de semaine avec leur ami de garçon... Elles vont à la sapinière, là... et puis là elles se font passer un sapin ! C'est comme ça qu'ils attrapent des maladies « vénénériennes » !
Père Marcotte :	Mais comme quoi, par exemple ?
Marc :	La saint Philippe.
Père Marcotte :	Mais madame, je vous en prie, un peu de retenue. Selon vous, quel serait le meilleur moyen de limiter les naissances ?
Marc :	Ben, je pense que tous les jeunes gens qui sont trop entreprenants, on devrait touttes les castrer.
Père Marcotte :	Allô, allô ? Ne coupez pas !

Je me sens très seul

André Dubois, Marcel Saint-Germain

Dans ce numéro, on se moque du style des animateurs de cabarets (l'un d'eux est ici incarné par André) de la Main qui parlaient bilingue français-anglais. Les cabarets étaient encore nombreux à Montréal même s'ils avaient amorcé leur déclin. Tony Mazzola est une parodie de Tony Massarelli, un crooner italo-québécois populaire dans les cabarets, imité plus d'une fois par Marcel Saint-Germain, qui pouvait mettre ses propres talents de chanteur en valeur. Or, ce chanteur de charme italien était le gendre du chef de la mafia, Vincent Cotroni, qui assiste au spectacle des Cyniques au chic cabaret Casa Loma. C'est pourquoi Andrew Cobetto, le gérant du cabaret fréquenté par des grosses pointures du crime organisé, les félicitera tout en leur reprochant ce numéro qu'il ne juge pas drôle.

Animateur : *Bonsoir mesdames, bonsoir mesdemoiselles, bonsoir messieurs ! Good evening ladies and gentlemen et bienvenue à la chic Casa Mathieu ! Welcome to the chic Casa Mathieu ! Nous avons ce soir un spectacle fantastique. We've got a fantastic show. Nous avons un spectacle merveilleux. We've got a very merveilleux show. We've got a gorgeous show. Nous avons un show gorgeux.*

Et voici maintenant notre vedette numéro un de ce soir. Our guest number one of tonight. Le voici, directement de Saint-Michel-des-Saints ! Directly from Saint-Jos ! Comment ça ? Ça t'étonne ? Alors le voici dans une interprétation absolument charmante, troublante, coquette et sexy de son dernier succès : « Je me sens très seul, très seul sans toi », « I Feel Alone ». Le voici, une bonne main d'applaudissements, a good hand of applause, pour, for, the body Tony Mazzola !

Tony M. : Je me sens très seul, très seul, sans toi
Depuis que tu chambres avec Omer
T'as apporté toute la bière
Je n'ai même plus une molle pour moi
Je me sens très seul, très seul, sans toi
Dis-moi quand tu vas me « reviendre »
Je n'en peux plus de me « retiendre »
Tu es ma reine, je suis ton roi
Je me sens très nu, tout nu, sans toi
T'as même apporté mes combines
Tu vis accotée près de l'usine
Je l'ai appris de ta voisine
Je me sens très nu, tout nu, sans toi
T'as même apporté mes bretelles
Mes pantalons tombent sur mes semelles
Je me sens très seul, très seul, sans toi

Le mot du commanditaire

Marc Laurendeau, Serge Grenier

Stopette était une marque de déodorant connue à l'époque.

Serge : Un mot du commanditaire, qui s'adresse particulièrement à vous, messieurs, qui peut-être sentez mauvais. Voici le message d'un représentant en désodorisant :

Marc : Messieurs, ne soyez pas à demi sûr, pour stopper les odeurs, employez le désodorisant pour hommes Stopette ! Messieurs, c'est le format compact, il fait bien dans votre sac à main. Quand vous allez à la pharmacie, dites : « Une Stopette et que ça saute ! » Prenez un peu de Stopette, vous en appliquez sous les aisselles, et on dira : « Mmmh, il sent assez bon Stopette-là ! »

L'horaire du séminaire

Serge Grenier, Marcel Saint-Germain

Rappelons que saint Tarcisius est un enfant martyr sous l'Empire romain. L'Église le donnait en exemple aux enfants de chœur.

Marcel : *Chers amis, imaginez que vous avez de l'imagination, et retrouvez-vous dans une salle de collège, et plus précisément dans une salle de séminaire où vous allez entendre le père Serge vous raconter la journée de parfait séminariste. Voici donc : le révérend père Serge.*

Serge : Six heures moins vingt : lever. Dimanche, grasse matinée jusqu'à six heures. Dès que tinte le carillon, le séminariste saute en bas de son lit et offre son petit cœur au Sacré-Cœur.
Cinq heures quarante et une : après cette belle offrande, deux minutes de gymnastique pour dégourdir ses petits membres.
Cinq heures quarante-trois : nous nous habillons.
Cinq heures quarante-sept : nous nous coiffons et nous gardons notre lit défait, pour l'aération.
Cinq heures cinquante-trois : nous nous rendons à la chapelle pour la grande prière du matin et la méditation des péchés de la nuit.
Six heures vingt : c'est un rendez-vous à la chapelle pour la messe quotidienne et la communion obligatoire.
Six heures cinquante : nous nous rendons au réfectoire pour les agapes fraternelles. Nous nous sustentons en silence et nous buvons tous notre verre de lait pour être plus tard des prêtres grands et forts.
Dix heures : un quart d'heure de prière au patron de notre cher séminaire dont nous pouvons d'ailleurs voir la statue entre la sacristie et l'armoire à soutanes : saint Joseph-et-son-bâton-fleuri... grandeur nature.

Onze heures quarante-cinq : vénération du reliquaire, on embrasse les reliques à bouche que veux-tu !

Trois heures : chacun est libre d'aller à la chapelle pour ses dévotions particulières. Le saint préféré de la maison : saint Tarcisius-qui-mourut-lapidé. Suivez son exemple.

Sept heures : nous nous rendons à la chapelle, ou plutôt à la salle d'étude, où nous pouvons, ou bedon avoir d'édifiantes lectures, ou bedon écrire à nos parents pour leur dire que nous sommes TRÈS TRÈS HEUREUX D'ÊTRE AU SÉMINAIRE. HMMM ? Ou bedon aller voir un père à sa chambre pour discuter de sa vocation. Les séminaristes sont invités à rencontrer régulièrement le père directeur spirituel de leur choix : le père Thibodeau.

Huit heures quarante-cinq : nous montons aux dortoirs. Les séminaristes sont invités à se laver, ou bedon à la douche, ou bedon au bain de pieds... une fois la semaine... pas plus de trois minutes ! Les trois minutes écoulées, nous coupons l'eau froide.

Et à neuf heures : nous dormons. Et pour vous empêcher de faire autre chose, toute la nuit les lumières restent ouvertes.

Les pompiers

André Dubois, Marc Laurendeau

André : *Nous sommes maintenant dans une caserne de pompiers, et c'est aujourd'hui que le chef des pompiers a décidé que, vraiment, ça n'allait plus. Alors, il a décidé tout simplement d'engueuler ses hommes.*

Marc : Rassemblement ! Prenez le poteau d'urgence. Lamothe ! Lamothe ? Lamothe, mets-toi là. Lalancette ? Mets-toi là, Lalancette. Larivière ? Larivière. Mets-toi là. Maranda ? Arrives-tu ? Maranda, fais attention à tes bretelles la prochaine fois. Attention ! Station numéro cinq, fermez-vous la yeule ! Ça va mal en tabaslaque... Comme dirait feu mon père, on a l'air swing. Notre prestige s'en va, ça vient de s'éteindre. Autrefois tous les petits garçons voulaient faire des pompiers. Maintenant ça veut faire des premiers ministres. Ç'a pus d'ambition ! Pompier, c'est une vocation, c'est comme être curé, l'appel de la hose. Quand t'es curé, tu fais des vœux, quand t'es pompier, tu fais des feux, veux, veux pas. Pompier, c'est la seule profession où on reste pas longtemps en bas de l'échelle. Lamothe, tu conduis ben trop vite. Hier t'as manqué rentrer d'un arbre avec le grand camion. Je comprends que c'est pas grave si tu tiens pas compte des deux femmes écrasées, mais les gens vont jaser ! D'ailleurs, il est reconnaissable, ton rire ! Pis encore hier, là, t'es rentré dans une auto de police pis t'as réveillé deux constables. Tu vas finir par perdre ta licence ! Quoi ? Ah ! t'en as pas... Pis c'est vrai que les gens décollaient hier, ta sirène leur défonçait les oreilles. Prends donc ton temps pour aller souper. Larivière, Lalancette, un bon arroseur, un bon manieur d'échelle, ça va la main dans la main. Mais pas sur la rue, par exemple ! Lâchez-vous ! Qui trop embrasse, mal éteint ! La prochaine fois, je vous rentre mon pic que'q' part ! Laissez faire les mercis !

Larivière, dans un feu, y paraît que t'envoies de l'eau partout, de l'eau plein la maison, jusqu'au plafond. Quoi ? Ah ! t'es un pompier « nouvelle vague » ? Mourant ton affaire. L'autre jour, y avait de l'eau là jusque dans les pianos. Demande pardon ? Ah ! c'était des pianos aqueux ? Ah ! très drôle, de quoi se tordre les boyaux ! Pis hier, là, y a un client qui était après brûler au treizième étage, t'es pas allé le secourir ? Ah ! t'es superstitieux ?

Lalancette, quand tu jetteras tes cigarettes à terre dans la station, éteins-les donc. La dernière fois, on a été obligé d'appeler les pompiers... Pis à part ça, quand l'alarme sonne, là, je comprends que tu veux finir ta partie de dames, mais au moins essaye de jouer un petit peu plus vite. Hier y a un client qui était anxieux de te voir... même qu'il brûlait d'anxiété ! Pis quessé ça, cette follerie que t'écoutais tantôt, t'es après endormir toute la station... Un opéra ? Ben voyons, un opéra, quessé ça, cette follerie-là ? *Othello* de Verdi ? Ben voyons donc... ben d'ailleurs, c'est pas correct ôter l'eau pour les pompiers...

Bon ben là, on va faire une grosse réforme, une réforme sur une grande échelle ! Désormais, on va faire un poteau d'urgence qui descend et pis qui remonte, pour les fausses alarmes. Et puis à l'avenir, là, quand y aura un feu, on va se pratiquer la veille.

À la sellette

André Dubois, Marc Laurendeau

Sur la sellette était une émission d'actualité animée par maître Alban Flamand, figure connue de la télévision, puisqu'il animait déjà une émission télé à Radio-Canada, en 1955, *C'est la loi*. On peut apprécier l'imitation de Dubois, qui reproduit à merveille son attitude un peu paternaliste et simplificatrice en écoutant les archives de Radio-Canada (http://archives.radio-canada.ca/emissions/1319/). La principale force de ce numéro repose par ailleurs sur le talent d'imitateur d'André. Ce sketch est le premier d'une longue série de gags des Cyniques sur Télé-Métropole, le Canal 10, aujourd'hui TVA, fondé en 1961. Les Cyniques seront sans pitié pour ses émissions et ses personnalités vedettes jugées populistes et culturellement de bas niveau. Alors que Radio-Canada offrait des productions culturelles de qualité, savantes, Télé-Métropole favorisait un contenu populaire et populiste. Depuis, Radio-Canada a ajusté ses productions, en allant chercher tous les publics, mais cette opposition entre culture savante et culture populaire perdure toujours entre ces deux maisons. Les membres des Cyniques, tous des universitaires, sont évidemment associés à la culture « radio-canadienne » plutôt qu'à celle du Canal 10.

Ce sketch parodique nous rappelle que les premières études associant le cancer et la consommation de tabac commencent à être diffusées. On peut aussi y entendre le premier ministre Jean Lesage, dont le gouvernement réformait les mœurs politiques corrompues associées au duplessisme et parlait de la nationalisation des ressources naturelles et de l'électricité, le chef de l'opposition Daniel Johnson ainsi que le journaliste du *Devoir* André Laurendeau, qui allait coprésider une commission sur le bilinguisme et le biculturalisme. Il fait allusion à la formule Fulton-Favreau, une proposition de modification à la Constitution canadienne portant le nom de deux ministres fédéraux de la justice, le conservateur Edmund Davie Fulton et le libéral Guy Favreau. André Dubois imite également Paul Dupuis, un acteur reconnu pour sa voix grave, qui faisait de la pub à l'occasion et qui tourna en France et en Grande-Bretagne. Quant à Claude Wagner, il est le ministre de la Justice du premier cabinet de

Jean Lesage. Tenant de la ligne dure contre les contestataires, il avait notamment bâclé une enquête en faisant porter la responsabilité du Samedi de la matraque aux manifestants rudement battus par les policiers lors de la visite de la reine en octobre 1964.

Marc :	Ici Télé-Nécropole.
A. Flamand :	Bonsoir mesdames, bonsoir mesdemoiselles, bonsoir messieurs, n'est-ce pas? Ici Alban Flamand, là, si j'ai bien compris, n'est-ce pas? Qui s'en vient vous souhaiter la bienvenue à son émission *À la sellette*! Alors en d'autres termes, là, je voudrais vous présenter mon émission *À la sellette*! Ou pour ceux qui n'auraient pas très bien compris, n'est-ce pas, voici *À la sellette*! Alors j'espère que jusqu'à maintenant ça n'est pas trop compliqué...

Si vous vous en souvenez bien, n'est-ce pas, la semaine dernière, là, nous avons fait venir à *La sellette*, n'est-ce pas, un proxénète, qui nous avait parlé de son association, la «Trans-Canada Pimpline» (*allusion à l'entreprise Trans-Canada Pipe-Line*), n'est-ce pas, dont les bureaux sont d'ailleurs situés à «proxénité» de Montréal, n'est-ce pas? Et la semaine auparavant, nous avions fait venir ici une prostituée, là, qui nous avait parlé, si j'ai bien compris, de son métier, qui, avouons-le, n'est-ce pas, est quand même fertile en rebondissements, n'est-ce pas?

Alors cette semaine nous avons décidé d'aborder un sujet qui est peut-être un petit peu moins controversé, n'est-ce pas, mais qui n'en est pas moins, si j'ai bien compris, n'est-ce pas, très intéressant. Et nous avons invité, précisément pour nous parler de tabac, des gens qui s'y connaissent très bien en la matière, puisqu'il s'agit d'abord, n'est-ce pas, de monsieur André Laurendeau, qui, avec la commission qu'il dirige, là, sur le biculturalisme, n'est-ce pas, s'y connaît très bien en fait d'écran de fumée, n'est-ce pas? Également messieurs Jean Lesage et Daniel Johnson, qui eux ont toujours été un peu des experts en fumisterie, n'est-ce pas?

Alors monsieur Lesage d'abord, à tout seigneur, si j'ai bien compris, tout honneur, n'est-ce pas? Alors monsieur Lesage, je crois que vous avez quelque chose d'assez important à annoncer à la population, là, alors à vous la parole.

Jean Lesage: (*Hoquet*) Le gouvernement de la province... a décidé de déclencher des élections (*hoquet*), afin de nationaliser l'industrie de la cigarette et l'industrie du cigare. Mettez ça dans votre pipe!

A. Flamand: Mais... Monsieur Lesage, là, je vous arrête, n'est-ce pas! Je vous arrête. Ne croyez-vous pas, n'est-ce pas, que la formation d'une régie des tabacs, là, va tout simplement encourager la formation de débits clandestins et naturellement, n'est-ce pas, la distribution de pots-de-vin, là?

Jean Lesage: Mon cher monsieur Flamand, je vous répondrais que depuis 1960, les pots-de-vin, il n'y en a plus. Parce que voyez-vous, moi, les pots-de-vin, je ne les donne plus, je les bois.

A. Flamand: Bon alors maintenant, n'est-ce pas, nous allons passer à notre prochain invité, monsieur Daniel Johnson, n'est-ce pas, si j'ai bien compris. Et... Monsieur Johnson, je voudrais vous demander, n'est-ce pas, si vous pensez qu'il existe un certain rapport entre la cigarette et la politique, n'est-ce pas?

D. Johnson: Monsieur Flamand, il y a des gens qui pensent qu'il n'y a aucun rapport entre la cigarette et la politique: eh bien, c'est faux. Prenez moi, par exemple, je roule même mes cigarettes... Et je pourrais ajouter d'ailleurs, monsieur Flamand, si vous me passez l'expression, que je bourre même ma pipe.

A. Flamand : Bon, alors le temps nous presse un tout petit peu. Je vois un autre invité qui brûle du désir de parler, monsieur Laurendeau, n'est-ce pas, alors monsieur Laurendeau, il y a quelque chose que je comprends pas ! Vous me disiez tantôt, n'est-ce pas, au début du programme, là, que selon vous la cigarette pouvait être une cause du cancer. Alors, est-ce que par hasard ça voudrait dire que le cancer peut être causé par la cigarette, n'est-ce pas ? Je ne comprends pas très bien cela, n'est-ce pas, et exprimez-vous lentement parce que, n'est-ce pas, mettez-vous à ma place.

Laurendeau : Évidemment, n'est-ce pas, mon Dieu, je pense... Il s'agit bien sûr d'un raisonnement assez subtil. Vous savez comme moi, n'est-ce pas, que les vraies bonnes feuilles de tabac, j'entends les vraies bonnes, n'est-ce pas, les vraies bonnes feuilles de tabac, elles ne poussent pas à l'air libre. Les vraies bonnes feuilles de tabac, n'est-ce pas, elles ne poussent qu'en serre...

A. Flamand : Je n'ai pas très bien compris, n'est-ce pas... Et maintenant monsieur Laurendeau, qu'est-ce que vous pensez de la suggestion qu'a faite tantôt monsieur le premier ministre, n'est-ce pas, à propos d'une régie d'État des tabacs, n'est-ce pas ?

Laurendeau : Mon cher monsieur Flamand, je vous dirais, bien sûr, n'est-ce pas, qu'il s'agit là d'une excellente idée. D'autant plus que cela va nous permettre de mettre sur le marché, n'est-ce pas, des cigarettes politiques. En fait, je veux dire, des cigarettes, n'est-ce pas, représentant des hommes politiques très connus, n'est-ce pas ? Ainsi, par exemple, il pourrait y avoir la cigarette Claude Wagner, n'est-ce pas, qui par son goût vif et piquant, n'est-ce pas, vous assomme. Il pourrait y avoir également, n'est-ce pas, la cigarette René Lévesque. Sûrement la plus dangereuse, mais la mieux filtrée. Il pourrait y avoir également, n'est-ce pas, à l'intention cette fois du cardinal Roy, par exemple, une nouvelle cigarette pour déguster surtout au Vatican, n'est-ce pas, la sweet pape. Et finalement, n'est-ce pas, je verrais d'un bon œil la nouvelle cigarette Fulton-Favreau, mieux connue par les connaisseurs sous le nom de cigarette FF, n'est-ce pas, dont la formule pourrait nous parvenir des champs de tabac d'Ottawa et dont on pourrait dire, n'est-ce pas, à propos de la cigarette Fulton-Favreau : respirez-la maintenant, étouffez-vous plus tard. N'est-ce pas ?

A. Flamand : Alors une dernière question, monsieur Laurendeau, qu'est-ce que vous pensez, vous, de la cigarette à bout filtre ?

Laurendeau : Eh bien, vous allez pouvoir me dire que je ne connais rien dans le tabac, mais je pense qu'il s'agisse de Québécoises ou d'Américaines, l'usage d'un filtre est toujours plus prudent, n'est-ce pas ?

A. Flamand : Et malheureusement, notre temps est complètement écoulé. Nous avons à peine quelques secondes pour le message du commanditaire, qui sera lu évidemment par monsieur Paul Dupuis, n'est-ce pas ?

Paul Dupuis : Bonsoir madame. J'espère que vous êtes installée confortablement dans votre fauteuil. Quant à nous, nous sommes installés confortablement sur la sellette, l'émission qui soulage. Cette émission, madame, était une gracieuseté des fabricants du lait de magnésie Phillips. Le lait de magnésie Phillips, madame, c'est le lait qui vous fait.... du bien. Avec Phillips, madame, une seule portion suffit. Pas besoin de répéter. Attention, attention tous les postes de la chaîne française...

Les frères du Sacré-Cœur

Marcel Saint-Germain, Serge Grenier

Les Cyniques illustrent par cette chanson anticléricale qu'à l'époque du concile Vatican II, l'Église semblait prête à aller jusqu'à récupérer une musique qu'elle condamnait pour se sortir de l'impasse... Pour rejoindre les jeunes, on allait bientôt instaurer des messes à go-go, des messes rythmées au son du rock and roll où l'on pouvait entendre des chansons comme «Coupe tes longs cheveux» d'Yvon Hubert et «Gloire à toi, Tu viens nous sauver» du groupe Opération Jeunesse. Précisons, à des fins de compréhension, que Paul Gérin-Lajoie devient le premier ministre de l'Éducation en 1964 et qu'il amorce une série de réformes scolaires en échafaudant une structure laïque et centralisée qui démantèle le système dominé par l'Église catholique. Avec Serge et Marcel dans les rôles respectifs et maintenant connus du frère recruteur et du frère chanteur, mentionnons aussi la participation de l'auteur de la première chanson thème, Stéphane Venne, qui, à cette occasion, accompagne musicalement les Cyniques.

Serge : Je suis le frère Serge, et ma communauté, qui désire que je fasse du recrutement, m'a demandé d'écrire une chanson afin de vous convaincre tous tant que vous êtes de vous joindre à nous. La chanson s'intitule, assez galamment d'ailleurs : «Le rock and roll du Sacré-Cœur». Vous allez voir que ça swing à mort... Pour nous accompagner, le frère Stéphane et ses frères. C'est un frère très affectueux, le frère Stéphane. Il est pogné comme ça depuis ses derniers vœux. Et pour chanter avec moi, il y aura le frère Marcel, ce bon frère Marcel, wouhouu !

Frères du Sacré-Cœur un jour
Frères du Sacré-Cœur toujours
Frères du Sacré-Cœur à deux
Frères du Sacré-Cœur heureux
Nous sommes des hommes

Nous sommes des hommes soumis
Voyez nos habits défraîchis
Voyez comme nous sommes mal nourris
On pratique la pauvreté
La pauvreté d'esprit ost...
Frères du Sacré-Cœur un jour
Frères du Sacré-Cœur toujours
Frères du Sacré-Cœur à deux
Frères du Sacré-Cœur heureux
Nous sommes des hommes
Nous sommes des hommes pieux
Et par esprit d'économie
Nous couchons deux dans le même lit
De notre sort, nous sommes heureux
De notre sort, nous sommes heureux torrieu
Frères du Sacré-Cœur un jour
Frères du Sacré-Cœur toujours
Frères du Sacré-Cœur à deux
Frères du Sacré-Cœur heureux
Nous pratiquons l'amour de l'adolescence
Que Ti-Paul Gérin-Lajoie nous a confiée
Des jeunes filles en fleurs, leur enseignons la méfiance
Car rien ne vaut, de jolis garçons, l'amitié
Quand nous zentrâmes
Zentrâmes zau zuvénat
Nous zétions zazés de douze ans
Et nous avions la vocation
Et c'est d'ailleurs tout ce que nous avions
Vienne le jour où nous mourrons, au ciel, au ciel
Oui nous irons, nous monterons le grain serré
C'est encore mieux que le péché
Prions le maître, le maître de la moisson
Qu'ils nous envoient des ouvriers (oh ! ho yeah)
Pour éduquer les illettrés (oh ! ho yeah)
On y va pour le poignet, mais pas pour le pognon
Le pognon, mais pas pour les garçons (bis)[32]
(*Fondu musical*)

CHAPITRE III
LES CYNIQUES (VOLUME 2, 1966)

Chanson thème

La belle province est un peu folle
Il y a des meurtres, des crimes, des viols
L'Expo, les grèves, la politique
Comment ne pas être cynique !
Nos députés sont des tripoteurs
« Je remercie tous les ceusses qui ont voté pour moi, particulièrement
les ceusses qui ont pas craint de se déranger deux fois ! »
Et nos curés sont des sermonneurs
« Prions maintenant pour la plus mauvaise femme de la paroisse et
chantons en chœur : "J'irai la voir un jour" ! »
Nos millionnaires sont des Britanniques
« How do you do Sir : welcome to Ottawa. »
« Parlons français, notre entretien doit demeurer secret ! »
Voilà pourquoi nous sommes des cyniques !
Un bon coup de pied, ça c'est très comique
Quand on le donne au point stratégique
« Ne manquez pas demain soir à la TV l'important film *Les trois
gosses ou L'histoire du pauvre infirme* ».
Voilà comment on nomme l'endroit qui réjouit les pauvres et les
rois. (bis)

Les marques de commerce

Marc Laurendeau, Marcel Saint-Germain

Voici un texte très lié aux personnalités de l'époque. Rappelons que le premier ministre Jean Lesage est considéré par certains comme le plus bel homme du Québec. Joseph-David-Réal Caouette est un homme politique conservateur, populiste, orateur coloré, né à Amos où il exerçait le métier de garagiste et de vendeur de voitures. Après avoir été député fédéral pour le Crédit social, il fonde le Ralliement des créditistes, en 1963. Le Shah d'Iran était un dictateur remis sur le trône par l'armée et les services secrets anglo-américains, à la suite du renversement de son opposant, le premier ministre Mossadegh. Le 30 juin 1961, Georges Lemay et ses complices réussissent le plus important vol de banque de l'histoire du Québec, après avoir creusé un tunnel pendant le congé de la fête de la Confédération. Lemay part en fumée, et la police lui met le grappin dessus seulement en 1965. Liberace est ce pianiste américain célèbre et riche reconnu pour ses extravagances et ses costumes clinquants. Des rumeurs lancées par des journaux affirment qu'il est homosexuel. Muriel Millard est une sorte de Michèle Richard, chanteuse, danseuse et auteure-compositrice de music-hall, qui performe depuis la fin des années 1930 et est réputée pour ses tenues extravagantes.

Marc : Bonsoir, mesdames, mesdemoiselles, messieurs, vous savez qu'il y a dans la vie des gens bien connus qui représentent des compagnies bien connues.

Marcel : Par exemple, Jean Lesage pourrait facilement représenter la compagnie Beauty Counselor.

Marc : Le tonitruant Réal Caouette aurait tout avantage à représenter Monsieur Muffler.

Marcel : Le shah d'Iran pourrait représenter la compagnie Puss'n Boots (*jeu de mots sur la nourriture pour chats*).

Marc : Georges Lemay, les cigarettes « Exporté ».

Marcel : Guilda pourrait facilement représenter la compagnie d'automobiles La Parisienne... convertible.

Marc :   Muriel Millard, la Continentale avec sièges baquets.

Marcel : Liberace, le savon «Homo».

Marc :   Daniel Johnson, «Orange Croche» (*la boisson gazeuse, Orange Crush*).

Le biculturalisme

André Dubois

Claude Bruchési, ici rebaptisé Bruichési et personnifié par André – qui fait aussi les autres voix –, était un commentateur radiophonique à la station CJMS qui avait participé à un débat sur le statut du français au Canada et sur l'unilinguisme au Québec à l'émission télé *Aujourd'hui*, en 1965. Les Cyniques se moquent de sa prétention à commenter plusieurs enjeux politiques et sociaux, et à être un promoteur de la langue française sans toutefois la maîtriser toujours correctement. On attribue à Jean Lesage la fameuse phrase grandiloquente: «La Reine ne négocie pas avec ses sujets.» Le gouvernement Lesage a tout de même permis la syndicalisation des employés de l'État, et le milieu des années 1960 est le début d'affrontements nombreux entre l'État et ses syndiqués. Ces derniers exigent le droit de négocier et de faire la grève. Les employés de la Régie des alcools font la grève, alors que les enseignants votent pour des arrêts de travail sporadiques. Le drapeau du Canada actuel venait récemment d'être officiellement adopté par le Parlement, en 1965, et remplaçait l'«Union Jack». Peu avant sa visite à l'Expo 67, le président Charles de Gaulle avait commencé à faire des déclarations sur le Québec qui préfiguraient son «Vive le Québec libre» sur le balcon de l'hôtel de ville de Montréal.

Présentateur: *Vous n'êtes pas sans savoir qu'un problème soulève actuellement le Canada tout entier: c'est le problème du biculturalisme. Alors ce soir, par la bouche de l'un de nos grands politicologues, sociologues, hommes de lettres, un grand penseur du Canada français, monsieur Claude Bruichési, par la bouche donc de ce grand homme, nous allons ce soir dialoguer avec de grandes personnalités du Québec, à propos de biculturalisme et de culture canadienne-française en particulier. Alors, ce sera comme d'habitude l'émission* Les cocos du Québec! *Avec le coco numéro un, monsieur Claude Bruichési!*

C. Bruichési :	Allô ! Allô ! Ici Claude Bruichési, *Les cocos du Québec* ! J'écoute, profitez-en ! Oui, qui est-ce qui parle, là ? Ah ! c'est monsieur Lesage, le premier ministre ? Bon alors, monsieur Lesage, il y a une question que je voudrais vous poser depuis longtemps. J'ai toujours été personnellement en faveur de la langue française bien parlée. Alors, je vous demande ce que vous allez faire pour booster le bon langage, vous ? Qu'est-ce que vous allez faire pour booster la bonne culture du Canada français ?
Jean Lesage :	En tant que premier ministre du gouvernement de la province... ouuah... *(tic attribué à Jean Lesage, un amateur de bon vin)*, j'ai décidé de construire, sur le site de l'Exposition universelle de 1967, un pavillon entier... ouuah... qui montrera justement les merveilles de la culture du Canada français.
C. Bruichési :	Mais vous pensez pas, monsieur Lesage, qu'un pavillon comme ça, là, il risque de se mêler de la politicaillerie ?
Jean Lesage :	Ouuah... Évidemment, c'est une chose qui est toujours possible. Mais il y aura, par exemple, dans ce pavillon, une salle qui sera la salle du vaudeville, plus précisément ce sera la salle des conférences fédérales-provinciales. Cette salle se situera, évidem-ment, dans un corridor sans issue... Il y aura égale-ment la salle du ministère de la Justice... ouuah... Ce sera la salle des supplices. Il y aura un film également qui montrera les bienfaits des prisons du Québec. Ainsi, par exemple, on pourra y voir qu'un individu qui, dans les prisons, commet un crime ou une faute grave, on le punit en diminuant sa portion quotidienne de cocaïne. Et il y aura également une initiative du ministère de

l'Éducation. Ce sera une très grande plage, où les instituteurs et les institu-trices de la province pourront se mettre en grève. Finalement, il y aura la grande salle des spectacles où l'on présentera une grande tragédie dont la mise en scène a été confiée à la Régie des alcools. Cette grande tragédie, vous l'avez déjà reconnue, c'est *Le cidre*. C'est une pièce qui, à ce qu'on dit, aura beaucoup de jus, et c'est pourquoi on s'attend, à la Régie des alcools, à beaucoup de coulage.

C. Bruichési : Merci beaucoup, monsieur Lesage, et mainte-nant j'aperçois monsieur Johnson, là, qui vou-drait parler également, du moins je l'entends. Monsieur Johnson, je vois que vous êtes vite sur vos patins. Qu'est-ce que vous avez à répondre à monsieur Lesage, vous ?

Daniel Johnson : Monsieur Bruichési, je voudrais simplement ajouter à la description du pavillon que monsieur Lesage a faite. Monsieur Lesage semble oublier qu'il est l'un des dix plus beaux hommes du Canada, c'est pourquoi je suggère qu'à l'entrée du pavillon, on place sa statue. Mais comme le corps de monsieur Lesage est un corps tellement parfait, on devrait le représenter dans toute sa nudité.

C. Bruichési : Dans toute sa nudité ? Mais vous y pensez pas ! Ça pourrait faire tout un scandale ! Moi, je trouve qu'avant qu'ils mettent le corps de monsieur Lesage tout nu comme ça, va falloir « qu'zizi » pensent deux fois.

Daniel Johnson : Peut-être, monsieur Bruichési, mais je trouve qu'en mettant cette statue comme ça, on pourrait voir enfin le vrai visage du Parti libéral. Évidemment, il y a une autre partie qu'il faudrait cacher pour éviter le scandale. Eh bien, pour la cacher, je suggère que l'on emploie une feuille d'érable.

C. Bruichési :	Ah! là, je suis d'accord avec vous, monsieur Johnson, enfin notre drapeau canadien pourrait servir de flag (fly).
	Bon alors... Oh! mais qui est-ce qui veut parler maintenant? Quoi? Le président de Gaulle? Le général de Gaulle? Je ne connais pas cet individu-là! Qui est-ce que c'est, cet individu qui ose venir nous déranger? Le général de Gaulle? En tout cas, je vais le laisser parler quand même.
De Gaulle :	Canadiens FRANÇAIS! Canadiennes FRANÇAISES! Vous possédez une culture qui vous est propre! Vous possédez une culture que vous avez hérité de France! Eh bien, j'ai déjà eu moi-même l'occasion de goûter, par exemple, à votre cuisine! Eh bien, je vous le dis, Canadiens FRANÇAIS, Canadiennes FRANÇAISES, relevez le défi de l'Histoire! Mais je vous en prie, mettez un peu moins de mélasse dans vos bines!

Scandale dans la poubelle

André Dubois, Marc Laurendeau, Marcel Saint-Germain, Serge Grenier

John Diefenbaker, le Lion de Prince-Albert, chef de l'Opposition du Parti progressiste-conservateur, ancien premier ministre de 1957 à 1963, était réputé pour sa mine renfrognée et sa faible maîtrise du français. Yvon Dupuis était un politicien, marchand et homme d'affaires, défait comme député libéral indépendant en 1965. Ministre sans portefeuille dans le gouvernement Pearson, il avait démissionné à la suite d'une accusation de favoritisme politique concernant une piste de course à Saint-Luc. La blague à son encontre fait référence aux produits de l'entreprise Avon, qui faisait du porte-à-porte. Judy LaMarsh, de son vrai nom Julia Verlyn LaMarsh, était une avocate et une femme politique, la deuxième à siéger dans un cabinet ministériel fédéral, en 1963. Rappelons que les années 1960-1970 sont marquées par des débats et des pourparlers constitutionnels. René Lévesque avait déclaré que le seul statut convenable pour le Québec était celui d'État associé, idée qui déplaisait à Jean Lesage, souvent embarrassé par les déclarations de ses ministres francs-tireurs. Lévesque claque finalement la porte du PLQ en 1967. En outre, des rumeurs circulaient voulant que Lesage, ancien ministre fédéral, caresse secrètement l'idée de retourner à Ottawa. Mais la politique nationaliste de son gouvernement lui avait valu des ennemis à Ottawa, où plusieurs libéraux le considéraient comme indésirable. Cet échange entre Serge et Marcel se termine par une chanson, un pastiche de «Scandale dans la famille» de Sacha Distel. Dans le rythme, le style et la gestuelle, la chanson parodie aussi le fameux duo de fantaisistes de l'époque, les Jérolas, qui avaient interprété la chanson de Distel dans sa version originale.

Marcel : Es-tu arrivé en retard à Ottawa aujourd'hui ?

Serge : Ben oui, j'ai fait comme le parlement, qu'est-ce que tu veux, moi je suis toujours en retard. Tu sais ce que c'est. Mais toi, à Ottawa, dis donc, t'as sûrement rencontré des gens importants ?

Marcel : Ah ! j'ai rencontré des gens très intéressants : j'ai rencontré John Diefenbaker ce matin.

Serge : T'appelles ça intéressant, toi, John Diefenbaker ?

Marcel : Ben oui, d'autant plus qu'il était accompagné de son chien.

Serge : Je me demande alors comment t'as fait pour faire la différence...

Marcel : C'était facile, y avait des poteaux sur la rue. Mais toi, là, as-tu rencontré des gens intéressants ?

Serge : Ah ! tu parles, moi j'ai rencontré Yvon Dupuis.

Marcel : Yvon Dupuis ? Niaiseux. Yvon Dupuis, c'est même plus un député !

Serge : Ben, niaiseux toi-même. Je le sais qu'il est plus député, pis tout le monde sait qu'il est plus député, mais il s'est trouvé un nouvel emploi.

Marcel : Non ?

Serge : Ben oui, il se promène, là dans les rues, y vend des produits de beauté.

Marcel : Y vend des produits de beauté ?

Serge : Ben oui, y arrive aux portes, y sonne puis y dit : « Voici Yvon madame ! »

Marcel : Moi, j'ai rencontré, là, un gros ministre. Y rentrait dans son ministère... Gros, là, les épaules carrées, là, solide, pis y avait le pas solide...

Serge : Bien sûr, Guy Favreau.

Marcel : Non non, pas Guy Favreau... Judy LaMarsh !

Serge : Mais tu parles de gros ministres, j'en ai rencontré deux gros, justement. Deux énormes ministres, d'ailleurs ils sont toujours ensemble, ils se lèvent ensemble, ils travaillent ensemble, ils dînent ensemble, ils sortent ensemble, c'est Maurice Sauvé pis Guy Favreau.

Marcel : Oui, tu sais pourquoi ils sont toujours ensemble comme ça ?

Serge : Non ?

Marcel : Ben, c'est eux autres les tas associés...

Serge : Voici maintenant « Le scandale de la famille libérale » :

Y a la commission de notre ami Laurendeau
Les Anglos s'y fient, les Anglais en ont plein l'dos
On nous apprendra, c'est pas d'la dépense pour rien
Nos langues officielles sont l'anglais et l'ukrainien
Wo ! André ! Quel scandale si la Reine savait ça
Wo ! André ! Elizabeth, l'ukrainien elle ne parle pas
Y a Yvon Dupuis, maintenant qu'yé plus député
Dans le journalisme, y a décidé de se lancer
Avant y r'cevait 18 000 piasses pour flâner
Maintenant pour 5 000 yé obligé d'travailler
Wo ! Yvon ! Quel scandale, la vérité sort du puits
Wo ! Yvon ! Pour ton malheur, ton puits, il est trop profond
Y a Ti-Jean Lesage qui pense plus qu'à Ottawa
Ce qu'il ne sait pas, c'est qu'Ottawa n'en veut pas
Il veut voir Québec comme un État associé
L'idée vient pas d'lui, c'est Lévesque qui l'a dit
Wo ! Ti-Jean ! Quel scandale si Pearson savait ça
Wo ! Ti-Jean ! C'est pas grave, il comprendrait pas ça (bis)

Les soutiens-gorges

Marc Laurendeau, Serge Grenier

Ce message publicitaire annoncé par Marc est une parodie loufoque des messages publicitaires d'une maison de corsetterie de l'époque, Mme J.-A. Bourré.

Serge : *Notre commanditaire s'adresse cette fois-ci à vous, mesdames, étant donné qu'il s'agit de soutien-gorge. C'est bien sûr un sujet qui vous touche de porc frais... euh... de fort près.*

Marc : Madame, avez-vous les seins bas ? Êtes-vous découragée ? Ça va de mal en pis ? Vous ne savez plus à quel sein vous vouer ? Madame J.-A. Bourré, la corsetière de l'est, vous offre son plan de mise de côté. Satisfaction garantie ou argent remis, satisfaction assurée ou laissez tomber ! Madame, cessez de vous érafler les genoux. Avec madame J.-A. Bourré, ayez confiance, depuis 60 ans sa maison brasse de grosses affaires ! Elle possède la foi qui soulève les montagnes. Profitez de nos aubaines de la fête des paires.

Portez un corset, ne vous laissez plus manger la gaine sur le dos. Assoyez-vous au lieu de vous répandre. Nous avons la gaine *Rough-Tex* en papier sablé, portez-la et grattez-vous en même temps. Portez une brassière et allez de l'avant. Nous avons trois grandeurs : petit, médium et «Vois-tu ce que je vois ?». C'est le modèle jumbo avec monte-charge. Fini les hésitations, ne marchez plus à l'aveuglette, ne marchez plus à totons. Portez la fameuse brassière allemande «Stopemfromfloppen». En regardant votre ligne, vous vous direz : «Hmmm, je "mamel-liore".» Rappelez-vous notre devise : «What nature has forgotten, we fill up with cotton» !

Les assassins

Marc Laurendeau et Marcel Saint-Germain

Ce numéro, basé sur une situation étonnante, une sorte de conférence sur l'art de l'assassinat, traduit à la fois les affinités des Cyniques pour le Code criminel et le plaisir qu'ils avaient, surtout à leurs débuts, à faire des jeux de mots quasi acrobatiques.

Marcel : Le métier d'assassin est un métier important.

Marc : Métier épuisant, métier exténuant où l'on se tue à l'ouvrage. Métier intelligent, «je tire donc je suis», nous allons vous donner sur ce métier quelques évidences, quelques vérités de la police.

Marcel : Si vous gaffez après cela, on vous l'avait bandit. D'abord, il faut savoir comment tuer. Il est savant d'assassiner avec l'épée, c'est la méthode du bachelier escrime.

Marc : Tuer avec une hache, c'est prétentieux, c'est même un peu fendant.

Marcel : Quand on tue avec une arme à feu, on échauffe les esprits, on risque de brûler des étapes.

Marc : Ne jamais tuer avec une pelle, si on vous intente ensuite un procès, on peut à jamais vous refuser l'appel.

Marcel : Tuez souvent au revolver, c'est bon pour la détente. Tuer à coup de crosse, c'est la méthode épiscopale.

Marc : Dans le party, tuez votre hôte à coup de marteau, il sera le clou de la soirée.

Marcel : Tuez à coup de dictionnaire, vous serez toujours à la page.

Marc : Tuez à coup de téléphone, c'est la façon la plus Bell.

Marcel : Tuez un chômeur avec un tronc d'arbre, vous lui donnerez du bouleau.

Marc : Ne tuez pas une femme avec une bourse, car le réticule ne tue pas.

Marcel : Étranglez les gens avec un chapelet, vous pourrez les tuer à la dizaine.

Marc : Tuez un homme avec une patère, vous serez sûr de l'accrocher.

Marcel : Tuez vite, écrasez vos victimes dans une zone de 30, faites du 100 (*sang*).

Marc : Tuez un quinquagénaire avec une bouteille de bière 50, c'est la meilleure façon de Labatt.

Marcel : Ensuite, il faut savoir QUI tuer.

Marc : Dis-moi qui tu fréquentes, je te dirai qui tuer.

Marcel : Tuer la femme d'un policier, c'est la rendre heureuse, car l'agent fait pas l'bonheur.

Marc : Si vous tuez l'épicier en volant du fromage d'Oka, attention à la trappe !

Marcel : Quand vous tuez un éléphant, tuez-le en légitime défense.

Marc : Ne tuez pas une coiffeuse, vous ne pourrez pas la teindre, c'est pas une solution permanente, ça frise le ridicule...

Marcel : Tuez le laitier et payez-vous une pinte de bon sang.

Marc : Ne tuez pas de bedeau, ça pourrait clocher.

Marcel : Ne tuez jamais un agent d'assurances, ils se promènent toujours avec des polices.

Marc : Avant de tuer un boulanger, vous aurez des croûtes à manger, il est la mie de tout le monde ! Il se défendra croûte que croûte.

Marcel : Messieurs de la pègre, voici maintenant la recette du crime complet. Vous vous trouvez sur une rue déserte et vous vous assurez qu'il n'y a pas de policiers.

Marc : Si oui, vérifiez si ce sont d'honnêtes policiers.

Marcel : Vérifiez si ce sont d'excellents limiers.

Marc : Ou si ce sont de bonnes vieilles polices ordinaires... ou provinciales.

Marcel : En apercevant une femme dans la rue, vous lui enlevez sa montre, et là vous faites un attentat... «a l'a pus d'heure».

Marc : Si la femme est accompagnée, n'oubliez pas de vous occuper de l'homme, et là je m'adresse à tous les amateurs de grossière indécence.

Marcel : Jase, jase, jase, parle, parle, parle, c'est le moment du viol classique. Avec une jeune fille, ce sera un viol avec effraction.

Marc : Si c'est votre belle-mère, vous commettrez une bestialité !

Marcel : Enfin, «n'incestons» point là-dessus...

Marc : Attendu qu'un assassin n'est pas un policier, il doit s'assurer qu'il possède une culture étendue.

Marcel : Voici quelques-uns des volumes qu'il devrait avoir dans sa bibliothèque.

Marc : *Antigun*...

Marcel : À lire :

Marc : *Le policier écrasé*, encore sous presse.

Marcel : *La femme coupée en morceaux*, en vente chez Hachette...

La revue des spectacles

Serge Grenier

Ce numéro des Cyniques se présente comme un véritable condensé parodique de la culture populaire avec ses genres musicaux et cinématographiques à la mode, comme les films bibliques et d'aventures. On réfère au groupe yé-yé populaire César et ses Romains, à Juliette Huot (1912-2001), une comédienne que l'on a pu voir notamment dans *Les fridolinades* de Gratien Gélinas et *Symphorien*. Guy de Larigaudie était un scout célèbre de France, célibataire, conférencier, écrivain, explorateur et journaliste tombé au combat, en Belgique, en 1940. On semble faire un clin d'œil à « celle qui a dit non », c'est-à-dire à sainte Maria Goretti, qui préféra la mort au déshonneur. En 1949, le film italien *La fille des marais* lui est consacré, et les frères enseignants se font un plaisir de le présenter aux écoliers. Le réalisateur Denys Arcand s'en souviendra d'ailleurs dans *Les invasions barbares*. Georgette et ses claquettes rappellent le chanteur populaire Joël Denis, qui aimait danser la claquette, un genre à la mode. On fait aussi une blague avec la chanson « Un baiser de toi » (1965) du chanteur romantique québécois Robert Demontigny.

Serge : Mesdames et messieurs, il y a différents spectacles qui sont présentement à l'affiche à Montréal, autant dans les cabarets que dans les cinémas. Mais tout d'abord, je sais pas si vous êtes au courant, mais il y a une nouvelle chanson qui est très populaire cette semaine au palais cardinalice. Elle est interprétée par un nouveau groupe yé-yé : Ponce Pilate et ses lavabos. C'est une chanson en l'honneur de la Sainte Vierge qui s'intitule « C'est la faute au Saint-Esprit ».

Et voici maintenant les films que vous pourrez voir dans les différents cinémas de Montréal. Par exemple, au cinéma Champlain, on vous offre *Le bel âge*, une production canadienne avec Juliette Huot ; nombreux rebondissements, c'est l'histoire de la femme qui inventa l'amour sur le grand écran. Au cinéma Électra, vous pourrez voir *La vie aventureuse de Jean XXIII*. C'est un grand film de pape et d'épée. À la salle voisine, au Amherst, venez voir le film qui s'intitule *La vie passionnée de Guy de Larigaudie : celui qui a dit non... le niaiseux*. Le cinéma Saint-Denis vous offre *Les trois mousquetaires*. Admission 1$, c'est-à-dire 25 cents par mousquetaire. Au cinéma Français, vous pourrez voir *Le fils du scheik blanc*. C'est la charmante histoire d'une danseuse arabe qui, après avoir frappé son maître, fut éventrée par celui-ci d'un coup de couteau. Morale : frappez, l'on vous ouvrira. Au cinéma de la Place-Ville-Marie, vous pourrez voir *Comme Dieu m'a faite... toute croche*.

Les cabarets de Montréal vous offrent aussi différents spectacles. Par exemple, cette semaine, le chic Café Tourbillon a engagé Georgette et ses claquettes, Eusèbe et ses tapettes. Le chic Hôtel Central accueille, quant à lui, cette semaine, deux danseuses espagnoles qui sont arrivées directement de Madrid, Espagne : Chiquita Tétreault et Rita Robitaille. Finalement, au très chic Casa Loma, venez entendre le duo Gaston et Gustave dans son grand succès, la chanson bien connue «Un baiser de toi me fait mourir... si tu te lavais les dents, ça serait moins pire... ».

La Georgetta

André Dubois, Marcel Saint-Germain

Marcel Saint-Germain, présenté par André, offre ici la parodie grandiose d'un air très célèbre de l'opéra de Verdi, *La Traviata*.

Présentateur : *Mesdames, mesdemoiselles, messieurs, nous sommes maintenant fiers et honorés de vous présenter un grand chanteur italien, n'est-ce pas, un ténor. C'est un véritable Italien qui nous vient ce soir de son pays natal, Chicoutimi. Il a un beau-frère qui fait également du spectacle, et qui lui vient de l'Abitibi. Alors celui qui vient de Chicoutimi, il a décidé de vous présenter ce soir un extrait de son opéra célèbre :* La Georgetta. *Alors le voici donc, ce grand ténor que tout le monde attend avec impatience : Valentino Snoro.*

Georgette, pourquoi avec moi es-tu si frette
Dis-moi donc qu'est-ce qui t'a pris de me faire la tête
Georgette, souviens-toi comme tu étais coquette
Quand le soir, tu mettais pour moi ta grande jaquette

Hier soir, j'ai rencontré mon ancienne blonde
Elle voulait qu'on se dévergonde
J'ai refusé de faire la bombe
J'avais grand-peur que tu me grondes

Georgette, pourquoi avec moi es-tu si frette
J'ai bien hâte que tu aies fini de me faire la tête
Georgette, pourquoi avec moi restes-tu si frette
Je m'ennuie de ta grande jaquette toute en « flanellette »
Ta grande jaquette toute en « flanellette » (bis)
(*Très haute note en finale*)

Le cours de sacre

Marc Laurendeau, Marcel Saint-Germain

Il est bon de se souvenir que sacrer était toujours officiellement un tabou à l'époque, et Marc Laurendeau semble bien le premier à amener les sacres sur scène devant un public, ou du moins à présenter une telle concentration de sacres.

Marcel : *Vous savez que pour nous Canadiens français, il est très important, dans les soirées mondaines ainsi que dans les partys, de savoir comment s'exprimer, d'être propres, bref, d'être diguidou. Eh bien ce soir, il faut savoir, vraiment, comment, entre toutes choses, comment sacrer, et voici le cours de sacre du professeur Marco Laurendeau !*

Marc : Usagers de la langue française, restons unis, lâchons des sacres, lâchons-les bien. Esthètes qui goûtez l'art sacré, voici pour vous l'art de sacrer. Tout d'abord les fautes de la semaine. Supposons que vous vous promenez dans les Alpes suisses en compagnie de votre bonne amie. Ne dites pas : « C't'une crisse de belle montagne. » Dites plutôt : « C'est une calvaire de belle montagne. » Sacrez juste ! En vous baladant à Versailles en fin d'après-midi en regardant les grandes eaux, ne dites pas : « C't'une calvaire de belle fontaine. » Dites plutôt : « C'est une baptême de belle fontaine. » Dans quelque soirée mondaine, en dégustant un beaujolais ou un saumur rosé, ne dites pas : « C't'un crisse de bon vin. » Dites plutôt : « C'est un câlice de bon vin. Comme il est bon de pouvoir ainsi boire. » Il en va de tout autre manière si vous dégustez un whisky. Alors là, exclamez-vous : « Ah ! voici un whisky savoureux en Calvert ! »

L'on vous présente une jolie personne, ne dites pas : « C't'une crisse de belle fille. » Dites plutôt : « C'est une viarge de belle fille. » En lui faisant la cour, émaillez la conversation galante d'expressions plaisamment imagées : «Dieu, ma chérie, que j'idolâtre vos exquises grâces sti.» Sacrez peu, sacrez mieux. Ça crée de l'ambiance.

Si l'on s'esbaudit en groupe, une agréable remarque identifie tout de suite les beaux esprits. Un prolétaire laisserait choir un : «Crisse qu'on a du fun.» Dites plutôt : «Chasuble qu'on s'amuse!» On admire un fin sacreur. Évitez les banalités, les lieux communs, ne dites pas : «C't'une baptême de belle soirée.» Dites plutôt : «C'est une extrême-onction de belle soirée.» «C'est une confirmation de belle soirée.»

Alors voici, chers auditeurs, les sacres de la semaine recommandés par l'Académie française. Tout d'abord, n'est-ce pas, il y a le sacre combiné : «Crisse de câlice.» Le sacre matinal : «Ostitoastée!» Le sacre audacieux et grossier : «Môsusse», «Ah sainte!» ou encore le terrifiant «Creampuff.» Le sacre atténué : «Cline, clisse, câline, calevasse.» Enfin, tout le monde connaît ces petits sacres, ces sacrets. Ça n'est un sacret pour personne, «sacrève» les yeux. Le sacre historique… vous ne pouvez pas vraiment vous imaginer que Louis XV a pu dire à madame de Pompadour : «Après moi, le déluge!» Non, voici ce qu'il a dit : «Madame, je m'en contresaintciboirise!»

Tout ceci illustre la richesse du sacre dans le langage, puisque le sacre peut servir à la fois de nom, de prénom, d'adjectif, de verbe et d'adverbe. Ainsi, la phrase «Jean, qui était irrité, a expulsé Jules violemment» deviendra, et là, c'est l'éloquence pure : «Le sacrement qui était en calvaire a câlicé dehors l'ostie en tabarnac.»

Avez-vous déjà essayé d'imaginer ce que serait une pièce de Corneille, si le grand Corneille avait su comment sacrer? Voici un extrait du *Cid*, cette scène fameuse où Don Rodrigue rencontre le père de Chimène. D'une main il prend son épée et de l'autre il s'écrie :

— À moi, calvaire! Deux mots!

— L'on vous entend monsieur, mais vous n'êtes qu'un tabarnac !

— Contemplez cette épée, félon ! À travers le cœur, je vais vous la crisser !

Finale

Nos députés sont des tripoteurs
Et nos curés sont des sermonneurs
Nos millionnaires sont des Britanniques
Voilà pourquoi nous sommes des cyniques !

CHAPITRE IV
LES CYNIQUES À LA COMÉDIE-CANADIENNE
(VOLUME 3, 1967)

Chanson thème

Depuis bien longtemps, tout le monde admire les gens bien pensants
Ce sont pourtant eux qui nous inspirent des propos méchants
Rien n'est à l'abri du rire, on n'est pas délicats
Sans cesse on s'amuse à dire ce que tout l'monde pense tout bas
Que tous ceux qui seront nos victimes se le disent bien
Si un jour vous ne valez plus une blague, vous ne vaudrez plus
   rien.
— Dites donc, monsieur, je fais une quête, là, je pourrais-tu avoir
une piasse pour l'enterrement d'un journaliste?
— V'là cinq piasses, enterres-en cinq!
Rien n'est à l'abri du rire, on n'est pas délicats...
— Écoutez, madame Johnson, vous êtes très souvent rendue à
l'hôpital, est-ce que vous attendez un enfant?
— Ah! vous connaissez Daniel... Des promesses, des promesses...
Sans cesse on s'amuse à dire ce que tout l'monde pense tout bas...
— Pardon, monsieur, vous auriez pas dix cents pour moi? J'ai rien
qu'un bras.
— Rien qu'un bras? Cinq cents!
Que tous ceux qui seront nos victimes se le disent bien...
— Mon très cher fils, pourriez-vous me verser une aumône pour
les prostituées de la paroisse?
— Non, monsieur le curé, elles me coûtent déjà assez cher
comme ça!
Si un jour vous ne valez plus une blague, vous ne vaudrez plus
rien.

Que tous ceux qui seront nos victimes se le disent bien
Si un jour vous ne valez plus une blague, vous ne vaudrez plus
rien. (bis)

Les déguisements

Marc Laurendeau, Marcel Saint-Germain

Voici un numéro qui mérite bien des explications. Élaine Bédard était un mannequin québécois qui portait des robes extravagantes et parfois révélatrices à l'émission de jeu *La rigolade*. Yves Christian était un animateur radio et un annonceur publicitaire très kitsch, typique de Télé-Métropole. Jacques Normand, animateur et chansonnier, était un alcoolique notoire, une cible d'allusions fréquentes. Bill Wabo est le personnage de l'Indien dans *Les belles histoires des pays d'en haut*. Il était à l'époque incarné par le comédien Guy Provencher, qui avait été contraint de quitter l'émission à la suite d'accusations portant sur des délits sexuels à l'encontre de mineurs. Le chef de l'Union nationale, Daniel Johnson, élu premier ministre en 1966, faisait craindre le pire chez les progressistes de l'époque, mais contre toute attente, il poursuivit la Révolution tranquille dans un esprit d'affirmation nationale. Jean Marchand était un syndicaliste élu avec Trudeau et Gérard Pelletier à l'élection fédérale de 1965. Ces trois colombes rouges avaient pour objectif de réformer la politique canadienne. Marchand était vu alors comme celui qui avait les meilleures chances de succéder à Pearson, qui, dirigeant un gouvernement minoritaire, devait faire des compromis pour le maintenir à flot.

Marc : Mesdames, messieurs, et ceux qui ne sont pas encore décidés...

Marcel : Selon la rumeur, on serait censé faire un spectacle méchant.

Marc : C'est pourquoi beaucoup de personnalités ont eu peur de venir cette semaine à la Comédie-Canadienne.

Marcel : Mais les gens célèbres sont quand même curieux.

Marc : On les a vus se faufiler.

Marcel : Sans attirer l'attention.

Marc : Ils se sont tout simplement déguisés ! Il paraîtrait même que Jean Lesage va venir.

Marcel : Il a même songé à se déguiser en robineux.

Marc : Il ne devrait pas, tout le monde va le reconnaître !

Marcel : Élaine Bédard nous est arrivée habillée en arbre de Noël. On n'aura pas besoin d'attendre le dépouillement.

Marc : John Diefenbaker s'est déguisé en poisson, ça va peut-être l'obliger à suivre le courant.

Marcel : Yves Christian, le subtil, s'est déguisé en pâtissier. Il paraît qu'il fait une excellente tarte.

Marc : Jacques Normand s'est déguisé en chameau. D'ailleurs, il peut se passer d'eau pendant une semaine.

Marcel : Le cardinal Léger s'est habillé tout en blanc, il a réalisé un vieux rêve.

Marc : Bill Wabo s'est travesti en père Noël ; paraîtrait qu'il est ben bon pour attirer les petits gars.

Marcel : Daniel Johnson s'est déguisé en premier ministre. Méconnaissable.

Marc : Messieurs Marchand et Pearson se sont déguisés en compromis. Marchand faisait le promis, Pearson faisait comme d'habitude.

Les morts

André Dubois, Marc Laurendeau, Marcel Saint-Germain, Serge Grenier

On parodie les annonces nécrologiques à la radio avec André en Alexis Metière et Marc en Larry Quiem. Urgel Bourgie, une entreprise fondée au début du 20e siècle, était en pleine expansion depuis les années 1950. L'émission *Jeunesse d'aujourd'hui* (1962-1974), diffusée à Télé-Métropole, était très populaire. Elle était animée notamment par Pierre Lalonde, qui recevait les artistes à la mode qui chantaient en présonorisation devant des danseuses yé-yé. Les Classels, un groupe de rock and roll yé-yé, étaient habillés en blanc, parfois avec une touche de rose. Le gag sur la «grande vente de veufs» est une allusion au cours des produits agricoles donné à l'émission *Le réveil rural*.

Marcel : Vous n'êtes pas sans savoir que nos émissions mortuaires manquent de «pep». Voici un exemple frappant de ce que je viens de vous énoncer...

Serge : À Montréal, le 9, est décédé Jean Drapeau, époux de Thérèse Drapeau. Le convoi funèbre quittera les salons Urgel Bourgie. À Montréal, le 10, est décédé Urgel Bourgie... Le convoi funèbre quittera son propre salon et le défunt s'enterrera lui-même !

Marcel : Eh bien, vous voyez, ce n'est pas tellement gai. Nos postes de radio commerciaux ont décidé de se mettre à la mode du jour. Voici votre émission favorite : *Vieillesse d'aujourd'hui* ! Nos morts à go-go ! Avec votre disque-jockey favori : Alexis Metière !

A. Metière : Salut tous les vieux, et bienvenue à votre émission favorite : *Vieillesse d'aujourd'hui* ! C'est l'émission où l'on ago-gonise ! Et cette émission vous parvient comme toujours du cimetière de la Côte-des-Neiges ! Ici, actuellement, au cimetière, il fait trente degrés sous zéro à l'intérieur de notre charnier. Et à l'extérieur, il fait une véritable tempête, vraiment, on peut dire que ça tombe! Et nous passons tout de suite à notre «palmorès». En première place cette semaine, un succès très en vogue chez toutes les veuves: «Toi et moi, c'est bien fini». Et en deuxième place, égalêment très populaire chez toutes les veuves: «Et maintenant que vais-je faire?» Et nous passons au concours «la parade des défunts de la semaine»; cette semaine, le concours a été gagné par madame Alexina Lamothe, décédée à quatre-vingt-dix-neuf ans, encore une p'tite mère qui nous a lâchés. Eh bien, madame Lamothe s'est distinguée, croyez-le ou non, avec son magnifique cercueil blanc et rose, c'est le modèle Classels! Et nous passons tout de suite à notre bulletin de nouvelles avec notre as reporter qui vous dévoilera des indiscrétions, les vérités que l'on n'osera dire nulle part ailleurs, voici l'envers des funérailles avec Larry Quiem!

L. Quiem: Scoodely-doo wawow! Bonsoir les moribonds, voici vos nouvelles de dernière heure...

Mondanités. Armand Bisson donne un magnifique garden-party au cimetière, un party monumental... Plusieurs invités avaient deux ou trois vers dans le corps. Monsieur Bisson parlait très fort, il voulait enterrer tout le monde avec ses incinérations malveillantes.

Nouvelles et avis saisonniers. Les prix payés pour les cercueils restent stables. On note une épidémie de santé. Arrivage modéré, grande vente de veufs: catégorie A, veuf de l'ouest, gros et extra gros.

Partie de cartes. Les dames de la paroisse Sainte-Cunégonde font tirer un cercueil, grande tombola.

Syndicalisme. Les employés du cimetière n'ont pas obtenu le coffee break, ils ont pris leur trou.

Nouvelles du sport. On organise une course de corbillards pour tous les mourants qui aiment râler. À la piste Mort-Tremblant, suivi d'un grand pique-nique, venez choisir vos vers avant qu'ils ne vous choisissent !

Et voilà, chers mourants, notre temps est expiré. Ce bulletin de nouvelles était une gracieuseté de Georges Godin, « Monsieur Cercueil », qui offre cette semaine avec chaque preuve d'achat de deux dessus d'boîte le nouveau complet 19,95$, quatre pantalons, garantis pour l'éternité.

Georges Godin organise cette semaine sa grande soirée d'autopsie... avec buffet froid, suivi d'un concours d'amateurs. Venez voir des jeunes pourris de talents. Pour vous y rendre, nous fournissons le nouveau cercueil avec six poignées à l'intérieur, « drive yourself ».

L'examen de conscience

Serge Grenier

> Serge Grenier renoue avec le clergé. Petit rappel : les prêtres, à l'époque, posaient la question «Seul ou avec d'autres?» quand les pénitents en confession s'accusaient de péchés d'impureté ou, si l'on préfère, d'attouchements sexuels. Parfois, les prêtres procédaient devant les fidèles à un examen de conscience collectif. C'est l'exercice auquel on est convié ici.

Serge : Est-ce que j'ai fait des mauvaises choses? Seul ou avec d'autres? Et si c'est avec d'autres, de quel sexe? Est-ce que j'ai chanté des chansons cochonnes? Est-ce que j'ai raconté des histoires cochonnes? Est-ce que j'ai mangé comme un cochon? Ai-je souhaité la mort de Claude-Henri Grignon? Serai-je bientôt exaucé? Suis-je abonné à *Playboy*? Est-ce que j'ai montré mes foufounes? Ai-je suçoté des jujubes? Est-ce que j'ai pris ma douche NU? Me suis-je déjà couché sur le ventre pour mieux jouïr? Hmmm? Ah! oui? Chanceuse... Dans mon lit, suis-je immobile ou me meus-je?

Le Juif

Marc Laurendeau, Marcel Saint-Germain

> Tout comme les blagues sur les gays révèlent le contexte social des années 1960, celles qui visent les Juifs sont à replacer dans le temps : ces plaisanteries de l'animateur (Marc) sur le chanteur (Marcel) seraient vues, aujourd'hui, à l'époque des chartes, comme une atteinte aux droits des minorités. Mais cela marque l'espace de liberté qui existait à l'époque.

Animateur : *Bonsoir les jeunes ! Un p'tit peu de musique cheap, s'il vous plaît. C'est maintenant l'heure des* Jeunes talents Catelli, *l'émission où on vous présente des nouilles ! Une émission des produits Habitant. Notre premier invité ce soir, il s'agit d'un jeune Juif, mais j'espère que vous allez bien l'applaudir quand même... Le voici, le rossignol de la «pawnshop» : Abraham Hezahelovasonovabitch !*

(*Sur l'air de Hava Nagila*)
On va nèquer là
On va nèquer là
On va nèquer là su' le matelas

On va nèquer là
On va nèquer là
On va nèquer là su' le matelas

Ôte donc ta main de d'là
Ôte donc ta main de d'là
Ôte donc ta main de d'là
J'ai un bobo là...

Viens, viens, viens, viens
Aaaaaaaaaa-e-i-o-u-y
Ôte donc ta main de d'là !

Batman

André Dubois, Marc Laurendeau, Marcel Saint-Germain

André (Batman) et Marcel (Robin) font ici une parodie de la bande dessinée *Batman*. Précisons, pour faire ressortir le comique du sketch, que Robin est plutôt efféminé. Cette façon de présenter les deux compères comme un couple homosexuel deviendra une blague récurrente. Les Cyniques font de nombreuses allusions à l'actualité. Il y a celle concernant le lieutenant-gouverneur, Paul Comtois, victime d'un incendie qui lui coûta la vie. Nous y reviendrons plus loin. Il est également utile de rappeler que de nombreuses grèves mobilisaient le Québec, en pleine Révolution tranquille, et le FLQ posait des bombes dans les boîtes aux lettres. La blague sur l'émission *Cré Basile* renoue avec la critique de Télé-Métropole et de son niveau de langage, alors souvent pris à partie.

Marc : *Montréal City, des malaises sociaux secouent le Canada français. Ni le clergé, ni le parlement, ni la force constabulaire n'ont réussi à apaiser les passions. De sorte qu'on a fait appel aux fils adoptifs du Québec : le duo dynamique !*

Batman : Je m'appelle Batman...

Robin : Je m'appelle Robin, hi, hi !

Batman : Je suis toujours avec Robin.

Robin : Je suis toujours avec Batman, on est toujours ensemble !

Batman : Regarde-moi pas comme ça, faut pas que les enfants le sachent.

Robin : Aucun danger, Batman, la Comédie-Canadienne est un théâtre, les enfants n'entrent pas au théâtre, donc il n'y a pas d'enfants ici, Batman.

Batman : Excellente déduction, Robin, tu es en forme ce soir. On n'est pas ici pour s'amuser.

Robin : C'est dommage.

Batman : On est ici pour régler les problèmes des Canadiens français.

Robin: Message reçu, Batman!

Batman: À qui on va s'adresser d'abord?

Robin: À un membre du gouvernement du Québec?

Batman: Sois plus précis.

Robin: Au lieutenant-gouverneur?

Batman: Tu brûles, tu brûles...

Robin: À Jean Lesage?

Batman: Il est déjà brûlé...

Robin: À Daniel Johnson?

Batman: Bravo, on va lui demander de régler les grèves.

Robin: On va s'adresser à son ministre du Travail!

Batman: On ne peut pas, Robin.

Robin: Pourquoi, Batman?

Batman: Il est en grève...

Robin: Ben les grèves, on va les régler nous-mêmes. Par exemple, la grève du canal 10...

Batman: Il n'y a pas de grève au canal 10.

Robin: Il devrait en avoir une.

Batman: Parle pas contre le canal 10, tu sais qu'on a de la concurrence avec *Cré Basile*.

Robin: C'est pas de la concurrence, ça, Batman, nous autres c'est en français.

Batman: Parlant de télévision, tu sais qu'on est pris pour aller aux *Couche-tard*.

Robin: Eux autres, ils nous ressemblent.

Batman: Baulu, il serait bon dans Batman.

Robin: Pis Jacques Normand a toujours été bon dans robine.

Batman: Mais si tu veux qu'on règle les grèves nous-mêmes, ça va nous faire beaucoup d'ouvrage.

Robin: J'ai assez peur d'une grève chez les vidangeurs.

Batman: Mon Dieu Seigneur, encore une autre affaire qui va sentir mauvais. La grève chez les écoliers aussi!

Robin: Pourquoi, Batman?

Batman: Ben aujourd'hui, les jeunes dans le vent, ils veulent toujours changer de maîtresse.

Robin: Pis moi, j'ai peur à une grève chez les députés!

Batman : As-tu vraiment peur, Robin ?

Robin : Non, ça va passer inaperçu...

Batman : Mais les plus dangereux, c'est les séparatistes.

Robin : Faut pas toucher à ça, Batman, c'est de la dynamite !

Batman : Comment on va faire pour régler tous nos problèmes ?

Robin : Il nous faut un plan, Batman !

Batman : Message reçu, Robin. Je mets mon bat-cerveau en marche. Voici mon plan : nous allons nous emparer de Québec City.

Robin : Oui, Batman !

Batman : Nous allons planter notre drapeau.

Robin : Oui, Batman !

Batman : Sur le parlement...

Robin : Oui, Batman !

Batman : Nous allons liquider les chefs politiques les plus dangereux !

Robin : Bravo Batman ! Mais comment ?

Batman : Je vais t'expliquer, petit crétin. D'abord, Bourgault, il veut se séparer ? On va le faire mourir d'écartèlement !

Robin : Oh !, je comprends. Daniel Johnson aussi, on va le faire mourir d'écartèlement !

Batman : Non, il est déjà assez écarté...

Robin : Pis Jean Lesage ?

Robin : On va le faire mourir en beauté.

Robin : Allons, Batman, sautons dans la batmobile !

Robin : Il va y avoir de la bat-aille !

Batman : J'espère qu'on n'aura pas de « bat-luck » !

Robin : On va les passer au bat !

Batman : Avec nos bat-bats !

Télé-Métropole, votre canal 10

André Dubois, Marc Laurendeau, Marcel Saint-Germain

> Le titre réfère au slogan de la station. Télé-Métropole était la première station privée à diffuser en français et elle se voulait plus populaire que Radio-Canada, jugée plus intellectuelle. Les Cyniques, on l'a vu, aimaient se moquer de la culture bassement populaire et vulgaire du canal 10, ainsi que de la pauvreté de ses émissions. L'animateur, comédien et auteur Réal Giguère était un peu le roi du canal 10 et œuvrait dans tous les registres. Rod Tremblay jouait du piano et racontait des blagues dans le style de Claude Blanchard, un conteur de blagues dans les clubs et un comédien qui poussait la chansonnette. Ici, Marcel, le régisseur, s'entretient avec Marc, le réalisateur. Précisons finalement que la Plaza Saint-Hubert était un important commanditaire de la station.

André : *Nous nous transportons immédiatement à Télé-Métropole, votre canal 10... que vous le vouliez ou non. Nous sommes dans la cabine d'un réalisateur au moment où celui-ci discute avec son régisseur.*

Régisseur : Hey patron, regardez donc ça, on va avoir un long générique.

Réalisateur : Ouais, c'est long pour rien, coupes-en, ça fait intellectuel, pis à part ça, y a ben de nos auditeurs qui savent pas lire.

Régisseur : Auriez-vous une idée comment ça va finir, cette émission-là ?

Réalisateur : Ah non ! La seule émission ici où on sait comment ça va finir, c'est la lutte.

Régisseur : Euh, y a un autre problème, patron, c'est qu'y a pas d'animateur pour commencer l'émission. Y est parti sur une « balloune » depuis deux semaines, c'est épouvantable.

Réalisateur : Prends le gros Giguère, y est parfait.

Régisseur : Hey patron, j'ai regardé le script, là. Vous trouvez pas que les blagues sont un peu vieilles ?

Réalisateur : Ben non, le monde veulent pas toujours entendre des nouvelles affaires pour les mélanger. Ils veulent se faire rafraîchir la mémoire.

Régisseur : Mais tout à coup y rient pas ?

Réalisateur : Y vont rire, on leur donne du Pepsi, ils peuvent bien faire ça pour nous autres.

Régisseur : Y riront peut-être pas au bon moment.

Réalisateur : Tu leur feras signe quand rire.

Régisseur : Non, écoutez patron, j'ai lu le script comme il faut. Ce qu'il nous faudrait, c'est quelque chose de plus subtil, de plus intelligent, je sais pas, par exemple, une satire en vers !

Réalisateur : Es-tu fou, toi là ? Veux-tu nous faire perdre notre *rating* ? On va leur en donner, du subtil, tu diras à Rod Tremblay de se faire aller la bedaine.

Régisseur : Mais oui, mais Rod Tremblay, y est même plus sur l'émission.

Réalisateur : Prends le gros Giguère, y est parfait !

Régisseur : Hey patron, y a rien de sexy sur l'émission.

Réalisateur : Ouais ? Qu'est-ce que tu fais de la danseuse ?

Régisseur : Elle est malade.

Réalisateur : Prends une secrétaire au deuxième.

Régisseur : Heille... heille, on va-tu lui faire porter le topless ?

Réalisateur : Ouais, la télévision a besoin de nouveaux visages.

Régisseur : Hey patron, on n'est pas plus avancés, y a un trou ici, y a rien pour finir l'émission.

Réalisateur : Passe un spot sur la Plaza, les annonces y aiment ça eux autres.

Régisseur : Ben ouais... Un spot sur la Plaza, y a rien de prêt, y a rien de préparé sur film, y a rien d'enregistré !

Réalisateur : Prends le gros Giguère, y est parfait !

Régisseur : Alors attention tout le monde sur le plateau, il reste trois minutes avant le show !

Réalisateur : Excellent ! On a le temps de faire une répétition générale !

Gontran de L'Aiguille

André Dubois, Serge Grenier

Gontran est un personnage inventé, mais il incarne un composite de chroniqueurs et de conseillers patentés de Télé-Métropole : André présente Serge.

Présentateur : *Bonjour chères auditrices, le canal 10 est maintenant fier de vous présenter l'émission* Bon après-midi mesdames. *À notre émission nous accueillons votre conseiller domestique favori : Gontran de L'Aiguille !*

Gontran : Bon après-midi mesdames ! Il me fait plaisir de venir vous donner de judicieux conseils sur l'art de bien vivre et de bien profiter de la vie. Tout d'abord, lorsque vous êtes à la maison, effouérez-vous devant la TV, avec des chips d'un bord, du chocolat de l'autre pis du Kik dans le milieu. Vous allez être ben.

Et quand vos petits enfants rentrent de l'école pour dîner, bourrez-les de coleslaw. Et s'ils sont bien sages, ajoutez des dills. Mais si vos petits enfants sont bien jeunes, et qu'ils ne sont encore que de tout petits bébés, nourrissez-les à la bouteille. Parce que l'allaitement maternel, ça magane sa femme.

Quand votre petit bébé atteint l'âge de quatre ans, envoyez-le à l'école maternelle. C'est bon pour le petit bébé, ça débarrasse. Quand vous lavez votre petit bébé, saucez-le dans l'eau bouillante. Il deviendra propre comme un petit homard.

Quand vous sortez, que ce soit à la Place des Arts ou au Amherst, trois vues pour 55 cents, n'emportez dans votre sac à main que l'essentiel : rouge à lèvres, mascara, fond de teint, chapelet, sous-vêtements de « spare » et deux boîtes de Cherry Blossom.

Portez toujours, quand vous sortez, des choses très très simples. Évitez les jambières, les «rainettes», les «shoe-claques», les gougounes. À éviter tout spécialement: les bottes de caoutchouc. Ça pue! En hiver, lorsqu'il fait un peu frisquet, portez des «botterlots». Ça fait dur, mais ça garde sa femme chaude.

Quand vous achetez des meubles, choisissez des meubles foncés. Les taches paraîtront moins, surtout si vous invitez toujours la même gang de cochons.

Quand vous prenez des vacances, si vous êtes riches, allez à Plattsburgh et profitez-en pour acheter un paquet de bébelles. Vous pourrez les cacher sous les bancs de l'auto ou dans votre soutien-gorge, selon la grosseur de la bébelle... ou du soutien-gorge!

N'oubliez pas mesdames, la simplicité en tout. Portez, par exemple, un joli chandail avec une mignonne petite jupette. Choisissez des couleurs sobres comme le rouge, le mauve et le drabe. Ceci convient particulièrement aux femmes minces, autrement dit aux échalotes. Mais si vous êtes grasse et qu'on vous appelle la grosse toutoune, portez du noir, il y en a autant, mais ça paraît moins. Mais si vous êtes très très grasse et qu'on vous appelle la pompe à steam... ne sortez pas.

La soirée du hockey

André Dubois

André Dubois imite ici le célèbre journaliste et commentateur sportif de Radio-Canada René Lecavalier (1918-1999). Il s'agit d'un pastiche de l'émission *La soirée du hockey* ainsi que d'une parodie de la cérémonie du mariage.

André : *La célébration religieuse d'un mariage est toujours, chez nous, un événement rempli d'incidents cocasses, imprévus, de suspense semblable à un match de hockey. D'ailleurs, on dit souvent qu'un tel se marie contre une telle. Alors, supposez un instant qu'un mariage va se dérouler sous vos yeux et, pour la description de ce mariage, voici maintenant René Lecavalier !*

Lecavalier : Eh bien bonsoir tout le monde, la cérémonie nuptiale est en marche ! Et comme on le sait, les Chicoine de Mistassini affrontent ce soir les Robitaille de Montréal. Et la foule a envahi les jubés ici, il reste quelques places dans les bancs jaunes près des cloches. Eh bien dès le début du match on peut dire que le jeu a été enlevant. Il y a eu d'abord à 1 minute 20 la montée superbe du marié, une jeune recrue qui s'est approchée des buts flanquée de son père et témoin, le vétéran Rodrigue. Puis à 2 minutes 30 les Robitaille sont revenus à la charge à leur tour avec une montée foudroyante, une attaque à cinq menée par la mariée. Eh bien ici on peut dire que la mariée patine avec beaucoup d'aisance malgré sa robe longue, et on voit qu'elle a déjà renoncé à porter la culotte. Et, fait à noter, elle chausse les patins pour la première fois cette saison, elle possède donc une fiche vierge... Du moins, si on ne compte que les apparitions officielles.
Eh bien on sent ici que les deux fiancés veulent se marier ; en effet il y a eu entre eux à la deuxième

reprise un échange de vœux assez brutal ! Et le jeu a été interrompu lorsque l'oncle Arthur s'est étendu de tout son long dans l'allée centrale.

Eh bien on sent ici que les deux fiancés sont très impatients, et on sait que durant toutes les fréquentations, et c'est vraiment un phénomène assez rare, le fiancé n'a pas réussi une seule fois à déjouer la vigilance de sa fiancée. Et ce soir, on les sent impatients ; en effet ils gigotent, et pour eux c'est vraiment la soirée du OK.

Eh bien j'en appelle à tous les célibataires qui sont aux écoutes, cette soirée du OK est un hommage de l'agent matrimonial S.O.S. de votre localité, qui vous donne ce conseil : si vous vous mariez en hiver, faites vérifier votre batterie. Ce sera plus efficace pour la transmission et vous éviterez les pertes de temps lors de l'embrayage.

Eh bien c'est maintenant la reprise du jeu. La mise au jeu se fait juste au centre de l'autel. Fait à noter, l'arbitre et les deux juges de ligne sont des joueurs d'expérience qui ont longtemps appartenu au club de l'armée canadienne, où ils évoluaient comme servants de messe.

Eh bien dès la mise au jeu c'est le cousin Robitaille qui s'empare du jonc, et là il jette un coup d'œil du côté de sa blonde, il s'approche d'elle, fait une feinte habile et là il lui fait une joyeuse passe. Mais hors-jeu, l'arbitre a jugé que la passe était trop longue.

Cette fois, la mise au jeu s'effectuera à l'autre bout de l'autel tout juste à côté de l'épître. Ici il y a un joueur qui proteste, mais l'arbitre s'en lave les mains. Et cette fois, dès la reprise, c'est Suzanne Robitaille qui s'empare du jonc, elle réussit à contourner la mère de la mariée, un colosse de six pieds, trois cents livres. Et elle fait une longue passe jusqu'au marié, mais hors-jeu, celui-ci était déjà de l'autre côté de la balustrade. Il faut remarquer ici, n'est-ce pas Jacques, la performance superbe de Suzanne. On le sait qu'elle s'entraîne depuis la publication des bans et elle s'est tordu les ligaments du genou lors du match des fiançailles. Et ce soir, elle n'a pas voulu rester sur le banc des mariés, et elle a dû essuyer tantôt une rude mise en échec le long de la sainte table et, à moins d'un miracle, elle pourra difficilement tenir le coup jusqu'à l'aéroport.

Eh bien cette fois, dès la reprise du jeu, c'est un jeune Chicoine qui réussit à s'emparer du jonc, il s'échappe seul, et là il parvient devant la mariée, mais oh ! ici c'est le beau-père qui réussit un arrêt formidable. Il a réussi à se transformer en gardien de bru ! Mais ici le fiancé proteste, il n'a pas aimé ce dernier jeu, il déclare, à qui veut l'entendre, qu'il désire être heureux en ménage et avoir au moins une dizaine d'enfants. Et là ici la foule le hue, et lui lance même des caoutchoucs.

Mais ici c'est la mariée qui proteste à son tour, ici la foule applaudit, ils lancent même des cadeaux, et la mariée en profite pour compléter le tour du trousseau. Mais elle proteste encore vivement, elle est vraiment fâchée, elle jette son bouquet par terre, elle s'approche du marié, elle s'élance vers lui et là oh ! elle lui administre un violent baiser. Et c'est sûrement un des plus beaux moments du match !

Mais je crois qu'il y aura des punitions sur ce jeu. En effet, c'est confirmé par le bedeau officiel. Punition mineure double : à la suite de ce baiser, la mariée sera punie pour assaut et le marié pour avoir porté son bâton trop élevé.

Eh bien là-dessus nous vous quittons, et n'oubliez pas que, si le compte demeure égal, il y aura une période supplémentaire qui sera jouée à minuit ce soir. On s'attend alors à du jeu offensif, et à de nombreux corps à corps. Et n'oubliez pas que malheureusement cette période ne sera pas télévisée.

La visite de l'Oratoire

Marc Laurendeau, Serge Grenier

L'oratoire Saint-Joseph est toujours un lieu touristique, de recueillement et de pèlerinage. On doit au frère André, canonisé en 2010, la construction de l'église sur le mont Royal. Après sa mort, en 1937, les médecins ont effectivement extrait son cœur, qui sera conservé à l'Oratoire pour devenir un objet de dévotion. Le frère André était une figure très respectée par les catholiques, qui voyaient en lui un véritable saint accomplissant des miracles. Toutefois, plusieurs reprochaient à l'Oratoire un étalage criard et souvent mercantile. C'est la dimension «vendeur du temple» que les Cyniques (avec Marc dans le rôle du guide) ont caricaturée.

Serge : *Vous savez qu'au Québec nous possédons de nombreuses richesses naturelles. Par exemple, à Québec il y a Sainte-Anne-de-Beaupré. Et à Trois-Rivières il y a le Cap-de-la-Madeleine. Et puis à Montréal, les chanceux, il y a l'oratoire Saint-Joseph. Alors si la chose vous intéresse on va tous partir comme des bons petits garçons pis des bonnes petites filles, pis on va tous aller visiter ensemble l'oratoire Saint-Joseph avec nul autre que le guide de l'Oratoire!*

Le guide : Welcome American tourists! Bonsoir les poissons! Good evening freaks and monsters! Bonsoir les infirmes! I am pleased to see you! Je suis plissé de vous voir! I am delighted to see you! Je suis dilaté de vous voir!
Par ici s'il vous plaît, this way please. Follow the guide, suivez le guide. Et voici maintenant le fameux escalier de cinq mille marches avec une travée au milieu pour ceux qui montent à genoux les bras en croix. Si vous réussissez à vous rendre en haut, c'est un miracle! Par ici s'il vous plaît. Suivez le guide. Follow the guide.

Et voici maintenant la crypte. Et voici maintenant le cœur du frère André à l'âge de quarante ans. Watch your step. Et voici maintenant le cœur du frère André à l'âge de cinq ans. Follow the guide. Suivez le guide. Ti-gars, remets ça dans le bocal !

Voici maintenant les corsets, les bretelles, les combinaisons du frère André. Tout est discret et de bon goût. Voici maintenant le hall des miracles, the Miracle Mart ! Entreposez vos béquilles, mettez vos béquilles à l'abri du mythe ! Notre devise : « Guérison garantie ou infirmité remise. » Par ici s'il vous plaît. This way please. Quoi ? Ah non ! mon petit garçon, on ne vend pas de béquilles en chocolat. Follow the guide. Monsieur arrêtez de vous cogner partout. Arrêtez de vous cogner partout ! Je vais vous casser votre canne blanche !

Et voici maintenant le hall des lampions ! The hall of the lampions ! Il y a d'abord les juniors à dix cents, les jumbos à un dollar, trois couleurs : rose, citron-lime ou ananas. Ti-gars, arrête de souffler partout là, veux-tu arrêter ! Madame, dites donc à votre petit gars d'arrêter de me faire des grimaces. Quoi ? Ah ! c'est un mongol ? Pardon.

Par ici s'il vous plaît, follow the guide. Non monsieur, non, votre poumon d'acier ne rentre pas dans la porte. Et voici maintenant une vanne remplie d'huile de Saint-Joseph, une gracieuseté de la compagnie Mazola. Follow the guide, suivez le guide, watch your step... Hey you ! Follow the guide ! (*Il s'adresse à l'éclairagiste qui opère le projecteur mobile qui vient d'accuser un temps de retard*)

Et voici maintenant le chic restaurant de l'Oratoire, endroit swell et de confiance où même vous, monsieur le paralytique, vous ne vous ferez pas rouler. Messieurs les bossus, en avez-vous plein le dos ? Après les miracles, quoi de mieux qu'un rafraîchissement ? Venez déguster nos hot dogs relique-moutarde. Et terminez la journée en dégustant le breuvage favori du Pape, le « papsi ».

Finale

Depuis bien longtemps tout le monde admire les gens bien-pensants
Ce sont pourtant eux qui nous inspirent des propos méchants
Que tous ceux qui seront nos victimes se le disent bien
Si un jour vous ne valez plus une blague, vous ne vaudrez plus rien
(*Quatre fois*)

CHAPITRE V
LES CYNIQUES, LE MEILLEUR!
(VOLUME 4, 1968)

Les gamins

Marc Laurendeau, Marcel Saint-Germain

André : *C'est le moment de la récréation. Les petits enfants jasent et discutent entre eux. Tendons l'oreille et écoutons les propos de deux petits bambins.*

Marcel : Gna gna gna gna gna gna.

Marc : Gna gna gna gna gna gna.

Marcel : Mon oncle c'est Pierre Elliott Trudeau, c'est moi qui parle le mieux l'anglais[33].

Marc : Mon oncle c'est Guilda, et elle ce n'est pas seulement mon oncle, c'est aussi ma tante.

Marcel : Gna gna, mon frère est police municipale, il va t'arrêter.

Marc : Mon frère est police provinciale, il va te torturer.

Marcel : Gna gna, t'as un bandit dans ta famille.

Marc : Pis toé, t'as un conseiller municipal.

Marcel : Gna gna, ton cousin c'est un Anglais.

Marc : Ouais, j'ai vu ton cousin tantôt, il était soûl.

Marcel : Ouais, mais demain mon cousin sera pu soûl, pis le tien va être encore un Anglais.

Marc : Gna gna, ton beau-frère c'est un mongol.

Marcel : Pis le tien c'est Robert Stanfield[34].

Marc : Gna gna, ton frère c'est un vidangeur.

Marcel : Pis le tien c'est Claude Blanchard[35].

Le père Legault

André Dubois, Serge Grenier

André offre une parodie de la tribune téléphonique *Le père Legault écoute* (1966-1971[36]). Madame X était un personnage de la radio québécoise qui entre en ondes en 1959. C'était une courriériste des cœurs qui se présentait comme une quasi-experte en tous genres pour ses milliers d'auditeurs confidents. Sa véritable identité est Reine Charrier, une rescapée des camps nazis. En 1965 sort le film *Le docteur Jivago*, tiré du roman de Boris Pasternak. André fait aussi office d'auditrice.

André :   *La célèbre Madame X, Prix Nobel de CKVL, s'est trouvée incapable de répondre à une question d'une de ses auditrices. Alors cette dernière auditrice, complètement désemparée, décide de s'adresser plutôt au prince de ceux qui donnent des conseils à la radio de ce temps-ci, elle téléphone tout de go au père Legault.*

Père Legault : Allô allô, ici le père Legault. Un membre de l'Église qui swing.

Auditrice : Oui, est-ce que je pourrais parler au père Legault, s'il vous plaît ?

Père Legault : Oui, c'est lui-même. Parlez madame, je vous écoute.

Auditrice : Oui, est-ce que le père Legault est là, s'il vous plaît ?

Père Legault : Oui, je suis là madame. Parlez, je vous écoute.

Auditrice : Oui, est-ce que je pourrais parler au père Legault, s'il vous plaît ?

Père Legault : Oui, oui, parlez avant que je me mette en « calvinisse » (*calvinisme*).

Auditrice : Ah ! père Legault, bon. Je vous appelle parce que ça va pas très bien chez moi de ce temps-ci. Mes enfants me comprennent plus. Parce qu'ils sont « go-go », ils me traitent de gaga.

Père Legault : Oui, oui.

Auditrice : Prenez par exemple ma fille de 16 ans. À 12 ans, elle fouillait dans mon portefeuille ; à 14 ans, dans mon rouge à lèvres, pis là à 16 ans, elle fouille dans mes pilules.

Père Legault : Oui, oui.

Auditrice : Mon fils de 17 ans, c'est bien pire, c'est un jeune étudiant qui fait son cours « classifique ». Actuellement, il est en vérification. Il part toutes les fins de semaine avec deux ou trois filles, pis franchement, il a pas l'air à vouloir se gêner.

Père Legault : Oui, oui.

Auditrice : Mon mari, je vais demander la séparation de corps, je suis bien tannée de lui, il se prend pour un Frigidaire.

Père Legault : Écoutez madame, il n'y a pas lieu de demander la séparation pour autant.

Auditrice : C'est qu'il dort la bouche ouverte pis la petite lumière m'empêche de dormir.

Père Legault : Bon, écoutez madame, premier conseil : il ne faut pas vous séparer de votre mari. Vos deux jeunes enfants m'ont l'air assez bien partis. Il ne faudrait pas leur donner le mauvais exemple. Prenons en particulier votre fille de 16 ans. Eh bien, retenez-la au foyer. Ainsi, elle ne cherchera pas d'autres façons d'être en famille. Quant à votre fils de 17 ans qui part avec deux ou trois filles les fins de semaine, eh bien ce n'est pas grave. Par les temps qui courent, il pourrait facilement se taper deux ou trois hommes.

Auditrice : Ça, ça va, père Legault, c'est juste mes deux plus vieux. J'en ai huit z'autres à part de ça. Notre problème, mon mari et moi, de ce temps-ci, c'est la limitation des naissances. Si vous me pardonnez l'expression, on sait plus où donner de la tête. On a essayé la méthode du thermomètre là, vous savez, la méthode du docteur Jivago. Je vous dis mon père, que y a pas rien que Dorval qui se trompe. Y a des fois qu'il nous annonce du beau temps, mais le ciel est moins dégagé qu'on pense. C'est ben simple, je me fais prendre à chaque année, je tombe enceinte à chaque fois que mon mari prend ses vacances. Il y en a qui partent pour la Floride, moi je pars pour la famille.

Père Legault : Je vous comprends, ma chère madame. Aujourd'hui, faire des enfants n'est plus à la portée de toutes les bourses. Il y a d'ailleurs une série d'articles extrêmement intéressants qui ont été publiés récemment sur ce sujet dans l'*Osservatore Romano*, qui est assez bien placé pour en parler puisqu'il est l'organe officiel du Vatican.

Auditrice : Oui, mais justement père Legault, qu'est-ce que c'est, la position de l'Église à propos des pilules, là ? J'ai entendu dire qu'ils allaient passer bientôt le dogme de l'Immaculée-Contraception.

Père Legault : L'Église attend, avant de se prononcer sur les pilules, le rapport des experts, qui doit paraître bientôt vers 1990. Il y a une longue tradition à ce sujet dans l'Église. En effet, le pape Pie X s'est penché sur la question, de même que le pape Pie XI et également le pape Pie XII, de sorte qu'on peut espérer que le tout sera réglé par le pape Pilule. Et en terminant madame, en guise d'espérance, je vous dirai qu'on a suggéré au dernier concile Vatican II la publication d'une encyclique sur le sujet : *Pacem in Matris*.

«Granada»

André Dubois, Marcel Saint-Germain

«Granada», chanson du musicien et chanteur mexicain Agustín Lara qui sera reprise par Pavarotti, est interprétée pour le moment par Marcel, qui fait état de l'omniprésence de cette chanson dans les cabarets comme sur les grandes scènes lyriques.

André : *Voici maintenant, en direction de la lointaine Espagne, un chant plein d'émotions, par Ramon del Toro.*

Marcel : Agrrr... Agrrr... «Granada», ça fait vingt ans qu'on t'entend
Depuis le temps que tu remplis le gosier de nos ténors légers
Yoland Guérard, Paolo Noël, Aimé Major
Depuis le temps que tu nous garroches ton rythme andalou
Depuis le temps, on a beau se boucher les oreilles
Les postes de radio se servent de toi comme d'un bouche-trou. Trou, trou, trou, trou
«Granada», c'est elle qui nous vient de la grande Espagne
«Granada», on te chante surtout quand on est en gang
«Granada», t'as charmé ma jeunesse, mais le plus drôle, c'est que t'as charmé celle de Juliette Huot
«Granada», t'as pas fini de pogner, d'obséder, d'embobiner nos ténors légers
Agrrr... Agrrr.... Agrrr
«Granada»

Tante Lucille

Marc Laurendeau, Marcel Saint-Germain

Parodie d'une émission radiophonique de contes pour enfants avec Lucille Desparois-Danis, connue sous le nom de tante Lucille. Rappelons que l'avortement était criminalisé à l'époque. Marcel présente Marc, qui incarne la conteuse.

Marcel : *Est-ce que vous connaissez tante Lucille ? Eh bien, tante Lucille est une bonne vieille tante qui raconte des contes pour enfants le samedi matin à la radio. Tante Lucille a décidé d'aller raconter des histoires aux petits garçons de l'école de réforme. Des petits monstres. Voici donc dans un petit conte délicieux, charmant, coquet et féérique, tante Lucille...* (*Musique céleste*)

Tante Lucille : Bonjour mes petits amis. Il était une fois un petit garnement nommé Pierrot qui était bien torrieu. Une fois qu'il avait entendu parler de la guerre contre la pauvreté, il lança une grenade sur un pauvre. Puis il se dit : « Je vais mettre le feu à son taudis. » Aussitôt dit, aussitôt fait. Un jour qu'il voulait empoisonner son oncle, il lui servit une pinte de shellac[37]. Il mourut... mais quel fini ! Le petit Pierrot riait souvent de sa maman, car elle était bien laide. Quand elle allait au zoo, il lui fallait deux billets : un pour entrer et un pour sortir.
Un jour où il demanda à sa maman un éléphant faisant « grou, grou », la maman dit au garnement : « Tu veux un phant-phant ? Si tu es sage, papa ira t'en voler un, mais il faudra que tu cesses de commettre des indécences sur ta petite sœur, celle que tu as fait avorter. Un jour, tu commettras un crime sérieux. » Le petit Pierrot, lâchant sa bouteille

de bière, «scrouchant» sa cigarette de marijuana, dit d'un air coquin: «Tais-toi, vieille folle, j'vas t'en sacrer une.» La maman était très en simonac. Elle gronda le petit bambin en disant: «Y a plus d'enfant!» Le petit Pierrot répondit: «Énarve-toi pas la bonne femme, des enfants, m'as t'en faire moé.»

Il s'en alla saccager une église, piller un tabernacle et termina l'après-midi en profanant un cadavre, car il était très très boudeur. Revenu chez lui, comme sa maman ne voulait pas donner d'animaux à Pierrot, il lui tordit un bras en disant: «Si tu me donnes mon phant-phant, je serai mignon, mignon, mignon. Sinon je te câlice en bas du cinquième étage.» Ce qu'il fit! Le petit gai luron descendit. Il n'espérait ne trouver de la bonne maman qu'un petit paquet d'os tout décocrissés. Il ne fut pas déçu. La morale du conte: s'il y a dans votre famille un charmant petit bébé qui veut sauter en bas du cinquième étage, laissez-le faire, il ne recommencera pas deux fois.

La semaine prochaine, tante Lucille aura un conte pour tous les petits vicieux: *Ali Baba et les 40 voyeurs*. Et tante Lucille fera un grand tirage. Elle fera tirer une mitraillette. Dans une semaine, vous serez le seul petit garçon du quartier à avoir une vraie mitraillette. Et dans deux semaines, vous serez le seul petit garçon du quartier.

Le petit chaperon rouge

Marcel Saint-Germain, Serge Grenier

Marcel : *Mes petits garçons, je vois que vous avez été bien bien gentils. Bien, cela vous mérite un autre conte, cette fois-ci de l'oncle Serge :* Le petit chaperon rouge.

Serge : Il était une fois un petit chaperon rouge qui détestait sa grand-maman. Et sa maman aussi étant donné qu'un jour, elle lui avait arraché un œil, parce qu'il était trop croche. Sa grand-mère était bien malade. Elle avait attrapé le scorbut, le chancre mou et cinq ou six «phylis», car il faut préciser que, pendant sa jeunesse, la bonne femme avait beaucoup swingé. Le petit chaperon rouge décida par un beau matin d'été d'aller visiter la petite vieille. Il prit un panier et le remplit de bonnes beurrées de beurre de pinottes et y ajouta du coleslaw, des dills, une chef's salad, du ketchup, des tomates, des patates, des egg rolls, du porc frais pis une boîte de Dr Ballard, ainsi que des trous de pic. En traversant le bois, elle rencontra le bon loup. Le bon loup-loup lui dit :
— Où t'en vas-tu mon petit chaperon rouge, avec tes beurrées de beurre de pinottes, ton Dr Ballard pis tes trous de pic ?
— Je m'en vas empoisonner ma grand-mère.
— Hon ! C'est pas bien ça, d'empoisonner sa grand-mère.
— OK, verrat. Si tu veux pas que je l'empoisonne, mange-la !
— Mais je ne peux pas, je suis au régime. Seulement des chanoines et des petits bébés.
Alors le petit chaperon rouge continua sa petite bonne femme de chemin, but un peu d'eau dans le ruisseau qui coulait en cascades cristallines et écouta le frais gazouillis des volatiles rieurs. Un charmant petit moineau qui passait par là lui échappa quelque chose sur la tête. Le

petit chaperon rouge était en beau joual vert. Il grimpa dans l'arbre où était le nid de l'oiseau et d'un solide coup de poing effouéra trois petits bébés moineaux. Rendu à la maison de la grand-mère, il sonna à la porte:

— Drelin-drelin.

— Tire la bobinette, et la chevillette cherra, dit la grand-mère.

— Tire la bobinette, et la chevillette cherra. Niaiseuse! Tiens, là, bourre-toi la face, je t'ai apporté des beurrées de beurre de pinottes. Pis à part de ça, comment ça se fait que t'as une grande bouche de même, là?

— Faut ben, pour manger tes maudites beurrées de beurre de pinottes.

C'est alors que la grand-mère se garrocha comme une vraie salope dans les beurrées de beurre de pinottes, le Dr Ballard pis les trous de pic. Elle fit «hein» et tomba raide morte. Morale: si vous n'avez pas de grand-mère à la maison, tant mieux. Mais si vous en avez une, empoisonnez-la. Mais assurez-vous qu'elle sera sauvée en ayant fait ses neuf premiers vendredis du mois.

La semaine prochaine, les petits enfants, autre joli conte. Il s'agira cette fois-ci d'un charmant petit animal domestique qui eut de nombreuses aventures avec ses petites compagnes: le chat botté.

Les cosmonautes

André Dubois, Marcel Saint-Germain, Serge Grenier

Deux courtes références pour mieux comprendre ce sketch : monseigneur Georges-Léon Pelletier était l'évêque de Trois-Rivières et on fait un jeu de mots avec l'agence Tass, l'agence de presse soviétique. André, qui mesure six pieds, est le premier cosmonaute, Marcel, qui fait cinq pieds et quatre pouces, est le second, et ils sont interviewés par Serge.

Serge :   *Nous sommes en l'an 2000. Le Québec a décidé de se lancer à la conquête de l'espace et voici la conférence de presse qu'ont donnée à leur retour les deux premiers cosmonautes québécois.*

Interviewer :   Messieurs, toute la nation québécoise est aujourd'hui en liesse grâce à vous. Mais pourriez-vous nous dire en deux mots le succès de votre exploit spatial ?

Cosmonaute 1 : Ben d'abord, un bon cosmonaute ne doit jamais s'enfler la tête. Il doit toujours avoir les deux pieds sur terre.

Interviewer :   Mais vous n'avez pas peur avant d'entreprendre des vols spatiaux ?

Cosmonaute 2 : Non, l'espace, c'pas si haut.

Interviewer :   Dites-nous, messieurs, qui vous a choisis pour être les premiers cosmonautes québécois ?

Cosmonaute 1 : Ben aux États-Unis, ils ont la NASA. Ici, ça a été le Bureau administratif des réalisations nationales et aérospatiales du Québec.

Cosmonaute 2 : Ou, si vous préférez, la BARNAQ.

Interviewer :   Mais justement, messieurs, quelles sont les conditions pour être cosmonaute québécois ?

Cosmonaute 1 : Ben d'abord, première condition essentielle, il faut mesurer au moins 6 pieds.

Cosmonaute 2 : (*Malaise du cosmonaute Marcel*) Ou avoir un frère bien placé dans la BARNAQ.

Cosmonaute 1 : Deuxième condition, il faut avoir passé un bon test de la vue pis pas porter de lunettes.

Cosmonaute 2 : Troisièmement, il faut avoir reçu le vaccin anti-PQ, contre la picote volante.

Cosmonaute 1 : Finalement, le Bureau recommande de ne pas avoir plus de huit infirmités.

Interviewer : Mais parlez-nous donc un peu de votre voyage. Où le lancement a-t-il eu lieu ?

Cosmonaute 2 : Le lancement a eu lieu dans une des nouvelles bases de la BARNAQ, à Cap-de-la-Madeleine.

Cosmonaute 1 : La fusée a été bénie par monseigneur Pelletier junior.

Cosmonaute 2 : Et pis là, il nous a donné sa bénédiction urbi et orbite.

Interviewer : Et comment vous êtes-vous nourris pendant le voyage ?

Cosmonaute 1 : Ben on avait surtout de la nourriture en pilules.

Cosmonaute 2 : Du ragoût de pattes en pilules.

Cosmonaute 1 : Du ketchup vert en pilules.

Cosmonaute 2 : Des cretons en pilules.

Interviewer : Mais ça devait être difficile à avaler, non ?

Cosmonaute 1 : Ah ! on avait de la bière !

Cosmonaute 2 : En pilules !

Cosmonaute 1 : On avait aussi de la nourriture qui sert à plusieurs choses en même temps. Comme par exemple, des sandwiches au cactus. Ah ! c'est dur à avaler, mais ça sert en même temps de cure-dent.

Interviewer : Et comment s'est opérée la première mise à feu ?

Cosmonaute 1 : Ah ! rappelez-nous pas ça. On était bien installés dans notre capsule là…

Cosmonaute 2 : Pis là y ont fait le compte à Charlesbourg. Là, y ont dit : « Les gars, décollez ! »

Cosmonaute 1 : Faque on a sauté en bas de la fusée.

Cosmonaute 2 : On s'est enlevés de là.

Cosmonaute 1 : C'est pas la fusée qui a eu le feu.

Cosmonaute 2 : C'est les dirigeants de la BARNAQ.

Cosmonaute 1 : Ils étaient en ta'.

Interviewer : Mais une fois que vous avez réussi à partir, qu'est-ce qui est arrivé ?

Cosmonaute 1 : Ben d'abord on a passé dans la ionosphère.

Interviewer : Ah bon ! et comment était-ce ?

Cosmonaute 1 : Ben ennuyant.

Interviewer : Ah ! oui ?

Cosmonaute 1 : Y avait pas d'atmosphère.

Cosmonaute 2 : Ensuite on est arrivés dans le vide absolu.

Interviewer : Et comment avez-vous réagi au vide absolu ?

Cosmonaute 2 : Très bien. On s'était pratiqués. On avait quand même passé un séjour au parlement.

Cosmonaute 1 : Et puis dans quelques églises.

Interviewer : Mais dites-nous messieurs, est-ce que l'espace est vraiment vide ?

Cosmonaute 2 : Non l'espace n'est pas vraiment vide. Il y a de la circulation.

Cosmonaute 1 : On a vu des météores.

Cosmonaute 2 : Des galaxies.

Interviewer : Avez-vous vu des objets non identifiés ?

Cosmonaute 2 : Oui nous avons vu plusieurs objets non identifiés.

Interviewer : Et qu'est-ce que c'était ?

Cosmonaute 2 : On sait pas, on n'a pas pu les identifier.

Interviewer : De leur côté, les Russes soutiennent que vous auriez vu des soucoupes volantes.

Cosmonaute 1 : Ah ! non, ça, l'affaire des Russes pis des soucoupes là, c'est une fausse rumeur, lancée par l'agence « Tasse ».

Interviewer : Et comment s'est effectuée la rentrée dans l'espace ?

Cosmonaute 1 : Ben on a mis en marche nos rétrofusées pis là, ça a modéré un peu. Pis un moment donné, ça a fait « bang ».

Cosmonaute 2 : Pis là on a perdu connaissance.

Interviewer : Et combien de temps êtes-vous restés sans connaissance ?

Cosmonaute 2 : On le sait pas, on était sans connaissance !

Claude Jean Devenu-Vieux

André Dubois

On fait ici un jeu de mots avec le nom de Claude Jean Devirieux, journaliste de Radio-Canada, grand défenseur de la liberté d'information, ici incarné par André. Maurice Bellemare était un homme politique (1912-1989) rusé et coloré, nommé leader du gouvernement de l'Union nationale sous Daniel Johnson. Pendant la décennie 1960, Maurice Bellemare a géré quelques portefeuilles, dont celui du ministère du Travail, où il a fait sa marque et imprégné son style.

Les « Bec Congs » réfèrent aux Vietcongs, les combattants résistant à l'invasion américaine du Viêtnam. Quant à Reggie Chartrand, c'était un boxeur militant pour l'indépendance du Québec. La question de la frontière du Labrador demeure et demeurerait toujours litigieuse, advenant l'indépendance du Québec. Rappelons que ce monologue s'inscrit dans le contexte effervescent du nationalisme québécois et que le FLQ fait beaucoup parler de ses convictions par une série d'attentats à la bombe.

Présentateur : *Malheureusement, tout ne va pas pour le mieux dans le Québec de l'an 2000. En effet, une guerre atroce se poursuit sur le territoire, plus précisément au Labrador. Et pour avoir de plus amples renseignements sur cette guerre, écoutons notre correspondant à Sept-Îles, monsieur Claude Jean Devenu-Vieux.*

CJDV : Ici Claude Jean Devenu-Vieux qui vous parle directement de Sept-Îles. Eh bien oui, la guerre du Labrador continue et rien ne permet d'espérer qu'elle pourrait prendre fin cette année, et ce, malgré les efforts inouïs du nouveau secrétaire général des Nations unies, le génial Maurice Bellemare. C'est toujours le même problème : le Québec maintient ses pressions sur la partie nord du Labrador à cause de l'exploitation des ressources hydrauliques devenue nécessaire depuis l'achèvement de Manic-53. Terre-Neuve pour sa part maintient ses pressions sur le sud du Labrador, à cause du bois qu'on y trouve qui sert à fabriquer les fameux bancs de Terre-Neuve. Sur le terrain de la guerre, ça continue. On sait que deux villages du Labra-Sud sont tombés hier aux mains des Bec Congs, les Bec Congs, ces valeureux soldats du Front de libération du Labrador qui sont en fait sous la conduite du ministre des Armées du Québec, le général Reggie Chartrand. Pour lancer des bombes dans ce territoire, la plupart du temps couvert de neige, ils ont perfectionné une arme efficace, le skidoo Bombardier.

En novembre dernier, il y a eu espoir de règlement. En effet, le nouveau pape, le pape Paul-Émile Ier, est intervenu directement et a demandé aux Bec Congs de poursuivre d'un mois la trêve de la Sainte-Catherine. Les Bec Congs avaient fait une promesse qu'ils n'ont pas tenue. Ils avaient dit : pas de tirs durant la Sainte-Catherine.

Quant à la France, depuis que le général de Gaulle est mort il y a un an, en tentant de s'évader de son asile d'aliénés, le gouvernement de la 48e République française poursuit son aide au Québec. En effet, le Québec a reçu le mois dernier pas moins de deux cents exemplaires du dernier *Astérix*. Grâce à l'aide de la France, les soldats québécois auront de la lecture sur le champ de bataille. Ils pourront lire entre autres cette semaine des œuvres autobiographiques, dont les mémoires du général de Gaulle, les anti-mémoires d'André Malraux et les blancs de mémoire de Daniel Johnson.

Les mots croisés

Marcel Saint-Germain, Serge Grenier

Peu avant ce monologue livré par Serge, la chanteuse Michèle Richard avait été prise en flagrant délit de vol à l'étalage. C'était sa première frasque officielle. Le journal *Le Devoir* a été longtemps d'obédience catholique et son directeur était Claude Ryan, un homme connu pour sa ferveur religieuse. Serge Grenier, dans sa vie personnelle, était lui-même un grand amateur de mots croisés.

Marcel : *La Terre, c'est bien connu, est peuplée de maniaques. Certains collectionnent les cartons d'allumettes, d'autres les animaux empaillés. Il existe une autre catégorie de maniaques, très répandus ceux-là : les amateurs de mots croisés.*

Serge : Horizontalement. Mot vulgaire de sept lettres : Classel. Nom du pilote de l'avion du pape : le père Turbation. Mot signifiant imbécile : constable. Petite ville de province, sept lettres : Toronto. Chanteuse préférée des lépreux : France Gall.

Verticalement. Nom d'une artiste populaire du 19e siècle : Muriel Millard. Patron des couturiers : Saint-Ture. Petite fille d'un aveugle : aveuglette. Mot de sept lettres commençant par la lettre V ; Michèle Richard en est une… : vedette. Publication religieuse : *Osservatore romano*, non c'est trop long. *Ecclesia* non plus. *Prie avec l'Église* non plus. Ah ! je l'ai, *Le Devoir*.

Les noces de Figaro

Marcel Saint-Germain

Marcel : Vous connaissez tous *Les noces de Figaro* même si la plupart d'entre vous n'ont pas été invités. Eh bien je vous en chanterai un extrait, un extrait qui eh... ouf... un extrait.

> (*Sur l'air de l'aria de la fin du premier acte*)
> Mon amour, je vois ta tête fine
> Tes cheveux remplis de bobépines
> Delle belle turbando il riposo
>
> Ça veut dire que je suis en amour
> Notte e giorno d'intorno girando
>
> Ça veut dire à peu près la même chose
>
> Je peux pas modérer mes transports, ports
> Tu seras pour toujours mon pétard, tard
> Si la vie nous sépare pour toujours, ours
> Je m'ennuierai souvent de tes courbes
> T'en va pas, je mourrai de chagrin, grin grin grin
> T'en va pas. Ne me lâche pas. Ah ! va-t'en pas
> Non non non, nooooo
>
> Mon amour, je vois ta tête fine
> Tes cheveux remplis de bobépines
> Delle belle turbando il riposo
> Ça veut dire que je suis en amour
> Lalalalalalala, lalalalalalala, lalalalalalala, la la la...
> La cucaracha, la cucaracha la la la laaaa, la lala...
> (*Changement de tempo et de ton créant un effet comique*)

Le Grand Mandrake

Marc Laurendeau, Serge Grenier

> *Le Grand Mandrake* est un sketch qui s'inspire des spectacles de
> magie, de la tradition des voyants et du répertoire nord-américain de
> vaudeville. Le rythme y est absolument capital. Les Cyniques lui ont
> apporté un esprit caustique collé à l'actualité. Et l'aspect flamboyant
> est là : Mandrake apparaît, selon les salles, par une trappe dans le
> plancher ou suspendu à un câble en guise de liane qui traverse la
> scène. Un réflecteur fait miroiter mystérieusement sa boule de cristal.
> Le numéro est joué au son d'une musique orientale très exotique.
> Mandrake est incarné par Marc, secondé par Ali, alias Serge.

Marcel : *Et voici le moment que vous attendez tous, celui de
vous présenter le prince des fakirs, le roi de la magie
orientale, directement de l'Inde des maharajas, voici
mesdames et messieurs l'unique, l'extraordinaire, le
fantastique, le superbe Mandrake Poitras.*

Mandrake : Ah ! bonsoir, public avide de mystères. Excusez-moi
d'arriver à une heure hindoue. Vous avez certainement
vu ce tour où un magicien sciait sa femme en deux. Eh
bien, puisque vous l'avez vu, je ne vous le montrerai
pas. C'est un tour que je faisais autrefois avec ma
femme. Elle est hospitalisée à l'Hôtel-Dieu, chambre
202 et chambre 208. Et l'on continue cette soirée de
sorcellerie avec un petit peu de télépathie. Vous ne le
savez peut-être pas, mesdames et messieurs, mais j'ai
le pouvoir de deviner les pensées. Ainsi, actuellement,
je sais ce que vous pensez de moi. Et je vous remercie.
Mon assistant, le très oriental Ali, m'apporte ma
boule de cristal. Il va aller vers vous pendant qu'ici
je me prépare à vous dévoiler le passé, le présent et
l'imparfait du subjonctif. Je reçois déjà une impression.
Il y a dans la salle une personne qui aimerait me serrer,

me presser, m'embrasser. Cette personne pourrait-elle se lever ? Assoyez-vous, monsieur.

Ali : Oh ! Grand Mandrake, que savez-vous sur le monsieur là-bas, là ?

Mandrake : Il est chef de l'Union nationale. Et premier ministre de la province de Québec.

Ali : Et sa femme ?

Mandrake : Elle ne travaille pas non plus.

Ali : Que savez-vous sur ce monsieur ?

Mandrake : C'est un Français qui est de passage.

Ali : Ah ! mais il dit qu'il va rester au Canada, aussi long-temps que les Canadiens voudront bien de lui.

Mandrake : C'est en plein ça. Il est de passage.

Ali : Est-ce que ce monsieur avait un bon emploi en France ?

Mandrake : Il n'avait pas à se plaindre.

Ali : Est-ce qu'il était bien logé en France ?

Mandrake : Il n'avait pas à se plaindre.

Ali : Est-ce qu'il était bien nourri en France ?

Mandrake : Il n'avait pas à se plaindre.

Ali : Qu'est-ce qu'il est venu faire au Canada ?

Mandrake : Il est venu se plaindre.

Ali : Et qui accompagne ce monsieur français ?

Mandrake : Sa femme.

Ali : Comment s'appelle sa femme ?

Mandrake : Albert.

Ali : Grand Mandrake, que savez-vous sur ce monsieur ?

Mandrake : Celui qui a le doigt dans le nez ?

Ali : Oui, oui.

Mandrake : Il souffre de magnésie.

Ali : Vous voulez dire d'« amnésie », il ne sait pas où il va ?

Mandrake : Je veux dire « magnésie ». Il sait où il va.

Ali : Grand Mandrake, quelle est la couleur du collet de chemise de ce monsieur ?

Mandrake : Blanc foncé.

Ali : Dites-nous, Grand Mandrake, à quoi vous fait penser la tête de ce monsieur ?

Mandrake : À un communiqué de guerre.

Ali : Comment ça ?

Mandrake : Rien à signaler sur le front.

Ali : Grand Mandrake, il y a une jeune dame ici juste en avant qui aimerait beaucoup se faire tirer la bonne aventure.

(*Le Grand Mandrake sort un pistolet et tire un coup de feu, à blanc*)

Ali : Grand Mandrake, j'aperçois ici dans le coin, là, une dame qui porte une robe avec une encolure en V, que signifie cette encolure en V ?

Mandrake : Le V symbolise « vierge ».

Ali : Le V symbolise « vierge » ?

Mandrake : C'est une vieille robe.

Ali : Pourriez-vous, Grand Mandrake, nous décrire un peu cette dame ?

Mandrake : Elle a un grain de beauté au menton. Elle a un grain de beauté au menton.

Ali : Pourquoi deux fois ?

Mandrake : Elle a un double menton.

Ali : Et que fait-elle, cette bonne dame, pendant ses moments de loisir ?

Mandrake : Elle arrange des vieux restants.

Ali : Elle fait la cuisine ?

Mandrake : Non, elle se maquille.

Ali : Grand Mandrake, le temps est venu pour vous maintenant d'identifier un objet, ne regardez pas, là, j'ai ici dans ma main, mesdames et messieurs, un billet de banque dont je voudrais connaître la valeur. Attention, je ne le répéterai pas dix fois.

Mandrake : Combien de fois ?

Ali : Dix fois.

Mandrake : Dix piasses.

Ali : Fantastique, il est merveilleux ! Il parle au diable ! Grand Mandrake, watchez-vous bien, je pense maintenant à un chiffre entre un et trois, quel est ce chiffre ?

Mandrake : Deux.

Ali : Sensationnel. Il est merveilleux ! Êtes-vous certain ?

Mandrake : Il y a juste les imbéciles qui sont certains.

Ali : Êtes-vous sûr ?

Mandrake : Je suis certain.

Ali : Grand Mandrake, j'aperçois au fond de la salle, là, un policier de Québec qui aimerait savoir combien vaut son chien.

Mandrake : Dix mille piasses.

Ali : Heille, c'est plus cher que le policier, ça, là.

Mandrake : Il y a des chiens qui valent plus que d'autres.

Ali : Alors, Grand Mandrake, un monsieur nous dit : « Je n'arrive pas à trouver le moyen d'éloigner les Italiens de ma cour. Que faire ? »

Mandrake : Mettez vos poubelles en avant.

Ali : Et pour terminer en beauté, Grand Mandrake, que savez-vous sur cette dame à la poitrine opulente ?

Mandrake : Regardez donc comme il faut, c'est deux hommes chauves.

CHAPITRE VI
LES CYNIQUES (VOLUME 5, 1970)

Chanson thème

— Paraît que... Y aurait deux des Cyniques qui seraient « comme ça » ? (*geste efféminé*)

— C'est pas vrai ! On l'est tous les quatre !

Fini la rigolade, le Québec est malade

— Sais-tu ce qui arrive à un Biafrais que tu jettes vivant dans une piscine pleine de crocodiles ?

— Non ?

— Il a le temps d'en manger trois.

Fini la rigolade, le Québec est malade

—vJ'ai dit à ma blonde que je la trompais.

—vEst-ce qu'elle t'a demandé avec qui ?

— Non, elle m'a demandé avec quoi

Fini la rigolade, le Québec est malade

— Tu sais que j'ai passé la fin de semaine avec Réal Caouette, mais il est à moitié fou !

— Ah ! oui ? Il va mieux ?

Fini la rigolade, le Québec est malade
C'est fini les folies, le Canada aussi.

L'homme-grenouille

André Dubois, Marcel Saint-Germain, Serge Grenier

On parodie ici les émissions pour enfants animées par le capitaine Bonhomme (*Le zoo du capitaine,* suivie par *Le cirque du capitaine* à Télé-Métropole) incarné par le comédien et conteur Michel Noël, ici imité par André qui discute avec Marcel en homme-grenouille. Les adultes aimaient tout autant, sinon plus, ces émissions dans lesquelles jouaient Gilles Latulippe et Olivier Guimond qui faisaient des blagues à double sens que ne saisissaient pas les enfants.

Serge : *Divertissons-nous maintenant avec le vieux fou de capitaine Bonhomme.*

Capitaine Bonhomme : Alors bonjour mes petits amis, j'espère que vous avez passé une bonne semaine ! Eh bien répondez-moi ! Est-ce que vous avez passé une bonne semaine ? Ben répondez plus fort, bande de petits sacrements ! Tant pis, je passe tout de suite à l'invité de la semaine. Pour vous faire plaisir mes petits sacrements, j'ai invité cette semaine un homme-grenouille. Alors, il est là, il attend, je vous le présente tout de suite : monsieur Jacques Desnoyers.
Alors, monsieur Desnoyers, dites-moi d'abord qu'est-ce qui vous a amené à devenir un homme-grenouille.

Homme-grenouille : Ah ! quand j'étais jeune, j'étais pas mal crapaud.

Capitaine Bonhomme : Et dites-moi, monsieur Desnoyers, quelles sont les qualités pour devenir un bon homme-grenouille ?

Homme-grenouille : Pour devenir un bon homme-grenouille, il faut trois qualités : il faut aimer l'eau, la nage et les grenouilles.

Capitaine Bonhomme : Dites-moi monsieur Desnoyers, quelle est la première chose qui vous a frappé quand vous êtes arrivé dans le fond de l'eau ?

Homme-grenouille : L'humidité.

Capitaine Bonhomme : Et est-ce que vous avez alors été poursuivi par des animaux dangereux ?

Homme-grenouille : Ah oui ! j'ai été poursuivi par une pieuvre qui a essayé de me saisir à l'aide de ses longs testicules.

Capitaine Bonhomme : Dites-moi monsieur Desnoyers, est-ce que vous avez déjà été témoin de certaines tragédies sous-marines ?

Homme-grenouille : Ah oui ! il y a trois semaines, mon beau-frère s'est fait couper une jambe par un poisson-scie !

Capitaine Bonhomme : Par un poisson-scie ? Et dans quelles circonstances ?

Homme-grenouille : Il faisait la planche !

Capitaine Bonhomme : Dites-moi, monsieur Desnoyers, est-ce que vous avez déjà réussi à sauver des vies humaines ?

Homme-grenouille : Mais oui, il y a deux semaines j'ai donné à une belle jeune fille la récréation artificielle.

Capitaine Bonhomme : Monsieur Desnoyers, la récréation, c'est quand on s'amuse !

Homme-grenouille : Ah ! vous m'avez-vu ?

Capitaine Bonhomme : Est-ce que vous avez déjà donné le bouche-à-bouche ?

Homme-grenouille : Certainement, hier soir même j'ai donné le bouche-à-bouche.

Capitaine Bonhomme : Et est-ce que ça a réussi ?

Homme-grenouille : Non, il était noyé depuis six mois.

Capitaine Bonhomme : En terminant, monsieur Desnoyers, est-ce que vous amenez parfois des invités dans vos plongées sous-marines ?

Homme-grenouille :	Certainement, le mois dernier j'ai amené mon bon ami Jacques Normand à une pêche sous-marine.
Capitaine Bonhomme :	Jacques Normand ? Mais pourquoi Jacques Normand ?
Homme-grenouille :	C'est le meilleur « soûleau » !

Le racisme

Marc Laurendeau

Ce monologue montre que le langage contient une xénophobie larvée et que le racisme relève beaucoup du vocabulaire. Les groupes ethniques, de plus en plus nombreux depuis l'après-guerre, étaient perçus chez plusieurs comme une menace pour le visage francophone du Québec. En 1968, un conflit s'amorce entre la communauté italienne de la ville de Saint-Léonard, qui exige des écoles anglaises et les Québécois francophones, qui prennent conscience que, si le français constitue la langue de la majorité, les immigrants font tout de même éduquer leurs enfants dans la langue anglaise. La défense de la langue française devient un sujet brûlant et les lois 63 et 22 vont créer beaucoup de mécontentement. C'est finalement le gouvernement de René Lévesque qui mettra fin à cette crise latente avec l'adoption de la loi 101, quoique le problème de la protection de notre langue connaisse des soubresauts dans l'actualité et que la survie du français soit loin d'être assurée.

Marc : Faut faire attention à ce qu'on dit ; la semaine dernière, je me suis fait bousculer par un Noir. Il pensait que je l'avais traité de singe ; je lui avais simplement demandé dans quelle branche il était. Je suis d'ailleurs ici pour vous donner un cours : comment ne pas être raciste.

De la modération ! Ne dites pas : « Les Français puent ! » Dites plutôt : « Il est possible que, n'ayant pas les moyens de s'acheter du savon, les Français dégagent certaines odeurs intimes. »

Ne dites pas : « Les Américains ont l'air niaiseux avec leurs grosses culottes bermudas carreautées. » Dites plutôt : « Les Américains ont des grosses culottes bermudas carreautées qui leur conviennent bien. »

Parlant d'Anglo-Saxons, évitez de confondre l'Anglais et le Canadien anglais : le premier est civilisé.

Ne dites pas : « À Saint-Léonard, les Italiens ne veulent pas apprendre le français. » Dites plutôt : « À Saint-Léonard, les Italiens n'ont pas la capacité intellectuelle d'apprendre le français.»

Ne dites pas: «Les immigrants viennent touttes nous voler nos jobs!» Dites plutôt: «Les immigrants viennent emprunter nos emplois pour aller vivre ensuite aux États-Unis.»

Quand vous serez modérés, l'on vous aimera, car vous ne direz plus: «J'haïs les Italiens, les Polonais, les Nègres pis les Anglais.» Mais vous direz affectueusement: «J'adore les Waps, les Polocks, les Niggers pis les Blokes»!

Cendrillon

Serge Grenier

Jean-Noël Tremblay était député et ministre des Affaires culturelles sous Daniel Johnson et Jean-Jacques Bertrand. Il était réputé légèrement guindé, un peu précieux et soucieux de parler une langue très correcte. Son allure grave et cérémonieuse surprenait toujours un peu et détonnait avec le reste de la députation de l'Union nationale. *Le trou* a été un journal à potins à la durée de vie très éphémère.

Serge : Il était une fois, une petite fille bien pauvre qui s'appelait Cendrillon. Elle était laide, maudit qu'elle était laide ! Quand les petits bums du bout la voyaient, ils lui disaient : « Allô, Jean-Noël Tremblay. » Elle était bien laide. La mère de Cendrillon, une bien méchante femme, madame Bélisle, avait beaucoup de varices sur le gras de jambe, sentait le d'sour de bras, était pleine de bobos sur le kisser, mais à part ça, ça allait très bien. Elle était danseuse cochonne de son métier. Son nom d'artiste était The Gorgeous Georgette, en français Georgette la gorgeuse. Elle avait baptisé sa fille Cendrillon, parce qu'elle s'en servait comme cendrier.

La pauvre petite Cendrillon, en plus d'être bien pauvre et bien laide, avait une bien mauvaise vue. Elle était myope, myope, myope, comme une taupe, taupe, taupe. Un jour sa mère, comme l'appelaient les voisines, « la grosse torche », madame Bélisle, décida de lui acheter des lunettes et l'amena chez l'« œilliste ». Elle était pognée des yeux, mais elle fit croire à l'œilliste que sa fille était presbyte, ce qui fait que lunettes ou pas lunettes, la petite Cendrillon était toujours aussi coq-l'œil. Alors, ses deux vilaines sœurs en profitaient pour la faire tomber à terre en jetant des billes sur le prélart. Madame Bélisle aimait beaucoup, beaucoup, ses deux autres filles : Grapette et Incola. Grapette Bilodeau et Incola Ouellet, c'étaient deux petites filles adoptives, mais elle les aimait pareil. Quand l'heure du repas arrivait, elle leur disait : « Grapette, Incola, venez manger mes petites torrieuses. Venez manger. »

Ça mangeait dans cette maison-là, maudit que ça mangeait... Ça mangeait du steak délicatisé, de la poutine au pain, du pâté chinois, de la soupe à l'alphabet, du steak « à chiche ». Ça mangeait du Prem, du Clic pis du Kam, ça buvait du Kik, de la liqueur à' fraise, du Kool-Aid, ça mangeait des boules noires, des toffy, des lunes de miel, des Smarties, des petites Glosette (*délicieux raisins enrobés de chocolat*). Qu'est-ce que ça mangeait à part ça, c'était bien cochon, ça mangeait des Barres six, des Crav... non ça, ça se fume... Ça mangeait les tout nouveaux TV dinners qui prennent quatre heures à cuire, et ça mangeait comme des cochons, il faut le dire.

Et pis là, là, ça mangeait, c'était écœurant de voir ça. Ça coulait partout là, « toute » sur le beau butin neuf ! Ouache ! Pis il y en avait en dessous des ongles, là ! Ouache ! Pis elles s'en « pitchaient » de même ! Ouache ! Elles étaient bien mal élevées. Pis ça s'essuyait les babounes, là ! Ouache ! Ça fait rien, c'était bon !

Quand le repas était terminé, madame Bélisle, la grosse torche, puisqu'il faut l'appeler par son nom, Grapette et Incola se levaient, rotaient, desserraient leur gaine Playtex en lycra, avec ou bedon le motif cross your heart, ou bedon le petit panneau doigts de fée qui vous déplace un bourrelet sans le faire disparaître, illusion d'un soir, et elles allaient digérer en regardant *Réal Giguère illimité*. De quoi être malade.

Un jour, elles lurent dans un important journal de Montréal, *Le trou*, que le petit gros des Classels, charmant garçon d'ailleurs, quatre pieds huit, cent quatre-vingts livres, avait décidé de se marier et qu'il promettait d'épouser la jeune fille qui aurait les pieds assez petits pour chausser les belles gougounes en imitation d'alligator à crampons qu'il avait achetées pour deux piasses quatre-vingt-dix-huit chez

Yellow Sample Shoestore au coin de Panet pis Logan à côté du 10, la vraie place.

Ah! ben là, vous comprenez, la grosse torche était tout énervée; «fortille» d'un bord, roule de l'autre. Un de ces quatre matins, le petit gros des Classels vint à la maison. Ah! ben pour être cute le petit verrat, il était cute! Il pénétra dans la maison, qui était d'ailleurs une bien jolie maison, toute construite en beau bois d'arbre, c'est rare! Fini en arborite parce que ça ne tache pas.

Quand il aperçut Cendrillon, il en devint follement amoureux. Il était aussi coq-l'œil qu'elle. Il s'approcha d'elle, lui fit essayer la gougoune en imitation d'alligator à crampons, ça «fittait» à mort. Ça «fittait» tellement bien que Cendrillon réussit à se rentrer les deux pieds dans la même gougoune. Parce qu'elle avait deux beaux pieds, deux beaux pieds bots.

Alors, devant ce merveilleux succès, le petit gros des Classels demanda Cendrillon en mariage, ils s'épousèrent à Montréal, firent leur voyage de noces à La Prairie. Ben quand t'es pas riche, tu vas pas loin! Et ils ont eu deux petits monstres, à La Prairie. Alors aujourd'hui les petits monstres ont grandi, ça grandit ces petites affaires-là aussi! Et ils sont allés à l'école sept ans, quatre ans en première pis trois ans en deuxième. Sont ben fins, pis ben smattes. Mais ça ne fait rien, aujourd'hui ils font une grosse piasse pis ils ont une bonne job, ils sont tous les deux députés fédéraux.

Nono Mouskouri

Marc Laurendeau, Marcel Saint-Germain

Marcel livre une autre performance de chant et de danse avec un jeu de mots sur le nom de la chanteuse grecque Nana Mouskouri et sur l'air de la chanson «Les enfants du Pirée». Il arrive sur scène en costume traditionnel grec.

Marc : *La Grèce, ce n'est pas tellement beau, il y a trop de ruines, mais ça redevient éblouissant quand on entend la voix de Nono Mouskouri !*

Marcel : Au restaurant où je travaille
Une coquerelle, deux coquerelles, trois coquerelles
Me rendent fou !

Pour les tuer il me faudrait
Une tapette, deux tapettes, trois tapettes
En caoutchouc !

Quand tout est calme au restaurant
Une souris, deux souris, trois souris
Sortent affamées !

Pour les tuer il me faudrait
Un fromage, deux fromages, trois fromages
Empoisonnés !

Mon Dieu que j'aime
Un plancher bien ciré
Une table bien tenue
Et des clients dodus
Dodudodudodus

Mon Dieu que j'aime pas
Un plancher mal lavé
Une table mal garnie
Et des clients pourris

Pourris, pourris
Pourris, pourris
Pourris, pourris
Popopopopourris

(Changement de tempo et passage aussi absurde que surprenant à une tout autre ambiance)

Les Canadiens sont là !

Le recteur : Réal Caouette

André Dubois, Serge Grenier

André fait une imitation de ce politicien conservateur et populiste coloré que nous avons déjà présenté.

Serge : *Écoutons le nouveau recteur de la nouvelle Université de l'Abitibi, monsieur Réal Caouette. (Il débarque sur scène en crachant)*

Caouette : Mesdames, mesdemoiselles et messieurs ! Avant de parler, j'aimerais dire quelque chose ! Je suis très content d'avoir été nommé recteur de votre université, et votre université, je vais essayer de la rectorer de mon mieux ! Certaines personnes prétendent qu'il y aurait dû y avoir un référendum avant que je sois nommé recteur, eh bien je ne suis pas d'accord ! Pourquoi y aurait-il fallu un « référendeur » avant que je sois nommé rectum ?

Nous avons d'abord une faculté des finances où nous étudierons le problème de l'inflation « gralopante ». Le gouvernement actuel ! Le gouvernement actuel ignore le problème de l'inflation et il se cache la tête dans le sable et il pratique la politique de l'Autriche !

Nous ferons respecter l'ordre sur le campus. Les étudiants pourront porter des barbes, mais seulement en dehors des heures de cours. Enfin nous aurons une faculté d'agronomie : la terre ferme a été pour moi un océan d'expériences ! Et c'est sans m'en rendre compte que je suis passé de la porcherie au Parlement ! Ça m'a permis d'ailleurs de constater que depuis l'arrivée au pouvoir de Pelletier, Marchand et Trudeau, nous sommes gouvernés par un « triumverrat » !

Les messages publicitaires

André Dubois, Marc Laurendeau, Serge Grenier

Serge : *Ce prochain message s'adresse à vous tous, les vieux !*

Marc : Hey les vieux, voulez-vous flipper ? Voulez-vous être dans le bon bag ? Prenez Ex-lax ! Vous serez constamment sur le « pote » !

André : Un mot des montres Timex.
Ici Gaétan Montreuil ! Et pour tester la montre Timex, nous l'avons confiée à un éducateur, le frère Rosaire !

Marc : Ici le frère Rosaire. Pendant une semaine, je l'ai portée à mon poignet, et pourtant elle fonctionne encore !

Les plaines d'Abraham

Marc Laurendeau, Serge Grenier

La bataille des plaines d'Abraham est narrée et commentée par Marc comme une course de chevaux, dans le style stéréotypé et le bilinguisme vertigineux des descripteurs de courses équestres, objets de divers paris souvent frénétiques.

Serge : *Nous autres, on est du monde chanceux ; on habite deux pays bilingues. En effet, le Canada est bilingue, et le Québec est bilingue. Tout ça remonte à 1759, année de la bataille des plaines d'Abraham. Eh oui, sur les plaines on se bat à mort : d'un côté les braves Français, et de l'autre les autres. Alors, voici comment, en toute objectivité évidemment, un commentateur sportif de l'époque aurait pu décrire la situation.*

Marc : Hello racing fans! Bonjour éventails de course! Here we are, nous voici, today, aujourd'hui, à la brunante, at the browning. C'est le derby de la Conquête, the Conquest derby, sur les plaines d'Abraham, on the fulls of Abraham. It's a sweepstake, c'est un steak balayé. Nous voyons arriver les Anglais, we see arriving the Blokes. Les bateaux sont en marche, the boats are now moving. Ils arrêtent à Cap-Rouge, they stop at Red Cap. Ils débarquent, they are debarking, à l'anse au Foulon, at the handle of the Long Crazy.

Voici maintenant les Français, here come the French pea soup! Here they are, les voici, excellent, good, bravo, hurray. Get ready to place your bets, préparez-vous à gager. C'est un départ, it's a go! Les Français foncent les premiers, the French are foncing first! Montcalm en tête du peloton, my calm at the head of the plotton! Ils tirent, they shoot, dans le beurre, in the butter! Montcalm, my calm, recule, backs up, with his gang, avec sa bunch. Il est en beau joual vert, he is in nice green horse! Il prend le mors aux dents, he takes the death by the teeth! The soldiers of Wolfe, les soldats de ti-loup, les étripent, are etriping them. Les Français rient jaune, the French laugh yellow! Ils sont au coton, they are at the cotton! Montcalm est tiré, my calm is pulled, il dit «merde», he says «meurde»! He is badly hurt, il est mal amanché! Il a trois balles, he has three balls. He dies, il meurt, il dit «woah», he says «weuuurgh»! Dommage, damage, he was only forty-nine, il était seulement quarante-neuf. Voici venir la noirceur, here comes the black nun. Les Français sont vaincus, the French are twenty asses. Ici votre commentateur, Zéphirin Brisebois, Sweet Breeze Crackwood, qui vous dit «Oh fly bine», «bine volante»! Un soldat pointe un gun sur moi, a soldier points a gun at me. Hey tirez-moi pas s'il vous plaît, don't shoot me please, je vais sacrer mon camp, I will swear my camp! J'ai la chienne! I have the bitch!

L'assurance chômage

André Dubois

Robert Lorne Stanfield fut premier ministre de la Nouvelle-Écosse et chef du Parti progressiste-conservateur fédéral. Joey Smallwood est le premier ministre de Terre-Neuve qui fit entrer l'île dans la Confédération canadienne. Durant les années 1960, de nombreuses négociations ont lieu entre Ottawa et les provinces pour rapatrier la Constitution. Le slogan électoral du PLQ de Robert Bourassa était « Le Québec, au travail ! » Enfin, « Québec sait faire » était le slogan d'une campagne publicitaire visant à inciter les Québécois à acheter des produits faits au Québec.

André : Ici votre représentant de la commission d'assurance chômage. Chômeurs du Québec, cherchez-vous de nouveaux débouchés ? L'assurance chômage du Canada vous aidera à profiter de la prospérité qui déferle actuellement sur le Québec. N'écoutez pas les pessimistes qui disent que tout va mal, que les loyers augmentent, que les taxes augmentent, que le chômage augmente, c'est pas vrai ! N'écoutez pas ceux qui prêchent l'indépendance du Québec. On ne peut pas se permettre l'indépendance, les taxes augmentent, les loyers augmentent, le chauffage augmente.

Pis à part de ça, l'indépendance, ça serait mauvais pour le Québec. La preuve c'est que tous les Anglais le disent. Pis pas n'importe quels Anglais anglais, là ! Des Anglais intelligents ! Comme par exemple Stanfield, Smallwood, Trudeau. Non, pis à part de ça, pourquoi se séparer ? Les Anglais ont toujours pris nos intérêts. Chômeurs du Québec, suivez plutôt la devise de l'assurance chômage : vivons heureux, vivons niaiseux. Et si vous avez besoin de quelque chose, venez nous voir. On va vous montrer comment vous en passer. Adoptons tous le slogan de notre bon premier ministre : Québec se laisse faire.

La police et le sexe

Marc Laurendeau, Marcel Saint-Germain

Il faut rappeler que le lieutenant Émile Quintal avait fait une descente à la Place des Arts lors du spectacle des Ballets africains. Il avait déclaré sans rire : « Si ça bouge, c'est obscène. » Hélas pour lui, les Québécois, eux, étaient rendus ailleurs et ils s'étaient bien moqués de lui ! La troupe de danse Les saltimbanques avait aussi été victime de la censure de l'escouade de la moralité, qui, paradoxalement, fermait les yeux sur les bordels, en retour, bien entendu, de petits cadeaux de la part du crime organisé. La danseuse Marilyn Apollo était une artiste venue de Las Vegas. En 1969, elle a été arrêtée par la police pour indécence lors d'une descente. Quant au policier Marcel Saint-Aubin, nommé directeur du Service de police de la Ville de Montréal en janvier 1970, il prêtait également flanc à la dérision parce que les actes du FLQ l'obligeaient parfois à s'adresser aux médias. On assiste en conséquence à une attaque frontale désopilante des Cyniques, comme le montrent Marc en chef de police et Marcel en lieutenant Quintal.

Marcel : *Nous ignorons tous les aspects humains de la vie d'un chef de police. Depuis sa nomination, le nouveau chef de la police de Montréal, le chef Saint-Aubin, a beaucoup de complications. Voici donc comment se déroule, à son bureau, la journée du chef de police de Montréal, le meilleur ami de l'homme.*

Chef : Allô ? Oui ? Qui parle ? Ah ! c'est vous, mademoiselle ! Oui, ça va être assez pour aujourd'hui les téléphones, là ; faites donc entrer le lieutenant Quintal.
Attention ! Repos ! Comment ça va, lieutenant ?

Quintal : Ah ! le moral est bien bas.

Chef : T'as pourtant l'air en forme ?

Quintal : Ouf.

Chef : Tu serais encore capable de passer ton test d'admission dans la police de Montréal ?

Quintal : Oui chef !

Chef : Pourrais-tu me réciter toutes les lettres de l'alphabet, mais pas nécessairement dans l'ordre ?

Quintal : Oui chef !

Chef : Alors, la vie est belle !

Quintal : Ah non ! c'est pas ça chef, c'est nous autres : on est inutiles de ces temps-ci, il y a quasiment plus de viols, d'indécences, de vols, d'obscénités...

Chef : Sois patient, aie confiance dans la nature humaine ! T'as pas lu mes dossiers, toi ? Hier, il y a un fou qui a violé une naine !

Quintal : Ah !...

Chef : Je te dis qu'il y en a qui sont rendus bas !

Quintal : Ah !...

Chef : Des attaques à nain armé, dis-moi pas qu'il se passe rien. Pis la danseuse Marilyn Apollo qui danse au Casa Loma...

Quintal : Ah ! elle dansera plus longtemps chef, j'ai un rapport là-dessus. Je suis allé le mois dernier avec mes deux confrères pis j'ai écrit ça dans mon petit calepin pour pas oublier.

Chef : Ben voyons donc ! Lis-moi ça tout de suite !

Quintal : Rapport de police. Le vendredi 13 décembre, je me suis rendu au club Casa Loma. J'avais emmené avec moi le caporal Éthier, très intelligent, car il a complété sa septième année. Aussi, j'avais amené avec moi l'agent Robert, spécialiste dans l'identification des seins nus et pour son aptitude à différencier avec un minimum d'erreurs un sein d'homme d'un sein de femme.

Tous les trois nous étions prêts à mettre fin à l'indécence, à l'obscénité et à toutes les autres patentes de ce que c'est que le monde aime. Armés de nos garcettes et de nos longues vues, mine de rien, nous pénétrâtes par la porte d'en avant. Nous nous assîmes drette à côté du stage, et le spectacle commencit. D'abord, nous fûmes troublés par l'entrée de la danseuse, qui était habillée d'un vêtement transparent, à travers lequel il nous était impossible de voir vu l'épaisse fumée. Mais la fumée se dissipit, et nous vîtes qu'elle avait un haut et un bas. Tout à coup, elle enleva son vêtement transparent, et là nous aperçûmes des formes suspectes. Le caporal Éthier se sentit mal à l'aise, l'agent Robert renversa son verre de bière et tacha son pantalon. Et moi-même, sentant le danger venir, je m'assurai que j'étais bien armé.

Tout à coup, la danseuse enleva son vêtement du haut. La surprise fut double. Étrangement, l'éclairage baissa.

Chef: Avez-vous protesté?

Quintal: Euh oui, nous protestâtes, mais sans succès. Tout à coup la danseuse s'immobilisit, et porta ses mains au petit vêtement de base que les gens enlèvent le soir avant de se coucher. Et elle l'enleva! Nous avons vu là quelque chose que nous n'avons pas pu identifier.

Chef: Je crois bien que nos experts arriveront à mettre le doigt dessus.

Quintal: Interrogé là-dessus, le caporal Éthier, qui a pourtant fait sa septième année, ne pouvait que balbutier. Quant à l'agent Robert, il était penché en dessous de la table et ramassait ses esprits. C'est tout, chef.

Chef: As-tu pincé le gérant?

Quintal: Euh, non on n'a pas pincé le gérant.

Chef: Je t'avais dit de surveiller toutes les sorties!

Quintal: Il est sorti par une entrée.

Chef: As-tu au moins son signalement?

Quintal: Ah! oui chef, j'ai son signalement! C'est un homme avec une jambe de bois nommé Roger.

Chef: As-tu le nom de son autre jambe?

Quintal: Non chef.

Le greffé

Serge Grenier

À l'époque de ce monologue, la greffe était une pratique chirurgicale révolutionnaire. Le docteur Pierre Grondin est le premier médecin à réaliser une greffe cardiaque, en 1968, au Canada. Il est mort en 2006.

Serge : Ça va ben mal. Je suis cardiaque, ç'a l'air de rien comme ça, mais il y a quelques mois j'ai fait une crise cardiaque. On est venu me chercher en ambulance, l'ambulance allait très très vite, j'en ai fait une deuxième.

Et puis, les ambulanciers, entre deux râles, m'ont emmené à l'hôpital, à l'Institut de cardiologie de Montréal, ils m'ont présenté mon médecin, il s'appelait Grondin. Là, je les ai vus venir. J'ai dit : « Voyons docteur Grondin, vous n'êtes pas pour m'arracher le cœur de même ? » Ben il dit : « Fais-toi z'en pas, après tout une petite greffe de cœur de temps en temps ça n'a jamais fait mourir personne. » Oh yeah ? Et il me dit : « En plus, ton opération ne te coûtera rien, tu as juste un petit service à nous rendre. » Mais le petit service en question c'est qu'à tous les jours ils me mettent dans une chambre vitrée de neuf à cinq, pis ils chargent une piasse pour venir me voir. Même que le vendredi soir, je suis ouvert de sept à neuf. Une vraie petite caisse populaire.

Ils ne m'ont pas greffé une fois. Ils ne m'ont pas greffé deux fois. Ils m'ont greffé dix-huit fois ! J'ai eu toutes sortes de cœurs. J'ai eu un cœur de pierre, un cœur noir, un cœur de môman. Il était bien gros celui-là parce qu'elle était morte de chagrin. Et puis j'ai eu un cœur de drogué, mais celui-là je l'ai rejeté tout de suite. J'ai eu un cœur de céleri, mais il ne battait pas très fort.

Et pis Grondin, savez-vous ce qu'il a fait pour sauver du temps, l'écœurant ? Il m'a posé un grand grand zipper. Alors quand mes parents et mes amis viennent me voir, ils disent toujours : « Envoye, baisse-le donc ton zipper ! Espèce de sans-cœur ! » Alors là, j'ai décidé que j'étais pour fonder l'Association internationale des greffés du cœur, avec carte de membre à vie, un an, un an et demi. J'avais déjà fondé d'ailleurs l'Association des donneurs, mais c'est assez étrange, j'avais distribué beaucoup de cartes de membre, mais je ne les ai plus jamais revues.

Mais le docteur Grondin, vous savez, il faut en parler, il est assez spécial, un peu sadique sur les bords. Quand il arrive le soir à la maison chez lui, il est fatigué. Son petit gars est tannant, comme tous les petits gars. Il lui dit : « Laisse papa tranquille. Papa, il est fatigué aujourd'hui ; papa, il a greffé toute la journée, pis si tu arrêtes pas d'être tannant, je vais te greffer un petit cœur d'Anglais ! Parce qu'avec ça, on se tient bien tranquille ! »

Et puis en plus, il tente des expériences de greffes assez nouvelles, assez inusitées ; il a récemment, par exemple, greffé des jambes de coureur à un curé. Bien aujourd'hui le curé dit sa messe en une minute, trente secondes et deux dixièmes. Petit curé pas mal vite.

Mais la chose la plus fantastique, la plus extraordinaire : il a greffé récemment un cul de poule... à un professeur de diction !

Le dés-honorable Trudeau

André Dubois, Marcel Saint-Germain

Jean-Jacques Bertrand, devenu premier ministre par accident, à la suite du décès de Daniel Johnson, eut, compte tenu des espoirs placés en lui, un règne court et fort décevant (1968-1970), tant pour les Québécois que pour l'imitateur André Dubois, qui n'eut pas le temps de faire ressortir les caractéristiques comiques de ce politicien sans charisme et au parler rural. N'ayant aucun sens de la communication, il avait été filmé en train de se faire savonner par son coiffeur, image fatale qui l'avait évidemment couvert de ridicule. Là-dessus, les Cyniques avaient justement dit que le coiffeur avait frisé le ridicule. La rencontre qui suit met en présence un interviewer (Marcel) et Trudeau (André).

Marcel : *Eh oui mesdames et messieurs, le premier ministre du Canada, monsieur Pierre Elliott Trudeau !*

Interviewer : Monsieur Trudeau, plusieurs personnes se posent la question : pourquoi ne voulez-vous pas vous marier ?

Trudeau : Eh bien, tant que je serai premier ministre du Canada, il n'est pas question pour moi de partager avec personne l'organe du pouvoir.

Interviewer : Dans un tout autre ordre d'idées, comment expliquez-vous que monsieur Jean-Jacques Bertrand ait déjà été premier ministre du Québec ?

Trudeau : Écoutez, vous n'avez qu'à lire la Constitution, n'importe qui peut être premier ministre du Québec.

Interviewer : Mais quand même, vous êtes méchant ; il faut avouer que monsieur Bertrand est quand même un homme qui est parti de zéro.

Trudeau : C'est ce que j'appelle un aller-retour.

Interviewer : Soyons s'il vous plaît, monsieur Trudeau, un peu plus sérieux. Est-ce que c'est vrai que vous allez bientôt nommer sénatrice mademoiselle Juliette Huot ?

Trudeau :   Écoutez, j'aimerais bien ça, mais ce n'est pas possible, elle fait déjà partie des Communes.

Interviewer : Monsieur Trudeau, depuis quelque temps, vous faites plusieurs randonnées à travers le monde à la recherche d'une femme ou d'une autre, ce n'est pas tellement sérieux. Eh bien, certaines personnes se disent que vous êtes... un imbécile. Qu'en pensez-vous ?

Trudeau :   Écoutez, je dirai seulement qu'il y a beaucoup d'imbéciles dans le pays. Ils ont parfaitement le droit d'être représentés.

Cours d'équitation

Marc Laurendeau, Serge Grenier

L'école de conduite Lauzon a commencé ses activités à Montréal en 1947. Les gens de cette entreprise ne manquaient pas d'humour si on se fie à ce slogan qui a eu cours pendant de nombreuses années : « Prenez des Lauzon de conduite ! » Son fondateur, Léonard Lauzon, incarné ici par Marc, donnait des leçons à la radio qui se distinguaient par leur simplisme et leur caractère élémentaire.

Serge : *À Montréal, il y a un sérieux problème de circulation automobile. Et il y a un homme, le professeur Léonard Lauzon, qui a décidé de vous donner un cours d'équitation. Alors le voici au grand galop, il est très ferré en la matière. Il est jeune, sexy et dynamique : le prof Léonard Lauzon !*

Lauzon : Tout d'abord, définissons le cheval ! Le cheval est un animal inconfortable dans le milieu et dangereux dans les deux « bouttes ». Premièrement, comment aborder le cheval : on s'approche du cheval avec une grosse barre de fer de cinq pouces d'épais, pis on lui en sacre un coup entre les deux oreilles ! Tout d'abord, attirez son attention. Si, quand vous le frappez, votre cheval fait « meuh ! », laissez faire, c'est un bœuf !

Deuxièmement, vous vous demandez comment monter sur le cheval. Eh bien cheval l'expliquer tout de suite. On peut monter de façon ordinaire, c'est-à-dire la tête dans la même direction que celle du cheval, ou « sans devant derrière ». Vous ne saurez pas où vous allez, mais vous saurez en maudit d'où vous venez ! Ou bedon, si vous êtes une femme, vous pouvez monter les deux pattes du même bord en amazone, votre petit enfant dans les bras en bébé zone.

Troisièmement, supposons que votre cheval n'avance pas pantoute, il est boqué, vous pouvez porter des éperons pour lui labourer les flancs. Un seul éperon suffit, car si un côté du cheval avance, l'autre côté va avancer aussi ! Ou bedon, utilisez le ciseau à castrer. Le cheval se met à courir très vite pour retrouver le castreur !

Les interjections

André Dubois, Marcel Saint-Germain, Serge Grenier

Des soupçons planaient concernant un accident de voiture survenu en 1969 impliquant le sénateur démocrate Edward Moore Kennedy et dans lequel meurt noyée Mary Jo Kopechne, une conseillère électorale. Le sénateur fut condamné pour avoir quitté les lieux sans prévenir les autorités. Finalement, soulignons que les blagues sur le bilinguisme sont récurrentes. C'est que la pensée et la vision de Pierre Elliott Trudeau reposent sur le bilinguisme, qui assurera selon lui l'unité canadienne. Il fait adopter la Loi sur les langues officielles, en 1969. Parmi les blagues des Cyniques, on en dénombre quelques-unes sur Lise Payette qui pourraient nous étonner aujourd'hui. C'est que Lise Payette était au cours des années 1960-1970 une dame influente et omniprésente dans les médias. De plus, elle était une animatrice et une journaliste réputée pour mettre souvent ses invités sur la corde raide.

Serge : *La Société du bon parler français de Montréal, en étroite collaboration avec la Société des petites filles qui ont des boutons est heureuse de vous présenter deux éminents linguistes : les frères Tréma.*

Marcel : Afin de vous rafraîchir la mémoire à propos de notre belle grammaire française, nous allons procéder avec vous comme avec des enfants, c'est-à-dire par des exemples. (*Rire niais*)

André : Nous allons tout d'abord vous apprendre à distinguer les verbes réfléchis des verbes non réfléchis. Ainsi, dans la phrase suivante :

Marcel : J'ai voté pour l'Union nationale.

André : Le verbe *voter* est non réfléchi. De plus, il faut savoir manier les participes, présents ou passés. Ainsi, dans la phrase suivante :

Marcel : Après cinq ans de mariage sans enfants, une femme s'est plainte de son mari.

167

André : Ici le mot *plainte* est comme le mari, il participe passé.

Marcel : La langue française a également inventé les interjections.

André : Nous avons choisi les plus expressives d'entre elles, accompagnées chacune d'une illustration. Par exemple :

Marcel : Le dédain. Dieurke ! (*expression dédaigneuse ; chaque substantif est suivi d'une onomatopée, astuce comique difficile à reproduire ici*) Jean-Noël Tremblay est tellement petit que ses cheveux sentent les pieds. Dieurke !

André : La satisfaction. Ha ah !!!!!!!!!!!!!! (*cri de jouissance*) Monsieur, n'oubliez pas de regarder demain soir à la télévision un reportage sur le Biafra, commandité par Dominion, qui vous fait bien manger. Ha ah !!!!!!!!!!!!

Marcel : L'agonie. Heuuuuppuurrrrr ! (*son de quelqu'un qui meurt*) Mon grand-père fait du camping sous une tente d'oxygène.

André : La jouissance. Hi hahahhaha ! (*rire moqueur*) Hier soir à Montréal, une bombe a détruit le canal 10 (*même rire moqueur*).

Marcel : La peur (*cri de terreur*). À deux heures du matin, Lise Payette se glisse dans votre lit (*même cri de terreur*).

André : Le sadisme (*expression sonore reproduisant une satisfaction sadique*). Pour faire la lumière dans l'affaire Ted Kennedy, on déterrerait bientôt le cadavre de Mary Jo Kopechne, pour lui tirer les vers du nez (*même expression sonore*).

Marcel : L'étroitesse d'esprit.

André : Va donc chier.

Marcel : Les Français s'expriment mieux que les Québécois.

André : Va donc chier.

Et pour terminer ce cours de bon langage : la lucidité (*rire moqueur tonitruant*). Pierre Elliott Trudeau réussira à répandre le bilinguisme partout au Canada (*même rire*).

Chanson thème

André Dubois, Marc Laurendeau, Marcel Saint-Germain, Serge Grenier

Trudeau célibataire, perçu comme flamboyant et charmeur, faisait jaser à l'époque, mais pas autant que son mariage, à l'âge de 52 ans, avec la jolie Margaret Sinclair, de trente ans sa cadette : ils formèrent ainsi un couple célèbre qui inspirait évidemment les journaux à potins. Précisons que le gag avec la bière fait référence à un concept publicitaire alors créé par Labatt 50.

C'est au mois d'octobre que ça a commencé
Les tempêtes de neige se sont succédé
Les deux pieds dans la slotche, on a glissé
Les deux mains dans les poches, on est tombés
Les deux gouvernements ont tout ramassé
Au printemps, tout fond au soleil
Ottawa, Québec, c'est pareil
On ne sait plus trop sur quel pied danser
Ça dépend de l'air que Trudeau va jouer
Certains disent qu'il faut s'attendre au pire

André : Dis donc, Gilberte.
Marcel : Oui, Rolande.
André : Je pense que madame Trudeau pourrait faire une belle
annonce de bière.
Marcel : Tu trouves ?
André : Ben il me semble qu'après sa nuit de noces, elle pourrait
nous parler de la « cinquantivité ».

Marc : J'ai vu le frère de Camil Samson. Je te dis qu'il lui
    ressemble.
Serge : Ah ! ben, je comprends. Il a le même port de tête.
Marc : Il a surtout la même tête de porc.

Toutes les réputations qu'on va détruire
Tous les politiciens qu'on va salir
Tout ce beau monde-là va crier « martyre », « martyre » !

Après l'amour

André Dubois, Marc Laurendeau, Marcel Saint-Germain, Serge Grenier

> Vers la fin des années 1960 jusqu'au début des années 1970, le Québec produit plusieurs films érotiques comme *L'initiation*, *Valérie* et la comédie érotique *Deux femmes en or*. Willie Lamothe était un comédien, chanteur et musicien country.

Marc : *Avec la vague d'érotisme actuelle dans le cinéma québécois, nous avons pensé vous présenter l'érotisme au quotidien. Voici donc ce qui se passe dans les chambres à coucher du Québec, après l'amour.*

André : Dis donc mon chou, ça me gêne un peu de te demander ça, mais…

Serge : Envoye, accouche.

André : J'aimerais savoir, c'est un peu délicat, mais il y a eu combien de femmes avant moi. Mon chou ? Youkoudoukoudou ! J'attends encore.

Serge : Ben moi, je compte encore.

Marc : C'est donc agréable.

Marcel : Ah ! oui Robert.

André : Ma chère épouse, en tant que premier ministre du Canada, j'aimerais savoir pourquoi tantôt tes orteils bougeaient tout le temps.

André : Ah ! excuse-moi Pierre, c'est bête, j'avais oublié d'enlever mes bas-culottes.

Marc : Bien, tu vas trouver que c'est pas pareil avec une maîtresse d'école.

Marcel : Ah ! oui pourquoi ?

Marc : Ben là, t'as fait ton brouillon, mais essaye de faire ton propre.

André : Ah ! oui, mon bon Willie Lamothe, ah ! oui, j'ai bien aimé ça, mais la prochaine fois, enlève donc tes éperons.

Marc : Ayoye ! tu parles d'une place pour mettre une trappe à souris !

Marc : Elizabeth Second my darling, est-ce que je vous ai fait mal ?
Marcel : Ah ! non, Philip, pourquoi ?
Marc : Vous avez bougé.

Serge : Chérie, passe-moi donc le verre d'eau là, sur le bord de la table de nuit.
André : Tu as soif mon chou ?
Serge : Non, je veux mes dentiers.

Marc : Ma sœur, ma révérende mère, ouf ! mais c'est aussi fatigant qu'un chemin de croix.
Marcel : Ah ! oui monseigneur, surtout que vous êtes retombé pour la troisième fois.

Le soldat

Marc Laurendeau, Marcel Saint-Germain

Étant donné que les soldats de l'armée canadienne avaient envahi les rues de Montréal, après l'adoption de la Loi sur les mesures de guerre, ce sketch ne manque pas de piquant. Une référence rappelle l'environnement universitaire dont sont issus les Cyniques : la bataille des Dardanelles a eu lieu pendant la Grande Guerre (1914-1918). Pierre Sévigny (1917-2004) était un homme politique conservateur qui servit pendant la Deuxième Guerre mondiale, où il perdit une jambe. Marcel interviewe Marc, en soldat de l'armée canadienne, avec des feuilles de camouflage sur son casque, tel qu'on voyait les militaires pendant la crise d'Octobre.

Interviewer : Il y a des gens qui prétendent que nos militaires ne sont pas intelligents, ne sont pas brillants, mais c'est absolument faux. D'ailleurs, ce soir, nous avons l'honneur et le privilège d'en interroger un, plein de verve et de vitalité. (*Bruit de petite caisse*) Votre carrière à vous, est-ce de l'atavisme ?

Soldat : Huh ?

Interviewer : Écoutez, là. Deux choses l'une, comprenez-moi bien là. Ou bien c'est de l'atavisme ou bien c'est une disposition personnelle fondamentale.

Soldat : Oui.

Interviewer : Écoutez, monsieur le militaire, est-ce que vous vous êtes déjà battu ?

Soldat : Oui, durant la guerre de 39, je me suis battu.

Interviewer : Mmmm, mmmm.

Soldat : Mais j'ai été obligé d'y aller pareil.

Interviewer : Alors en mon nom personnel et au nom de tout le monde ici ce soir, j'aimerais moi-même vous féliciter… AAAH ! Mais qu'est-ce que c'est, ça ?

Soldat : Ah ! ben, je suis un vétéran, moi. Je vis au crochet de la société. (*Il a un crochet à la place d'une main, un peu comme un pirate*)

Interviewer: Mais comment c'est arrivé, ça?

Soldat: J'ai eu la main sélectionnée. Je m'apprêtais à lancer une grenade puis y a un gars qui m'a demandé l'heure.

Interviewer: On dit, monsieur le militaire, que dans l'armée il y a beaucoup de camaraderie. Est-ce que vous avez des copains dans l'armée, vous?

Soldat: Ah! oui, il y a mon ami Georges; on l'appelait «Mal fait».

Interviewer: «Mal fait»?

Soldat: Son uniforme lui faisait bien.

Interviewer: En fait votre carrière, ça a commencé comment?

Soldat: J'ai coulé mes examens dans la police, ça fait que j'ai pensé à l'armée.

Interviewer: Votre premier poste dans l'armée, c'était où exactement?

Soldat: Dans un sous-marin.

Interviewer: Dans un sous-marin?

Soldat: Mais ça n'a pas marché.

Interviewer: Ah! non?

Soldat: Je dormais la fenêtre ouverte.

Interviewer: À part le petit incident de tantôt, le petit doigt croche gris qu'on a vu, là, est-ce que vous avez été blessé ailleurs?

Soldat: Ah! oui, monsieur.

Interviewer: Où ça?

Soldat: J'ai été blessé aux Dardanelles.

Interviewer: Oh, ça, ça fait mal, ça!

Soldat: Depuis ce temps-là, je chante soprano. Mais un de nos hommes, c'est bien pire, il a perdu son front.

Interviewer: Hein!

Soldat: La tête arrête juste au ras des yeux.

Interviewer: Il a les yeux, et là plus rien?

Soldat: Plus rien. Mais ça ne paraît pas.

Interviewer: Ah! non?

Soldat : Juste quand il enlève sa casquette de général. Et puis il y en a un autre qui est un petit peu connu, le colonel Sévigny.

Interviewer : Oui, le colonel Sévigny. Il veut se présenter chef de l'Union nationale.

Soldat : C'est un héros.

Interviewer : C'est vrai.

Soldat : Il a perdu une jambe durant la guerre.

Interviewer : C'est vrai.

Soldat : En essayant de se sauver. Et puis moi-même j'ai été décoré.

Interviewer : Ah! oui?

Soldat : J'ai sauvé 11 000 hommes de mon bataillon.

Interviewer : Ah! oui?

Soldat : J'ai tué le cuisinier, le colonel Sanders. Il est parti comme un petit poulet.

Interviewer : Écoutez...

Soldat : Heille heille, vous l'aimez, mon petit chandail?

Interviewer : Je le trouve pas mal beau, oui.

Soldat : Je l'ai fait au crochet.

Interviewer : Vous avez été à Montréal, vous et certains de vos confrères, pendant les mois d'octobre, novembre, décembre, janvier. Est-ce que vous trouvez que les Montréalais ont été gentils, sympathiques à votre égard?

Soldat : Ah! non. Il y a un vieux «civilien», là, je l'ai assommé avec ma carabine. Je pensais qu'il riait de moi. Il était plié en deux.

Interviewer : Il ne riait pas de vous?

Soldat : Non, sa cravate était prise dans sa fly.

Interviewer : Est-ce que c'est difficile d'entrer dans l'armée?

Soldat : Ah! oui, monsieur, c'est très difficile. J'ai étudié toute la nuit, moi, juste pour passer mon test d'urine.

Interviewer : Dans l'armée, est-ce qu'on insiste beaucoup sur l'hygiène?

Soldat : Ah! oui. L'hygiène, le sport. Le corps humain, monsieur, c'est comme un appartement, faut tenir ça propre. Moi, j'ai une femme qui vient toutes les semaines.

Interviewer : D'ailleurs je vous regarde faire vos petites steppettes depuis tantôt, vous avez l'air d'un homme en forme, vous. Qu'est-ce que vous mangez le matin?

Soldat : Des céréales.

Interviewer : C'est pour ça que vous avez les épaules carrées?

Soldat : Je mange les boîtes avec.

Interviewer : Comment vous faites pour dire autant de bêtises dans une seule journée, vous?

Soldat : Je me lève de bonne heure.

Interviewer : Écoutez, j'ai une question très importante maintenant à vous poser, monsieur le militaire. Quels sont, d'après vous, les trois plus grands hommes militaires canadiens-français?

Soldat : Le premier, c'est Napoléon.

Interviewer : Napoléon?

Soldat : Le deuxième, c'est Jules César.

Interviewer : Jules César...

Soldat : Le troisième, c'est moi.

Interviewer : Ben voyons donc. Jules César, Napoléon... Ce n'est pas des Canadiens français, ça.

Soldat : Ah! viarge, je suis le premier!

Enquête sur la paternité de Pierre Trudeau

André Dubois, Serge Grenier

L'épouse de Pierre Trudeau, Margaret Sinclair, était enceinte de Justin, qui naîtra en décembre 1971. Plus tard, à la suite des tournées rocambolesques de Margaret avec les Rolling Stones, le couple se sépare en 1977. Présenté par Serge, ce monologue d'André, qui assume toutes les imitations caricaturales, s'inscrit dans le contexte de la crise d'Octobre. Rappelons que les autorités avaient arrêté arbitrairement cinq cents personnes sans preuve ni accusation, dont des personnalités comme Pauline Julien et Gérald Godin. Le lecteur de nouvelles Gaétan Montreuil avait accepté de lire le manifeste du FLQ au journal télévisé en espérant ainsi sauver la vie du diplomate James Cross, retenu par les ravisseurs du FLQ. Claude Ryan était à l'époque directeur du *Devoir* et il avait critiqué les gouvernements pour leur répression arbitraire. Quant à Jean Marchand, il était, au moment du gag, ministre de l'Expansion économique régionale.

Présentateur : *Nous interrompons ce spectacle pour vous présenter un bulletin d'information spécial avec Gaétan Montreuil.*

Montreuil : Euh… l'on annonce à l'instant que madame Pierre Elliott Trudeau est enceinte. En apprenant cette nouvelle, le premier ministre Trudeau a immédiatement proclamé l'état d'urgence et il a fait voter la Loi des mesures de guerre en déclarant que, tôt ou tard, l'on finirait par découvrir le vrai coupable. Et déjà des centaines de suspects ont été mis sous les verrous. En rapport avec cette affaire, on a arrêté la chanteuse Pauline Julien, mais on l'a relâchée après un examen sommaire. Tout était en règle. Et la chose la plus stupéfiante, c'est qu'on a soupçonné monsieur Jean-Noël Tremblay. Celui-ci a été conduit devant un juge, mais lorsque le procureur a exhibé la pièce à conviction, monsieur Tremblay a été accusé d'outrage au tribunal.

Et déjà plusieurs personnalités se sont prononcées sur cette nouvelle escalade de la violence au Canada. Et écoutons d'abord les déclarations du directeur du *Devoir*, monsieur Claude Ryan.

Ryan : Ce qui m'effraie personnellement, hein, ce qui m'effraie dans la grossesse de madame Trudeau, hein, c'est qu'un inconnu ait pu se frayer un passage dans l'appareil gouvernemental, hein, et par ailleurs, je ne comprends pas que monsieur Trudeau ait attendu que sa femme soit enceinte avant de durcir sa position, hein, et puis réflexion faite, c'est peut-être le ministre des Finances qui a fait ça. Après tout, ce n'est pas la première fois qu'il provoquerait une inflation.

Présentateur : Et pour examiner le revers de la médaille, nous cédons maintenant l'antenne au chef syndicaliste Michel Chartrand.

Chartrand : Asti de câlice de sacrament de ciboire. Asti. La femme de Trudeau enceinte, moi je trouve ça drôle en sacrament. Ben pour une fois que c'est le fédéral qui se fait fourrer. Asti. Ah ! mais la Loi des mesures de guerre, parce que sa femme est enceinte, là, je trouve que de la part de Trudeau, c'est pas mal raide. En tout cas, ça prouve que y a pas trop les pouvoirs en main. Mais y aurait dû arrêter le fou à Jean Marchand, là. Après toutte, c'est lui le grand responsable de l'expansion régionale. Ah ! sacrament. Mais non, ils sont venus m'arrêter moi à' place, pis sous les ordres de Jean Drapeau, à part de ça. Ah ! je le comprends, Jean Drapeau, pour moi y a juré d'avoir ma tête. Ben je suis ben d'accord avec lui sacrament. Avec la tête que y a, y est prêt à changer avec n'importe qui.

Les C.R.

Serge Grenier

Serge : J'ai une histoire à vous raconter, mais ça me gêne un peu parce qu'il y a bien du monde et que vous allez me crier des noms et dire que je suis vraiment cynique. Alors, à moins que vous insistiez, hum, je ne la raconterai pas. Ah!... merci beaucoup, mais ça fait rien, je vais la conter pareil.

C'est l'histoire en fait d'une pauvre femme qui était comme ça tombée paralysée des deux jambes. Elle était bien basse. Alors elle s'est dit : « Je vais aller m'acheter une C. R., une chaise roulante. » Alors un beau matin comme ça, elle est partie sur la Plaza Saint-Hubert ; elle est allée au roi de la C. R., et puis elle entre dans le magasin, elle était assise dans son pousse-pousse de Steinberg[38], avec son mari qui était pusher. Alors le monsieur, le roi de la C. R., la voit arriver et lui dit : « Bonjour madame, qu'est-ce qu'on peut faire pour vous ? » Elle dit :

— Niaiseux, je m'en viens chercher une chaise, c'est tout ce que t'as à vendre.

— Ah ! ben, il dit, c'est très bien, mais maintenant attention, on a plusieurs marques, plusieurs modèles. Est-ce que vous voulez par exemple le petit modèle Bombardier ? Ou encore la Road Runner ?

— Oh ! elle dit, ah ! non non, tout ce que je veux c'est une petite CCM 26 semi-course, trois vitesses, à *tire* balloune, à flanc blanc et crampons.

— Ah ! ben, il dit, nous avons l'article. Maintenant est-ce que vous voulez des petits *trimmings* sur la petite chaise ?

— Ah ! ben, elle dit, mon Dieu, sûrement, elle dit, mettez-moi donc du papier crêpé dans les broches. Elle dit : pas sur celle de la dent. Celle des roues.

Et puis le gars dit :

— Sûrement, madame. Ah ! oui, il dit, bleu, blanc, rouge.

— Ensuite de ça, je voudrais une petite lumière rouge en arrière, des garde-boue, des garde-slotche, une grande antenne de radio avec une queue de renard au boutte, un petit chien avec des petits yeux qui s'allument quand tu break, pis des petits pompons tout le tour.

— Oh! je voudrais également un petit siège qui lève, qui baisse, qu'elle dit.

— Oh! le gars dit: c'est ben de valeur, on a seulement des petits sièges qui baissent.

Elle était bien désappointée. Et puis elle dit:

— Mettez-moi donc une barre pour embarquer quelqu'un. Ensuite de ça, un sticker de l'Oratoire, on sait jamais. Une clochette qui fait «drelin, drelin». Ensuite de ça, pas de dynamo, c'est ben forçant dans les côtes. Mettez-moi aussi des petits drapeaux aussi, le drapeau du Québec avec des fleurs de lys pognées comme ça pis un gros Sacré-Cœur saignant au milieu, pis un drapeau du Vatican avec ça.

39

Elle dit: «Je voudrais également des grosses «pognées» comme ça, là.» Parce qu'elle sortait avec un gars de bicycle. Pas folle, elle s'est dit: «Je vais fonder ma gang de chaises. Les Devil's Wheelchairs.»

Alors, le monsieur lui dit : « Oui, c'est pour payer comptant ? »
Elle dit : « Non non, chargez sur Chargex (*bruit de carte*). »
Elle dit : « Mettez-moi ça dans un sac à poignées. C'est pour délivrer. »

Alors le lendemain, la petite chaise a été délivrée à la maison. Elle la sort du sac à poignées pis elle défait le bel emballage de papier brique, elle s'assied dedans et elle est bien. Mais il faisait chaud dans sa maison, pis elle transpirait pis elle sentait le diable. Puis elle avait fini justement sa canette de Florian vert comme les pins de nos bois. Elle dit : « Ah ! j'vas aller prendre l'air. » Là, elle est partie à la brunante, ça c'est dans le nord de la ville, le long de la rivière des Prairies. Et puis là, il y a un gars qui s'est approché d'elle. Il lui a enlevé touttes ses vêtements, il lui a enlevé tout son argent, c'était un voleur ! Puis là, pour ne pas qu'elle se sauve, savez-vous ce qu'il a fait l'écœurant, hein ? Il a dessoufflé ses deux *tires*.

Québécair

Marc Laurendeau

Marc : Mesdames et messieurs, Québécair vous souhaite la bienvenue à bord de son vol en direction de Québec ou Ottawa, tout dépendra du vent. Mesdames et messieurs, un avis maintenant aux usagers de la toilette. Dans trente minutes, vous pourrez actionner la chasse d'eau, nous survolerons Toronto.

Drapeau-Saulnier

André Dubois, Marcel Saint-Germain, Serge Grenier

> Lucien Saulnier, joué par André, cofondateur du Parti civique, a été président du Comité exécutif à la Ville de Montréal et, par la suite, président de la Communauté urbaine de Montréal. Grand administrateur, il est perçu comme conseiller et contrepoids du maire Jean Drapeau (incarné ici par Marcel), qu'il quittera au début des années 1970. Les deux hommes avaient formé au cours des années 1960 un tandem auquel tout réussissait.

Serge : *Ce soir, à la Place des Arts, ce temple du bon goût, nous sommes honorés d'accueillir deux éminents artistes qui rentrent d'une tournée internationale. Mais l'émotion m'étreint et je m'empresse de vous les présenter : messieurs Lucien Saulnier et Jean Drapeau.*

Drapeau : Bonsoir, et bienvenue dans MA Place des Arts.

Saulnier : Bonsoir, et bienvenue dans SA Place des Arts.

Drapeau : J'ai voulu, dans MA Place des Arts, reconstituer l'atmosphère qui règne au conseil municipal de Montréal. Par conséquent, tous les spectateurs devront bien garder le silence.

Saulnier : Et je voudrais ajouter à cela…

Drapeau : Silence !

Saulnier : Je voudrais ajouter à cela…

Drapeau : Silence !

Saulnier : Laisse-moi parler, ti-cul. Je voudrais saluer toutes les municipalités qui font ou feront bientôt partie de la Communauté urbaine de Montréal. Le maire de Westmount, le maire de Montréal-Est, le maire de Montréal-Ouest, le maire d'Outremont et le maire de Rimouski.

Drapeau : En tant que maire de Montréal, je voudrais personnellement remercier mes 52 conseillers du Parti civique,

52, un vrai jeu de cartes. J'ai entre mes mains 52 atouts, il y a là quelques as et beaucoup de valets.

Saulnier : À la Communauté urbaine, mon cher Jean, je serai plutôt ta carte blanche.

Drapeau : Merci. Et moi je serai le joker.

Saulnier : Nous allons maintenant vous interpréter une chansonnette. Il s'agit d'un air que j'ai choisi.

Drapeau : (*Tousse*)

Saulnier : Que nous avons choisi.

Drapeau : (*Tousse*)

Saulnier : Que le maire Drapeau a choisi. C'est un air qui rend hommage au courage du maire Drapeau, à la volonté du maire Drapeau, à la détermination du maire Drapeau, au maire Drapeau tête de cochon. Et ça s'intitule : « Le duo de l'âne ». Maestro !

De ci, de là. De ci, de là
Cahin-caha. Cahin-caha
Grâce à moi, grâce à toi, la loi et l'ordre
Chez nous n'iront plus cahin-caha
Monsieur Trudeau nous récompensera

Ah ! mes amis, je suis heureux
Tout le monde est content de moi
Et moi de le voir si niaiseux
Je me sens triste malgré moi

De ci, de là. De ci, de là
Cahin-caha. Cahin-caha
On s'amuse comme des buses
On sera en poste assez longtemps pour avoir une barbe
Les mécontents pourront manger de la...
(*Brusque changement de ton et de note*)
« Orta[40] » ! (*chanté à l'unisson et fort, à la manière d'une finale*)

Serge : *Il y aura maintenant un court entracte de 15 ou 20 minutes. Comme vous voudrez.*

Feu Paul Comtois

André Dubois, Marcel Saint-Germain, Serge Grenier

En 1966, ce lieutenant-gouverneur meurt tragiquement dans l'incendie de la résidence officielle, au parc du Bois-de-Coulonge de Québec. La version officielle disait qu'il voulait s'assurer que toute sa famille était bien à l'extérieur. Une autre version des faits affirmait plutôt que ce grand catholique était retourné dans le brasier pour rescaper des flammes les saintes espèces de la minichapelle aménagée dans la résidence. Cette histoire faisait donc l'objet d'un double tabou que les Cyniques ont pourtant franchi.

Marcel : Il y a cinq ans mourait dans un incendie mortel le lieutenant-gouverneur de la province de Québec, monsieur Paul Comtois. Certaines personnes prétendent qu'il aurait péri en voulant sauver les saintes espèces. Hé! Hé! Hé! Voici d'ailleurs les dernières paroles qu'il aurait prononcées devant certains témoins :

Serge : « Je m'en vais chercher les hosties. »

Marcel : Mais ce n'est pas ce qu'il a dit, voici plutôt ce qu'il cria :

André : « Venez me chercher, ostie » !

Le message pastoral

André Dubois, Marc Laurendeau

Les médias réservaient toujours un espace à la parole de l'Église catholique. Hydro-Québec avait une publicité qui disait : « On est douze mille douze pour vous servir. » Déjà, à l'époque, il existait des soirées de bingo dans les sous-sols d'églises. La contraception et le contrôle des naissances étaient encore à l'ordre du jour. Marc Laurendeau parodie ici un membre des Pèlerins de Saint-Michel, mieux connus sous le nom des bérets blancs, un organisme religieux qui visait à promouvoir le développement d'une société plus chrétienne et catholique et qui appuyait les créditistes. Ils venaient de refaire l'actualité lors de prétendues apparitions de la Vierge près de Rougemont. On retrouvera ce numéro dans le *Bye Bye 71*.

André : *Écoutons maintenant un message très spécial qui nous vient directement de notre archevêché :*

Marc : Au nom du Père et du Fils et du Saint-Esprit, amen et FM. Mes bien chers frères, n'oubliez pas que depuis le concile, nous, les apôtres, sommes 2012 pour vous servir. Et nous sommes là pour rendre hommage à l'Immatriculée-Conception. Et à l'Église catholique du Québec, qui a su répandre deux choses chez ses fidèles : la méthode Ogino et le bingo. Et l'une ne va pas sans l'autre, car si vous ne suivez pas la méthode Ogino, bingo !

Le député libéral fédéral

André Dubois, Serge Grenier

> André interviewe Serge dans ce dialogue qui parodie l'émission de télévision *Format 60*, à Radio-Canada.

Interviewer: Bonsoir chers auditeurs, et bienvenue à l'émission *Format Zéro*. À *Format Zéro*, nous accueillons ce soir un politicien qu'on n'a pas l'habitude de voir mais qui est quand même assez important. Bonsoir monsieur, qu'est-ce que vous faites dans la vie politique, vous, monsieur?

Député: Eh bien moi, monsieur, je suis un jeune député «libereul-federeul» (*prononcé à l'anglaise*).

Interviewer: Libereul-federeul?

Député: Oui.

Interviewer: J'en conclus que vous êtes bilingue.

Député: Oui. Yes.

Interviewer: Dites-moi, vous avez l'air triste, là.

Député: Ah! oui, monsieur, j'ai le C. B.

Interviewer: Vous avez le C. B. ?

Député: Le caquet bas. Il n'y a plus personne qui m'adresse la parole, mon cher monsieur. Même le matin quand je déjeune, mes Rice Krispies ne me parlent plus.

Interviewer: Mais vous me semblez un petit peu nerveux. Vous avez toutes sortes de tics. Notamment, vous clignez des yeux.

Député: Oui, c'est pas de ma faute. Je suis daltonien.

Interviewer: Vous confondez quelque chose?

Député: Oui, le noir et le proche, le loin et le blanc. Je suis presbytère, je suis misanthrope. Je vois rien. Mais ça fait rien. Je suis député.

Interviewer: Vous êtes un de ces députés qui s'assoient toujours en arrière aux Communes.

Député: C'est pas grave. C'est 18 000 pareil.

Interviewer : Mais je pense qu'il y a un nom en anglais pour désigner ce genre de députés.

Député : Oui monsieur, on appelle ça des back-benchers.

Interviewer : Des back-benchers ? Comment vous diriez ça en français ?

Député : Députés de derrière.

Interviewer : Il y a une rumeur qui circule actuellement.

Député : Oui.

Interviewer : On dit que le gouvernement Trudeau s'apprête à légaliser bientôt l'usage de la drogue.

Député : Ben voyons donc, c'est ridicule ça, monsieur. On est contre ça nous autres, la « marish » pis le « hâchis ». Dites-vous bien ça, on veut rien savoir de la « droïlle ».

Interviewer : La « droïlle » ?

Député : Ben oui, la « droïlle », la « droïlle », d-r-o-i tréma, deux l, e : « droïlle ».

Interviewer : Pourtant je me suis laissé dire que monsieur Trudeau lui-même prenait parfois du LSD.

Député : Ben voyons donc, vous allez m'arrêter ça. Y a pas besoin de ça cet homme-là. Y est toujours en voyage.

Deux prisonniers

André Dubois, Marcel Saint-Germain, Serge Grenier

Jacques Hébert (1923-2007) était journaliste et éditeur; il avait écrit et plaidé en faveur de l'innocence de Wilbert Coffin, pendu pour le meurtre de trois chasseurs américains, en 1956. L'affaire Coffin est l'une des plus célèbres sagas judiciaires canadiennes. L'allusion au chef de police d'Anjou n'est évidemment pas fortuite. Il faisait partie des policiers corrompus, nombreux dans plusieurs municipalités de la région métropolitaine. Interview de Serge avec André, Mouche-à-feu et Marcel, Mouche-à-marde.

Interviewer: Grâce à une demande spéciale du ministre de la Justice, nous avons ce soir avec nous deux prisonniers québécois qui ont ceci de particulier qu'ils ont écrit un livre, leurs mémoires en quelque sorte. La France a Papillon et le Québec a ses deux premiers écrivains-prisonniers que voici: tout d'abord le très sympathique Mouche-à-feu. Il inspire la joie de vivre. Et son imminent collègue, le non moins très sympathique Mouche-à-marde. J'aimerais savoir pourquoi vous avez choisi de tels pseudonymes. Vous là, le grand vertical. Non, non, l'autre vertical. Pourquoi vous appelez-vous Mouche-à-feu?

MAF: Je suis le plus brillant des deux.

Interviewer: Et vous, ma petite ligne d'horizon? Pourquoi ce joli nom de Mouche-à-marde?

MAM: Ben moi, c'est en l'honneur de mes parents.

Interviewer: C'est fin, ça.

MAM: Ben c'est que mon père aimait beaucoup les mouches pis ma mère aimait beaucoup...

Interviewer: Correct, correct. Comment en êtes-vous venus au crime?

MAF: Moi, je suis né dans une famille de bandits. Mon père faisait des vols de banque, mon frère faisait des vols d'auto pis mon oncle était chef de police à Ville d'Anjou.

Interviewer : Quelle famille! Et vous, mon petit Mouche, je vous appelle par votre petit nom, dites-moi quels sont les crimes que vous commettez le plus souvent?

MAM : On commet des vols, des viols, des indécences simples, des grossières indécences, des... ah oui, des très grossières indécences.

MAF : (*Rire niais*)

Interviewer : Et dans quelles circonstances s'est déroulé votre premier viol?

MAF : Un soir, mon collègue pis moi, on était assis ben tranquilles, on regardait la télévision, pis un moment donné, y a une fille qui a sonné à la porte. Elle disait qu'elle était comme égarée. Quand la police est arrivée, elle était complètement écartée.

Interviewer : Mais comment en êtes-vous arrivés à commettre un crime aussi bas que le viol?

MAF : Je me suis penché.

MAM : Pas moé.

Interviewer : Alors, après un tel crime, vous avez été cité à votre procès, et j'imagine bien que votre procès s'est déroulé à huis clos.

MAM : Non, à Montréal.

Interviewer : Vous l'avez perdu, après quoi vous vous êtes retrouvés en cellule.

MAM : Oui, monsieur, pis là on a fait un gros party.

MAF : On a invité le bourreau et on a pendu la crémaillère.

Interviewer : Et dites-moi, Mouche-à-feu, on est ici pour jaser littérature, jasons-en. Dans quel courant littéraire vous situez-vous?

MAF : Ah! ben (*il bafouille*)... pouvez-vous répéter votre question?

Interviewer : Dans quel gang d'écrivains que t'es?

MAM : Le petit papier dans ta poche.

MAF :	Je vais vous lire ça sur un petit papier. Sur le plan littéraire, nous nous situons à mi-chemin entre le néoréalisme des jeunes romanciers américains et le style imaginatif du nouveau roman français. Rappelez-moi à 4 h. Jacques Hébert.
Interviewer :	Merci beaucoup 25 watts. Je reviens avec votre petit copain Mouche, parce que lui au moins, on peut sentir sa présence. Dites-moi Mouche, vous lisez beaucoup en cellule, je crois.
MAM :	Oui, monsieur.
Interviewer :	Vous lisez pour vous cultiver.
MAM :	Non pour nous évader.
Interviewer :	Et quel est le livre qui a le plus bouleversé votre vie ?
MAM :	Le Code criminel.

L'opéra du Québec

Marcel Saint-Germain

Marcel Saint-Germain prouve à nouveau ses talents de chanteur à voix en interprétant une parodie de l'air «La donna è mobile» de Verdi. Nous avons ici une énumération de chanteurs d'opéra québécois réputés : Yoland Guérard (1923-1987), qui avait fait une publicité pour le rince-bouche Listerine, Léopold Simoneau (1916-2006) et Richard Verreau (1926-2005).

Marcel : Le gouvernement du Québec a décidé de fonder une maison d'opéra. En effet, nos chanteurs ont tellement peu l'occasion de chanter qu'ils en viennent à dégager une mauvaise haleine. Mais grâce à Listerine, Yoland Guérard chante encore. L'opéra c'est un peu comme Muriel Millard, ç'a commencé au 18e siècle puis ça grossit toujours. Il y en a qui pensent que l'opéra c'est un art périmé, vieillot, plate et même très plate, eh bien à ces gens je n'ai qu'une chose à leur répondre : c'est vrai. Mais ce n'est pas une raison pour laisser pourrir nos belles voix comme Léopold Six moineaux, Richard Verrat ! Je vais donc de ce pas vous interpréter un air de *Rigoletto*. C'est un opéra bouffe... bouffe... bof... Et j'en ai d'ailleurs fait une traduction française personnelle sans en trahir toutefois l'inspiration profondément italienne. La scène se passe au moment où Rigoletto déclare sans rigoler son amour à Rigoletta[41].

Tu es le seul amour que je savoure
Que je caresse, comme une pizza all-dressed
Devant tes yeux luisants, longtemps je *stalle*
Ta bouche a le piquant d'un spaghetti meatballs
Je suis ton esclave, pour la vie entière
Si tu veux que j'râle, ôte ta brassière
Ôte ta brassière
Ôte ta brassière !

Prenez le volant avec le prof Lauzon

Marc Laurendeau, Serge Grenier

Léonard Lauzon, qu'on a déjà vu, fait allusion, par l'entremise de Marc, aux autoroutes à péage.

Serge : *Nous allons maintenant suivre un cours de conduite automobile à la campagne, ou comment amener une minoune dans sa minoune. Pour vous donner ce cours, voici un homme guilleret et primesautier, mesdames, mesdemoiselles, je vous le recommande parce qu'il a un beau corps d'homme, il est très propre de sa personne, le voici, monsieur sexe : Léonard Lauzon !*

Lauzon : À quoi ça sert d'avoir du tigre dans le moteur s'il y a un âne au volant ! Premièrement, le départ ! Supposons que vous allez dans les Laurentides, ne prenez pas l'autoroute. Il est inutile de garrocher votre argent par les fenêtres. Prenez plutôt la route 11 en vous rappelant qu'il y a deux sortes de piétons : les rapides et les morts.

Deuxièmement, portez attention à la signalisation routière. Vous avancez quand la lumière est verte, vous arrêtez quand la lumière est rouge et vous ralentissez quand vos passagers sont blancs.

Si vous apercevez au milieu de la rue une ligne double, cela veut dire que vous ne pouvez pas traverser la ligne double pour aller frapper un piéton de l'autre côté.

Si vous apercevez une zone de sécurité et que vous voyez un piéton en dehors de la zone, vous pouvez le frapper pour le ramener dans la zone, là où il ne se fera pas mal. Attention, une collision peut se produire au moment où deux automobilistes essaient de frapper le même piéton.

Supposons que vous arrivez à une intersection et que le trafic est bloqué parce qu'un policier remplace un feu de circulation, ne vous inquiétez pas : un policier ce n'est pas une lumière.

Troisièmement, la conduite préventive : chauffez prudemment, car selon les « snatistiques », 90% des gens sont causés par un accident. Comme je le disais dans mon autobiographie, l'auto à surveiller, c'est l'auto derrière celle du gars qui est en avant de vous.

Portez toujours une ceinture de sécurité, pour ne pas quitter les lieux d'un accident. Ne buvez pas en conduisant, vous pourriez frapper une bosse et renverser votre verre.

Ne conduisez pas en tenant votre volant d'une main et en caressant votre blonde de l'autre main. Passez le volant à votre blonde, et servez-vous de vos deux mains.

Quatrièmement, le stationnement : si vous n'arrivez pas à trouver un espace, stationnez près d'une église, il y a toujours de la place ! Ou bedon, achetez une auto déjà stationnée. Si vous ne voulez pas avoir de ticket de parking, arrachez vos essuie-glaces.

Cinquièmement, la courtoisie : en cas d'accident mortel, soyez courtois ! Pas de grimaces aux blessés agonisants ! Supposons que vous frappez un policier à motocyclette, vous lui démantibulez toute sa moto, il s'approche de vous avec un large sourire, ne vous y fiez pas ! Il a encore ses poignées de bicycle dans' bouche !

Camil Samson

André Dubois, Marcel Saint-Germain

Camil Samson était un homme politique conservateur et populiste, chef du Ralliement des créditistes du Québec. La caricature qu'en fait André Dubois est sûrement la plus désopilante de ses imitations. On dirait que l'orateur s'exprime toujours avec un crachat dans la bouche. Bona Arsenault était à ce moment député du PLQ et ancien ministre et secrétaire de la province sous Lesage. Gilberte Côté-Mercier (1910-2002) est la cofondatrice des Pèlerins de Saint-Michel.

Marcel : *Mesdames et messieurs, voici le chef du Ralliement des créditistes, Camil Samson !*

Samson : Au Québec actuellement on est pognés dans un « marrachme » ! Il y a d'abord l'agriculture qui est dans un « marrachme », mesdames et messieurs ! Le gouvernement actuel refuse de régler les quatre principaux problèmes de l'agriculture au Québec ! Vous les connaissez, les quatre principaux problèmes de l'agriculture au Québec : le printemps, l'été, l'automne et l'hiver ! Tous les politiciens qui sont à Ottawa, les « fédérachtes », ils exploitent nos fermiers ignomignomigneu... ignominieu... Ils les exploitent en simonac ! Tous les gouvernements ont amené l'agriculture du Québec sur le bord du gouffre ! Nous, du Crédit social, nous allons lui faire faire un pas en avant ![42]

Le sexe également est dans un « marrachme » ! Prenons par exemple le domaine du cinéma. Quand est-ce qu'ils vont arrêter de nous présenter des films de cul ? Depuis l'adoption du bill « ombinibar », les vicieux gagnent du terrain, mesdames et messieurs, vous leur donnez un pouce, ils prennent une verge !

Ben pire que ça! On parle de légaliser le mariage entre personnes du même sexe, c'est-tu pas écœurant? Imaginez ça chez nos politiciens, Jean-Noël Tremblay marié avec Bona Arsenault! J'aimerais pas être là pour l'ouverture de la session!

Le sexe est présent dans la tête de mes meilleurs amis. L'autre jour, je me promenais sur la rue Saint-Jean, j'ai vu Gilberte Côté-Mercier assise sur un parcomètre! Vous savez ce qu'elle faisait là, la cochonne? Elle attendait la violation! Un seul homme est capable de nous sortir de toutte ces «marrachmes»! Monsieur Réal Caouette, mesdames et messieurs! Quand on ne connaît pas Réal, on a tendance à penser qu'il est un peu idiot, mais quand on le connaît, on en est persuadé!

CHAPITRE VIII
LES CYNIQUES : EXIT (1972)

Chanson d'ouverture

La ministre des Affaires culturelles du gouvernement Bourassa, Claire Kirkland-Casgrain, venait de refuser de subventionner la pièce de Michel Tremblay, *Les belles-sœurs*, à cause du niveau de langue, le joual employé tout au long de l'œuvre. Le sketch *Bourassa de 9 à 5* fait aussi une blague à ce sujet. Rappelons que Claire Kirkland-Casgrain, icône féminine, a été la première femme députée de l'Assemblée législative du Québec et aussi la première femme membre du Conseil des ministres en 1962.

C'est la dernière fois que vous nous voyez
Croyez-le ou non, on va s'ennuyer
Certains politiciens vont respirer
Nos vedettes quétaines seront soulagées
Quand les Cyniques seront choses du passé
Au printemps, tout fond au soleil
Rien pour nous ne sera plus pareil

C'est la dernière fois que vous nous voyez
Croyez-le ou non, on va s'ennuyer
Nos victimes préférées vont relaxer

— Puis finalement, as-tu calmé ta faim l'autre soir ?
— Ben certain, je suis allé à la manifestation.
— Qu'est-ce que tu as mangé ?
— Des claques sur la gueule.
— Sais-tu pourquoi il y a toujours deux policiers dans les auto-patrouilles à Ottawa ?

— Non, pourquoi ?

— Faut une douzième année pour conduire ça.

— Maudit syndicat. Depuis que je travaille à Radio-Canada, je suis sollicité par les gars de la N.A.B.E.T. (*National Association of Broadcast Employees and Technicians*).

— Ben, depuis que je travaille à Radio-Canada, je suis sollicité par les gars de la tapette.

— Connais-tu la différence entre le nouveau ministre des Affaires culturelles, Claire Kirkland-Casgrain, et puis une patate ?

— Une patate ? Euh, non, pas d'idée.

— La patate est cultivée.

Toutes les réputations qu'on va détruire
Tous les politiciens qu'on va salir
Tout ce beau monde-là va crier « martyre », « martyre » !

Le *Téléjournal* de Radio-Canada

Marc Laurendeau

Pour comprendre ce *Téléjournal* livré par Marc, il faut se rappeler que Louis-Philippe Lacroix (1926-2006) a été whip en chef du Parti libéral de mai 1970 à novembre 1976. Adrien Bigras (1938-), né à Sainte-Dorothée à Laval, est l'un des premiers golfeurs professionnels du Québec; il participa à de nombreux tournois internationaux et fut intronisé en 1999. Michel Girouard (1944-) est un chroniqueur québécois de la vie mondaine, chanteur et animateur qui faisait aussi de la publicité. En 1972, il épouse son pianiste, Réjean Tremblay, alors que le mariage gai n'est évidemment pas encore reconnu au Canada. Le regroupement des fifis, les Panthères roses, est un clin d'œil aux Black Panthers, groupe radical pour la défense des droits des Afro-Américains dans les années 1960 et au personnage de Peter Sellers. Les blagues sur les homosexuels doivent évidemment être mises dans leur contexte. D'abord, la rectitude politique n'existe pas et la décriminalisation de l'homosexualité provoque de vives réactions. Du jour au lendemain, on passe d'un Québec très catholique à une société où des individus sortent du placard et affirment leur homosexualité. L'intolérance, les jugements moraux et les préjugés sont donc encore très tenaces à cet égard et le Canada et le Québec commencent tout juste à connaître un changement dans les mœurs et les mentalités, qui tendront à devenir beaucoup plus libérales. Faire des blagues à propos de l'homosexualité et des allusions sexuelles à une relation gaie, même si c'était pour se dégager des préjugés, représentait en soi la transgression d'un tabou. Le thème des Jeux olympiques gais est prémonitoire, puisqu'ils auront bel et bien lieu, à partir de 1982, à San Francisco.

L'émission *Madame est servie* à Télé-Métropole était animée par Réal Giguère et Claude Blanchard y était souvent invité; elle était populaire, notamment pour son courrier de sexologie du Dr Gendron, qui recevait et commentait les lettres de téléspectatrices du canal 10. L'évocation du personnage Fauteuil est une allusion à Jacques Fauteux, qui coanimait à la télévision d'État *Appelez-moi Lise*. Quant au maire Jean Drapeau, rappelons qu'il avait tendance à dépenser et fit gonfler la dette de Montréal. Au moment du gag, Bourassa affrontait les chefs syndicaux, dont Marcel Pépin.

Marc : Le *Téléjournal* de Radio-Canada.

Le député Louis-Philippe Lacroix vient de terminer son premier livre. L'an prochain, il va en lire un autre.

Le maire Drapeau fait poser des bornes-fontaines des deux côtés de la rue, en soulignant qu'il y a des chiens qui sont gauchers.

Le premier ministre Robert Bourassa a décidé d'arrêter de boire de la bière Labatt. Il boit maintenant de la O'Keefe, une bière de houblon sans pépin.

Sur le terrain de golf à Laval, le champion de golf du Québec, Adrien « Legs » Bigras, a frappé aujourd'hui deux très vilaines balles. En effet, il a pilé sur un râteau. La cire lui est sortie par les oreilles.

Interviewé à la télévision par Réal Giguère, monseigneur Lavoie a rappelé que Dieu avait fait l'homme à son image et à sa ressemblance. En regardant Réal Giguère, de nombreux fidèles ont perdu la foi.

L'épouse du chanteur Michel Girouard, après de pénibles contractions, a donné naissance à une magnifique boîte de petits pois Del Monte. Michel Girouard a déclaré : « Chez Del Monte, la mère Nature est de notre bord. »

Les leaders du mouvement pour la libération des fifis, les Panthères roses, se sont adressés aux Nations unies pour réclamer la tenue en 1975 de grandes Olympiques de tapettes, avec compétition de saut à la corde, lancer du mouchoir, tir au poignet et grand tournoi de badminton. On pourra sans doute voir les petits moineaux se faire aller.

Dans le domaine judiciaire, un fou a violé une morte, croyant que c'était une Anglaise.

Des journalistes ont demandé à la chanteuse Ginette Reno si elle faisait du sport. Elle a répondu qu'elle ne jouait pas au tennis parce que ça lui faisait des gros poignets, qu'elle ne faisait pas de ski parce que ça lui faisait des gros pieds. Elle se contente de faire de l'équitation.

Le canal 10 a décidé de maintenir sa politique d'engager son personnel au poids, alors qu'au canal 2, on engage des gens minces, comme Nadeau, Charette, Montreuil, Fauteuil. Au canal 10, on engage le talent dans le gros : le gros Réal Giguère, le gros Roland Giguère, le gros Serge Bélair, le gros Rod Tremblay, le gros Claude Lapointe, le gros Gilbert Chénier et la grosse Huguette Proulx. Le tout devant un public de grosses bonnes femmes, les trucks de la rue Panet. Bref, Radio-Canada restera la télévision d'État et le canal 10, la télévision des tas !

À l'émission *Madame est servie*, appelée également « Le club des varices », une concurrente a réussi à manger 80 Popsicle. En recevant son prix de présence, elle a neigé dans ses culottes.

À la suite de la guerre en Extrême-Orient, guerre qui se poursuit ad Viêtnam æternam, l'Assemblée des Nations unies a décidé d'adopter un nouveau langage international politique. Il s'agirait en l'occurrence de la musique ; ainsi on exprimerait 1 imbécile (*une note*), 2 imbéciles (*deux notes*) et enfin, 200 millions d'imbéciles *(musique de l'hymne national américain)*.

Bourassa de 9 à 5

André Dubois, Marcel Saint-Germain

Robert Bourassa, plus jeune premier ministre de l'histoire du Québec, avait été élu en 1970 en promettant de créer cent mille emplois et avait fait campagne sur le thème de l'économie. Marcel interviewe André en premier ministre.

André : Parlons maintenant de choses sérieuses, c'est-à-dire des premiers ministres du Québec. Vous êtes-vous déjà demandé ce que ça fait de sa journée, un premier ministre du Québec ?

Public : Non.

André : Moins que ça. En fait, l'important, ce n'est pas de dire que ça ne fait rien, ça tout le monde le sait. C'est de savoir comment ça fait pour ne rien faire.

Interviewer : Monsieur Bourassa. Monsieur Bourassa, êtes-vous très occupé ?

Bourassa : Ben, c'est-à-dire ? En tant que premier ministre du Québec, mon emploi du temps est tellement chargé que je n'ai pour ainsi dire aucun problème de chômage. Hé ! Hé ! Hé !

Interviewer : Mais à quelle heure vous levez-vous ?

Bourassa : Ben, c'est-à-dire, tous les matins je me lève à 7 h et là, je remercie le bon Dieu d'avoir augmenté le nombre des emplois. Une heure plus tard, je me réveille.

Interviewer : Mais quelle est votre première occupation politique de la journée ?

Bourassa : Ben, c'est-à-dire tous les matins, avant le petit-déjeuner, je fais ma première visite au cabinet. Pour la première fois de la journée, j'exerce mes fonctions de premier ministre. J'aborde toujours les mêmes matières.

Interviewer : Mais à quelle heure allez-vous au bureau ?

Bourassa : Ben, c'est-à-dire tous les matins, je me rends au bureau vers 9 h et là, je convoque mes ministres. C'est ma deuxième visite au cabinet. C'est toujours plus emmerdant que la première.

Interviewer : Mais vous travaillez tellement. Comment vous détendez-vous ?

Bourassa : Ben, c'est-à-dire, je détache ma cravate, pour me détendre le cou, ou je détache mes souliers, pour me détendre la tête.

Interviewer : Mais est-ce que vous rencontrez beaucoup de gens dans une seule journée ?

Bourassa : Ben, c'est-à-dire le matin, je jase debout avec mes conseillers. Le midi, assis, avec mon attaché de presse, et le soir, à genoux, avec des financiers de Toronto.

Interviewer : Mais monsieur Bourassa, il y a quelque chose que nous ne comprenons pas. Comment se fait-il que vous ayez nommé Claire Kirkland-Casgrain ministre des Affaires culturelles ?

Bourassa : Ben, c'est-à-dire que je pense que notre culture, c'est le joual. Alors il est normal que notre ministre soit une jument.

Le gros Simard

André Dubois, Marcel Saint-Germain

On parle évidemment du petit René Simard, un enfant star de l'époque, incarné par Marcel. Il livre sa propre interprétation d'un extrait célèbre de l'opéra *Paillasse,* «Ridi Pagliaccio» de Ruggero Leoncavallo.

André : *Vous connaissez tous bien sûr le phénomène du petit Simard. Le petit Simard a fait des disques, le petit Simard a fait des films. Vous êtes-vous déjà demandé ce qui arrivera au petit Simard dans vingt ans d'ici? Sa voix aura-t-elle mué? C'est à souhaiter. Eh bien, figurez-vous que nous sommes maintenant vingt ans en avant de notre temps, et ce soir, l'émission* Québec sait chanter, *qui a survécu pendant toutes ces années, accueille pour vous, mesdames, mesdemoiselles, messieurs, dans un extrait de l'opéra* Paillasse, *le gros Simard.*

Simard : Quand j'étais petit
J'étais mince comme une hostie
Mais c'est moins le fun depuis que je pèse une tonne
Je chante encore des airs mélancoliques
Mais l'argent rentre moins fort
Je trouve ça moins comique
Je voudrais tant qu'on se souvienne de ma voix, câline
Mais maintenant je fais p'us une cenne, câline
J'ai fait la piastre, mais j'ai le cul su'a paillasse
J'ai pus de gérant, mais j'ai encore ma môman, ma môman, ma môman

Ti-Claude

Serge Grenier

Serge : Dans toutes les villes, bien sûr, les gens ne vivent pas de
la même façon, selon le quartier ou la ville de banlieue
qu'ils habitent. À ce sujet-là, j'ai l'histoire de deux petits
garçons à vous raconter. Et pour ce faire, j'ouvre mon livre
de contes.

Il était une fois un petit garçon qui habitait à Outremont
et qui s'appelait Jean-Claude. Son papa était gérant du
personnel à la Canadian Vickers[43]. Une fois, c't'un petit
garçon qui restait dans l'est. Il s'appelait Ti-Claude. Son
père venait de perdre sa job à Vickers.

Jean-Claude avait un frère et deux sœurs. Ti-Claude, y avait
cinq frères pis huit sœurs.

À l'école privée, en plus de sa langue maternelle, Jean-
Claude étudiait une langue de travail : l'anglais.

À l'école Saint-Jacques en troisième année B, Ti-Claude
apprenait une langue seconde, le français.

Parfois, lorsqu'il avait désobéi à la bonne, la maman disait
à Jean-Claude : « Pas de dîner pour toi ce soir, mon chéri,
monte à ta chambre. » Elle parlait comme une actrice.

Des fois, quand Ti-Claude était tannant, le bonhomme lui
disait : « T'écoutes pas quand on te parle ? Tu mangeras pas
à soir. Comme d'habitude. Monte te coucher dans le garde-
robe. À soir, t'as congé, couche dans le coffre de cèdre.
Ferme le couvert. »

Jean-Claude habitait une magnifique maison en haut de la
montagne.

Ti-Claude restait dans un shack en bas de la track.

Jean-Claude aimait beaucoup s'étendre sur la pelouse pour
regarder le soleil, le ciel bleu et les nuages blancs. Ti-Claude
y aimait ben ça des fois s'asseoir sur la chaîne du trottoir
pis regarder le gros nuage gris.

Chez Jean-Claude, à Noël, on mangeait de la dinde, des canneberges, des pommes de terre mousseline et une excellente bouteille de Château Gruaud Larose 1964.

Chez Ti-Claude, à Noël; ils mangeaient du dinde, des atacas, des patates pilées avec un trou en haut pour mettre la sauce, pis un bon Kik 1971. Frappé. Comme la bonne femme.

Jean-Claude aimait beaucoup jouer des tours. Souvent à la maison, on le cherchait, car il était toujours parti se cacher.

Ti-Claude était ben crapaud. Des fois, il montrait ses parties cachées.

La maman disait toujours à Jean-Claude de bien s'entendre avec ses petits camarades anglophones et italiens, c'est la même chose, car le racisme est une bien vilaine chose.

Des fois, la môman disait à Ti-Claude : « T'as encore pitché des roches aux Anglais en haut de la côte. Eh! mon petit Juif, t'as toujours des plans de nègre. »

Le papa de Jean-Claude était propriétaire d'une superbe Cadillac Eldorado. Pas snob pour deux sous, il la conduisait lui-même.

Le père à Ti-Claude y avait une belle CCM 26 semi-course trois vitesses à *tire*-balloune. Il pétait pas plus haut que le trou, il la conduisait lui-même.

Un jour, le papa de Jean-Claude décida d'amener toute la famille en voyage à Niagara Falls.

Un bon jour, le père à Ti-Claude y est parti tout seul. À Niagara Finance.

La maman de Jean-Claude s'occupait de son éducation sexuelle.

Ti-Claude se pognait le cul dans' ruelle.

Camil Samson

André Dubois, Marcel Saint-Germain

André reprend son personnage fétiche.

Marcel : *Et voici maintenant le vrai chef du Ralliement des créditistes, monsieur Camil Samson ! Vas-y, Camil !*

Samson : Mesdames, mesdemoiselles et messieurs ! Au Québec, en 1972, la foi, la morale et les bonnes mœurs prennent une simonac de débarque ! Y a des femmes de chez nous qui se mettent des diaphragmes en plastique transparent, sous prétexte d'avoir des fenêtres panoramiques dans leur salle de jeu !

Dans nos « cérégéreps », les étudiants se droguent, mesdames et messieurs ! Ça respire de l'héroïne pis ça se pique avec de la colle d'avion ! L'autre jour, pour savoir de quoi je parle, j'ai fumé un peu de hâââchriiiiisch ! Mais il m'est arrivé des choses qui ne m'étaient jamais arrivées, mesdames et messieurs ! Après deux, trois touffes, mon cerveau s'est mis à réfléchir ! J'ai eu des hallanuci... des hallunacha... des hallanuchi... J'ai vu des paquets d'affaires !

Nous vivons actuellement des temps d'apocalypse ! D'ailleurs, notre Seigneur l'avait dit, le jour de l'Ascension : je pars en christ mais je reviendrai en hostie !

Les balayeurs

André Dubois, Marc Laurendeau, Marcel Saint-Germain

Georges Guétary était un chanteur de charme et d'opérette, de même qu'un comédien grec naturalisé en France. En fin de carrière, il s'est illustré par une série interminable de tournées d'adieu. Le mouvement communiste avait certains adeptes parmi la jeunesse de l'époque et, bien qu'au final plutôt marginal, il demeurait plus important qu'aujourd'hui. On est aussi en pleine guerre froide qui draine avec elle la peur d'une invasion communiste. Au cours des années 1970, Céline Lomez était une actrice et une chanteuse renommée pour sa beauté. Au moment où ce numéro est présenté, la peine de mort est théoriquement en vigueur au Canada et ne sera abolie qu'en 1976. André se fait interrompre par les balayeurs 1 et 2, respectivement Marcel et Marc.

André :　　　Les derniers films québécois ne se sont pas tournés sans l'appui de gros financiers ; ce sont eux qui paient et ramassent la galette... (*Se fait interrompre par le bruit d'un aspirateur*) Euh... mais... je... Je ne comprends pas là ? Pourriez-vous arrêter ça s'il vous plaît ? Écoutez, mon cher monsieur, il y a un public actuellement...

Balayeur 1 :　Nous autres, ils nous ont dit de nettoyer la scène à neuf heures et quart, on nettoie la scène à neuf heures et quart.

André :　　　Il est neuf heures et demie !

Balayeur 1 :　On est avant notre temps.

André :　　　Mais les gens sont ici pour voir un spectacle !

Balayeur 2 :　Va falloir qu'ils se contentent des grands balais canadiens.

André :　　　OK, je vais aller me plaindre au gérant !

Balayeur 1 :　Ben vas-y donc te plaindre au gérant, espèce de grande tarte !

Balayeur 2 :　Ces artistes-là, sont tous pareils, je le sais, je nettoie leurs loges.

Balayeur 1 : Moi aussi je nettoie leurs loges! Je viens de nettoyer en arrière, dans une loge, c'était écrit sur un mur : «Adieu, public québécois». C'était signé Georges Guétary.

Balayeur 2 : Penses-tu qu'il voulait partir?

Balayeur 1 : Ben non, c'est la même affaire que les Cyniques ça, voyons donc.

Balayeur 2 : Moi sur le mur d'une loge j'ai lu un graffiti. C'était marqué : «On a assez hâte que les Cyniques s'en aillent!» C'était signé les Jérolas.

Balayeur 1 : Mais les connaissais-tu, toé, les Cyniques?

Balayeur 2 : Ben moi je les connaissais pas, mais mes gars ont leurs records. Paraît que c'est des gars qui ne remplissent jamais une salle.

Balayeur 1 : Aaaaah, des fois...

Balayeur 2 : Des fois ils remplissent, mais regarde quelle sorte de monde aussi. Paraît que les gens qui vont voir ça c'est tous des pervertis. Regarde lui, là!

Balayeur 1 : Ouais, c'est peut-être des pervertis, mais ça a l'air de gens en moyens, as-tu vu les beaux manteaux qu'il y a là-dedans, toé?

Balayeur 2 : Oui, en effet, c'est pas moi qui aurais les moyens d'acheter à ma femme un manteau en fausse fourrure comme ça.

Balayeur 1 : Moi non plus, je te dis que je suis pas ben ben riche. À mon âge, j'ai pris mon premier taxi hier. C'était une femme taxi à part de ça, elle m'a demandé jusqu'où je voulais aller, je lui ai dit!

Balayeur 2 : Et puis?

Balayeur 1 : Je passe en cour lundi.

Balayeur 2 : Ouais, ben les temps sont durs. L'économie est à terre.

Balayeur 1 : Je comprends que l'économie est à terre! Les gouvernements fédéral, provincial, municipal disent qu'ils ont pas d'argent! Les compagnies ferment leurs portes, y disent qu'ils ont pas d'argent! Toi pis moé on a pas d'argent! Veux-tu ben me dire, criss, qui c'est qui l'a l'argent, toé?

Balayeur 2 : L'argent est rare mon ami, ça, c'est contrôlé par les banques à charte. Mais notre monsieur Bourassa là, lui il en a de l'argent, lui il en a de la liquidité !

Balayeur 1 : Ben voyons donc, Bourassa, il en a pas de la liquidité.

Balayeur 2 : Ben quand il rencontre les financiers américains pis qu'y fait dans ses culottes, t'appelles pas ça de la liquidité ?

Balayeur 1 : Arrête donc de parler contre notre monsieur Bourassa, c'est un monsieur cet homme-là, c'est un vrai homme, je le connais personnellement, il m'a même croisé, en plus il m'a parlé !

Balayeur 2 : Qu'est-ce qu'il t'a dit ?

Balayeur 1 : «Ôte-toé donc de d'là esti.» Ah ! moi je suis ben tanné de nettoyer les scènes comme ça à tous les soirs. T'es pas tanné toé ? As-tu des loisirs ? T'amuses-tu des fois ?

Balayeur 2 : Ben certain ! Je suis un maniaque de la pêche !

Balayeur 1 : Ah ! t'aimes la pêche toé aussi ? Y es-tu allé dernièrement ?

Balayeur 2 : En fin de semaine, je suis allé à la pêche avec ma blonde.

Balayeur 1 : Pis ? As-tu attrapé quelque chose ?

Balayeur 2 : J'espère que non.

Balayeur 1 : Ah ! t'es peut-être un maniaque de la pêche, mais t'es pas un vrai pêcheur. Moi je m'en vais jamais à la pêche sans revenir avec deux, trois chaudières pleines de poissons, j'ai un secret.

Balayeur 2 : Qu'est-ce que c'est ton secret ?

Balayeur 1 : Ben, je vas te le dire, c'est que, vois-tu, je me lève ben de bonne heure le matin, quatre heures moins quart, quatre heures, je regarde ma femme dans le lit, pis si elle est couchée sur le côté gauche, je lance ma ligne à gauche; si elle est couchée sur le côté droit, je lance ma ligne à droite.

Balayeur 2 : Pis si elle est couchée sur le dos ?

Balayeur 1 : Je vas pas à la pêche.

Balayeur 2 : Ouais, ben si le chômage continue comme ça, on va s'en aller sur le communisme.

Balayeur 1 : Ben je comprends qu'on s'en va sur le communisme ! Je lisais ça encore dans le journal ce matin. Sais-tu la différence entre le capitalisme pis le communisme toé ?

Balayeur 2 : Non.

Balayeur 1 : Le capitalisme c'est l'exploitation de l'homme par l'homme.

Balayeur 2 : Pis le communisme ?

Balayeur 1 : C'est le contraire !

Balayeur 2 : Moi, si le communisme s'en vient icitte, il me reste plus juste à faire mon testament.

Balayeur 1 : Entéka, moé si je fais mon testament, j'aimerais être enterré à côté de ma vieille mère.

Balayeur 2 : Moé j'aimerais être enterré à côté de Céline Lomez.

Balayeur 1 : Ben voyons donc, est pas morte Céline Lomez !

Balayeur 2 : Moé non plus, je suis pas mort ! Tu sais que j'ai déjà fait l'amour dans un cercueil !

Balayeur 1 : Ben voyons donc ! Ça t'a pas secoué ?

Balayeur 2 : Pas tellement moi comme les six porteurs !

Balayeur 1 : Heille, tu sais que mon père connaissait l'heure, la minute pis la seconde de sa mort ?

Balayeur 2 : Ben voyons donc, il pouvait pas connaître l'heure, la minute pis la seconde de sa mort !

Balayeur 1 : Ah ! oui, le juge lui avait dit ! Ah ! ça va ben mal, as-tu vu ça encore aujourd'hui dans le journal à matin, grosse tragédie dans la famille Simard.

Balayeur 2 : Ah ! oui ?

Balayeur 1 : Six morts.

Balayeur 2 : Sais-tu que j'avais jamais remarqué ça : je te regarde comme ça de profil, sais-tu que t'as un petit air ? Tu ressembles pas mal, toi, à Robert Choquette, le ministre des Terres et forêts.

Balayeur 1 : Ben non, t'es tout mélangé. C'est Jérôme Choquette, le ministre de la Justice, député libéral d'Outremont.

Balayeur 2 : Libéral d'Outremont... Les libéraux présenteraient un cochon dans Outremont pis il serait élu.

Balayeur 1 : Justement, ils en ont présenté un !

Les danseuses cochonnes

Serge Grenier

Serge : Mesdames, mesdemoiselles, en avez-vous assez de passer de longues soirées à ne rien faire ? Si oui, j'ai une suggestion : devenez danseuses cochonnes ! Pourquoi pas ? Pour devenir danseuse cochonne, il faut remplir deux conditions. Premièrement, être danseuse. Deuxièmement... Voici la liste des principales danseuses qui sont à l'affiche dans nos cabarets présentement. Tout d'abord : Tamara Quintal, elle danse le mambo sur la tête. On l'appelle la Rougette.
Carole et ses chiens savants, les chiens dansent et Carole jappe.
Loulou la puce, elle ne danse pas, elle se gratte.
Minoune et son œil de vitre, quand elle vous lance un regard, elle vous lance un regard !
Rita les yeux croches, invitez-la pas à danser, elle part avec le voisin.
Et en grande vedette cette semaine, directement de Madrid Espagne, Chiquita Tétreault pis Rita Robitaille !
Chiquita et Rita vont nous chanter à soir leur grand succès, accompagnées par le fameux orchestre Ponce Pilate et ses lavabos.

La recette Laberge

André Dubois, Marcel Saint-Germain

> Louis Laberge, imité par André, est un syndicaliste, chef de la FTQ. Il est de toutes les luttes turbulentes et l'un des dirigeants du Front commun des secteurs public et parapublic avec Marcel Pépin et Yvon Charbonneau. Ils seront tous emprisonnés pour avoir encouragé une grève illégale. Cette recette sera reprise en 1974 dans le film *Les aventures d'une jeune veuve*, de Roger Fournier avec Dominique Michel, au scénario duquel a collaboré André Dubois.

Marcel : *Et voici maintenant un des plus prestigieux leaders de nos masses laborieuses, le gourmet le plus farfelu, Louis Gros Gros Gras Laberge !*

Laberge : (*Chantant*) Un coup d'matraque, ça frappe, ça frappe ! Un coup d'matraque, ça frappe en tabarnac !

Je m'en viens vous donner ma recette favorite : comment réussir une grève à la mode de chez nous. C'est pas compliqué, vous allez voir. Vous prenez d'abord une situation bien tendue que vous laissez pourrir pendant deux-trois mois. Dans un autre plat, vous ramassez une centaine d'ouvriers que vous chauffez à blanc. Pour mettre un peu de couleur, vous pouvez ajouter des collets bleus, pis vous laissez négocier à feu doux. Et puis pendant la négociation, vous brassez régulièrement pour que tout le monde soit toujours bien mêlé.

Pour aller avec ça, ça vous prend une bonne sauce, mettons, par exemple, une manifestation. Pour réussir votre manifestation, vous épluchez deux-trois vieux discours, que vous assaisonnez d'une couple de câlices. Vous vous trouvez deux-trois gros légumes, de préférence des ministres ou bedon des patrons, que vous faites passer pour des concombres. Gênez-vous pas pour les couper en petits morceaux. Vous ajoutez à ça une pincée de socialisme, pas trop, la sauce pourrait tourner, pis vous incorporez à votre mélange une dizaine de policiers de poids moyen, de taille moyenne et d'intelligence au-dessous de la moyenne.

Tony Mazzola

Marcel Saint-Germain

> Marcel reprend son imitation de Tony Massarelli, cette fois avec sa chanson « Aimer mentir ».

André : Bonsoir et bienvenue à la chic Casa Loma ! Good evening, and welcome to the chic Casa Loma ! Nous avons ce soir un show fantastique ! We have got a very fantastic show ! We have got a tremendous show ! Nous avons un show trémendueux. Et voici notre vedette principale, here is our principal vedette ! Le voici, directement de Saint-Henri, directly from five Henry... Le voici ! Here he is ! Tony Mazzola !

Mazzola : Pour t'aimer, j'ai menti
Pour mentir, j'ai péché
Pour pécher, j'ai joui
J'ai joui dans mon lit
Elle était frémissante
Et te-rè concupiscente
Et j'ai connu l'extase
Extase, extase, extase ! ! !
L'extase de l'amour espéré
Pour, pour, pour t'aimer, j'ai menti
Pour mentir, j'ai péché
Pour pécher, j'ai joui
J'ai joui dans mon lit
Tcha, tcha, tcha !

Un nudiste de chez nous

André Dubois, Serge Grenier

Le contexte de libéralisation des mœurs des années 1960-1970 favorise la pratique du naturisme au Québec, impensable quelques années plus tôt. Au début des années 1970, la législation québécoise devient plus ouverte et permet l'apparition de clubs de nudistes. Serge interviewe un adepte, personnifié par André.

Interviewer : À l'occasion de l'ouverture du premier camp nudiste au Québec, nous accueillons le surveillant-chef de ce camp, monsieur Jos Lemoine.
Alors mon cher Lemoine, comment ça se fait-il que ça a pris autant de temps avant que le Québec ait son premier camp nudiste ?

Jos : Je ne comprends pas ça ! En Ontario, qui est une province riche, ils ont des camps nudistes depuis longtemps, pis au Québec on n'en avait pas un seul pis on est une gang de tout-nus.

Interviewer : Quel est l'intérêt social d'un camp nudiste ?

Jos : C'est une belle école de démocratie : chacun est libre d'exposer son point de vue. Ça permet des face-à-face intéressants.

Interviewer : On dit par ailleurs que vos camps sont des endroits de perdition.

Jos : Ah ! c'est pas vrai monsieur, c'est des fausses rumeurs.

Interviewer : Alors, je vous pose une question plus personnelle : qu'est-ce que vous pensez vous-même des relations sexuelles avant le mariage ?

Jos : Je n'ai rien contre ça, en autant que ça retarde pas la cérémonie.

Interviewer : Vous arrive-t-il parfois d'avoir des ennuis avec vos clients ?

Jos : Ah oui ! On en a eu un qui est devenu fou furieux après deux heures. Un pickpocket !

Interviewer : Dites-moi, pourquoi y a-t-il toujours chez vous un gars qui porte une longue barbe ?

Jos : Il en faut toujours un pour aller faire les commissions au village. Ha ! Ha ! Ha ! Vous ne riez pas, vous ?

Interviewer : Non, je ne ris pas.

Jos : J'aurais cru au départ que vous feriez un bon membre.

Interviewer : Et dire que je pourrais peut-être remplir une carte où c'est écrit : nom du membre, adresse du membre, longueur du membre...

Jos : Non, je vais me fier à votre tête.

Interviewer : Et j'enchaîne en vous demandant : est-ce que vous pratiquez des sports chez vous ?

Jos : Dans notre camp de nudistes, certainement ! Par exemple, avec les vieux au-dessus de quarante ans, on a formé deux équipes de balle molle. Ah ! mais on a bien de la misère à trouver un catcher ! On a essayé la pétanque, mais ça a fait pétaque.

Interviewer : Avez-vous des activités sociales ?

Jos : Oui, monsieur, à la fin de chaque camp, on a un grand bal masqué ! Les hommes en cravates, les femmes en talons hauts, très chic, c'est la tout-nu de gala.

Interviewer : En terminant, mon cher Lemoine, on dit que vos camps nudistes pratiquent une certaine forme de ségrégation, est-ce que c'est vrai ?

Jos : Ah non ! c'est pas vrai. La seule affaire, c'est qu'il faut mesurer cinq pieds quatre en montant. Ça, c'est depuis qu'on a eu des problèmes avec un nain. Il a fallu l'expulser, il mettait toujours son nez dans les affaires des autres !

Resdan

Marc Laurendeau

Ce court sketch est une parodie d'un message publicitaire télévisé vu très fréquemment au début des années 1970. Le produit annoncé prétendait éliminer les pellicules.

Marc : Je ne sais pas si vous êtes des gros consommateurs de télévision qui regardez ça tous les soirs, jusqu'à tant qu'un long métrage favorise votre sommeil, mais moi, il y a au moins un commercial qui m'empêche de dormir toutes les nuits : c'est celui où il y a ce merveilleux Américain qui écrit une lettre à sa dulcinée. Ça va un peu comme ceci (*avec l'accent anglais*) :

« Ma chère Renée,
Je suis revenu chez nous au Texas ; j'ai passé un merveilleux été au Québec. Pourrais-tu m'envoyer une bouteille de cette liquide verte pour les pellicules ? Je veux être bien, car bientôt je serai professeur de français.
P.-S. Peux-tu m'envoyer deux bouteilles de Resdan. Je vous aime.
Brad ».

Ça, vous le connaissez, mais ce que vous ne savez pas, c'est ce que la fille a répondu.
« Ah ! cré Brad !

C'est moi, Renée, ton amie de fille, pis je suis toujours à Pointe-Gatineau. Ben ça va faire, grande tarte ! J'ai mon maudit voyage ! Ton merveilleux été au Québec, je vais m'en souvenir longtemps ! Il y a pas un verrat de médicament qui a réussi à me le faire oublier. Tes pellicules, je ne les ai pas juste dans la mémoire ! Je les ai fait analyser par un pharmacien, mais c'est pas un shampoing qu'il m'a recommandé, c'est de l'onguent grise ! J'ai des petites nouvelles pour toi, tes pellicules, y marchent ! M'as t'envoyer deux caisses de Resdan, mais "resdan" ton pays ! »

Entracte

Marcel : Il y aura maintenant un court entracte de dix minutes, le temps de tirer quelques joints aux toilettes.

L'école de police

Marc Laurendeau, Marcel Saint-Germain

Ce sketch renvoie également à Jean-Jacques Saulnier, frère de Lucien Saulnier et chef de la police de Montréal. La blague sur le téléviseur fait référence à un pot-de-vin que Jean-Jacques Saulnier avait accepté d'un hôtelier et tenancier de bordel. Selon le journaliste Jean-Pierre Charbonneau, Drapeau savait que J.-J. Saulnier s'était laisser corrompre, mais il le nomma tout de même chef de la police vers 1971. Pour le reste, dans ce dialogue entre le chef de police Saulnier (Marc) et le constable Moquin (Marcel), on fait des blagues sur la crise d'Octobre 1970 survenue plusieurs mois auparavant. Le gouvernement fédéral avait adopté la Loi sur les mesures de guerre à la suite de l'enlèvement du ministre Pierre Laporte par le FLQ. Il avait finalement été retrouvé mort dans une voiture[44].

Saulnier : Constable Moquin, on va vous recycler !
Moquin : Oui, chef Saulnier.
Saulnier : Vous allez voir que ça ne sera pas compliqué. Dans la police, on enseigne suivant les méthodes idiot-visuelles. Alors qu'est-ce que c'est que c'est un événement ?
Moquin : Un événement arrive généralement en octobre.
Saulnier : Ben non ! Un événement c'est quelque chose qui pend sur nos têtes, un peu comme l'épée de Périclès. Exemple : un kidnapping. Autre exemple ?
Moquin : Euh... Le FLQ a procédé à l'enlèvement des ordures.
Saulnier : Dans la rage des événements, comment le policier entre-t-il en jeu ?

Moquin : Wo... Dans la rage du jeu, le policier rentre dans l'événement et se pogne le jeu ?

Saulnier : Élève Moquin, je crois que vous êtes enculé au pied du mur. Vous faites de l'obstruction « systématrique », de « l'obstétrique systématrice »... Vous stallez, là ! Dans la rage des événements, quand vous surveillez une maison, les armes à la main, si vous voyez quelque chose qui court, tirez ! Si vous voyez quelque chose qui tire, courez ! Une question maintenant un peu plus technique : avec quoi le policier nettoie-t-il son revolver ?

Moquin : Avec du Pledge (*produit domestique*). Au citron.

Saulnier : Vous en avez l'air d'un citron ! Un policier nettoie son revolver avec une attention particulière ! En temps de crise, il y a combien de sortes de police ?

Moquin : En temps de crise, il y a trois sortes de police : les polices calmes, les polices énervées et les polices montées.

Saulnier : Vous oubliez l'escouade canine, un groupe de policiers un peu plus chiens que les autres.

Moquin : Une gang de mordus.

Saulnier : Et qu'avez-vous à dire au sujet des policiers de la moralité ?

Moquin : Ils gagnent 9500 $ par année.

Saulnier : Sans compter leur salaire ! Imaginons que le domaine de la moralité, c'est précisément l'escouade, le poste, où vous êtes infecté. À quelles conditions devez-vous refuser un pot-de-vin ?

Moquin : Je le sais pas.

Saulnier : Si la télé couleur n'a pas 25 pouces !

Au cours des événements, le policier doit se procurer une confession écrite, dont à laquelle il se servira de en cour. Une confession pourrait être signée, ou elle pourrait être non signée, ça c'est quand l'accusé n'a plus de doigts. (*Rire sadique*) Attention ! De comment c'est que le policier fait pour se procurer une confession ?

Moquin : Il y a trois façons de se procurer cette confession. D'abord, il y a les souffrances physiques, dont le spécialiste est le lieutenant Larivière. Ensuite il y a les souffrances morales, dont le spécialiste est le lieutenant Latendresse. Enfin, il y a les souffrances dans les parties sexuelles, dont le spécialiste est le lieutenant Gosselin.

Saulnier : Imaginons là, «hypothèsons», qu'il y a, dans une valise d'auto, un cadavre temporairement décédé. De qu'est-ce que c'est que c'est que vous faites?

Moquin : Ah! ben... euh... Je m'approche à pas de serpent.

Saulnier : Avec quel instrument ouvrez-vous la valise?

Moquin : Avec une pince-monseigneur.

Saulnier : Pas de basse flatterie : appelez-moi chef. Et si je lance en l'air le mot *front*, de qu'est-ce que c'est que c'est que ça vous fait penser à?

Moquin : Le policier doit avoir un front de bœuf.

Saulnier : Heille là Moquin, vous êtes concombre! Et je me demande si vous seriez capable de passer votre test d'admission dans la police.

Moquin : N'importe quand!

Saulnier : Je vais vous faire passer ce test-là, ici même, dans mon bureau!

Moquin : N'importe où!

Saulnier : M'as vous poser la question subrepticement.

Moquin : N'importe comment!

Saulnier : Vous allez voir, ça va demander du calcul!

Moquin : N'importe quoi!

Saulnier : Êtes-vous prêt?

Moquin : N'importe où, n'importe quand, n'importe comment, n'importe quoi!

Saulnier : Combien font cinq et cinq! Ben là, Moquin, vous trichez, vous comptez sur vos doigts! Mettez vos mains dans vos poches! Combien font cinq et cinq!

Moquin : Onze!

Saulnier : Définissez-moi le mot « drapeau. »

Moquin : Un drapeau est une bannière soulignant la fierté nationale. Ou ça peut être un maire, mais ça n'a rien à voir avec la fierté nationale.

Chartrand et la prostitution

André Dubois, Marc Laurendeau

Comme on le sait, les grèves turbulentes ont caractérisé le Québec des années 1960-1970 et le syndicaliste Michel Chartrand demeurait un chef de file du militantisme. Montreuil est incarné par André.

Marc : *À la suite de l'enquête sur la moralité à propos du lockout des prostituées, voici un bulletin spécial lu par Gaétan Montreuil.*

Montreuil : Ici Gaétan Montreuil. La manifestation qui a eu lieu ce soir à Montréal en faveur des prostituées a dégénéré en bagarre. On sait que les prostituées sont en grève, depuis la fermeture des bordels, décrétée unilatéralement par la Trans-Canada PimpLine. Et dans toute l'histoire de la prostitution à Montréal, il s'agit là du premier « fuckout ». Et cette grève a pris plusieurs clients les culottes baissées. Certains ont protesté en cour, mais leur affaire est encore pendante devant les tribunaux.
Pour cette manifestation, les prostituées avaient reçu l'appui de la FTQ, de la CEQ, du PQ et de l'UQ. Quant à la CSN, pour pallier ce qui lui manque, elle avait délégué Marcel Pépin. Donc nos filles de joie sont dans la rue, mais nos filles de rue ne sont pas dans la joie.
En dernière heure, nous apprenons que les prostituées ont menacé d'occuper les plus gros bordels de Montréal, et c'est pourquoi le maire Drapeau a fait fermer l'hôtel de ville. Et pour nous décrire l'incident, voici le bouillant syndicaliste Michel Chartrand !

Chartrand : Ha ! Ha ! Ha ! ostie de câlice de sacrament de ciboire de tabarnac ! Y s'en est passé des câlices d'affaires à soir ! D'abord, les prostituées ont descendu la rue Saint-

Laurent en marchant la «maine» dans la «maine», pis rendues devant les polices, y en a douze qui se sont déshabillées flambant nues, ah! ben sacrement! Les crisses de polices, y ont eu affaire à réagir. Leurs osties de matraques y ont eu affaire à lever! Pis l'corps policier de Montréal, yé crissement ben équipé!

Là les polices ont perdu la boule, les maudits, ils se sont mis à varger dans le tas. Sacrement, y ont même pas attendu l'ordre de charger! Ciboire, trois minutes après c'était la débandade! Nan nan nan nan nan, il va falloir que le gouvernement, sacrament, finisse par comprendre, ciboire, que la prostitution, viarge, c'est aussi important que l'Hydro-Québec, tabarnac! Comme disent les putains: on est peut-être pas douze mille douze, mais câlice on est propres, propres, propres (*allusion au slogan d'Hydro-Québec de l'époque*).

Le mendiant

Marcel Saint-Germain

Marcel : S'il vous plaît, s'il vous plaît, donnez de l'argent pour un pauvre manchot qui a pas une cenne pour manger, pas une cenne pour s'habiller, qui a jamais eu une crisse de cenne.

S'il vous plaît. Ah! merci mon bon monsieur, Dieu vous le rendra au centuple. Quand? Pfff... S'il vous plaît, donnez un coup de main à un pauvre qui a rien qu'une main ; j'ai perdu ma main quand j'étais ti-gars, je jouais au hockey dans la rue pis j'ai perdu mon gant dans la souffleuse. J'ai été chanceux, j'aurais pu perdre mon jack-strap. S'il vous plaît, vous qui avez hérité, donnez pour un déshérité. Vous qui êtes déniaisés, donnez pour un niaiseux. Faites qu'un père de famille de dix enfants ait encore des jouissances! Hé! Hé! Hé! J'ai dix enfants, dire qu'il y en a qui me traitent de manchot.

S'il vous plaît, s'il vous plaît, ça a jamais marché à l'école, le frère disait : ceux qui savent la réponse, levez la main droite. Ça a jamais marché. Ensuite j'ai voulu faire un frère, ils m'ont refusé parce qu'il me manquait une main.

Pardon monsieur? Vous avez donné hier? Arrêtez donc de vivre dans le passé! Y me semble que je pourrais travailler dans un restaurant, avec mon moignon je pourrais piler les patates. S'il vous plaît, pensez à ma femme pis à mes filles qui ont rien à se mettre sur le dos. Non, monsieur, vous aurez pas mon adresse! S'il vous plaît! (*Chansons*) Da da di dam daam dam, j'ai l'hôtel de ville dans l'ventre, l'Armée du salut dans (*brusque changement de tempo*) l'... père Noël, père Noël...

Colonel Sanders

André Dubois, Marc Laurendeau

Avec son poulet «bon à s'en lécher les doigts», le colonel Sanders était présent dans le grand affichage et la publicité télévisée. Son personnage est ici joué par Marc et interviewé par André. Il nous livre d'autres secrets.

Interviewer : Nous ne savions pas s'il allait pouvoir être avec nous, mais finalement, il est là. Nous allons donc pouvoir vous le présenter. Mesdames, mesdemoiselles et messieurs : le colonel Sanders ! Ah ! ça fait plaisir de vous voir, colonel Sanders. Dites-moi, au cours de votre carrière, comment avez-vous appris à distinguer un coq d'une poule ?

Colonel : Bien, je mets un grain de blé à terre, pis si IL le mange, c'est un coq, si ELLE le mange, c'est une poule.

Interviewer : Mais dites-moi, colonel Sanders, vous avez fait de nombreux accouplements, dont un en particulier.

Colonel : Ouais, j'ai croisé une poule avec un mille-pattes.

Interviewer : Qu'est-ce que ça a donné ?

Colonel : Un gros poulet : il y a des cuisses pour tout le monde !

Interviewer : Colonel Sanders, vous allez m'expliquer quelque chose : comment ça se fait que les poules n'ont pas de seins ?

Colonel : C'est parce que les coqs n'ont pas de mains ! Hey vous savez pourquoi les poules ne se mouchent pas ?

Interviewer : Non, je n'ai pas d'idée.

Colonel : Pour qu'il y ait du jaune dans les œufs.

Interviewer : Colonel Sanders, vous êtes un vieux dégoûtant.

Colonel : C'est ça le secret de ma fameuse recette !

Interviewer : Colonel Sanders, j'enchaîne sur d'autres questions ; dites-moi, on vous aurait vu récemment sur une plage entouré de jeunes filles en bikini, toutes bronzées.

Colonel : Pour moi une fille en bikini c'est comme du poulet...

Interviewer: Vraiment?

Colonel: C'est le blanc qui est le meilleur!

Interviewer: Mais vous êtes vicieux colonel Sanders! Je ne vous pensais pas comme ça! C'est si bon que ça?

Colonel: C'est bon à s'en lécher les doigts!

Les noms

Serge Grenier

Rita Bibeau est une actrice et chanteuse québécoise née à Montréal le 31 juillet 1925. Dans les années 1970, elle devient une vedette associée à l'image du canal 10 alors qu'elle fait tandem avec Yvan Ducharme dans le populaire téléroman de Marcel Cabay, *Les Berger* (1970-1978), qui se déroule dans un quartier populaire de Montréal.

Serge : Je ne sors jamais sans ça, c'est mon livre de chevet. C'est vrai, j'en lis une page par jour, j'apprends des choses extraordinaires. Alors pour vous faire part des découvertes que j'ai faites dans l'annuaire du téléphone de Montréal, je vais l'ouvrir au hasard.

Première découverte : c'est le nom le plus court du monde, qui est un nom bien québécois, bien de chez nous, c'est Guy Guay ! Guy Guay, Guy Guay ! T'as fait caca Guy Guay ?

Vous savez qu'il y a plusieurs noms de famille à nous, les Québécois, qui sont des noms descriptifs, comme par exemple : Lebeau, Lebel, Labelle, Lecourt, Lefort, Lebon, Ledoux, Legrand, Legros et Lebœuf. On a aussi beaucoup de noms qui ont été influencés par la religion catholique, puisqu'on retrouve des Cardinal, L'Archevêque, Lévesque, Labbée, Desautels, Derome, Thivierge et Tibedeau. Il y a aussi les noms optimistes comme : Sanschagrin, L'Heureux, Beausoleil, Sansregret, Belhumeur, Lajoie, Lespérance et Lacharité.

Dans ce livre-là, croyez-le ou non, il y a cinq colonnes complètes de familles Larose, mais il y a seulement neuf familles Larosée. Dont, évidemment, Yvon Larosée, pompier. Incroyable, mais vrai, il y a aussi un certain docteur Latortue, il travaille à l'urgence.

Il y a aussi un monsieur qui s'appelle Yvon Lavallée, dentiste, mais c'est un hippie, il se laisse pousser les dents.

Il y a le fameux gynécologue, le docteur Touchette. La célèbre corsetière, madame Jos Toussaint. Il y a aussi le nom d'une petite femme de chez nous qui est allée faire récemment son premier voyage à Paris France ; elle est allée aussi en Europe, elle voulait tout voir, je crois bien. « Oh, elle dit Paris France, c'est une belle ville Paris France. La tour à "Iffel", l'A.R.C. de triomphe. » Elle ne prend pas de chances, elle a bien aimé ça. « Mais, elle dit, les maudits Parisiens, sont-tu fatiquants ? Ils riaient de moi quand je leur disais mon nom. » Imaginez, la Québécoise à Paris, elle s'appelait Jeanne d'Arc Laflamme. Ils lui ont mis le feu...

Autre découverte, vous savez, il y a plusieurs artistes qui changent de nom pour faire du spectacle. Ainsi, Dominique Michel s'appelle en réalité Aimée Sylvestre. Monique Leyrac s'appelle Monique Tremblay ; Renée Claude s'appelle Renée Bélanger. Et puis il y a Rita Bibeau qui s'appelle Rita Bibeau. Faudrait lui dire. C'est elle qui joue dans *Les Berger*, c'est la mama burger... all dressed. Puis quand elle sourit, c'est la cheese burger.

Et finalement, dernière découverte, c'est les noms tout simplement étranges comme, par exemple : Linda Poitras. T'as fait caca Linda Poitras ? Parfait Phaneuf, t'es parfait Phaneuf ! Sept plus deux, ça Phaneuf ! Justin Trudeau (*avec la voix de Pierre Trudeau*) : « T'as fait caca Justin Trudeau ? » Antoinette Ouellette, « T'as fait caca Antoinette Ouellette ? » Il y a son frère aussi à Antoinette Ouellette, c'est un Franco-Ontarien, Willy Ouellette. L'autre jour, le niaiseux, il est allé aux objets perdus. Il avait perdu son wallet Willy Ouellette ! Louis Beauparlant, sourd et muet ; Noëlla Malbœuf, Agathe Mongrain, pauvre petite fille. Ça a mangé de la misère cette enfant-là. Si c'était rien que ça ! Pitou Laramée, Ti-Coune Allaire et le roi du bingo, Ti-cul Bessette.

Les infirmiers

André Dubois, Marcel Saint-Germain, Serge Grenier

Un scandale de maltraitance des patients avait éclaté à l'hôpital Saint-Charles-Borromée. Un autre tout aussi consternant allait surgir au même établissement dans les années 2000.

Trudeau avait dit « Qu'ils mangent de la marde » aux camionneurs en grève de la compagnie Lapalme, à qui le gouvernement fédéral avait retiré un important contrat de transport postal et refusé le droit d'affiliation à la Confédération des syndicats nationaux (CSN), avec syndicat distinct et droit d'ancienneté, une grève qui trouve écho dans le dialogue suivant entre André et Marcel (dans l'ordre).

Serge : *La grève dans la fonction publique, ça voulait dire aussi la grève dans les hôpitaux. Retrouvons-nous à Montréal, à l'hôpital pour vieillards Saint-Charles-Borromée. À la cafétéria, deux infirmiers jasent grève en prenant leur break.*

Infirmier 1 : Veux-tu mettre ta main ailleurs !

Infirmier 2 : J'ose pas.

Infirmier 1 : En tout cas, dix jours de grève, moi j'en ai par-dessus la tête.

Infirmier 2 : Arrête de te plaindre, pense un peu aux gars de Lapalme.

Infirmier 1 : J'y pense souvent.

Infirmier 2 : En tout cas, j'espère qu'ils vont augmenter nos salaires.

Infirmier 1 : Ça, tu peux le dire ! C'est pas avec nos salaires de crève-faim qu'on peut faire vivre un homme.

Infirmier 2 : Dis-moi pas ! T'as l'intention de te marier !

Infirmier 1 : Ben certain ! Georges pis moi, ça fait sept ans qu'on vit ensemble. On est tannés du célibat, on a le droit de mener une vie normale.

Infirmier 2 : Marie-toi pas, je suis marié depuis deux ans avec Gilles, pis on peut pu se regarder, on peut pu se voir dans' maison. C'est pas mêlant, si j'étais notaire, je le tuerais (*allusion au meurtre d'une femme par son conjoint notaire*). Mais où vous allez en voyage de noces ?

Infirmier 1 : Ben on savait pas trop, finalement on a regardé l'atlas, tout ça, on n'avait pas d'idées ça fait que, finalement, on est allés dedans un agent de voyages...

Infirmier 2 : Dedans, ah ! oui...

Infirmier 1 : Là on a éliminé l'Espagne.

Infirmier 2 : Ben je comprends, c'est trop dangereux, c'est là qu'on se fait pogner à Barcelone. Va pas là, va pas là... Les autobus se frappent, ça tombe dans les ravins, ça coûte une fortune faire venir les cadavres, va pas là, va pas là... (*allusion à un autre fait divers*)

Infirmier 1 : C'est ben beau se faire rentrer dedans, mais il y a des limites !

Infirmier 2 : D'autant plus que ce n'est pas dans notre langue.

Infirmier 1 : Tu charries, ma grosse !

Infirmier 2 : Une chance qu'on a des breaks de temps en temps, sans ça on viendrait fous avec ces vieux malades-là.

Infirmier 1 : Ah ! ça tu peux le dire. Mais des fois on est chanceux, tu sais le vieux Joseph au septième ?

Infirmier 2 : Le vieux fou, là ?

Infirmier 1 : Oui. Il a fini par crever, figure-toi donc !

Infirmier 2 : Non !

Infirmier 1 : Ben oui, il est mort du cancer du sein.

Infirmier 2 : Ben, voyons donc, c'est pas possible, un homme peut pas mourir du cancer du sein.

Infirmier 1 : Lui, oui ! Il avait l'air assez toton !

Infirmier 2 : C'est comme le vieux du septième, tu sais celui qui est paralysé depuis vingt ans ?

Infirmier 1 : Ah ! oui...

Infirmier 2 : Le vieux tabarnac... à matin, j'y ai joué le vrai tour, je l'ai assis sur le bol, je l'ai laissé là pendant cinq heures !

Infirmier 1 : Sa pression a-tu monté ?

Infirmier 2 : Son moral a ben baissé.

Infirmier 1 : C'est comme au neuvième étage, tu sais le vieux rouillé ?

Infirmier 2 : Ah ! le vieux fou, je l'haïs assez, lui.

Infirmier 1 : Heille, je te dis que depuis qu'on est en grève, lui il lâche pas. Encore ce matin, il m'a traité de jeune protestataire ! Ben je lui ai dit, j'aime mieux être protestataire qu'avoir la prostate à terre ! (*Il accroche son micro accidentellement*)

Infirmier 2 : Tu fais encore de la broue avec ton micro.

Infirmier 1 : Quand j'ai quelque chose dans' main ça fait toujours de la broue. Je vais toutte salir mon make-up.

Infirmier 2 : Tu sais qu'il y a eu une grosse panne d'électricité hier au septième ?

Infirmier 1 : Es-tu allé la réparer ?

Infirmier 2 : Non, c'est l'étage des poumons artificiels.

Infirmier 1 : Ah ! t'es folle, t'es folle !

Infirmier 2 : Tu sais que ça devient dangereux pas mal à l'hôpital ? Tu sais, la grosse machine à rayons X au sixième étage, celle qui fait tout le pan d'mur ? Ben elle est tombée à terre !

Infirmier 1 : Docteur Thivierge est au courant de ça ?

Infirmier 2 : J'comprends, il est en dessous.

Infirmier 1 : Heille, tu sais qu'ils ont reçu des serpents venimeux au laboratoire pour les expériences ?

Infirmier 2 : Je le sais, j'aime pas ben ça.

Infirmier 1 : Ben voyons donc !

Infirmier 2 : C'est dangereux.

Infirmier 1 : Ben non, c'est pas dangereux des serpents venimeux...

Infirmier 2 : Ben oui ! C'est pas dangereux, c'est pas dangereux, si tu te fais piquer sur un bras, qu'est-ce que tu fais ?

Infirmier 1 : Ben tout le monde sait ça. Tu te fais sucer la plaie par un ami.

Infirmier 2 : Si tu te fais piquer sur une fesse ?

Infirmier 1 : C'est là que tu vois si t'as des vrais amis !

Infirmier 2 : Tu sais que ma sœur a eu son bébé ?

Infirmier 1 : Oh ! Un petit gars ou une petite fille ?

Infirmier 2 : Je le sais pas, j'ai assez hâte de voir si je vais être mononcle ou matante.

Infirmier 1 : Si t'es si fine que ça, sais-tu à quelle place que les hommes ont le poil le plus noir, le plus dru pis le plus frisé ?

Infirmier 2 : Non ?

Infirmier 1 : En Afrique centrale ! Ah ! on est là qu'on placote, pis ça meurt, ça meurt... Quelle heure est-elle avec tout ça ?

Infirmier 2 : Elle est pas mal tard là.

Infirmier 1 : Onze heures moins cinq, les aiguilles se collent.

Infirmier 2 : Ça c'est le fun !

Infirmier 1 : En tout cas, j'espère qu'ils vont régler l'affaire des négociations, c'est les plaintes des malades contre la nourriture. Encore à matin il y en a un qui s'est plain-du. Je l'ai brassé un peu fort, il m'a mouru dans les mains. Mais tant pis pour lui, il voulait pas manger son steak haché.

Infirmier 2 : Moi, il y en a un qui m'est mort dans les mains à matin.

Infirmier 1 : Ah ! oui ?

Infirmier 2 : Il l'avait mangé, son steak haché !

Tête-à-tête avec Boubou-Pet

André Dubois, Marcel Saint-Germain, Serge Grenier

Ce sketch a été conçu dans la foulée de la Conférence constitutionnelle de Victoria en 1971, au cours de laquelle Trudeau et Bourassa avaient négocié face à face. Robert Bourassa (voix de Marcel en coulisses) est présenté comme un pantin sur les genoux de Trudeau (André en ventriloque). Cela dit tout à propos de la relation entre ces deux premiers ministres. Le premier ministre du Canada n'avait pas une haute estime de Bourassa, qu'il allait traiter un jour de «mangeur de hot dogs». Le jeune premier ministre était perçu comme mou et soumis au fédéral. Quant au maire Drapeau, rappelons qu'il était l'un de ceux qui avaient exigé l'intervention du gouvernement central et qu'il avait un certain ascendant sur Bourassa au début de la préparation des Jeux Olympiques.

Serge : *Ils sont vraiment premiers ministres depuis quelques années, l'un depuis 1968, l'autre depuis 1970, et justement, il y a un an, ils avaient une rencontre au sommet. C'était le tête-à-tête Boubou-Pet!*

Trudeau : Comment ça va, mon petit Robert? Dis : «Ça va bien, monsieur Trudeau!»

Bourassa : Ça va bien, monsieur Trudeau!

Trudeau : Alors, dis-moi mon petit Robert, qu'est-ce que tu viens faire à Ottawa?

Bourassa : Je m'en viens... demander... des amendements... à la Constitution... OK?

Trudeau : Est-ce que tu pourrais répéter ça?

Bourassa : Je m'en... J'm'en viens de-de-de-demander des amen-amen-amen-dements à la Co-con-co-con-co-con-co-Constitution!

Trudeau : Tu t'en viens demander des amendements à la Constitution? Mange de la marde! T'as compris espèce de petit niaiseux? Oublie pas que t'es seulement le premier ministre du Québec ! Je peux aller plus haut que toi si je veux ! Je peux aller voir le maire Jean Drapeau ! Pourquoi t'as peur quand je parle du maire Drapeau ? Il est pas ici le gros chien-chien.

Le courrier du Dr Frisette

Marc Laurendeau, Serge Grenier

Serge interviewe Marc.

Interviewer : Nous sommes à Télé-Métropole, à votre émission *Votre santé mesdames*, et nous accueillons ce soir un éminent naturopathe, le docteur Jean-Marc Frisette. Alors bonsoir cher docteur. Je remarque votre veston ; vraiment il vous va à ravir (*Marc porte un veston constellé de boutons à quatre trous très colorés*).

Dr Frisette : Quand on est naturopathe, on n'a pas les boutons dans la face. Et on se tient loin de la cigarette (*il fume à travers un long fume-cigarette*).

Interviewer : Alors Dr Frisette, votre dernier passage à l'émission a suscité de nombreuses réactions ; nous avons reçu des lettres et j'aimerais que vous y répondiez. Tout d'abord une lettre qui nous vient d'une dame et qui nous écrit : « Cher Dr Frisette, je suis un peu maigrichonne, je suis inquiète de ma poitrine, quand je mets mon soutien-gorge sens devant derrière, il fait ! J'ai eu un rhume de poitrine et le médecin m'a chargé douze piasses. Dix piasses de médicaments, et deux piasses pour trouver la poitrine. J'ai également travaillé comme serveuse topless et les clients m'appelaient garçon. Que faire ? » Et c'est signé, « Je ne suis pas grosse, mais j'en ai dedans. »

Dr Frisette : Chère « Je ne suis pas grosse, mais j'en ai dedans », selon les biologistes, la dimension de la poitrine est inversement proportionnelle à l'intelligence. Plus une femme a de la poitrine, moins elle est intelligente. Ainsi, ce soir, il y a des génies dans la salle. Il y en a aussi qui essaient de se faire passer pour des folles. Si vous désirez avoir des enfants, je vous conseille toutefois d'augmenter légèrement le volume de votre poitrine, parce que des enfants nourris aux «bourrures», ça fait pas des enfants forts.

Interviewer : Merci de vos judicieux conseils. Nous passons à la deuxième lettre, qui nous vient d'un monsieur de Montréal. Ce monsieur nous écrit : «Cher Dr Frisette, je suis un Montréalais qui prend actuellement des cours de culture physique par correspondance. Je suis tellement maigre que je n'ai rien qu'une rayure à mon pyjama. Je reçois donc par la poste des springs, des poids et des haltères. Mon physique ne s'est pas amélioré, mais vous devriez voir les muscles de mon facteur. J'aimerais en arriver à déchirer l'annuaire du téléphone.» Et c'est signé : «Dans l'boute, ils m'appellent les os».

Dr Frisette : Cher «Dans l'boute, ils m'appellent les os», vous aimeriez en arriver à déchirer l'annuaire du téléphone, mais vous n'avez aucune chance, vous demeurez à Montréal ! Déménagez donc à Papineauville.

Interviewer : Ah ! il m'épate, il m'épate, il m'épate. Alors cher Dr Frisette, nous passons à notre troisième et dernière lettre pour aujourd'hui. Elle nous vient d'une dame qui souffre d'embonpoint, c'est une surveilleuse de poids, une Weight Watcher, et elle nous dit : «Cher Dr Frisette, je pèse quatre cent vingt-cinq livres. On me dit grassette.» You bet... Et elle nous communique ici la quantité de nourriture qu'elle absorbe dans une journée, vous allez voir c'est assez étonnant. Le matin, la grosse mange deux pamplemousses, trois œufs, du bacon, des toasts, du fromage, des confitures, quatre tasses de café avec bien du sucre. Puis dans le café ce n'est pas du lait écrémé qu'elle met dedans, bien non, c'est de la crème 35%. Et elle appelle ça le petit-déjeuner. Vers dix heures, la grosse commence à se sentir faible ; pour se soutenir, elle mange quelques poignées de cachous. Le midi, la grosse mange un bol de soupe, pour faire un bon fond, un spaghetti meatballs avec des boulettes. C'est étrange, meatballs avec des boulettes... Elle peut bien être grosse. Mais elle ne mange pas de dessert, parce qu'elle dit que ça fait engraisser. L'après-midi, quand elle faiblit, quelques Whippet de Viau. À six heures, elle soupe. À huit heures, elle finit de souper. De huit à neuf elle essaie de se lever, puis elle va s'effouérer devant la TV. Elle digère. Si elle voit Élaine Bédard à la télévision, elle dit : «Elle est pas si belle que ça, elle est ben trop maigre !» Élaine Bédard a peut-être 36 24 36, la grosse a 36+24+36. Dans son boutte, ils l'appellent «le computer».

Elle n'est pas si grosse que ça la grosse, mais chez Eaton, elle ne rentre pas dans les portes battantes. Une fois, elle est rentrée dans une porte battante, elle l'a bien regretté. Le magasin fermait à neuf heures. Elle se plaignait d'étourdissements. Si vous la rencontrez rue Sainte-Catherine et que vous lui dites que le plus gros édifice du Canada se trouve à Montréal, il ne faut pas lui dire ça en la regardant dans les yeux.

L'hiver, quand il y a bien de la neige, et qu'elle descend la rue à pied, il ne faut pas crier : «Tiens, voilà la souffleuse !» Ça la blesse... Elle n'est pas si grosse que ça la grosse, mais elle ne monte jamais à pied la rue Crescent. Parce que Crescent est one way en descendant. Pour la voir comme il faut, il faut la regarder avec des longues vues. Dans l'autre sens... Elle voulait travailler pour la NASA, mais ils lui ont dit que ça ne serait pas possible de l'arracher à l'attraction terrestre.

Il y a une couple de mois, cet hiver, pendant la grosse tempête, ils l'ont retrouvée une semaine après à la fourrière municipale avec un ticket de vingt piasses dans ses lunettes. Et c'est signé : «Boeing 747».

Dr Frisette : Chère «Boeing 747», en regardant votre photo, je vous ai pas trouvée grosse, vous paraissez comme ça à cause de vos quatre mentons. Votre problème ce n'est pas que vous êtes trop grasse, c'est que vous n'êtes pas assez grande pour votre poids. Vous devriez mesurer sept pieds huit. Vous mesurez cinq pieds... couchée! Votre mari doit être fier, non seulement vous avez gardé votre taille de jeune fille, mais vous l'avez doublée.

Interviewer: Dr Frisette, auriez-vous des conseils à donner à cette dame? Par exemple, pourrait-elle pratiquer des sports?

Dr Frisette: Mais oui, elle pourrait faire de la natation, un excellent exercice. Mais n'allez pas vous baigner en haute mer! Vous risquez de vous faire harponner!

Interviewer: Et en terminant, Dr Frisette, est-ce que vous ne pourriez pas conseiller à cette dame une certaine forme de diète?

Dr Frisette: Mais oui, elle pourrait par exemple suivre la diète d'eau! Toute la journée madame, vous ne buvez que de l'eau, avec des pruneaux, mais là restez chez vous! Ou alors, suivez la diète italienne. Une gousse d'ail par jour, de loin vous avez l'air plus petite. Vous vous demandez sûrement si vous pouvez porter des hot pants (*shorts serrés et ultra courts*)? Oui, sur la tête...

Drapeau se déchaîne

André Dubois, Marcel Saint-Germain

Le maire Drapeau, réputé pour sa passion pour les projets démesurés, arrive sur scène en camisole de force. Marcel Saint-Germain pousse la caricature, inspirée d'un discours déchaîné du maire, en le faisant passer pour un fou furieux. Au sujet du scandale Saulnier, voir *L'école de police*.

André : *Transportons-nous immédiatement, si vous le voulez bien, à l'hôpital Saint-Jean-de-Dieu. On est rendus à Saint-Jean-de-Dieu : merci de votre collaboration. Nous avons reçu hier un patient de Montréal dont la folie consiste à vouloir parler aux foules. Il vous a vus, il vous a entendus, il veut à tout prix venir vous parler ; ne vous énervez pas, gardez votre calme, ne prenez pas les sorties d'urgence... Le maire de Montréal, Jean Drapeau !*

Drapeau : Bonsoir ! Je voudrais ce soir faire quelques mises au point. Il y a des gens qui m'appellent d'une expression vulgaire, d'une expression malveillante, qui m'appellent Ti-cul ! J'espère que c'est parce que je suis un petit, et non pas parce que je suis un... Je voudrais, dans ma ville de Montréal, n'avoir aucun ennemi. D'ailleurs, je n'ai que des amis ! Ils me haïssent tous. Je me demande ce que je fais ici à l'asile ! J'ai toujours travaillé pour ma ville de Montréal. Prenez, par exemple, le cas de la moralité. Eh bien cette semaine, mon escouade de la moralité a saisi de nombreux films pornographiques ! De toute beauté !
Et non seulement j'ai travaillé, je me suis également battu. En 1954, je me suis battu contre Sarto Fournier. En 1957, j'ai été battu par Sarto Fournier. En 1960, je me suis encore battu contre Sarto Fournier, et cette

semaine, je me battais contre le journal *Le Devoir* et contre les gars de l'impôt : ils voulaient saisir mon bol de toilette (*allusion à la saisie par des huissiers effectuée au restaurant de Drapeau, le Vaisseau d'or*) ! Non seulement ils voulaient vérifier mes entrées, ils me coupaient mes sorties ! Mon bol de toilette ! J'avais pas aussitôt le derrière tourné, qu'ils avaient le nez dedans ! Il y en a qui pensent qu'avec le scandale Saulnier, j'ai perdu la face ! Eh bien c'est pas grave ! J'en ai une autre ! Laissez-moi parler ! Et quant à vous, messieurs les journalistes, je n'ai qu'une chose à vous dire, quand je voudrai votre opinion, je vous la donnerai !

Finale

C'est la dernière fois que vous nous voyez
Croyez-le ou non, on va s'ennuyer
Certains politiciens vont respirer
Nos vedettes quétaines seront soulagées
Quand les Cyniques seront choses du passé

CHAPITRE IX
LES INÉDITS : LES CYNIQUES DANS LES MÉDIAS

Ce chapitre rassemble des gags et des numéros des Cyniques qui n'ont pas été enregistrés sur disque dans les années 1960-1970, mais qui furent présentés dans des émissions à Radio-Canada et au cinéma. De nombreux gags étant visuels, donc d'aucun intérêt pour le lecteur, nous n'avons retenu que les extraits discursifs. Soulignons d'abord un procédé récurrent chez les Cyniques, difficile à reproduire ici, mais qu'utiliseront plus tard des émissions satiriques comme *100 limite* dans les années 1990. Le groupe faisait un montage de déclarations de politiciens ou de monsieur et madame Tout-le-monde, ce qui permettait de leur faire dire ce qu'il voulait bien sur une variété de sujets. La formule a fait recette. Précisons ensuite que la télévision n'est pas l'habitat naturel des Cyniques, qui ont toujours préféré la scène. À leur *Émission impossible* diffusée l'été, ils doivent puiser dans l'actualité estivale, qui n'est pas très riche, et disposent de peu de temps pour l'assimiler et la transformer. Ils ne peuvent non plus roder leur texte et doivent éviter l'improvisation. Une émission comme celle-ci aux États-Unis implique une vingtaine de scripteurs, ce dont ne bénéficiaient évidemment pas les Cyniques.

Le Grand Prix du Festival du disque 1965 :
13 octobre 1965

André Dubois, Marc Laurendeau, Marcel Saint-Germain, Serge Grenier

Le groupe les Cyniques remporte le prix du meilleur disque de fantaisistes face aux Baronets et à Jean-Guy Moreau. Le père Ambroise Lafortune, un missionnaire coloré que l'on entend à la radio et à la télévision, salue les Cyniques comme « ceux qui ont le plus parlé des curés cette année dans le Québec ». Le quatuor présente alors un numéro qui évoque quelques vedettes populaires de l'époque : certains de ces groupes yé-yé qui étaient légion à l'époque et se démarquaient les uns des autres par des costumes flamboyants[45], une musique rock pop très à la mode et des noms fantaisistes ; le groupe les Cailloux se distinguait par une musique folk et traditionnelle inspirée par les chansons québécoises et françaises ; Ti-Gus et Ti-Mousse étaient quant à eux un duo fantaisiste composé de Réal Béland et de Denyse Émond qui racontait des blagues et chantait des morceaux comiques. Pour le reste, il s'agit de politiciens libéraux du cabinet de Jean Lesage. L'événement se déroule au centre Maurice-Richard. Les Cyniques sont désignés ci-dessous par leurs prénoms :

André : Nous tenons à remercier la compagnie qui nous a enregistrés (*Apex*) pour son choix judicieux.

Marcel : Nous tenons également à remercier ce soir celui sans lequel ce festival n'aurait jamais eu lieu, celui sans lequel vous, mesdames et messieurs, ainsi que nous ne serions pas ici, vous l'avez tous deviné : Maurice Richard.

Serge : Nous tenons également à remercier Jacques Normand pour ne pas avoir fait de disque, ainsi que Petit-Gus et Petit-Mousse.

Marc : D'ailleurs, si Jacques Normand n'est pas ici ce soir, ça se comprend, le gala est commandité par une compagnie de liqueur douce.

Serge : Nous tenons également à remercier les Classels.

Marcel : Les Classels qui sont d'ailleurs ici, ce soir.

Serge : Où ça ?

Marcel : Ben oui, regarde là-bas, les Classels […].

Serge : Je suis tout mélangé : les Classels, les Excentriques, les Têtes blanches. C'est quoi, c'est un groupe comme les Cailloux ?

Marcel : Ben non, les Cailloux, ils chantent eux autres !

André : Nous tenons également à remercier le ministre de l'Éducation, monsieur Paul Gérin-Lajoie, pour ne pas avoir fait la compilation des résultats du concours.

Marc : Je pense qu'on est mieux de ne pas parler de ça ; j'ai entendu dire qu'il était ici, ce soir.

André : Où ça ?

Marc : Là-bas, à côté de la robe voyante.

André : Il est venu avec Muriel Millard ?

Marc : Non, regarde là, le monsieur avec les cheveux frisés, bien rasé, bien propre, bien élégant.

André : Ah ! oui, oui, oui !

Marc : Le ministre, c'est l'autre à côté.

André : Mais quand même, le ministre de l'Éducation est un homme dans le vent, un homme yé-yé.

Marc : Oui, il paraît d'ailleurs qu'il va partir, au sein même du cabinet, un nouveau groupe yé-yé : les Rouges-Gorges !

André : C'est évidemment monsieur Jean Lesage qui, pour le groupe, fera les arrangements.

Marcel : Et évidemment, monsieur René Lévesque qui, comme d'habitude, sera le second violon.

Serge : Monsieur Bona Arsenault va tourner les pages ; c'est ce qu'il y a de plus facile à faire.

Marc : Claude Wagner sera le batteur !

Le Gala des Grands Prix du disque : 12 octobre 1966

Marc Laurendeau, Marcel Saint-Germain, Serge Grenier

Les Cyniques qui animent ce gala débutent avec une série de gags sur le maire Jean Drapeau, à l'occasion de la pré-ouverture du métro de Montréal. Drapeau avait invité les maires des municipalités environnantes. Ils font par la suite une série de blagues sur les personnalités de l'époque qui assistent ou non au gala.

Serge : Mais attention, monsieur Drapeau, vous ne pourrez sûrement pas annexer Westmount, vous devriez savoir que ça relève du fédéral, les réserves.

Marcel : J'espère, monsieur Drapeau, que vous ne songez pas à annexer Montréal-Est, il me semble que c'est une chose qui se comprend ça, une chose qui se sent (*référence aux raffineries de l'est de l'île*).

Marc : Signalons la présence du maire de Ville Mont-Royal. Il a ce soir un pantalon déchiré. Il a essayé de sauter par-dessus la clôture (*la ville est située dans une enceinte clôturée*).

Serge : Nous apercevons sur les trois premiers fauteuils Ginette Reno.

Émission *De toutes les couleurs* : 11 septembre 1966

Hommage à Séraphin

Marc Laurendeau, Serge Grenier

> En 1966, les Cyniques figurent dans l'émission inaugurale de la toute première saison en couleur, *De toutes les couleurs*, à Radio-Canada. Ils y feront plusieurs sketchs, dont le plus célèbre est un hommage dérisoire et parodique aux *Belles histoires des pays d'en haut*, de Claude-Henri Grignon. Cet écrivain populaire est doublé d'un pamphlétaire incendiaire très marqué à droite, ce qui n'était pas pour déplaire aux jeunes étudiants progressistes, qui ne manquent pas de le ridiculiser. Grignon était également dépourvu d'humour : il fera une telle colère que les Cyniques ne seront plus invités au petit écran pendant deux ans ! Le texte est livré par Serge Grenier et Marc Laurendeau.

Claude-Henri Grognon est l'un de nos auteurs les plus célèbres et les plus prolifiques : depuis trente ans, depuis quarante ans, que dis-je, depuis cinquante ans, il nous enchante par toutes ses œuvres. Mais un souffle aussi puissant que le sien n'a pu naître simplement d'aujourd'hui. Grognon a écrit un million cent mille volumes se répartissant ainsi : cent mille pamphlets et un roman… un grand roman, un très grand roman. Cette œuvre énorme, gigantesque, plonge ses racines dans les temps les plus reculés. Le vocable *séraphin* est né avant même la création du monde. En effet, le Seigneur mécontent de ses anges s'écria à leur intention : «Allez-vous-en bande de séraphins !» Ainsi le Seigneur précipita-t-il au fond des enfers ses anges les plus cheap.

Ensuite, quand l'homme vint sur terre, il portait en lui la tache indélébile des séraphins et, déjà dans la préhistoire, au milieu des primitifs et des brutes, apparut l'homme de Neandertal. Apparurent l'homme de Cro-Magnon et enfin l'homme de Sainte-Adèle ou l'homme de gros grognon (*image de Claude-Henri Grignon en homme des cavernes*). Il imprégna dans la pierre la sordide et splendide histoire de Séraphin.

Nous sommes à l'âge de bois, c'est déjà le lion du nord (*surnom de Claude-Henri Grignon*). Séraphin survécut aux civilisations qui suivirent et fut particulièrement heureux sous le règne du roi Crésus qui, comme chacun sait, était riche comme Crésus. Après la Grèce, Rome conquiert le monde et nous retrouvons Séraphin en compagnie de César et ses Romains. C'est à cette époque que se produisit un événement capital dans l'histoire ; Séraphin s'adressa à César, prononçant la phrase suivante : « Viande à chien, César, tu fais la galette. » La galette, le mot était lâché. Grognon venait de découvrir la nourriture avec laquelle il pourrait convenablement bourrer son avaricieux[46].

Puis le temps s'écoule ; au Moyen Âge, la lecture généralisée de l'œuvre de Grognon sème l'avarice. Et c'est l'époque des croisades. Les grands seigneurs partent à l'assaut de Jérusalem. Pourquoi ? Parce que, dévorés par l'avarice, ils veulent mettre la main sur les plus grands producteurs de galettes de cette époque, les Sarrasins.

Puis de nouveau, le temps passe ; en France, les rois se succèdent. Arrive Louis XIII, dit le badlucké, puis Louis XIV. Sous son règne, les arts connaissent un grand épanouissement, comme la littérature et le bowling. Le roi ramasse richesses sur richesses à cause de l'avarice qui le ronge depuis qu'il a lu Séraphin. Tous les grands auteurs de l'époque subissent l'influence de Grognon. Molière lui-même, dans une lettre à un intime, se voit forcé d'avouer : « Je suis couvert de honte ! Mais je me vois obligé de l'avouer, mon excellente pièce *L'avare* n'est pas autre chose qu'une copie de l'œuvre magistrale de Claude-Henri Grognon. »

Au cours de plusieurs incidents historiques, des individus à la mine patibulaire se sont révélés des admirateurs de notre grand romancier. Ainsi, lors d'une célèbre bataille, le général Cambronne fut gentiment interpellé par l'ennemi dans les termes suivants : « Rendez-vous, maudits Français ! » Aussitôt, le général Cambronne, fâché dur dur, lâcha ce mot vulgaire et grossier : « My my ! » Ce mot, les historiens le notèrent (*jeu de mots sur le patois « My my ! » du personnage du notaire*).

Mais c'est à l'époque moderne que l'influence de Grognon se fit le plus sentir. 1917 : les canons grondent devant le Kremlin et les scandales éclatent à la place des Tsars (*jeu de mots avec la Place des Arts, qui a accueilli ses premiers spectateurs le 21 septembre 1963*). La doctrine de Karl Marx, frère de Groucho, est appliquée en Russie. On abolit les classes sociales, l'avarice accessible à tous. C'est l'époque où se sont révélés les Trotski, les Lénine et aussi le fameux héros, Alexis Labrancheïev, mieux connu ici sous le nom d'Alexis Labranche, qui accomplissait un travail obscur, un boulot noir (*patois du personnage*). Grognon en fit le véritable ennemi de Séraphin, c'est-à-dire le smatte qui voulait lui voler sa blonde. 1939 : la vague séraphiniste balaie l'Europe, les hordes allemandes se réunissent autour de leur chef, Adolf Hitler, qui voit dans les Juifs une réincarnation de Séraphin. C'est cette peur dramatique qui conduisit le IIIᵉ Reich à la mobilisation générale. Dans une réunion intime, Adolf, après quelques bye-bye à ses amis de garçons, leur glissa lentement à l'oreille (*on voit et on entend le véritable Hitler sur écran faire un discours accompagné du sous-titre qui suit*) : «Vive l'Allemagne. Séraphin est un bon à rien, à nous la galette, à bas Séraphin, mort à Séraphin!»

1958 : en France, avec l'instauration de la Vᵉ République, le séraphinisme connaît une recrudescence. Le général de Gaulle, au cours de l'une de ses conférences de presse, l'associe à la grandeur de la France. La Vᵉ République sera la république de Séraphin. (*Le véritable de Gaulle apparaît à l'écran et on écoute l'un de ses discours*) Pourriez-vous nous dire mon général ce que représente pour vous Séraphin? «C'est l'homme que partout dans ce qui est écrit, dans ce qui est pensé, dans ce qui est cherché de part et d'autre, c'est l'homme qui est toujours l'objet principal de notre époque.» Mon général, pouvez-vous nous dire ce qui vous plaît en définitive chez Séraphin? «Une certaine désinvolture par rapport à ce qui est matériel.»

Rome : le concile Vatican II poursuit ses assises. Des patriarches éduqués dans la tradition grognonne la plus orthodoxe, au moment de l'étude du schéma sur Séraphin, proposent la communion sous les deux espèces : le vin et la galette. 1966 : au Canada français,

Grognon connaît la gloire. Par la radio, les Québécois connaissaient déjà Séraphin. On se souvient de ces années où le peuple canadien-français (*image d'un troupeau de moutons*) se rassemblait autour de la radio pour écouter Séraphin[47]. On l'admire maintenant à la télévision.

On présente une vidéo à la suite de ce tableau farfelu, « Si Séraphin m'était conté une fois pour toutes », dans laquelle André Dubois imite le personnage de Séraphin, interprété alors par Jean-Pierre Masson avec sa voix si reconnaissable. Donalda (Louise Latraverse) est sans surprise en train de nettoyer le plancher, ce qui fait dire à Séraphin : « Frotte pas si fort sur mon beau plancher, t'es toute après l'user. » Il trouve son épouse bien capricieuse de se plaindre de ne pas avoir de la farine d'avoine et de manger du pain au bran de scie ! Il finit par ouvrir une armoire et y découvre une boîte de Dr Ballard. Stupéfait, il s'exclame : « Viande à chien ! » Ainsi était dévoilée l'origine de ce juron mythique au Québec.

Aujourd'hui

André Dubois, Marc Laurendeau, Marcel Saint-Germain, Serge Grenier

Il existait à l'époque un magazine quotidien à Radio-Canada, *Aujourd'hui* (1962-1969), que les Cyniques vont pasticher à l'émission *De toutes les couleurs* mais en le transposant à l'époque de la Nouvelle-France. L'aspect visuel est évidemment important. Les comédiens sont vêtus à la mode du 17e siècle et ils prennent des airs et un ton maniérés associés à l'époque classique. Le numéro se présente comme un tableau dans lequel on passe d'un sketch à l'autre pour aborder un sujet d'actualité tiré de la société et de l'histoire de la Nouvelle-France. André Dubois déguisé en dame et Marcel Saint-Germain assurent les rôles de lecteurs de nouvelles et d'animateurs en parodiant les animateurs Michelle Tisseyre et Wilfrid Lemoine. Rappelons que Radio-Canada diffusait des pièces classiques comme celles de Corneille et employait un bon nombre de Français. On reconnaît Paul Buissonneau, qui signait la mise en scène de l'émission, devant une caméra transformée pour lui donner un style 17e siècle.

Marcel : Aujourd'hui, édition du 11 septembre 1666.

André : Avec vos animateurs, le sieur Wilfrid Lemoine d'Iberville…

Marcel : … et la duchesse, Michelle de l'Échelle Tisseyre.

André : Nous vous souhaitons à tous, nobles jouisseurs qui avez la bonne grâce de nous prêter d'attentives oreilles…

Marcel : … et des yeux pleins de curiosité. Comment dirais-je ? Un peu folâtres...

André : … une soirée réjouissante à vous en pâmer. Vous remarquerez peut-être au cours de l'émission que nous essayons ce soir pour la première fois notre caméra nouvelle. C'est un modèle Louis XIV, du même modèle que celui qui a servi pour la transmission de la dernière pièce du sieur de Corneille à Versailles.

Marcel : Avant de céder le micro à nos élégants gentilshommes interviewers, voici sous les ondes de Télé-Nouvelles France quelques petites informations qui sauront vous remplir d'aise.

André : Transposons-nous d'abord immédiatement à nos studios de Stadaconé[48].

(On voit une image d'un navire et ensuite l'interviewer Serge Grenier et l'intendant Jean Talon, joué par Marc de façon précieuse, hautaine et un peu « grande folle »)

Serge : Le nouvel intendant de la Nouvelle-France, le sieur Jean Talon, est arrivé aujourd'hui à Québec. Parti de Paris il y a trois mois, il commente ainsi sa traversée.

Marc : Le voyage, il « éta » beau, mais il « éta » long.

Serge : Est-il vrai que, lorsque vous fûtes descendu de votre bateau, vous avez été victime d'une embuscade d'Iroquois féroces ?

Marc : Absolument, ils ont enlevé des plumes à mon chapeau, ils ont sali mon mouchoir, absolument affreux, ils ont commis toutes sortes d'atrocités.

Serge : Est-il vrai par ailleurs que vous ayez emmené plus de mille femmes à bord de votre vaisseau[49] ?

Marc : Ne vous en déplaise, il m'a fallu faire preuve d'un certain renoncement.

Serge : Je crois que vous êtes venu en Nouvelle-France pour établir un poste.

Marc : Oui, un poste tout à fait particulier pour les immigrants français.

Serge : Et quel est le nom de ce poste ?

Marc : Radio-Canada.

Serge : Merci beaucoup, monsieur l'intendant. Maintenant, nous retournons à notre studio principal pour écouter une dépêche spéciale qui nous sera livrée par sieur Lemoine d'Iberville.

Marcel :	Il s'agit d'une nouvelle du sport qu'un marquis échappé de Lachine vient tout juste de nous communiquer avant d'expirer dans les bras de la duchesse. Les Redskins de Caughnawaga ont massacré les habitants de Lachine 2400 à 0.
André :	Si vous me permettez Wilfrid… On annonce sur toute la colonie une très grande vague d'air froid provoquée par une arrivée massive d'Anglais. Parmi les sujets dont nous traiterons ce soir, il y a également la querelle de l'eau-de-vie ou de l'alcool à friction, et le Congrès des coureurs des bois. Pour débuter, nous présentons le petit film que notre reporter a tourné hier au cap Diamant lors du Congrès des coureurs des bois.

(Image d'habitants portant des dossards qui courent dans tous les sens dans une forêt. Marc est le coureur des bois interviewé par Serge)

Serge :	Mesdames et messieurs, nous apercevons actuellement de valeureux coureurs des bois qui courent dans les bois même sous cette pluie torrentielle. Bonjour monsieur.
Marc :	Bonjour.
Serge :	Dites-moi, quel est votre nom ?
Marc :	Jean-Baptiste Laforest.
Serge :	Et qu'est-ce qui vous a attiré vers le métier de coureur des bois ?
Marc :	La course et puis le bois.
Serge :	Et votre femme est-elle contente de votre métier ?
Marc :	Bien, vous savez, elle a couru un peu après.
Serge :	Monsieur Laforest, dans les bois, vous courez pour avoir de la fourrure.
Marc :	Ouais, on court après la peau (*il rit de sa blague*).
Serge :	Oui, bien sûr. Et qu'est-ce que vous faites quand vous en avez trouvé ?
Marc :	Ben, on paye la traite.
Serge :	Et votre métier, est-il essoufflant ?

Marc :	On se repose à tous les 500 milles.
Serge :	Et, entre nous, est-ce qu'il vous arrive d'employer des femmes ?
Marc :	Oué oué, des coureuses. En voici justement une en repos.
Serge :	Je cours sur-le-champ l'interviewer, excusez-moi.

(La coureuse des bois, interprétée par Juliette Béliveau, est assise sur un bouleau et est vêtue à l'indienne)

Serge :	Bonjour madame, vous êtes une coureuse des bois ?
Coureuse :	En effet, monsieur.
Serge :	Mais dites-moi, vous n'avez pas peur, vous, seule femme à courir dans les bois parmi tant d'hommes ?
Coureuse :	Ce n'est pas le boulot qui manque.

(Un coureur interprété par André arrive sur ces entrefaites, la prend dans ses bras et l'emporte avec lui. Retour aux animateurs)

André :	Voici maintenant une petite interview sur la querelle de l'eau-de-vie ou de l'alcool à friction. Comme on le sait, les Indiens veulent boire, mais monseigneur François Montmorency de Laval ne veut pas. La semaine dernière, on a ramassé deux habitants ivres morts arrivés la veille de la Normandie. Ils sont tous pareils ces Normands. Hier, on a excommunié une femme qui avait remis un flacon de Painkiller (*sorte d'alcool à friction*) à une Huronne. Bref, ça va mal dans la colonie. Mais ce soir, pour avoir les deux revers de la médaille, nous recevons pour vous monseigneur de Laval et un Iroquois.

(Laval est interprété par Marc, qui imite le cardinal Léger, alors que Marcel joue l'Indien. Serge est toujours l'interviewer)

Serge :	Monseigneur, dites-moi, pourquoi êtes-vous contre l'alcool ?
Marc :	Je n'ai rien contre les Indiens, mais chacun sait que c'est une race inférieure et qu'ils vendraient leur squaw ou leur papoose pour un peu d'alcool.
Marcel :	Ça être faux ! (*Il tape sur la table avec son tomahawk*) Homme blanc aimer alcool. Monseigneur lui-même aimer alcool. Quand monseigneur boire bouteille, monseigneur Laval !
Serge :	Du calme, du calme. Mais dites-moi monseigneur, dites-nous précisément comment les Indiens réussissent-ils, d'après-vous, à obtenir leur eau-de-vie ?
Marc :	À cause de la fourberie de l'homme blanc, n'est-ce pas, qui, pour avoir quelques fourrures, donne à ces Indiens toutes ces liqueurs qui sont loin d'ailleurs d'être des liqueurs du Sacré-Cœur. Et tous ces Hurons qui s'enivrent tellement, n'est-ce pas, qu'ils deviennent Sioux.
Serge :	Et vous, dites-moi, qu'en pensez-vous ?
Marcel :	Ça être vrai ! Nous échanger fourrure contre eau-de-vie ! De là l'expression : se faire fourrer.
Serge :	Mais dites-moi, monseigneur, si on pouvait habituer les Indiens à boire par un moyen d'éducation quelconque, ne croyez-vous pas que cela les aiderait ?
Marcel :	Hé ! Hé ! Hé ! Cela être drôle ! Funny funny ! Hé ! Hé ! Hé !
Marc :	Vous savez, j'y ai déjà pensé. Nous avons essayé de mettre sur pied des cours de préparation d'usage. Les Indiens, n'est-ce pas, ils étaient formidables, les professeurs étaient ravis parce que les Indiens buvaient leurs paroles.
Serge :	Et cela n'a pas marché ?
Marc :	Hélas, quand venait le moment des travaux pratiques, les Indiens voulaient toujours recommencer, n'est-ce pas, sous prétexte d'améliorer leur façon de boire.
Serge :	Et alors ?

Marcel : Tout le monde être paf ! Hé ! Hé ! Hé !

Serge : En terminant, mon monseigneur, dites-nous, quelle attitude entendez-vous prendre quant à l'alcool ?

Marc : Défendre aux Indiens de consommer l'alcool qu'ils ont actuellement sous la main, n'est-ce pas, quitte à leur permettre de le consommer plus tard.

Serge : Et vous... Oh ! (*l'Indien prend une bonne rasade d'eau-de-vie avec un sourire de satisfaction*) j'imagine, grand chef, que vous êtes d'accord ?

Marcel : Un Indien vaut mieux que deux tu l'auras (*il désigne sa bouteille*). Hé ! Hé ! Hé ! (*il avale goulûment*)

(*Retour à l'animateur, qui reçoit un metteur en scène joué par Serge, qui porte de flamboyantes lunettes fumées*)

André : Il n'y a pas que l'eau-de-vie qui fait parler d'elle dans la colonie. Le monde du théâtre de la Nouvelle-France est également tout à fait bouleversé. En effet, la troupe Samuel de Champlain de Québec a décidé de faire Maisonneuve en invitant pour sa prochaine pièce l'un des plus grands metteurs en scène de France, le comte de la Tête Enflée, que nous recevons ce soir. Alors, bonsoir monsieur le comte (*André offre sa main pour le baisemain*).

Serge : Quelle allégresse, madame !

André : Prêtez-moi monsieur le comte une oreille attentive et dites-moi quel est le titre de cette pièce ?

Serge : Le titre de cette pièce s'appellera : *Qui a peur du général Wolfe ?*

André : Mais dites-moi, où se situera-t-elle ?

Serge : Sur les plaines d'Abraham.

André : C'est sans doute ce qui a mis le feu aux poudres ?

Serge : Oui, car ce sera un très gros canon.

André : Ha ! Ha ! alors, merci beaucoup monsieur le comte, bonsoir mesdemoiselles, bonsoir mesdames, bonsoir messieurs.

Émission impossible

À l'été 1968 et 1969, les Cyniques animent une émission à sketchs, l'*Émission impossible* (jeu de mots avec la série américaine d'espionnage *Mission impossible*) à Radio-Canada. En quelque sorte, c'est l'ancêtre de *RBO Hebdo*. L'émission débute par une série de gags sur l'actualité ou simplement absurdes, dont nous présentons des exemples.

Les pilotes d'avion
15 juin 1968

Marc Laurendeau, Serge Grenier

Imaginons Marc en pilote d'avion russe au fort accent sous l'ère communiste et Serge en prêtre pilote.

Marc : Bonjour camarades, bonjour « camaradettes », merci de voyager avec nous. De toute façon, vous n'avez pas le choix. Vous êtes les bienvenus à bord d'Air Moscou. Je suis votre pilote, Petrov « j'ai pas de journées off ». Votre avion est le Rimouski 2. C'est un avion soviétique communiste, le plus beau et le plus gros des avions de tous les peuples. Compris ? Cet avion est un avion entièrement communiste. Même les moteurs sont communistes. En effet, ils font 50 000 révolutions à la minute. Compris ? Les personnes que vous voyez transportant les bagages sur leur dos, ce sont vos hôtesses. Si vous avez besoin de quelque chose, donnez-leur un coup de pied. Compris ? Ceux qui veulent des rafraîchissements peuvent demander des cocktails Molotov. Attention, attention, ceux qui descendent à Prague (*la révolte à Prague avait entraîné la répression de Moscou*) doivent montrer leur passeport à l'hôtesse. Par ordre de Moscou, il faut qu'on vous checke. Compris ? Ceux qui sont en congé, Air Moscou vous offre des vacances de rêve en Sibérie. Venez vous faire griller sur nos banquises. Pas de danger d'attraper un coup de soleil. […]

Serge : Bienvenue à bord d'Air Vatican, après Pie 10, Pie 11 et Pie 12, ici votre pi-lote, l'abbé 29. Veuillez attacher votre ceinture de chasteté et vous installer confortablement dans votre saint siège. Nous volerons à très haute altitude, au septième ciel. Pour nous rendre à Rome, nous passerons par le pôle Nord, mais ne vous inquiétez pas car tous les chemins mènent à Rome. […] J'espère que vous êtes en état de grâce, parce que, si nous réussissons à nous rendre à Rome, c'est un miracle. En première classe, nous avons les cardinaux et les archevêques, en deuxième classe, nous avons les chanoines et les vicaires, et dans la soute à bagages les sœurs et les frères.

Les élections fédérales
29 juin 1968

André Dubois, Marcel Saint-Germain, Marc Laurendeau

Plusieurs «experts» viennent faire leurs observations sur la dernière élection lors d'une émission d'affaires publiques. Mademoiselle Pinsonneault est interprétée par Marc, Davidson par Marcel et l'intervieweuse par Jacqueline Vauclair.

Mlle Pinsonneault : Selon moi, je parle ici en tant que femme, n'est-ce pas, le facteur le plus déterminant, ça a été la question constitutionnelle. Comment voulez-vous résister à la constitution d'un Pierre Elliott Trudeau? Je les comprends, ceux qui veulent des changements, rien qu'à les regarder. Prenez, par exemple, monsieur Stanfield (*chef du PC*), c'est bien normal que cet homme-là souhaite une autre constitution. [...] Je suggérerais à monsieur Pierre Elliott Trudeau de supprimer son bel autobus.

Intervieweuse : Vous voulez dire omnibus ?

Mlle Pinsonneault : Ben, omnibus ou autobus, c'est synagogue. De toute façon, je trouve qu'il devrait modérer ses transports, pis au lieu de passer toutes sortes de mauvaises lois, là, comme par exemple «l'humoursexualité» ou je le sais pas quoi, toutes sortes de choses du genre, je trouve qu'il devrait «précoroniser» pour le Québec un statut particulier, ça nous sortirait peut-être de notre cercle vicieux. [...]

Intervieweuse : Nous allons maintenant céder la parole à notre dernier invité, monsieur Davidson, de Moose Jaw en Saskatchewan. Monsieur Davidson ne s'exprime pas en français, il va donc parler anglais et ses propos seront traduits par traduction simultanée. Monsieur Davidson, quel sera le rôle de cette élection dans les relations entre Canadiens anglais et Canadiens français?

Davidson: Well I would like to say first *j'aimerais dire d'abord* we are not interested in those damn French Canadians *que nous voulons entretenir un dialogue constant avec nos chers amis canadiens-français*. What was important for me in this election *ce qui était important pour moi dans ces élections*, it was the problem of the economy *c'était le problème des deux langues*. For the rest, I think that there is only one language in Canada *je crois qu'il y a deux langues au Canada, le français et l'anglais*. Anyway, I don't give a damn hell about Quebec *le problème du Québec m'intéresse beaucoup*, they are making trouble all over Canada...

Intervieweuse: Messieurs, mesdemoiselles, merci beaucoup...

La version des policiers des événements du 24 juin 1968
20 juillet 1968

Marc Laurendeau, Serge Grenier

La veille des élections fédérales, le 24 juin 1968, la Fête nationale avait tourné à l'émeute, alors que des manifestants nationalistes avaient lancé des projectiles au premier ministre Trudeau, assis à l'estrade d'honneur pour assister au défilé, sa seule présence étant jugée comme une provocation. Les policiers avaient chargé sans discernement et à dos de cheval les citoyens. Trudeau avait obstinément refusé de quitter l'estrade. Les policiers avaient procédé à plus de deux cents arrestations et fait une centaine de blessés. Cet événement, le «lundi de la matraque», avait inspiré un monologue à Yvon Deschamps. Pour aborder le même événement, les Cyniques choisissent plutôt l'angle du monde à l'envers dans leur façon de présenter le policier. L'indépendantiste est joué par Serge et le policier, par Marc.

Policier : Diantre, que vois-je ici paraître, ne seriez-vous point un indépendantiste ?

Indépendantiste : Ben quin, j'ai-tu l'air du petit chaperon rouge ?

Policier : Bravo, bravo ! Alors, avouez-le petit coquin, j'ai deviné.

Indépendantiste : C'est ça, le chien, c'est ça !

Policier : Ah ! excellent ! Vous savez que, comme le chef Gilbert, je m'intéresse aux sciences humaines, j'adore les idéalistes ! Permettez-moi de me présenter, policier numéro 747789593. Appelez-moi 74.

Indépendantiste : OK 74, y sont où les «fédérastes», c'est eux autres j'veux voir.

Policier : Si je ne m'abuse, l'estrade d'honneur est par là.

Indépendantiste : Bon, j'vais aller leur tirer une bouteille, ce sera pas long.

Policier : Halte-là mon ami ! Il ne vous est point permis de lancer une bouteille à la tête de nos hommes politiques. D'autant plus qu'ils n'ont pas de tête! Ha! Ha! Ha! Suis-je assez amusant? [...] Je vous propose plutôt d'envoyer cette bouteille sur ma tête, allez-y. [...]

Indépendantiste : Penchez-vous là (*il lui fait éclater une bouteille sur la tête*). Ah! Ça fait donc du bien!

Policier : Ça fait toujours plaisir à un policier de rendre un service. Merci de cette excellente occasion que vous m'avez fournie de me servir de ma tête. [...]

La *Télégazette* de Radio-Canada
20 juillet, 27 juillet et 31 août 1968

André Dubois, Marc Laurendeau

André : Le premier ministre du Québec, l'honorable Daniel Johnson, a annoncé ce matin que le cabinet provincial est en vacances. En effet, tous les ministres, au grand complet, ont pris congé du Parlement. Nous leur souhaitons de bonnes vacances à tous les deux. Par ailleurs, à Ottawa, le chef conservateur, monsieur Stanfield, a annoncé qu'il se rendra en Espagne pour ses vacances. Rien de surprenant à cela, puisque l'Espagne est le pays que les « torys-adorent »[50]. Quant au premier ministre, monsieur Pierre Elliott Trudeau, il a annoncé son intention de séjourner quelque temps au bord de la mer. Ce qui lui permettra de se promener de grève en grève (*référence à la grève des Postes*). [...] Dans le domaine international, le premier ministre de l'Inde, madame Indira Gandhi, a annoncé hier qu'elle ne se prononcerait plus sur le problème des vaches sacrées depuis qu'un journaliste d'un journal influent de New Delhi l'a traitée de pie.

Marc : À Chicago, près de l'enceinte du Congrès démocrate, les policiers ont arrêté un Noir pour port illégal d'armes. Il avait un couteau dans le dos. Selon les médecins montréalais, nos policiers meurent souvent de « profilose », maladie terrible qui fait que les deux oreilles se rejoignent, l'écartement n'étant plus maintenu par aucune masse de matière cérébrale. En fin de semaine se tenait le grand Carnaval de Toronto, où les Torontois lâchent leur fou. Tous se soûlent de jus d'orange et de thé à la glace et se livrent aux jeux les plus endiablés dans les rues du swinging Toronto jusqu'à des dix heures du soir. Ils ont joué à « qui c'est qui verrait le plus gros camion », ils ont joué également à « je vois une fourmi, je vais l'écraser ».

Entrevue avec Réal Caouette
27 juillet 1968

André Dubois, Marcel Saint-Germain

En 1968, le Ralliement créditiste remporte quatorze comtés au Québec lors des élections fédérales, malgré le trudeauisme. Marcel interroge Réal Caouette, imité par André. Trudeau se passe de présentation, mais rappelons que le premier ministre aimait bien jouer sur son image d'athlète et qu'il profitait d'un charisme qui séduisait les dames. Il avait été notamment filmé en train de faire d'habiles plongeons.

Caouette : [...] Étant donné que notre premier ministre est un grand plongeur, je propose qu'on construise en plein milieu de la Chambre des communes une grande piscine. D'abord, ça pourrait recevoir tous les projets de lois qui tombent à l'eau. Ensuite, pendant que les députés cogneront des clous, le premier ministre pourra faire la planche. Également, une bonne piscine sera excellente pour raccourcir les débats. En effet, quand un débat est terminé, il faut le « chlore ». Et finalement, des députés qu'on choisira pourront donner des leçons de nage sous-marine à l'Assemblée. Il suffira de choisir parmi les députés ceux qui sont les meilleurs soûlots (*entendre sous l'eau*). Et enfin, une bonne piscine, ça nous fera deux trous d'eau en Chambre (*entendre Trudeau*).

Interviewer : Monsieur Caouette, que pensez-vous des directives données par monsieur Trudeau à ses ministres, à l'effet de garder le silence ? [...] Pensez-vous que cela est bon pour la démocratie ?

Caouette : Durant la campagne électorale, les libéraux nous ont donné un spectacle de vaudeville, maintenant je pense que ce sera un théâtre de marionnettes. Et monsieur Trudeau a toujours eu beaucoup de succès avec les poupées.

Interviewer : Monsieur Caouette, en ce qui concerne la population, y a-t-il des projets qui vous tiennent à cœur ?

Caouette : Vous savez, mon cher monsieur, que je suis un ancien marchand d'automobiles. C'est d'ailleurs ce qui m'a amené à m'occuper du char de l'État. Eh bien le grand problème qui me préoccupe actuellement c'est celui de la pollution de l'air par les automobiles et, pour le « résordre », je propose de remplacer dans toutes les voitures l'essence par du jus de tomates.

Interviewer : Mais comment cela est-il possible ?

Caouette : Tout simplement en installant dans toutes les automobiles des moteurs V8.

Interviewer : Monsieur Caouette, pour revenir à votre travail en Chambre, sur quel terrain avez-vous l'intention de critiquer le gouvernement ?

Caouette : Un grand danger nous menace, mon cher monsieur, celui d'être gouverné par un seul homme. Le culte de Trudeau est devenu une vraie religion, nous avions le catholicisme, le protestantisme, avec Pierre Elliott Trudeau, nous avons le PETainisme. […]

Nôwell / Le très bon père Noël : 1968

Marc Laurendeau, Marcel Saint-Germain, Serge Grenier

> Ce numéro est tiré de la face B d'un 45 tours qui comprenait une chanson de Noël. Bien avant l'oncle Georges de Daniel Lemire, les Cyniques nous présentent un père Noël, incarné par Marc, franchement inadéquat avec un petit garçon joué par Marcel. Prière de ne pas l'engager.

Serge :   *On raconte généralement dans les milieux bien informés que le père Noël est un gentil garçon. Eh bien, rien n'est plus éloigné de la vérité car ces temps-ci le père Noël devient maussade, grognon, taciturne, acariâtre. Transportons-nous chez Eaton au moment où le père Noël reçoit sur ses genoux un petit garçon.*

Enfant :   Bonjour père Noël !

Père Noël : Hé ! Hé ! Hé ! Et bien oui, salut le petit monstre !

Enfant :   Père Noël, j'ai été sage toute l'année !

Père Noël : Ça fait rien, j't'haïs pareil ! Regarde-moi donc, là. Ta mère, est-ce qu'elle est belle ?

Enfant :   Oh oui !

Père Noël : Ça doit être ton père qui est laid d'abord.

Enfant :   Père Noël, je voudrais te demander des étrennes.

Père Noël : Oui, mais fais ça vite, père Noël a hâte d'aller prendre sa bière.

Enfant :   Père Noël, je veux avoir un train électrique.

Père Noël : Le père Noël aimerait bien mieux te donner une chaise électrique. Hé ! Hé ! Hé !

Enfant :   Père Noël, j'étudie fort !

Père Noël : Es-tu bon un peu à l'école ?

Enfant :   Ben… ça fait trois fois que je recommence ma deuxième année.

Père Noël : Hé ! Hé ! Hé ! Tu t'en vas vers la politique ! Hé ! Hé ! Hé !

Enfant :   Père Noël, pourquoi t'as pas tes rennes avec toi ?

Père Noël: Ils salissent toutte mon buggy! Pis à part ça, ces animaux-là, ça sent le swing!

Enfant: Père Noël, quand tu vas venir la grande nuit, là, à la maison, vas-tu apporter le gros sac rempli d'étrennes?

Père Noël: Ben quin! Un fou dans une poche!

Enfant: Père Noël, vas-tu prendre mes bas dans la cheminée?

Père Noël: Oui, mais tu les laveras, petit malpropre.

Enfant: Quand tu vas venir pendant la grande nuit, si t'es fatigué tu vas pouvoir faire dodo dans le grand lit avec popa.

Père Noël: Heille! Heille! Heille! Mon nom, c'est père Noël, pas Noëlla!

Enfant: Père Noël, je voudrais avoir un petit frère.

Père Noël: Tu diras à ta mère qu'elle vienne me voir!

Enfant: Père Noël, je veux avoir un jeu!

Père Noël: Pourquoi tu joues pas à Guillaume Tell?

Enfant: C'est quoi ça?

Père Noël: Tu mets une po-pomme sur ta petite tê-tête pis tu demandes à tes petits amis de tirer des flèches.

Enfant: Ah! C'est le fun! Est-ce qu'on peut jouer souvent?

Père Noël: Seulement une fois!

Enfant: Je veux avoir un jeu, bon!

Père Noël: Tu veux pas un marteau pour quand t'es malade?

Enfant: Pourquoi?

Père Noël: Pour te clouer au lit!

Enfant: Non!

Père Noël: Tu veux pas que le père Noël te donne une maladie honteuse?

Enfant: Non!

Père Noël: Des béquilles?

Enfant: Non!

Père Noël: Petit haïssable, m'as t'arracher un bras pis j'vas te battre avec le bout qui saigne.

Enfant: Ton bedon, c'est-tu un vrai bedon? Ta barbe, c'est-tu une vraie barbe?

Père Noël : Arrête de tirer, simonac ! Tes cheveux, ti-gars, c'est tu des vrais cheveux ?

Enfant : Ouch !

Père Noël : Pis tes oreilles ?

Enfant : Ouch ! (*Pleurs*)

Père Noël : Bon, parfait là, sacre ton camp, le père Noël t'a assez vu ! (*Pleurs continus de l'enfant*) Ah ! ben christmas ! Heille, la fée des étoiles ! Un torchon !

Enfant : Père Noël, qu'est-ce que je vais avoir pour Noël ?

Père Noël : Ferme tes yeux, m'as te le dire. Hé ! Hé ! Hé ! Sont-tu fermés là ?

Enfant : Oui !

Père Noël : Hé ! Hé ! Hé ! Qu'est-ce que tu vois ?

Enfant : Rien !

Père Noël : C'est ça que tu vas avoir !

Divers
3 juin 1969

Au square

Marc Laurendeau, Marcel Saint-Germain

Un type à l'air frais et baveux (Marcel) jette par terre le journal d'un passant (Marc) et lui botte le derrière.

Marc : Faites-vous des farces ou vous êtes sérieux ?
Marcel : Je suis sérieux.
Marc : Une chance parce que ce n'est pas des farces à faire.

À l'hôtel

André Dubois, Serge Grenier

Un client, joué par André, arrive au guichet d'un hôtel au bras d'une dame devant l'hôtelier (Serge).

— Votre femme n'aurait pas besoin de quelque chose ?
— Ma femme ? Tiens, je vais lui envoyer une carte postale.

Marcel Saint-Germain, Serge Grenier

Un autre client, joué par Marcel, arrive avec sa maîtresse. L'hôtelier, Serge, lui demande de signer la facture.

— Je sais pas écrire.
— Ben, mettez un X (*le client s'exécute et lui remet la facture*). Quessé ça un zéro, vous n'êtes pas capable de mettre un X comme tout le monde ?
— Je voyage incognito.

267

La guerre du Viêtnam et la maîtrise des manifestants
10 juin 1969

Marc Laurendeau

On cherche à ridiculiser une publicité de la bière O'Keefe qui tenait des propos plutôt réactionnaires et incitait au conformisme. La guerre sert ici de véhicule publicitaire pour une bière sur des images de bombardements, d'enfants tués, de soldats américains qui mitraillent et de cercueils des combattants morts, accompagnées de joyeuses notes de piano pour animer le tout et de la voix dynamique de Marc Laurendeau. Il en rajoute avec des images de brutalité policière, peu après la célèbre Saint-Jean de 1968.

Premier message publicitaire

Ça en fait tout un vacarme, la guerre du Viêtnam. C'est pas toujours facile de bombarder des villes; c'est pas toujours facile d'abattre des civils; il faut qu'ils aiment ça, les gars, tirer du bazooka. Le genre de vie qu'ils mènent, c'est en plein le genre de vie qu'ils aiment. C'est ça le secret qui fait que les gars sont satisfaits. Pour faire la guerre, ça prend des gars ben durs si on veut que cette guerre, elle dure. Pour se reposer de la guerre, ce qui les attend les gars, c'est une bonne bière! Garantie, aujourd'hui, c'est Gros Beef!

Deuxième message publicitaire

Si les matraques des policiers pouvaient parler, elles en auraient long à raconter. Dans la rue, toute la veillée, elles en ont vu, des crânes fêlés. On se demande comment ils font ces gars-là pour passer la soirée à varger dans le tas. Le genre de vie qu'ils mènent, c'est en plein le genre de vie qu'ils aiment. C'est ça le secret qui fait que les gars sont satisfaits. Ils sont bien contents, les gars, de recevoir une bouteille sur le membre inutile qu'ils ont entre les deux oreilles. Faut pas avoir froid aux yeux pour tirer un jeune par les cheveux. Ça prend des gars costauds pour sacrer des bons coups de pied dans le dos. Garantie, aujourd'hui, c'est Gros Beef!

Tourisme Canada avec Jean Crétin
10 juin 1969

André Dubois, Marc Laurendeau, Marcel Saint-Germain, Jacqueline Vauclair

Le gouvernement Trudeau était particulièrement agacé par les relations privilégiées du Québec avec la France et il tentait de lui faire concurrence dans ce domaine. Comme le note Marcel Saint-Germain au début du sketch, les deux gouvernements menaient une lutte de prestige en France. Dans un esprit d'affirmation nationale, le Québec cherchait à développer ses relations internationales, au grand dam d'Ottawa, qui considérait cette compétence comme exclusive au fédéral. Trudeau n'hésitait donc pas à nuire au gouvernement québécois, quitte à le salir au passage. Dans ce sketch, le conseiller en tourisme, Jean Crétin (entendre Jean Chrétien, ministre libéral et fédéral joué par André) fait tout pour contredire et désinformer un couple de touristes français (incarné par Marc et Jacqueline) qui veulent visiter le Québec.

Ce sketch représente également la fausse image d'un Canada bilingue et dénonce le bilinguisme et le biculturalisme à la Trudeau, alors que celui-ci donnera une interprétation restrictive au rapport Laurendeau-Dunton en instaurant un vernis de bilinguisme chez les fonctionnaires fédéraux.

Français : Nous aimerions avoir des renseignements concernant un voyage que nous voulons faire au Québec.

Crétin : Vous voulez dire que vous voulez visiter le Canada ? […] Comptez sur moi, je vais vous renseigner sur mon pays le plus sincèrement et le plus honnêtement que je peux. […] Le Canada est un pays tellement grand que vous pouvez trouver en même temps quelqu'un qui déjeune à Vancouver, quelqu'un qui dîne à Calgary, quelqu'un qui soupe à Toronto pis quelqu'un qui a mal au cœur à Halifax. Le Canada peut répondre à tous les goûts comme aux gens qui ont pas de goût ! Quelle sorte de vacances vous cherchez ?

Français : Eh bien, nous pensons tout d'abord à des vacances sur le bord de la mer pour nous reposer, par exemple en Gaspésie.

Crétin : Non, non, non ! Allez pas en Gaspésie, c'est beaucoup trop froid. Pourquoi vous n'iriez pas passer une semaine à Fort Churchill à la baie d'Hudson ? C'est une station balnéaire très fréquentée, sa plage de roches est splendide, son climat très doux permet d'y séjourner pendant tout l'été ! D'ailleurs, l'été là-bas dure du 15 au 17 juillet !

Français : C'est que nous, nous avons des amis au lac Saint-Jean...

Crétin : Le lac Saint-Jean, ça n'existe plus monsieur ! Il était tellement petit qu'ils l'ont rempli avec des bleuets pis de la « garnotte ». Non, non, ce qu'il faut voir c'est le grand lac des Esclaves. C'est le plus célèbre des lacs canadiens. Sa beauté est légendaire, ses rives tantôt sauvages, tantôt d'une douceur infinie, vous emmènent dans un monde de féerie [...].

Française : Mais nous, ce qu'on aimerait voir, c'est quelque chose de vraiment français.

Crétin : Mais du français, madame, vous en avez partout au Canada !

Français : Mais on nous a dit que le Québec a un visage particulièrement français...

Crétin : Si vous cherchez un visage français, il faut aller à Moncton.

Français : Ce n'est pas plutôt Moncton (*prononcé à la française*) ?

Crétin : Oui oui, c'est ça, Moncton. Là, vous avez un visage français, les Acadiens : c'est des gens qui parlent français comme toé pis moé pis vous allez admirer leur way qu'y ont « successé » à « protecter » leur french language grâce à leur « persévération » pis à leur « spirit de combattement ». Vous avez aussi un visage anglais *(image de deux dames laides et édentées)* ! C'est ça le biculturalisme, un visage à deux faces.

Français : Oui, mais qu'est-ce qu'il y a d'autre à voir à Moncton ?

Crétin : L'Afrique a sa Côte d'Ivoire, la France a sa Côte d'Azur, Moncton a sa côte magnétique. [...] Vous pouvez aller aussi sur l'île du Prince-Édouard, c'est un paradis terrestre plein de palmiers pis de cocotiers [...].

Française : Moi, ce qui m'intéresse, c'est la culture. On m'a dit qu'au Québec on cultivait les arts plastiques...

Crétin : Non, non, la capitale des arts plastiques au Canada, c'est Winnipeg. À Winnipeg, vous avez des fleurs en plastique, des fruits en plastique, des bijoux en plastique pis des couches en plastique. [...]

Français : On nous a beaucoup parlé du Vieux-Montréal.

Crétin : Non, non, ce qu'il faut voir c'est le vieux Timmins, le vieux Sudbury, le vieux Prince Albert.

Français : N'est-ce pas plutôt à Montréal que l'on retrouve tous ces monuments, ces vieilles maisons...

Crétin : Ben non, la ville historique au Canada c'est Flin Flon (*ville minière manitobaine*). On passerait des heures à se promener dans Flin Flon, qui est particulièrement connue pour son bureau de poste construit en 1954 ! C'est un bijou d'architecture quétaine décadent style Manitoba flamboyant. La façade est en imitation de pierre naturelle, les côtés en papier brique importé de Saskatchewan. C'est beau de voir ça, monsieur, c'est encore plus beau quand il fait complètement noir. [...]

Française : N'est-ce pas plutôt à Montréal que nous trouvons la fine table, la gastronomie...

Crétin : Non ! Coudonc, vous êtes donc bien mal renseignés, vous ! La capitale de la gastronomie au Canada c'est Moose Jaw ! À Moose Jaw vous trouvez des mets très très variés, il y a des steaks saignants, des steaks médium, des steaks bien cuits, des papa burgers, des maman burgers, des cheese burgers pis des hamburgers !

La mouffette et les lapins
24 décembre 1970

André Dubois, Marc Laurendeau, Marcel Saint-Germain, Serge Grenier

Pour la fête de Noël, le journal *La Presse* avait demandé à plusieurs artistes, tels que Gilles Vigneault et Raymond Lévesque, d'écrire un conte pour l'édition du 24 décembre 1970. Pour l'occasion, les Cyniques ont écrit un conte métaphorique lié à la situation politique et identitaire des Québécois, au lendemain de la crise d'Octobre.

Il était une fois un groupe de lapins qui se trouvaient sur un vaste territoire et qui avaient de la difficulté à s'organiser. Leurs voisins, un groupe de mouffettes, leur avaient dit : « Ne vous en faites pas, nous on va vous organiser. »

Pourtant, les lapins étaient inquiets. Ils étaient les seuls dans ce grand pays à parler la langue lapine. Leur accès aux champs de légumes et aux potagers était minutieusement contrôlé par leurs voisins, qui ne parlaient d'ailleurs pas leur langue. Or les lapins commençaient à se renseigner en regardant souvent la télévision à l'aide de leurs oreilles de lapins. Un jour, le lapin Pierre – qui se croyait plus intelligent que les autres – décida de se déguiser en mouffette pour mieux aider ses amis. Mais, hélas, une fois devenu mouffette, on le combla d'honneurs et de cadeaux. Il oublia qu'il avait déjà été lapin et se fit appeler Elliott.

Chez eux, les lapins continuaient à penser à toutes sortes de choses. Un jeune lapin savant, qui était plus riche que les autres, réussit à se faire écouter, car il était appuyé par de vieux lapins finfinauds qui avaient plus de cent mille tours dans leurs sacs.

Un autre lapin, baptisé Ti-Poil de carotte, rêvait de cultiver lui-même ses champs de laitue. Des lapins plus avisés et plus respectés lui disaient : « Ça ne se fera pas en criant lapin. » Mais il y avait aussi des lapins bleus et des lapins rouges ; étrangement, il fallait les regarder longtemps pour voir la différence.

Un jour, quelques vilains lapins roses décidèrent de s'agiter. Ils adoraient jouer des tours, comme faire disparaître des objets ou se cacher dans des garde-robes. Le lapin Jérôme espérait bien les capturer pour qu'ils se tiennent tranquilles. Eux lui disaient dans leur for intérieur : « Cause toujours mon lapin. »

Survint Elliott, devenu chef des mouffettes, avec toute sa bande. Ils étaient tous très furieux, certains étaient même en fusil. Ils pénétrèrent chez les lapins et, se cherchant une excuse, déclarèrent péremptoirement : « Ça sent mauvais ici. » Les lapins effarouchés ripostèrent : « Mais ça ne sentait pas avant que vous veniez dans les alentours. Peut-être que si vous partiez... » « Non, non, non, répliquèrent les mouffettes, ça sent mauvais ici et nous resterons tant que ça sentira mauvais ! »

P.-S. Contrairement à ce que certains auraient pu penser, ceci n'est pas un conte de Pâques, car les faits décrits ci-haut se passèrent bel et bien dans les mois qui précédèrent Noël.

Extraits des programmes de spectacles

Programme de la Comédie-Canadienne, vol. 2, n° 8, 1967

Citations

Daniel Johnson : « À quatre, ils sont plus drôles que les vingt-quatre conseillers législatifs. »

Paul VI : « They're absolutely tremendous. » Paul the Sixth, Pope, Yankee Stadium[51].

Jean-Paul Sartre : « On a Beauvoir, il faut les entendre. »

Elizabeth II : « Contrairement à ma sœur, je les préfère aux Beatles. »

John Diefenbaker : « Jh'ai tellement ru. Jh'en trrrremble enkôrrr[52]. »

Programme de la Comédie-Canadienne, vol. 3, n° 11, du 15 au 28 avril 1968[53]

Les dernières inventions

Le croisement d'un pigeon et d'un hibou. Pour transporter le courrier nocturne.

Le gant à quatre doigts pour les vaches frileuses.

La radio avec lampe de 4000 watts ; on n'entend rien mais ça éclaire en diable !

Le radar à pamplemousse, pour savoir dans quelle direction il va arroser.

La chemise en cellophane pour les gens qui surveillent leur taille.

Le réveille-matin qui ne sonne pas. Pour les chômeurs.

La voiture deux tons, rouge d'un côté, bleue de l'autre ; en cas d'accident les témoins vont se contredire.

Proverbes

Appuyez-vous sur les principes ; ils finiront bien par céder.
Il ne faut jamais frapper un homme à terre ; c'est plus facile de lui donner un coup de pied.

Horoscopes

Poissons : Si vous croyez en cet horoscope ridicule, vous êtes vraiment poisson.
Cancer : Allez vous faire soigner.
Balance : Tout le monde balance et pis tout le monde danse.
Verseau : Voir au verso.
Taureau : Mangez moins.
Vierge : Vous êtes d'un dépassé !
Gémeaux : Si vous n'avez pas de frère jumeau, c'est que votre mère l'a noyé.
Scorpion : Vous êtes doué pour la politique.
Capricorne, Bélier, Sagittaire, Lion : Rien. C'est-y de votre faute si vous avez un signe niaiseux ?

Bye Bye 71

Le *Téléjournal*

André Dubois, Marc Laurendeau

> Donald Lautrec était un chanteur et un acteur réputé pour être l'un des hommes les plus sexy du Québec, portant des chemises et des pantalons moulants, alors que Jean Coutu était un acteur connu pour son rôle du jeune Survenant. Les « nouvelles » sont présentées par Marc, et Michel Chartrand est joué par André.

Présentateur : Le chanteur Donald Lautrec est entré d'urgence à l'hôpital. Après deux jours d'efforts, on est parvenu à lui ôter son pantalon. Des psychiatres ont tenté d'expliquer le comportement de monsieur Robert Bourassa par ses tics. Selon eux, quand il touche ses lunettes, il dit la vérité ; quand il bouge les narines, il dit la vérité. C'est quand il remue les lèvres qu'il ment. Lors du dernier festival rock de Pointe-Calumet, les vaches auraient brouté de la marijuana. L'information nous a été donnée par un fermier dont les vaches étaient tellement high qu'il a été obligé de les traire avec une échelle. Les journaux montréalais ont annoncé que l'élection du maire Jean Drapeau s'était déroulée de façon démocratique. Par ailleurs, monsieur Michel Chartrand a récemment injurié monsieur Drapeau. monsieur Drapeau, en représailles, a menacé de faire arrêter monsieur Chartrand et voici ce qu'a été la réaction de monsieur Chartrand :

Chartrand : Ha ! Ha ! Ha ! Câline de viarge de cacarice de barnak de verrat de torieux ! Ha ! Ha ! Ha ! M'arrêter, moé ? Pis sous les ordres de Jean Drapeau, à part de ça ? Ah ! l'« ostination » à Jean Drapeau. Pour moé, c'te tabarnouche-là, y a juré d'avoir ma tête. Ben, franchement, je le comprends, avec la tête qu'y a, y est prêt à changer avec n'importe qui.

Présentateur : À la suite de son dernier film, monsieur Jean Coutu aurait annoncé sa décision de quitter le domaine artistique. En effet, il retourne au canal 10. Par ailleurs, des commanditaires auraient suggéré à Réal Giguère de quitter le canal 10 et de se lancer dans le canal Lachine. Cependant, le gouvernement s'est opposé en raison de la lutte contre la pollution. […] À Ville Mont-Royal, une bombe a explosé cet après-midi. Un Canadien français et 38 Anglais sont écrasés sous les décombres. On est sans nouvelles du pauvre homme.

Le chanteur Michel Louvain s'est coupé en se rasant. Sa jambe saigne, mais son état est satisfaisant selon son médecin, un imminent gynécologue. […]

Les prévisions pour cette nuit : sombre. Demain, le soleil se lèvera à sept heures. Au cas où il y aurait des policiers à l'écoute, la petite aiguille sera sur le sept et la grande aiguille sera sur le douze. Au coup de matraque, il sera exactement 11 heures 45.

Moïse et les dix commandements

André Dubois, Serge Grenier

Dieu (André) s'adresse à Moïse (Serge).

Dieu : Moïse, j'ai pour toi des commandements.
Moïse : J'en veux pas des commandements, j'en ai pas besoin pantoute.
Dieu : Ça ne coûte rien.
Moïse : OK, j'vas en prendre dix.

Les bûcherons

Marc Laurendeau, Marcel Saint-Germain

Échange entre un contremaître (Marc) et un postulant bûcheron (Marcel).

Contremaître : Je me demande si on va trouver du monde pour couper notre bois cet hiver. Ah! Bonjour monsieur, est-ce que vous avez de l'expérience dans la coupe du bois?
Postulant : Ben certain, j'ai travaillé un an dans la forêt du Sahara.
Contremaître : Le désert du Sahara.
Postulant : Maintenant…

Les Cyniques à l'Université de l'humour : 1990

André Dubois, Marc Laurendeau, Marcel Saint-Germain, Serge Grenier

Les Cyniques ont présenté en 1990 une rétrospective de 40 ans d'humour québécois, diffusée à Radio-Canada sous la forme d'une série de quatre épisodes parsemés d'archives. Il s'agit de la première anthologie de l'humour québécois. La série débute par une mise en situation où les anciens Cyniques discutent de la proposition de faire un colloque sur l'humour, lors d'une conférence téléphonique. Cependant, Marcel Saint-Germain, qui est cadre pour Bell Canada, ne parvient pas à obtenir la communication de son bureau de travail ! Ce qui fait dire à André qu'ils vont lui envoyer un télégramme. Pour cette occasion, les anciens membres des Cyniques élaborent des sketchs pour présenter les thèmes (la politique, la sexualité, la langue, la chanson comique, etc.) associés à des départements (sexologie, sciences politiques, criminologie, géographie, économie, etc.) et reprennent plusieurs de leurs classiques, afin notamment de pallier la rareté des archives visuelles des Cyniques sur scène.

La langue et l'humour

André Dubois, Marcel Saint-Germain, Serge Grenier

Ils présentent un sketch sur la langue et l'humour dans lequel on assiste à une réunion du personnel de l'Office de la langue française. Leur ton et leur attitude sont guindés et ils sont scandalisés par un certain usage de la langue.

André : Jusqu'à maintenant, on a toujours cru que le plus grand danger qui menace notre belle langue française au Québec, ce sont les affiches en anglais.

Marcel : J'y souscris pleinement !

André : Avec des mots sales comme smoked meat !

Serge : Quelle horreur !

André : Hot dog steamé !

Marcel : Pitié !

André : Ou pire encore : jack-strap !

Serge : Je meurs ! Comment peut-on dire jack-strap, alors qu'il est si simple de dire slip coquille ?

Marcel : Et t-shirt ? Comment peut-on dire t-shirt, alors qu'on peut dire gaminet ?

André : Je sais bien ! Mais qu'est-ce que vous voulez, l'anglais, ça poigne. Dans tous les cas, sachez qu'il y a des individus qui menacent beaucoup plus notre belle langue française que les commerçants anglophones.

Serge : Est-ce vrai ? Qui cela ?

André : Nos prétendus comiques !

Serge : (*Rire moqueur et hautain*)

(*Présentation d'archives mettant en scène des humoristes et retour au sketch des Cyniques*)

Serge : Hélas, dans certains cas, il faudra un peu plus que des amendes !

Marcel : Et que proposez-vous ?

André : L'emprisonnement ! Pour nos comiques ! Chaque fois que pour se gagner les faveurs de leur public, ils utiliseront l'anglais comme une matière de fait ! Je peux pas acheter ça ! Ça ne fait pas sens !

(*Présentation d'autres archives*)

Le tribunal de la rectitude politique

Marc Laurendeau, Marcel Saint-Germain, Serge Grenier

> Marc interprète le juge, Serge l'avocat de la défense d'un humoriste joué par Marcel. Le thème : la rectitude politique, la censure et les blagues sur les minorités.

Marc : Maître, votre client, ci-devant humoriste de cabaret, à ce qu'on me dit, est accusé d'avoir formulé publiquement une blague contre monsieur Lamartine Décembre, un Noir d'origine haïtienne, et d'avoir en conséquence troublé la paix sociale.

Serge : Votre Seigneurie, les paroles de mon client... enfin, mon client... ont été tenues, vous comprendrez bien, dans un contexte de détente.

Marc : Oui, mais c'est une blague à l'endroit d'un membre d'un groupe ethnique particulier qui me paraît de prime abord discriminatoire, car contraire à la Charte canadienne des droits.

Marcel : Mais c'est rendu que quand on veut faire... (*Il est interrompu par le juge qui donne un coup de son marteau sur la tribune*)

Marc : Taisez-vous !

Serge : Le juge a raison : taisez-vous !

Marc : À part de ça, qu'est-ce que vous vouliez dire ?

Serge : À part de ça, qu'est-ce que vous vouliez dire ?

Marcel : Eh bien que c'est rendu que quand on veut faire une blague, on ne peut même plus écrire dans un annuaire téléphonique le mot *mafia*.

Marc : Mais il ne faut jamais écrire le mot *mafia*.

Serge : Votre Seigneurie, vous avez tout à fait raison. Mais dites-moi pourquoi ?

Marc : Premièrement, parce que c'est discriminatoire à l'endroit d'un groupe ethnique particulier. Deuxièmement, parce qu'il n'est pas prouvé qu'un tel groupe clandestin existe.

Troisièmement, parce qu'on peut se faire casser la gueule par la mafia !

Serge : D'autre part, votre Seigneurie, les plaisanteries sur les Noirs sont maintenant socialement acceptées. Et j'ai d'ailleurs déposé en preuve des archives d'humoristes québécois.

(*Présentation d'archives et retour au tribunal*)

Marc : Mmm... c'est en plein le genre de blagues qu'il ne faut pas faire. D'ailleurs, si on se fie à la Charte canadienne des droits, il y a des chances que toute blague soit une atteinte contre un sous-groupe en particulier.

Serge : On fait pourtant beaucoup de blagues sur les femmes, les policiers et même les gais.

(*Retour aux archives*)

Marc : Ces blagues sont vraisemblablement discriminatoires parce qu'elles isolent des catégories sociales. En tout cas, moi je vous ai exposé, cher Maître, le droit, c'est au jury, en toute sérénité, à décider des questions de faits. Mais laissez-moi vous dire au préalable que, quant à votre client, quant à la blague qu'il a faite sur monsieur Lamartine Décembre, il n'avait pas d'affaire à faire de blague sur ce Nèg'-là ! Mais nous allons demander au jury qui vient de délibérer la nature de son verdict. Messieurs, mesdames du jury, votre verdict ?

(*Le juge, l'avocat et l'accusé se tournent vers les douze jurés qui, surprise, sont tous noirs !*)

Jury : Coupable !

Le Gala Juste pour rire 1990

André Dubois, Marc Laurendeau, Marcel Saint-Germain, Serge Grenier

Guy A. Lepage présente «le plus grand groupe humoristique que le Québec a jamais connu, les Jérolas!... euh, non, excusez, les Cyniques!», qui débarquent sur scène pour prendre leur prix Victor[54]. Pour la première fois depuis 1972, les quatre membres des défunts Cyniques sont rassemblés sur scène et accueillis par un tonnerre d'applaudissements. Rappelons pour la petite histoire que Robert Bourassa est redevenu premier ministre, après une longue absence de la scène politique, que la crise amérindienne d'Oka fait l'actualité, et que les négociations constitutionnelles vont mener à l'échec de l'accord du lac Meech.

Marcel : C'est ça, asseyez-vous.

André : On tient d'abord à remercier les responsables du festival Juste pour rire d'avoir décidé de nous décerner le prix Victor.

Serge : Il était temps.

Marc : Ça remonte loin notre carrière, ça remonte loin, pas aussi loin que la Poune, mais on a commencé à faire rire en même temps que Jean Chrétien.

Marcel : Ça fait plaisir d'entendre le monde nous poser des questions intelligentes, des belles questions originales comme «pourquoi vous avez arrêté»?

Marc : Disons-le une fois pour toutes, si on a arrêté de faire du spectacle, c'est parce que nos têtes de Turc s'en allaient, conscientes qu'elles étaient déjà sur une fin de carrière. Par exemple, Robert Bourassa.

André : Une autre bonne raison pour partir aussi, c'est qu'on s'est rendu compte que nos gags étaient complètement déphasés, que ça ne collait plus du tout avec l'actualité. Imaginez : on faisait des blagues sur le renouvellement de la Constitution.

Marcel: On disait de la Sûreté du Québec qu'ils étaient notre produit national « brute ».

Marc: On faisait des blagues sur les Amérindiens. Un sujet qui est complètement disparu de l'actualité. On demandait à un chef mohawk comment il disait dans sa langue « voilà une chose inutile, dépassée et ridicule ».

André: Et il répondait quoi ?

Marc: Ottawa.

André: Mais soyons sérieux un petit peu, on est effectivement très touchés de recevoir ce prix et cette émotion, d'ailleurs, on voudrait la partager parce que l'humour au Québec c'est une grande tradition et, en définitive, on a été seulement un maillon de la chaîne.

Marcel: Et avant nous, il y avait de grands et d'extraordinaires humoristes et comiques et, après nous, ça a été une explosion, il y en a eu encore plus, et c'est tant mieux.

Marc: Alors ce prix Victor vient confirmer ce que nous pensions déjà fondamentalement.

Serge: On était les meilleurs.

Ce que les autres en ont dit

Mes chers Cyniques,

Je vais d'abord me confesser, vous n'êtes pas réputés pour être particulièrement gentils mais vous allez me promettre de ne pas abuser de ma confiance et de garder mes aveux secrets... Merci! Je devine déjà à votre sourire et à votre œil en coin que vous ne tiendrez pas parole. Qu'importe! La confession n'est-elle pas un impératif des plus naturels chez le Canadien français?... après le blasphème? Et puis, vous valez bien les pères Marcotte et Desmarais.

J'avoue donc sans plus tarder que, comme vous, j'ai été étudiant. Oh! Il y a bien longtemps de ça. C'était à l'époque de Duplessis, l'avez-vous connu? Avec lui, les choses allaient rondement, grâce à l'étroitesse de son système.

À l'université comme au collège, j'ai vécu en marge de la vie, en marge du règlement et des manuels. Ce qui ne signifie pas que j'étais un élève révolté! Loin de là! J'étais plutôt, disons, le prisonnier soumis de mes rêves mal orientés. Je m'étais endormi à la petite école – pour ne pas dire avant ma naissance – et rien ni personne n'avait pu me tirer de ma léthargie. Il faut dire qu'on ne faisait pas de révolution alors, ni tranquille, ni bruyante. Il y avait certains champions de la démocratie qui réclamaient une cité libre, mais si la démocratie est une chose belle en soi, elle n'a pas les vertus qui provoquent et soulèvent l'enthousiasme de toute une jeunesse.

La conscience engourdie depuis des générations, je me laissais bercer par des vérités toutes faites, endormir par les dix commandements de Dieu et les sept autres de l'Église : j'écoutais, sans même frémir, comme à travers une couche d'amiante protectrice, les frères enseignants nous servir leurs leçons ternes et rassurantes, les curés sanctifiants nous marteler la tête de prônes assommants et de lettres pastorales suaves. Ils étaient les dignes mandataires de l'ordre établi, jouissant de l'immunité temporelle et spirituelle, venus sur terre porter la bonne nouvelle – *Montréal-Matin*[56] était le seul organe de diffusion reconnu officiellement –, répandre les vérités infaillibles, enseigner de gré ou de force les préceptes divins, les bons usages et la raison, l'hygiène de l'esprit et le dédain du corps, les sciences naturelles aussi bien que surnaturelles, le bien de l'âme, le mal de la chair, la jouissance céleste, les tourments de l'enfer – pour une seule mauvaise pensée intempestive –, la laideur du monde, la grandeur du sacerdoce, le repos du guerrier, ainsi soit-il.

[...] Mais combien, oui combien, j'ai amèrement regretté d'avoir si longtemps ignoré le plaisir qu'on éprouve à briser des statues ! Surtout lorsqu'elles sont de plâtre ou de plomb, surtout lorsqu'elles sont des chromos et qu'elles offensent la vue et l'intelligence, qu'elles détournent la sensibilité de son émotion véritable !

Adolescent retardé ? Bien sûr. On est jeune quand on peut [...]. J'ignorais que la profanation pouvait avoir sur le cœur et l'esprit des effets apaisants. Et je trouve merveilleux que vous ayez mis dix ans de moins que moi à le comprendre ! L'huile de castor ou l'huile de Saint-Joseph, c'est de la p'tite bière.

Quelle entreprise charitable et courageuse est la vôtre, qui consiste à jouer les iconoclastes chaque jour, chaque soir, à venger et à faire rire les victimes innombrables d'un interminable siècle de mirages et de superstitions, d'une longue tradition d'abrutissement collectif, d'affaissement national, de soumission honteuse à une politique et à une religion de bandits et de charlatans !

C'est l'enfer qui vous guette et Satan se frotte déjà les mains pendant que le père Brouillé minaude dans les salons huppés de la droite. Mais vous ne craignez pas pour cela de saccager les sacristies, de dégonfler les bedaines des promoteurs de pèlerinages, de vider le parlement de ses encanteurs publics qui répètent les mêmes conneries depuis cent ans, de jeter de la lumière sur les noviciats aux portes closes où les enfants se donnent à Marie et à son frère dès l'âge de douze ans, de nous faire ricaner devant la rhétorique surfaite de nos élites prudentes, intellectuelles et prétentieuses qui nous chloroforment depuis le berceau par leurs écrits ou leurs commentaires insipides à la radio ou à la télévision.

Voilà ma faute, mes chers Cyniques, voilà ce dont je voulais me confesser : d'avoir ri, applaudi et crié bravo à plusieurs reprises à vos blagues mordantes, à vos « sacrilèges », à vos calembours, à vos caricatures impitoyables, à vos chansons, à vos loufoqueries, à vos imitations, à vos sourires sans complexes, au zèle que vous déployez si largement lorsque vient le moment de faire votre devoir et que vous jetez honnêtement et carrément par terre toutes les bébelles religieuses, politiques et sociales qui nous ont sclérosés depuis l'avènement clandestin au pouvoir du clergé et la signature du pacte confédératif. Les pauvres et le peuple ont payé tous les comptes. Un jour viendra où le vote de chacun aura un sens, où c'est toute la masse qui se dressera pour s'occuper de sa propre destinée. Avant que vous n'entriez une autre fois en scène, mes chers Cyniques, laissez-moi vous dire merde !

Un admirateur impénitent, qui n'a pas le ferme propos et qui est certain de recommencer.

MARCEL DUBÉ, été 1965

Texte tiré du programme de la Comédie-Canadienne, vol. 2, n° 8, 1967, [s. p.].

Ils sont commandés par Marc Laurendeau, l'artiste de la souffrance à froid, le clinicien du ridicule, le maître à la farce-scalpel, au rire sépulcral, qui mène le spectacle à tombeau ouvert. Dans ses trépanations, il sera secondé entre autres par Marcel Saint-Germain, le spoutnik du show-biz, ténor d'opéra, danseur espagnol, dont le rire a le son et l'effet d'une mitraillette automatique. [...] Vient ensuite Serge Grenier, le philosophe de la plaisanterie, le penseur d'une hilarité profonde et sadique; selon lui, il faut voir à ce que le ridicule ne tue pas mais blesse douloureusement. [...] Pour qui aime se réjouir des malheurs des autres, il importe donc de ne pas manquer le Ciné-Cabaret de samedi soir prochain, alors que les Cyniques débuteront leur saison en lions, c'est-à-dire en dévorant leur prochain à qui mieux mieux. Venez donc vous esbaudir à mort, venez mourir de plaisir avec les affreux Cyniques[57].

DENYS ARCAND, «Les affreux Cyniques», *Quartier latin*, 26 octobre 1961, p. 4.

Les abominables Cyniques se sont réunis dernièrement dans une atmosphère d'extrême méchanceté. Bien reposés de leur tournée estivale, ils ont décidé d'entreprendre l'année universitaire sur un ton absolument atroce. [...] La méchanceté suintait sur les murs. Il semble donc que samedi soir prochain, à minuit, au Grand Salon, à l'heure où les lions vont boire, l'abominable présence des Cyniques va se glisser en ricanant sur la scène, pour s'attaquer à nos traditions les plus chères, à nos croyances les plus sacrées et à nos idéaux les plus nobles. Ce sera un spectacle horrible. Déjà il nous semble entendre la guitare grinçante de Michel Provost, le piano hurlant d'André Dubois, la voix sifflante de Paule Beaugrand-Champagne, et les rires morbides des Marien, des Grenier et des Saint-Germain. Des prophètes aussi avisés que le père Jean-Louis Brouillé auraient prédit que le voile du temple pourrait bien se déchirer du haut jusqu'en bas et que la terre tremblerait dans un concert d'éclairs et de tonnerre. Des informations rapportent qu'à minuit samedi soir prochain, quand, sur la scène du Grand Salon, les Cyniques entonneront avec un rythme sadique la chanson thème de Stéphane Venne «Les Cyniques sont venus encore...», à Rome les pères du concile se voileront la face et commenceront les prières spéciales devant la cathédrale de Saint-Jean-de-Latran.

DENYS ARCAND, «Abominables», *Quartier latin*, 25 octobre 1962, p. 6.

Madame Nhu (aristocrate indochinoise): «En autant qu'ils accablent le peuple et oppriment les pauvres, je suis entièrement d'accord avec les Cyniques. Cependant, il est un point sur lequel nos politiques respectives diffèrent: comment peuvent-ils manger du moine cru alors que c'est si bon cuit[58].»

MARC LAURENDEAU et BERNARD ARCAND, «Le peuple gronde», *Quartier latin*, 26 novembre 1963, p. 9.

They are concerned with lampooning the contemporary scene, political and religious figures, French stars of the CBC and such revered institutions as St. Joseph's Oratory. Where they differ from their predecessors is in the direct immediacy of their attack on these establishments. Not that they are ever coarse or in bad taste but their approach goes straight to the hallowed content of the subject and the laughter that ensues is both spontaneous and hearty.

The four law students that comprise Les Cyniques, together with the three piece band accompaniment, do not beat about the bush. The merciless swipes they aim with unerring accuracy and unfailing hilarity at Quebec's renowned spokesmen fell them at the first stroke of dialogue. What they do to André Laurendeau is brilliant.

The skits and songs are short since this is not a revue proper. There are several costume changes, a few lighting effects, two mikes and that is all. The format is inexpensive and admirable. The pacing and timing, the delivery of the sketches and the aplomb of the performers, who compose their own material, is first-rate throughout.

They make no concession to popular tastes by sudden, maudlin sentiment. When they sing «Pardon, Sainte-Anne de Beaupré», when they take you on a Grand Guignol enactment of historic events and an off-beat, guided tour of the Oratory, their verbal buffoonery is as relentlessly funny as it is clever. These lads have style.

LAWRENCE SABBATH, «On the French Stage, University of Montreal Revue», *The Montreal Star*, 2 décembre 1963, p. 12.

Réal Pelletier : Certains des numéros des Cyniques ont soulevé des protestations du clergé et même des scandales dans la presse. Je suppose qu'à la Comédie-Canadienne, par prudence, vous les laisserez tomber ?

Marc : Non. […]

Réal Pelletier : Enfin, nous avons découvert Serge Grenier au monastère de Saint-Benoît-du-Lac, dans une cellule réduite. Il nous reçut poliment, nous tendant une chaise de laquelle il ôtait, avec une main modeste, son cilice et sa ceinture de chasteté. Je lui demandai pourquoi il s'était ainsi retiré du monde. Il répondit qu'il avait tendance à toujours penser au Gala du Cynisme, et que cela l'empêchait de préparer sa prochaine série de conférences sur saint Augustin.

Réal Pelletier, «L'intimité des Cyniques mise à jour», *Quartier latin*, 10 janvier 1963, p. 5.

Je retiens que l'histoire a débuté il y a quatre ans, à l'Université de Montréal, à l'époque du Ciné-Cabaret au Centre social. Une première expérience où, sans le vouloir et sans l'avoir prévu, on vole la vedette à Germaine Dugas[59] que l'auditoire – un auditoire d'étudiants évidemment – chahute à profusion.

Ils font profession du cynisme. On les croit impudents, rageurs, révoltés, anti-religieux, anti-cléricaux, des étudiants en rupture de ban qui lâchent leur gourme devant le grand public.

Pourtant, ils se défendent de vouloir répandre une idéologie quelconque. […] Pour eux, il n'est pas question de partir en campagne contre qui que ce soit ou quoi que ce soit. Ils veulent amuser, dérider, défouler et ils ont trouvé une formule qui fonctionne. […]

Et qui trouve les blagues ? Chacun des membres de la bande. Quand elles entrent dans le registre d'emplois du géniteur, c'est celui-ci qui les exploite, sinon on les refile à celui qui a la tête de l'emploi. Et on essaie la blague devant le public. Si on s'aperçoit qu'elle marche, on rode, on perfectionne. Sinon on laisse tomber et on cherche autre chose.

On improvise ou plutôt on choisit les différents numéros d'un spectacle suivant l'auditoire auquel on a affaire. Il n'est pas question de servir des blagues trop anti-cléricales à des dames de Sainte-Anne.

Le public des Cyniques s'est élargi. Il n'est plus confiné aux étudiants et aux intellectuels frondeurs. Il y a, d'une part, le public composé de gens de 40 ans qui aiment bien les blagues à saveur de politicaillerie (les discours électoraux à l'ancienne mode en particulier) et à résonances sexuelles. Il y a, d'autre part, les gens dans la vingtaine qui savourent les blagues à portée sociale. Entre les deux, il y a les gens qui voguent entre les courants et qui raffolent des blagues sur le clergé, la magistrature, les sénateurs, les croque-morts, etc. [...]

Et l'aventure de la femme enceinte qui accouche deux semaines avant son temps pour avoir trop ri pendant un de leurs spectacles à la boîte « La Cale »[60]. Et l'incident de l'aveugle à Percé[61]. Laurendeau était en train de donner un monologue sur les aveugles, lorsqu'il voit tout à coup un monsieur très digne, portant des verres fumés et une canne blanche, se lever de son siège et sortir de la salle en maugréant et en protestant de belle façon. Laurendeau est tellement interloqué qu'il perd le fil de son texte, bafouille dangereusement et sort de scène précipitamment.

Le spectacle terminé, l'aveugle en question se présente à sa loge : Laurendeau apprend alors que l'affaire a été montée de toutes pièces et que l'aveugle n'est en réalité qu'un copain d'université qui s'est payé sa tête, avec la collaboration des trois autres Cyniques.

MARTIAL DASSYLVA, « Les mousquetaires du cynisme », *La Presse*, 17 juillet 1965, p. 6, cahier Arts et Lettres.

Certains les déclarent carrément les «humoristes n° 1 du Québec». D'autres les qualifient tout simplement d'amoraux. Évidemment, il ne peut en être autrement des Cyniques, ces quatre universitaires qui donnent dans la satire et l'humour noir. Mais de quoi parlent-ils exactement? Ils exploitent des sujets sur lesquels d'autres fantaisistes et humoristes nous ont déjà entretenus. Convenons qu'ils le font avec beaucoup plus d'esprit que bien d'autres que l'on connaît. Leurs victimes? Des personnalités politiques aux membres du clergé en passant par Maurice Richard et Alban Flamand: bref, tout le monde y passe! Les Cyniques osent dire sur tous ces personnages ce que les autres ne risquaient même pas de laisser sous-entendre sur la scène. En cela, ils font définitivement figure de novateurs [...]. Somme toute, ce quatuor «cynique» pourrait plaire à beaucoup plus de monde en étant un tout petit peu moins cynique sur des sujets qui blessent encore un trop grand nombre de Québécois.

Pierre Vincent, «Les Cyniques à la Casa Loma», *Le Petit Journal*, 3 octobre 1965, p. 43.

Tout le monde y passe. Les Juifs, les Polonais, les Italiens, les Anglais, les infirmes, les vieillards et les morts. Les politiciens, les vedettes de la radio et de la télévision, les policiers et les journalistes. Les homosexuels et les curés. Et j'en oublie sûrement. Ils sont sadiques, cruels, impitoyables, méchants. Cyniques. Ils sont drôles aussi. [...] Ceci étant dit, il y a dans les nouveaux numéros des Cyniques de petites merveilles: le rigodon du gouverneur général Vanier, la parade de mode sacerdotale, le père Noël dénaturé, la signature du pacte de la Confédération, les quatre policiers occupés à jouer aux cartes, et beaucoup d'autres qu'il faut voir.

Danielle Sauvage, «Ah! Les vilains messieurs!», *Le Petit Journal*, 18 décembre 1966, p. 42.

Parmi les numéros qui ont fait bondir le public, cette semaine, il y a la parade de mode ecclésiastique, au concile, la parodie macabre des Événements Sociaux de Camille Leduc et une charge sans pitié contre les médecins. [...] Un gag qui a fait crouler la salle. Le réalisateur efféminé pousse un grand cri et dit à son régisseur qui lui prend la cuisse : « Soyons sérieux... j'vous donne une heure pour ôter votre main ! »

MAURICE DESJARDINS, « Les Cyniques font rire... ou grincer des dents », *Dimanche-Matin*, 18 décembre 1966, p. 62.

Sur la pochette (*Les Cyniques*, volume 3), on a fait un photo-montage avec les têtes de 20 des Pères de la Confédération. En plus des têtes grimaçantes, au nombre de 16, de chaque membre du groupe, on a ajouté celles de Pierre Bourgault, Judy LaMarsh et du cardinal Paul-Émile Léger. Le vingtième personnage n'a pas de tête et représente Sir John A. Macdonald ! Cette présentation, une idée des Cyniques bien entendu, laisse donc deviner des blagues à controverses.

MICHEL LECOMPTE, « Les Cyniques lancent un troisième long-jeu », *Échos Vedettes*, 26 août 1967, p. 4.

On se souvient que par les années passées les Cyniques s'acharnaient avec une belle véhémence sur le clergé québécois [...]. Cette année, les caricatures et les mots à saveur « ecclésiastique » se font plus rares. Signe du temps, sans doute... Certains reprocheront aux Cyniques leur manque de respect, leur impertinence, leur arrogance même ! Que ceux-là se le disent : s'il n'y avait pas les Cyniques pour se moquer un peu de ceux qui nous dirigent ou nous divertissent, qui donc pourrait le faire ? D'ailleurs, à leur façon, les Cyniques expriment la santé de notre société. Une communauté culturelle et sociale qui n'accepte pas ce genre de spectacle aboutit irrémédiablement à la dictature. Les Cyniques, c'est aussi une sorte de miroir qui déforme jusqu'à la vérité ce que nous sommes. Et puis, les gens qui font rire n'abondent pas. Sachons en profiter.

DENIS TREMBLAY, « Cyniquement vôtre ! », *Montréal-Matin*, 17 avril 1968, p. 4.

Le métier de critique, qui oblige son homme à supporter tant de spectacles ennuyeux, le force aussi, dans des cas malheureusement moins fréquents, à s'arracher à un bon spectacle pour respecter ce qu'on appelle en journalisme l'« heure de tombée ».

C'est ce qui m'est arrivé hier soir. À onze heures et quart, j'ai dû quitter la salle, mais je l'ai fait à grand regret, et j'enviais les spectateurs qui, eux, continuaient à rire.

Les Cyniques, qui faisaient la pluie et le beau temps depuis bientôt deux heures, semblaient partis pour « durer » encore longtemps. J'ignore à quelle heure le spectacle s'est terminé, mais on me dit que déjà hier soir les Cyniques avaient coupé depuis l'avant-première de lundi. Pour ma part, dans ce que j'ai vu hier soir, je n'ai trouvé que bien peu de longueurs. […] Même que je ne me souviens pas d'avoir tant ri à un spectacle des Cyniques.

Le célèbre quatuor a renouvelé sa formule en ce qu'il multiplie maintenant les numéros très brefs, souvent sans aucune relation entre eux, et qui se succèdent à un tempo très vif. […]

La fin, ici, justifie les moyens. Exemple : « Nous avons le plaisir d'avoir dans la salle ce soir une personnalité qui nous visite pas souvent : Yvon Robert[62]. » Le projecteur se promène alors dans la salle et la foule regarde où il va s'arrêter. La même voix continue : « Oh ! Pardon, madame ! » […]

Les Cyniques excellent encore dans l'imitation, ou plutôt la caricature. Le Pierre Elliott Trudeau d'André Dubois est extraordinaire de vérité. C'est plus que drôle, c'est savant ! Et ils s'en donnent à cœur joie dans le genre sadique. *Tante Lucille à l'École de réforme* est un chef-d'œuvre : il ne manque que le costume.

Moqueurs, les Cyniques le sont jusqu'à la cruauté : je pense à la caricature du maire Drapeau (caricature physique et psychologique), je pense encore au numéro de l'évêque marié à une bonne sœur, les deux voix étant faites par le même interprète, Marc Laurendeau, qui est peut-être, des quatre, celui qui possède le plus de présence scénique. Son policier de l'escouade de la moralité est d'un réalisme gênant. Le récital chant et piano d'André Dubois et Marcel Saint-Germain est presque de la même classe.

Comme toujours, le spectacle des Cyniques est axé sur l'actualité québécoise. Le numéro *Québec en l'an 2000* est plein de trouvailles et l'apparition des premiers cosmonautes québécois (partis de Cap... de-la-Madeleine) est un des clous du spectacle. [...] Serge Grenier, le plus petit des quatre mais non le moins amusant, donne un numéro de mots croisés qu'il faut voir. [...] Bref, il faudrait citer tout, ou presque tout.

Claude Gingras, « Les Cyniques : plus drôles que jamais », *La Presse*, 17 avril 1968, p. 66.

Il fallait une certaine dose de courage pour décider « les Cyniques », il y a six ans, à se présenter sur la place publique pour se moquer des travers de la société et pressurer du même coup le citron des « tabous ».

Ce courage, ils l'ont d'ailleurs encore, car les piliers du temple érigé à « dame Bêtise » sont encore debout solidement !

S'il faut donc de l'audace pour s'attaquer aux valeurs établies, il faut aussi beaucoup de perspicacité. Car il ne s'agit pas seulement de faire rire, mais aussi de faire comprendre. À la manière d'ailleurs d'une caricature à la Hudon ou à la Berthio.

C'est ainsi que, plus qu'un divertissement, les sketchs des Cyniques constituent aujourd'hui une forme d'engagement. « On a décidé de rire de ce qui est drôle au Québec », affirme Marc Laurendeau. De ce qui est drôle, certes, mais aussi de ce qui est absurde. D'où l'engagement.

Tradition perpétuée

D'une certaine façon, les Cyniques perpétuent en fait la tradition des chansonniers en France et celle des revues étudiantes au Québec. On a souvent reproché aux Cyniques leur négativisme... Mais comment pourrait-on se moquer des travers d'une société autrement que par la négation ?

En somme, il ne faudrait pas aller chercher midi à quatorze heures... puisque, fondamentalement, sinon professionnellement, le but des Cyniques est avant tout de faire rire et que leur action se situe bien plus au niveau du spectacle proprement dit. Si on peut retirer quelque leçon de leurs remarques, c'est tant mieux.

L'humour, quelle qu'en soit la forme, est l'apanage des sociétés intelligentes. Quand les Cyniques présentent un spectacle, ils ont foi en leur public.

On blesse des susceptibilités, bien sûr, on froisse des oreilles… on peut même choquer profondément des esprits ! Mais le cynisme est ce qu'il est… et il faut bien comprendre que la satire sociale n'a pas sa place dans les salles paroissiales. […]

Justification

Les Cyniques sont convaincus que leur travail est pleinement justifié… puisque le rire est nécessaire à la santé psychologique de l'homme et l'humour satirique fondamental à une société démocratique qui se veut avant-gardiste et progressive. […]

Malgré les apparences, les Cyniques sont quatre jeunes hommes fort sympathiques… l'œil vif, mais l'attitude désinvolte. En leur compagnie, on peut bavarder en toute simplicité… ils ont choisi de faire un métier difficile, qui leur cause souvent des embêtements… mais le public est au fond avec eux, avec un coup d'œil complice et l'air de dire : «Allez, messieurs… dites donc tout haut ce que nous pensons tout bas… et faites-nous rire de nous-mêmes, c'est excellent pour la santé et ça aide à mieux nous connaître… au nom du père, du fils et de l'esprit sain. Amen ! »

RENÉ BERTHIAUME, «Les Cyniques, ou l'art d'être drôle… mais sérieusement», *La Tribune de Sherbrooke*, article aussi paru dans le programme de la Comédie-Canadienne, vol. 3, n° 11, du 15 au 28 avril 1968, [s. p.].

En fait, les Cyniques sont ce qu'il nous reste de la Révolution tranquille. […] C'est que, profitant du climat de libération générale dont la Belle Province a bénéficié il y a une dizaine d'années, ces Robin Hood du rire [...] volent aux riches et aux célèbres leurs tics et leurs travers, qu'ils distribuent ensuite à qui veut s'en amuser […].

Tout de suite après la crise d'Octobre, alors que des chanteurs tremblaient pour avoir chanté autrefois des chansons qu'ils n'osaient plus chanter alors, les Cyniques présentaient leur spectacle au Patriote. J'y suis allé. Pour les voir travailler dans une petite salle, pour voir aussi de qui se composait cette fois leur public et, surtout, pour découvrir jusqu'à quel point la névrose collective les avait atteints. Je m'attendais presque à un spectacle sans mordant et sans étincelles, tant le climat alors était à la censure – pire encore : à l'auto-censure !

Je suis sorti du Patriote rassuré : les Cyniques, à qui l'état singulier des choses offrait d'assez monstrueuses possibilités de drôlerie, n'en avaient pas abusé. Mais ils n'avaient pas reculé devant le ridicule des situations les plus discutables ; ils ne s'étaient pas non plus gênés pour rendre plus drôlement odieux des personnages qui l'étaient déjà beaucoup. Ils avaient fait, simplement, leur métier, qui leur interdit de n'être que drôle ou que méchant.

René Homier-Roy, « Les Cyniques : de Jean Lesage à Michel Chartrand », *La Presse*, 15 avril 1971, p. F-1.

CE QUE LES CYNIQUES EN ONT DIT

Marc : Il nous faut tout d'abord tenir compte des tabous qui existent, choisir des textes assez forts où chacun apporte ses idées. Ça doit être original, *punché*. Il est nécessaire de préparer ces textes à fond avant de les donner tout en laissant place à l'improvisation.

Yolande Rivard, «Des tonneaux, mais le rire avec ces Cyniques !», *Le Petit Journal*, 1er novembre 1964, p. 100.

Guy Lessard : [...] l'aumônier des artistes semonça vertement nos quatre lascars en leur disant quelque chose comme : «la mesure, ça s'apprend en vieillissant[63].»

Marc : Sur la mesure ? Je répondrais que ça n'est pas le rôle de l'humoriste, la mesure ! [...] C'est exactement comme si l'on demandait à Normand Hudon (*caricaturiste*) de ne pas faire un nez trop long à ses caricatures sous prétexte qu'il manque de mesure. [...] Le rire d'une salle est significatif en soi ; si les gens rient c'est que c'est drôle. [...] En effet, sur les 25 000 personnes qui nous ont vus à la Casa Loma depuis trois semaines, deux personnes seulement – deux femmes – se sont plaintes à la Direction sous prétexte qu'on s'attaquait à la religion. C'est une erreur courante de quelques personnes qui confondent religion et clergé.

Marcel : «La mesure» était un concept purement relatif. Elle joue sur le plan social un rôle de catalyseur qui fait que chacun de nous supporte l'autre bon gré mal gré. Les blagues sur les côtés risibles de notre société religieuse ne dépassent pas ce que le père Ambroise appelle la mesure, car elles seraient insupportables à entendre par un public hétéroclite. De l'aveu même de Jacques Normand, de Normand Hudon et de

Jean Morin – pour n'en citer que trois –, de telles blagues auraient provoqué des huées de la part du public québécois d'il y a dix ans. S'ils avaient forcé la note, je crois qu'ils auraient dépassé la mesure du père Ambroise.

GUY LESSARD, «Les autres Cyniques répondent au Père Ambroise. Manquent-ils de «mesure» à l'égard du clergé?», *Le Journal des vedettes*, 30 octobre 1965, p. 5.

Question: Vous êtes toujours très drôles?

Marcel: Oui, sauf pendant les spectacles.

Question: Seriez-vous prêts à risquer votre carrière pour faire un voyage dans la lune?

André: Pourquoi souhaiter une planète lorsqu'on est une étoile?

Question: Qu'est-ce que vous pensez du yé-yé?

Marc: Je n'ai rien contre, je préfère la musique.

Question: Votre plus beau souvenir d'hiver?

Marc: Noël en Floride.

Marcel: La première fois que je fus happé par une souffleuse.

Question: Que faites-vous de l'argent que vous gagnez?

Marcel: Je le donne à l'œuvre des vocations; nous manquons de prêtres.

Question: Êtes-vous pour la libération des femmes? ou celle des hommes?

André: La libération de la femme? Depuis quand est-il nécessaire de libérer les geôliers?

Question: Qui aimeriez-vous tuer?

Serge: Mon prochain.

Question: Quelles sont vos lectures de chevet?

Marc: Le Code civil, l'annuaire du téléphone […].

Serge: *Tintin* et la Bible.

Question: Que pensez-vous des avocats?

André: Ceux qui ne pratiquent pas sont ceux qui sauvent la profession.

Serge:	Le plus grand mal. J'en ai trois sur le dos à longueur d'année.

Question:	Quelle phrase célèbre auriez-vous aimé avoir dite?

Serge:	Le mot de Cambronne[64]. Je n'ose vous avouer à qui j'aurais aimé le dire.

Question:	Faites-vous du sport?

Marc:	Je nage. Je plonge. Je patine. Je fais de l'équitation. Je me tiraille dans les autobus. Je bouscule les vieillards.

Serge:	Est-ce que j'ai une tête de sportif?

Question:	Êtes-vous cyniques au réveil?

Marc:	Ça dépend avec qui je me réveille.

Question:	Comment vous trouvez-vous les uns les autres?

André:	En nous téléphonant respectivement.

Question:	Votre avis sur le contrôle des naissances?

André:	Mieux vaut prévenir que guérir.

Serge:	Ça me laisse froid, je pratique la continence.

Question:	Quels sont les trois plus grands comiques?

Marcel:	Jerry Lewis, Groucho Marx, John Diefenbaker.

Question:	Avez-vous une opinion sur l'alcoolisme?

André:	Il tue lentement mais un bon chrétien ne doit pas craindre la mort.

Marc:	Voilà un domaine où les Canadiens français sont maîtres chez eux.

Marcel:	Euh! Je vous répondrai quand je serai à jeun.

NICOLE CHAREST, «Les Cyniques à la question», *Perspectives*, 19 février 1966, p. 10-11.

«Notre spectacle est de plus en plus visuel et on abuse moins du calembour. Les blagues sont peut-être mieux amenées. En somme, on a séparé le bon grain de l'ivraie. [...] Il y a plus de comique de situation. Le gag rapide à l'américaine se mêle à l'esprit français: notre spectacle est très, très québécois [...].» De Pierre Elliott Trudeau, ils croient important de démystifier le personnage: «C'est d'ailleurs facile pour nous de le faire [vu que] nous avons eu l'occasion de le voir tous les jours et de le comparer avec son attitude actuelle de premier ministre. Il fut notre professeur de droit à l'Université de Montréal : des cours où il arrivait parfois en retard, plus ou moins préparé, portant toujours des toilettes abracadabrantes. Il a prétendu lui-même qu'il avait beaucoup changé... Il a averti tout le monde qu'il était maintenant un autre personnage ; nous ne sommes pas trop convaincus de cela. Quand il s'est présenté comme député, les bras nous en tombaient. Lorsqu'il fut choisi ministre, on grimpait aux murs et, premier ministre, on n'en est pas encore revenus. » Mais maintenant ça bouge, pas au Québec, où c'est l'inactivité la plus complète, mais au fédéral, qui devient le vrai centre d'attraction ; par exemple, le biculturalisme. « C'est le plus gros gag, le plus gros leurre. »

« Moi, je crois plutôt, ajoute un autre, que Terre-Neuve deviendra un jour française, aussi la Colombie-Britannique, et même le Yukon... d'ailleurs je suis le seul du groupe à croire au biculturalisme. [...] Il y a de ce côté cette nouvelle démarche religieuse de rendre la religion accessible aux jeunes, comme les messes à go-go. On se moque maintenant des tentatives de renouvellement plutôt que des vieux mythes. »

Jean-Noël Bilodeau, « Les Cyniques ont séparé le bon grain de l'ivraie », *Le Soleil*, 18 mai 1968, p. 29.

« L'humour pour nous, c'est la forme évoluée par excellence de la libération du Québec. C'est aussi, en regard d'un raisonnement logique, la voie qui permet d'aborder directement, de trouver le mécanisme qui met en relief le ridicule et l'absurdité de la situation politique, sociale, humaine, au Québec actuellement. [...] Bourassa, Trudeau, Drapeau, sont sur la sellette [...]. L'armée et l'attitude générale de la magistrature (nous pensons à la Loi sur les mesures de guerre) occupent, par la même occasion, une place de premier choix. Nous tentons de démontrer, en résumé, que le gouvernement actuel s'est servi d'une massue pour détruire une punaise.

MARIE-FRANCE CLÉROUX, « Pour les Cyniques, l'humour c'est une forme de libération politique », *Québec-Presse*, 18 avril 1971, p. 12.

Par l'intermédiaire d'un journaliste, ils ont donc voulu offrir une sorte de dîner d'adieu à tous leurs bienfaiteurs-victimes, et voici ce que ça a donné :

Marc :   Notre premier merci, ça devrait être pour un gars qui nous a donné un gros coup de main, Réal Giguère, qui est toujours aussi parfait.

André :   Merci, Réal, d'être parfait. Merci aussi, monsieur Trudeau, d'avoir cessé d'être un professeur de droit pour devenir premier ministre. On l'avait comme professeur à l'université, et on a commencé à l'imiter longtemps avant qu'il ne devienne célèbre. Il nous a bien aidés en le devenant… parce que c'est là que les gens ont commencé à rire de lui. […]
            Merci à Réal Caouette d'avoir engendré toute cette belle lignée de « crétinistes », et notamment Camil Samson. Eux aussi nous sont restés fidèles tout le long.

Marc :   Merci au cardinal Léger. J'ai une grosse dette envers lui. Il paraît qu'il trouvait drôle que nous l'imitions… mais ses fidèles n'étaient pas du même avis.

Marcel :   Une réaction classique des gens dans la salle au début : « Parlez de cul si vous voulez, mais laissez le cardinal tranquille ! » […]
            Merci à tous les chanteurs cheap, de Massarelli à Jean (sic) Roger. Ils m'ont fourni bien des chansons.

André :   Merci à André Laurendeau, parce que c'était celui que j'imitais le plus facilement. Celui dans la peau duquel je me suis senti le plus à l'aise.

Marc :   Oui, mais on a un reproche énorme à lui faire. C'est d'être mort. Il n'aurait jamais dû nous faire ça.

André :   Il y a Daniel Johnson, aussi, qui nous a bien servis pendant des années puis qui a trépassé quand il ne fallait pas. D'autant plus que lui a changé d'image : au début, c'était le gars croche et rusé, et puis l'image du gars croche est disparue, et il ne restait plus que le gars rusé.

Marc : Merci quand même à Daniel Johnson.

Marcel : Il y en a plusieurs qui nous ont crevé entre les mains comme ça. Tu te souviens de Jean Despréz[65].

André : Parles-en ! J'avais préparé toute une imitation d'elle avec son courrier du cœur, et la sacrifice, elle est morte deux jours avant le show. Je l'aurais tuée ! […]

Marcel : Merci à Jean Lesage de nous avoir donné la Révolution tranquille.

André : Merci surtout à Jean Lesage d'avoir bien trinqué à une époque !

Marc : Merci beaucoup à Duplessis d'être mort avant notre temps. […]
Si Duplessis avait été vivant, il nous aurait sans doute fourni bien du matériel… mais il nous aurait probablement empêchés de le faire sur scène.

Marcel : Merci, par contre, au frère Untel… non pas d'avoir été éditorialiste mais d'avoir causé, il y a dix ans, un certain déblocage dont on a profité. […]
Merci au FLQ et aux forces de l'ordre, qui nous ont donné la crise d'Octobre.

André : Merci à la reine Elizabeth, qui en 1964 nous avait donné le « samedi de la matraque », qui a transformé l'attitude des policiers. Ils ont lâché la morale pour s'occuper de politique.

Serge : Merci au chef Gilbert, qui a été le dernier chef de police à faire des déclarations… et donc à se rendre ridicule. Saint-Aubin ne disait jamais rien, et Saulnier ne parle qu'en cour (*le directeur Jean-Jacques Saulnier porta en cour une décision de la Commission de police mettant en doute sa compétence*) !

Marcel : Merci à Miville Couture, qui nous avait partis sur la manie des calembours. On a lâché ça depuis, mais ça nous a bien aidés un temps.

Marc : Oui, à l'époque où le porc s'habillait en rose et vert parce que, comme ça, «on le verrat», et où le hibou ne sortait que la nuit parce que le jour, au soleil, «y bout» !

Serge : Merci à de Gaulle pour tout, et surtout pour son «Vive le Québec libre». Cette semaine-là, on était à la Comédie-Canadienne, et on avait préparé un gag où il ne disait pas toute la phrase.

André : Oui, et nous n'avons jamais pu le faire au complet. Je commençais : «Vive le Québec li…» et aussitôt la salle se levait en criant et en applaudissant.

Marc : Tiens, un qui nous a porté un dur coup en mourant, c'est Michel Normandin. Facile à caricaturer, toujours drôle… et en plus il nous trouvait comiques !

Serge : Il y avait Alban Flamand, qui ne se contentait pas de nous fournir (*involontairement*) des gags, mais qui les riait aussi. On nous a dit qu'il avait nos disques et qu'il les faisait jouer à ses amis.

André : Michel Chartrand aussi a très bien répondu. Un soir dans la salle j'imitais son rire, quand il s'est mis à rire aussi exactement sur le même ton. On se répondait comme ça pendant cinq minutes, et le public était plié en deux.

Serge : Hé, laissez-moi parler ! Merci à tous les anonymes qui m'ont fourni la plus grande partie de ma matière à moi, qui ne fais presque jamais de politique. Merci aux torches de 300 livres, aux infirmes, aux bossus. Merci au joual et à la quétainerie.

Marcel : On ne peut dire tellement merci à René Lévesque, parce qu'il ne s'est jamais vraiment rendu ridicule. Dommage qu'on se sépare, parce que si on lui avait donné encore cinq ans, ça y était peut-être !

André : Merci à Bourassa, même s'il m'a donné du fil à retordre avant que je trouve quelque chose de remarquable chez un personnage aussi insipide. Mais j'ai fini par y arriver.

Marcel : Merci à Jean Drapeau, qui était d'abord un personnage insaisissable, mais qui a fini par se changer en dictateur puis en fou. Dans le fond, ça ne fait qu'un an que les gens le trouvent vraiment risible.

Serge : Oui, on l'avait gardé pour le dessert, celui-là.

Marc : Merci surtout à Saulnier de s'être séparé de lui pour qu'il puisse donner libre cours à sa folie...

Marcel : Sur un autre ton, merci à trois gars qui ont été les premiers à nous aider vraiment en faisant tourner nos disques : Jean Duceppe, Jean-Pierre Coallier et Jacques Duval. Et merci au Québec de nous avoir fait vivre pendant dix ans !

Yves Leclerc, « Merci Alban Merci Caouette Merci Lesage Merci Samson Merci Bourassa Merci Charlotte Whitton Bye-bye Jean-Pierre Merci Réal Merci Trudeau Merci Paul-Émile », *La Presse*, 6 avril 1972, p. B-1.

Marcel : Et là, nous sommes en 1970. Les Cyniques sont au Patriote à Montréal, et arrive la crise d'Octobre, c'est-à-dire arrivent l'enlèvement de monsieur Cross et l'enlèvement de Pierre Laporte. Et là le FLQ, c'est hors la loi, il y a des arrestations à travers Montréal. Nous les Cyniques, on croyait vraiment que ça allait nous arriver vraiment, qu'on allait se faire arrêter probablement. [...] Nous étions en spectacle tous les soirs au Patriote. René Homier-Roy avait dit : « Allez-y, ils parlent du FLQ ! »

Il y avait tous les soirs à nos spectacles, il y avait les gars de la GRC. Ça paraissait. Un gars qui rentre avec une chemise blanche et une cravate, au Patriote... À tous les soirs, il y avait des gens de la GRC, et on se disait, un jour c'est pas possible, ils vont nous accrocher, on parlait de Laporte... Toujours est-il que, un soir, j'avais acheté un fromage qui était un pont-l'évêque. Et je l'avais entamé. Ça sent quelque chose le pont-l'évêque.

Je vais vous dire qu'un soir, j'entrais dans mon habitat, vers 1h30 du matin, et ce soir-là, en entrant, j'ai eu comme un recul. J'ai ouvert la porte. J'ai dit OH OH OH ! Ça pue ici !

J'ai fermé la porte mais là, il y avait une odeur... insupportable. Mon Dieu, d'où ça vient, ça ?

Alors j'entre dans la cuisine et c'était là… L'objet était là, c'était un pont-l'évêque ouvert qui puait sans bon sens, c'est lui qui jetait cette odeur dans tout l'appartement.

Je me disais bon, ben y faudrait que j'aille jeter ça dans la chute qui était au bout du corridor à côté de l'ascenseur. (*Il raconte qu'il l'a mis à côté de sa porte avant de se coucher*) Alors, le matin, je reçois un appel de mon ami Dubois, on avait un texte à discuter, pis on avait cette espèce de paranoïa, de hantise, de se dire on va se faire arrêter.

Là on discute au téléphone et, tout à coup, j'entends trois gros coups dans la porte. Je suis en train de parler à André Dubois. J'ai dit à André : « Un instant », j'ai dit : « Oui ? »
— Police, ouvrez !

J'ai dit à André : « Attache ta ceinture parce que ça y est. » J'ai fermé l'appareil, j'ai dit : « Un instant », j'ai mis une robe de chambre et là j'ouvre la porte, et je vois en face de moi deux armoires à glace.

Ils sont devant moi, ils me regardent comme ça, puis il y en a un des deux qui me dit : « C'est quoi ça ? » Alors je regarde par terre et je dis : « C'est un fromage. » Il dit : « Est-ce qu'on peut le voir ? » J'ai dit : « Vous pouvez même le sentir. » Je le rapproche d'eux, ils ont dit : « Ouin, fermez-le donc… »

Il regarde le fromage, il dit : « Veuillez nous excuser, il y a une vieille Anglaise au bout du corridor, qui lâche pas de nous appeler, elle pensait que c'était une bombe. » Ils m'ont regardé pis ils m'ont dit : « C'est ben bon votre spectacle. »

Histoire de raconter, 28 août 2003
Entrevue avec Marcel, animateur : François Dompierre
(http://www.crlq.umontreal.ca/CAGM/rechsimple?emission=HISTOIRE%20DE%20RACONTER&s=0)

Conclusion

Un adieu de circonstance

Ce texte de Marcel Dubé, qui date de 1972 et fait écho à celui de 1965, nous a semblé particulièrement pertinent pour clore cette anthologie.

Pour leur publicité d'adieu, les journaux nous les montrent avec des ailes d'anges, comme si tout à coup, après avoir fait leur devoir ici-bas, il ne restait plus aux Cyniques qu'à s'envoler vers des ciels nouveaux et à présenter leur dernier rapport sur la situation du «ridicule» au Québec.

Car c'est bien autour du «ridicule» inhérent à notre peuple, aux institutions et aux personnalités qui l'ont façonné, que les Cyniques ont bâti les revues, les numéros et les sketchs qui les ont fait connaître depuis les salles de cours de l'université jusqu'aux studios de télévision et de radio, jusque dans les théâtres et les boîtes les plus recommandables du Québec.

Les angelots aux ailes ciselées en vitesse, un peu comme des prothèses de transit, lancent donc ce soir leurs derniers traits empoisonnés avant de passer de l'état de correcteurs de nos mœurs souvent dérisoires à celui de prestidigitateurs qui ont machiné eux-mêmes leur disparition et leur dispersion.

Le groupe leur manquera. La pulsation du cœur unanime leur fera défaut et ils ne pourront faire autrement que ressentir d'abord un très grand ennui. C'est à peu près certain. Comme le ridicule, l'ennui est inhérent à leur nature humaine, quel que soit le vacuum dans lequel la vie nous précipite. Ils se chercheront l'un l'autre, mais ne se retrouveront plus, habitués qu'ils étaient de se compléter, de prolonger ensemble la blague de passage jusqu'à ce qu'elle éclate à la face du public.

Leurs costumes, c'est-à-dire leurs soutanes et leurs smokings enfilés en vitesse dans la coulisse et parfois même sur scène entre deux numéros, seront sans doute retournés chez Ponton ou chez Malabar où dorment tant d'oripeaux hétéroclites.

Se trouvera-t-il au Québec un seul couvent, une seule église où le chapelain magnanime fera sonner les cloches pour une messe solennelle de circonstance? C'est peu probable. D'ailleurs, la religion et les églises ne semblent plus être d'époque. Mais il ne faut pas trop s'y fier. Avec cette jeunesse qui après s'être «rompue» à la politique court maintenant au-devant d'un mysticisme de bonbon rose, il ne serait pas étonnant d'assister bientôt à un brusque retour aux fétiches, aux croyances, aux privilèges et aux principes de l'élite cléricale qui ont fait les sombres dimanches des générations antérieures. De nos jours, les pures régressions, appelées d'une autre manière, font office d'évolution, nous devrons prochainement faire de nouveau appel aux Cyniques, mais ils ne seront plus là.

Pour eux, comme pour beaucoup d'entre nous, «le temps des jeux» semble révolu et nous ne pouvons plus compter sur le quatuor étriqué que formaient les Cyniques pour tracer, sur des grandes feuilles de papier blanc, les traits grotesques et grossis d'un petit univers de dérision qui se reconstruit sans cesse avec l'appui inconscient des masses et la désinvolture caricaturale et presque innocente du pouvoir établi.

Peut-être les Cyniques croient-ils avoir tout dit? Je l'ignore. Ils sont quatre individus qui, après avoir formé une sorte de communauté provisoire, sont demeurés assez lucides pour ne pas oublier que l'individu se réalise pleinement dans la solitude de son entreprise humaine. Sur ce plan, je crois qu'il faut avoir du courage pour procéder ainsi en toute connaissance de cause à son propre démembrement. Et sur un autre plan, qui les concerne d'assez loin, disons en passant que le système de vie communale marque un éloquent retour en arrière qui correspond le plus souvent à une démission de l'individu, à une compromission des mieux recouvertes.

Alors, nous sommes donc assemblés ce soir pour assister à leur festival d'adieu. L'on éprouve un certain chagrin à se retrouver sur le quai d'une gare par un soir de printemps, à regarder partir des amis qui faisaient partie de notre vie. Nous restons là, rivés au quotidien grincheux avec la sensation que nous connaîtrons de moins en moins souvent le simple et agréable bonheur de rire. Sans eux, nous ne pourrons plus aller, beaujolais sous le bras, faire de joyeux pique-niques au cimetière de Côte-des-Neiges où même les « gisants » aimaient bien rigoler un peu de temps à autre. L'université a mis du temps à leur tourner la tête dans la bonne voie mais elle y est parvenue. Qu'importe ! Les années où le plaisir a duré furent des années bénéfiques. En effet, il est heureux que la « Révolution tranquille » ait commencé et vécu avec eux mais il est dommage qu'elle soit agonisante ou complètement décatie au moment de leur départ.

Il y a actuellement tellement de raseurs qui se mettent à la tête de petites sectes, qui forment des groupes d'action, qui prêchent des théories, qui font du dogmatisme, qui s'agitent inutilement, qui fendent l'air de leur glaive de carton-pâte, qui fondent des petites sociétés parallèles, qui évitent les véritables voies de la vie, qui croient inventer le monde de toutes pièces alors qu'ils nagent dans une indigence intellectuelle totale, dans le verbiage le plus incohérent qui soit, alors qu'ils tuent sans se rendre compte de ce qu'ils font ce qu'il y avait de meilleur en eux, alors qu'à force de masturbations cérébrales, ils ne s'aperçoivent pas qu'ils se noient dans les eaux poisseuses du ridicule. De cela, il faudrait aussi pouvoir rire.

Les Cyniques ne formaient pas une secte et ne prêchaient aucun dogme. Ils ne faisaient que stigmatiser au passage et briser des statuettes. Leur forme d'humour, directe et rustre bien souvent, nous ramenait aux véritables dimensions du réel. Étant partisan de la clarté originelle, j'aime bien les coups qui blessent et qui mettent en évidence la bêtise, l'insolence et les travers sociaux pour ensuite les restituer au niveau de leur dégradation.

Ils nous laissent donc de bons souvenirs mais une tâche incomplète. D'ailleurs personne ne viendra jamais à bout du ridicule. Car il arrive souvent et il arrivera encore que le ridicule verra plutôt les traits du voisinage dans le miroir qui lui est présenté. Dans cet ordre d'idées nous pouvons dire qu'aux croyances des idiots les aveugles sont chèrement payés pour ne pas se voir tels qu'ils sont et qu'il y a toujours de bonnes places pour eux dans les sociétés. Anciennes ou nouvelles. […]

Alors, voilà ! (Comme dit le chœur grec dans Antigone.) Voilà, ils vont paraître devant vous tout à l'heure et pour une dernière fois, ils vont devoir être eux-mêmes. C'est-à-dire que, dans leur cas, ils vont faire leur métier très sain de saboteurs d'institutions mal famées. Être eux-mêmes, c'est vous montrer, en traits bien tranchants, les sales gueules des autres.

C'est sans effort que vous les reconnaissez n'est-ce pas ? Le petit mince là, les mains jointes, s'appelle Serge Grenier. C'est l'ange maigrichon et pervers qui vous rappellera les agents provocateurs de toutes les confréries.

Le grand, à côté, qui se lève sur le bout des pieds pour humilier Grenier dans sa petite taille, se nomme André Dubois. En plus de jouer du piano, il joue aussi les bedeaux élégants, les bons garçons de bonne famille qui font des éditoriaux dans les journaux ou des phrases dans les salons. Il est doucement nuancé comme un pieux abbé, sa voix a des onctions recherchées, il a de plus un vocabulaire très suave. Cynique à froid, il pourrait même se moquer de lui-même tellement il a de dons pour imiter les autres.

Quant à celui qui a la bouche de travers quand il le faut et qui porte pour mieux voir ceux qu'il défigure des lunettes très sérieuses à monture épaisse, c'est Marc Laurendeau. Il a depuis longtemps emprunté la voix, l'accent et les cigares des bourgeois repus, des vedettes consommées, des politiciens satisfaits et des honnêtes travailleurs d'élection qui grouillent un peu partout autour de nous.

Le quatrième est rondelet bien sûr, son nom est Marcel Saint-Germain, et il essaie d'en imposer en se gonflant la poitrine. Mais ne vous méprenez pas, il a une voix d'or et un cœur rempli d'idéal. C'est le petit chanteur d'opéra du quartier qui connaît tous les airs de *Carmen* et de *Rigoletto* mais qui n'entrera jamais à la Scala de Milan. Les imprésarii et les critiques ont étouffé son idéal. Lui aussi en a long à dire sur de sinistres personnages qui polluent l'air ambiant d'un milieu qui ignore encore qu'il s'atrophie lui-même.

Ils ne sont que quatre, mais ils en valent plusieurs. Ne soyez pas cyniques envers eux… c'est peut-être leur dernier soir.

MARCEL DUBÉ, «Un adieu de circonstance», *Magazine sur scène*, vol. 1, n° 17, 7 avril 1972, [s. p.]

Bibliographie

ARCAND, Denys. « La société artistique : les activités pour '61-'62 », *Quartier latin*, 21 septembre 1961, p. 7.

------------------ « Les affreux Cyniques », *Quartier latin*, 26 octobre 1961, p. 4.

------------------ « Abominables », *Quartier latin,* 25 octobre 1962, p. 6.

BERTHIAUME, René. « Les Cyniques, ou l'art d'être drôle... mais sérieusement », *La Tribune de Sherbrooke*, article aussi paru dans le programme de la Comédie-Canadienne, du 15 au 28 avril 1968, vol. 3, n° 11, [s. p.].

BILODEAU, Jean-Noël. « Les Cyniques ont séparé le bon grain de l'ivraie », *Le Soleil*, 18 mai 1968, p. 29.

BROUILLÉ, Jean-Louis. « Les Cyniques, joyeux assassins », *L'actualité*, mars 1970, p. 21.

CHAREST, Nicole. « Les Cyniques à la question », *Perspectives*, 19 février 1966, p. 9-11.

CLÉROUX, Marie-France. « Pour les Cyniques, l'humour c'est une forme de libération politique », *Québec-Presse*, 18 avril 1971, p. 12.

DASSYLVA, Martial. « Les mousquetaires du cynisme », *La Presse*, cahier Arts et Lettres, 17 juillet 1965, p. 6.

DESJARDINS, Maurice. « Les Cyniques font rire... ou grincer des dents », *Dimanche-Matin*, 18 décembre 1966, p. 62.

DUBÉ, Marcel. « Mes chers Cyniques », été 1965. Texte tiré du programme de la Comédie-Canadienne, 1967, vol. 2, n° 8, [s. p.].

------------------ « Un adieu de circonstance », *Magazine sur scène*, 7 avril 1972, vol. 1, n° 17, [s. p.].

GINGRAS, Claude. « Les Cyniques : plus drôles que jamais », *La Presse*, 17 avril 1968, p. 66.

HOMIER-ROY, René. « Les Cyniques : de Jean Lesage à Michel Chartrand », *La Presse*, 15 avril 1971, p. F-1.

LAROCHELLE, Réal. *Denys Arcand : l'ange exterminateur*, Montréal, Leméac, 2004, p. 79.

LAURENDEAU, Marc et Bernard ARCAND. « Le peuple gronde », *Quartier latin*, 26 novembre 1963, p. 9.

LECLERC, Yves. « Merci Alban Merci Caouette Merci Lesage Merci Samson Merci Bourassa Merci Charlotte Whitton Bye-bye Jean-Pierre Merci Réal Merci Trudeau Merci Paul-Émile », *La Presse*, 6 avril 1972, p. B-1.

LECOMPTE, Michel. « Les Cyniques lancent un troisième long-jeu », *Échos-Vedettes*, 26 août 1967, p. 4.

PELLETIER, Réal. « L'intimité des Cyniques mise à jour », *Quartier latin*, 10 janvier 1963, p. 5.

RIOUX, Christian. « S'habituer à réussir », *Le Devoir*, 20 septembre 2010, p. A1 et A8.

RIVARD, Yolande. « Des tonneaux, mais le rire avec ces Cyniques ! », *Le Petit Journal*, 1er novembre 1964, p. 100.

SABBATH, Lawrence. « On the French Stage, University of Montreal Revue », *The Montreal Star*, 2 décembre 1963, p. 12.

SAUVAGE, Danielle. « Ah ! Les vilains messieurs ! », *Le Petit Journal*, 18 décembre 1966, p. 42.

TREMBLAY, Denis. «Cyniquement vôtre!», *Montréal-Matin*, 17 avril 1968, p. 4.

VINCENT, Pierre. «Les Cyniques à la Casa Loma», *Le Petit Journal*, 3 octobre 1965, p. 43.

SiteWeb: http://www.crlq.umontreal.ca/CAGM/rechsimple?emission=HISTOIRE%20 DE%20RACONTER&s=0.

Photo tirée de *Spectacles à la Comédie-Canadienne*, vol. 2, n° 8, 1965.

Marc Laurendeau   André Dubois

Marcel Saint-Germain, André Dubois, et Serge Grenier.
Images tirées du film *IXE-13* de Jacques Godbout, 1971.

Photo tirée de *Spectacles à la Comédie-Canadienne*, vol. 5, n° 4, 1968.

Photos d'Yvan Vallée tirées d'*Actualité-sur-scène,* vol. 2, nᵒ 9, 1972.

315

Montage tiré de *Magazine sur scène,* vol. 1, nº 17, 1972.

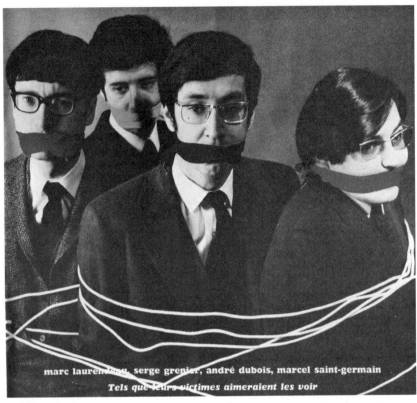

Marc Laurendeau, Serge Grenier, André Dubois, Marcel Saint-Germain
tels que leurs victimes aimeraient les voir.

Photo tirée de *Spectacles à la Comédie-Canadienne,* vol. 3, nᵒ 11, 1966.

Photo tirée de la page couverture de *Spectacles à la Comédie-Canadienne,* vol. 3, n° 11, 1966.

MARC LAURENDEAU

ANDRE DUBOIS

SERGE GRENIER

MARCEL SAINT-GERMAIN

Montage tiré de *Magazine sur scène,* vol. 1, n° 17, 1972. Photos Yvan Vallée.

Photo de Jean Bernier (1989).

SEPT ÉTUDES

PRÉSENTATION

La deuxième partie de ce premier cahier de l'Observatoire de l'humour (CAHOH) prolonge l'anthologie consacrée aux Cyniques et offre différentes perspectives d'analyse suivant les champs d'expertise des collaborateurs, eux-mêmes issus des communications, des études littéraires, de la philosophie, des études urbaines ou du monde de l'humour[66]. En effet, reflétant la mission que s'est donnée l'Observatoire de l'humour (OH), à savoir rassembler à la fois des chercheurs universitaires et des professionnels du milieu humoristique[67], cet enchaînement aux textes des Cyniques propose d'apporter des éclairages nouveaux sur le travail du quatuor. Les sept études qui suivent témoignent non seulement de l'étendue de la production des Cyniques et de leur influence sur l'humour québécois contemporain, mais également de l'actualité encore vive des thèmes récurrents qui ont ponctué leur carrière d'humoristes. Ces réflexions, dans l'ensemble, contribuent à revaloriser l'humour comme pratique sociale et artistique signifiante et objet d'étude pertinent.

On trouvera donc quatre sections thématiques. La première est consacrée à la politique. Jérôme Cotte propose d'abord d'analyser les effets collatéraux de leur style subversif dans son texte intitulé « L'humour des Cyniques comme levier d'émancipation politique ».

Empruntant aux théories du politologue Georges Navet et du philosophe Jacques Rancière, l'article montre que l'humour des Cyniques s'inscrit dans un vaste mouvement d'émancipation vis-à-vis des forces hégémoniques de l'époque et qu'il impose en retour de nouveaux mécanismes de domination. Puis, dans «"Un coup de matraque, ça frappe en tabarnac!" Regard parodique sur l'œuvre des Cyniques», Yvon Laplante situe l'humour du groupe dans un processus de carnavalisation caractérisé par une inversion des rôles sociaux. L'approche sémiotique employée par l'auteur révèle une œuvre qui frappe par l'acuité avec laquelle les objets de ses dénonciations demeurent actuels, dépeignant le Canadien français comme une victime cynique et lucide d'un double processus de colonisation et des malversations d'une classe politique servile.

Le sacre et le sexe constituent la seconde section de l'ouvrage. Puisant à un cadre conceptuel combinant les études littéraires et les théories de la communication, Michèle Nevert se penche, avec la collaboration de Lélia Nevert, dans leur texte «Les Cyniques, pédagogues de la langue...», sur l'importance accordée aux jeux de langage dans l'écriture des sketchs. L'autoréflexion sur la langue et la place du français sont étudiées en contexte tandis que l'usage du sacre est considéré comme un détournement à la fois de la langue et de la religion. Puis, partant du constat que la Révolution tranquille coïncidait à bien des égards avec la révolution sexuelle, Lucie Joubert aborde d'un point de vue féministe la question du sexe comme thématique prédominante de leurs spectacles, dans son texte «Les Cyniques, le sexe et les femmes». Or, ce discours sur le sexe s'avère paradoxal puisque l'auteure y décèle une tension entre l'humour toujours-un-peu-coupable, qui prétend l'affranchissement, et le rire triomphant de la libération effective. Et si au fond les Cyniques, pas aussi libérés qu'ils le laissaient paraître, combattaient leurs propres démons sur scène pour hâter leur émancipation?

La troisième section porte sur le seul long métrage mettant en vedette les membres des Cyniques. Dans «L'impudence élevée à la puissance IXE-13 », Jean-Marie Lafortune s'intéresse au film culte scénarisé et réalisé par Jacques Godbout en 1971 à partir d'une analyse sémio-pragmatique. Première comédie musicale du cinéma québécois, adaptée d'un populaire roman-feuilleton publié de 1947 à 1967 par Pierre Saurel, alias Pierre Daignault, *IXE-13* relate sous une forme parodique les aventures de l'as des espions canadiens, érigé en protecteur des valeurs canadiennes-françaises embourbées dans la religiosité, un système politique corrompu et l'ingérence du gouvernement canadien, en proie aux assauts d'agents perfides à la solde de régimes totalitaires. Mêlant le scepticisme de Godbout sur l'avenir du Québec secoué par une révolution inachevée et l'insolence cynique envers les pouvoirs institués qui appelle une révolution permanente, le film présente une vision anticonformiste des verrous qui bloquent le développement social, culturel et politique du Québec.

La dernière section couvre l'héritage et les influences du groupe. Intitulé « Dans le sillage des Cyniques », le texte de Christelle Paré explore l'ascendance des Cyniques sur l'appréciation critique de l'humour québécois contemporain. L'auteure constate, à l'examen du corpus de presse des quatre dernières années qu'ils ont non seulement pavé la voie à de nombreux humoristes, dont Rock et Belles Oreilles et les Zapartistes, mais se sont également imposés aux côtés de Clémence DesRochers et d'Yvon Deschamps comme une référence incontournable en matière d'humour politique et social. Un demi-siècle après leur consécration, les Cyniques servent encore d'instrument de mesure pour évaluer le travail des nouveaux humoristes engagés. Puis, Luc Boily dépeint les ressorts de l'imagination fertile du quatuor dans son texte « Procédés et genres humoristiques dans l'œuvre des Cyniques ». L'auteur nous apprend que les Cyniques ne suivent pas une ligne directrice dans l'écriture de leurs sketchs, mais appliquent simplement deux consignes : puiser l'inspiration dans l'actualité politique et être drôle. L'une des facettes distinctives de l'œuvre du groupe est que chaque numéro est précédé par une présentation, par le personnage principal ou un tiers, qui situe les spectateurs et facilite la transition des membres entre deux prestations. Le mélange des genres, où se succèdent le burlesque, la satire, l'absurde et l'humour noir, constitue une autre caractéristique du groupe. S'ils privilégiaient l'humour parodique qui porte un jugement, les Cyniques ne boudaient pas les pastiches qui ne font qu'amplifier les traits grotesques d'une personne ou d'une situation.

Bref, sans être les premiers à verser dans l'humour engagé et caustique sur le sol laurentien, les Cyniques, par leurs prestations plus audacieuses et ancrées dans l'ensemble des industries médiatiques (journaux, radio, télévision, disque, salles de spectacles) se distinguent de leurs prédécesseurs. La carrière des Cyniques couvre ainsi une période charnière tant de l'histoire du Québec que de l'histoire de l'humour québécois.

Bonne lecture !
Jean-Marie Lafortune

1. LA POLITIQUE

L'humour de Cyniques comme levier d'émancipation politique

Jérôme Cotte
Université de Montréal

Introduction

Pour les personnes n'ayant pas connu les années 1960 et 1970, il n'est pas évident de se représenter le passage de la Grande Noirceur à la Révolution tranquille. Le problème est le même si l'on veut mesurer le rôle politique et social des Cyniques. D'abord, malgré la reconnaissance de certaines avancées sociales notables, les années 1960 sont souvent dépeintes par la droite comme le berceau de l'«immobilisme social» ou, pour le dire autrement, comme le début d'une certaine mobilisation sociale contre le déploiement tous azimuts du capitalisme. Vers le centre plus nationaliste, plusieurs y voient un éveil collectif ainsi qu'une possibilité d'affirmer les valeurs dites québécoises. Il était question pour eux de forger un projet de société rassembleur grâce à ce «vent de réformes[68]». Finalement, la gauche un peu plus libertaire que libérale aurait aimé que la tranquillité de cette «révolution» laisse plus de place aux secousses subversives et que des questionnements plus systémiques s'opèrent. En 1968, depuis la prison de Bordeaux, Charles Gagnon ne prescrivait rien de moins que le «Feu sur l'Amérique» pour lutter contre le racisme et l'exploitation perpétuée par l'«impérialisme yankee» (Gagnon, 2006 [1968] : 101).

Où se situent les Cyniques dans ce trop bref schéma politique? À partir de quels faits et avec quoi les étiqueter? Il n'est peut-être pas trop risqué de positionner les Cyniques à gauche du centre, mais à droite d'un Charles Gagnon. La seule affirmation indubitable reste que, de 1961 à 1972, le rire des Cyniques est complice à bien des égards d'un temps politique émancipateur pour le Québec. En effet, les Cyniques sont des incontournables de cette «décennie-événement» qui résonne encore aujourd'hui par moments, que ce soit dans des fonds de casseroles, lors des mouvements *Occupons* ou pendant *Idle no more*. Le texte qui suit propose quelques pistes de réflexion sur les liens possibles entre l'émancipation politique et l'œuvre des Cyniques. Après une définition générale du concept d'émancipation, le rire des Cyniques sera mis en parallèle avec quelques caractéristiques essentielles à cette notion telles que le refus d'un état de fait et la mise en acte de l'égalité. La dernière section présentera une critique de certains côtés moins subversifs de l'humour des Cyniques. Bien qu'une réflexion plus spécifique sur l'émancipation mériterait de s'appuyer sur une longue liste d'auteurs, les propos du politologue Georges Navet et du philosophe Jacques Rancière seront, sans que nous nous y restreignions, centraux pour l'ensemble de l'argumentaire.

Manus capio

Le mot *émancipation* vient de l'expression *manus capio,* qui signifie «prendre avec la main», «s'emparer de...», «prendre le pouvoir sur...» ou «devenir propriétaire de...» (Navet, 2002: 7). Les choses ainsi tenues en main (*mancipia*) peuvent être des terres, des animaux ou des êtres humains. Pour Georges Navet, la naissance de la politique correspond à la réaction des propriétaires devant les efforts menés par les esclaves pour se libérer, pour s'*é-manciper*. Jacques Rancière soutient pour sa part que l'émancipation est la sortie d'une situation de minorité[69]. L'émancipation serait alors la mise en acte de l'égalité politique par les communautés dissidentes et minoritaires. L'idée n'est pas d'achever un ordre social idyllique et immuable. Il ne s'agit pas non plus de produire des individus répondant à certains standards moraux fixes. L'émancipation consiste plutôt à démontrer que les groupes minoritaires «appartiennent bien à la société, [...] qu'ils ne sont pas seulement des êtres de besoin, de plainte ou de cri, mais des êtres de raison et de discours» (Rancière, 1998 : 90). Cette mise en acte de l'égalité peut être réalisée ou exigée autant par l'action politique éclatante que par une blague subversive qui vise juste. L'inverse de l'émancipation est le processus de police. La police est ce qui fige les hiérarchies et perpétue les torts faits à l'égalité en distribuant les places et les fonctions, en figeant le corps social malgré les injustices qui le traversent. Du point de vue de l'humour, lorsqu'une blague ne fait que répéter les stéréotypes qui participent au maintien des différentes formes de l'oppression sociale (humour raciste, sexiste, homophobe, etc.), nous pouvons parler d'un humour correspondant au processus de police. Rire en associant les plus démunis à des personnes sales, les immigrants à des «voleurs de *job*» ou les femmes à des êtres hystériques ne révèle aucun point de vue original sur notre monde. C'est plutôt une manière de constater des assignations identitaires injustes et de mettre celles-ci à profit.

L'émancipation, en un mot, est l'ensemble des pratiques et des discours qui nous permettent de sortir de la répétition de l'ordre policier. Il est possible dès lors de distinguer un «humour policier» qui ne fait que répéter les stéréotypes dominants et qui classifie les groupes et les individus d'un humour émancipateur. Celui-ci consiste plutôt à affirmer les tensions et les paradoxes inhérents à l'ordre social dans le but de montrer l'égale humanité de chaque personne. Cet humour redistribue momentanément les rôles sociaux, met les hiérarchies sens dessus dessous et joue librement avec nos représentations les plus figées. Les Cyniques créaient-ils ce genre d'humour à leur époque ? Quel rapport peut-il y avoir entre l'émancipation et le rire qu'ils ont propagé pendant un peu plus d'une décennie ?

Le nom du groupe indique déjà un désir de rompre avec les conventions et le sens qui dominait au moins jusqu'en 1960 sous la gouverne de Duplessis. Au-delà de la signification courante du mot (le désintérêt total pour la politique, le repli sur soi, la distance strictement ironique face à un monde que l'on trouve vain, etc.), le cynisme est d'abord une école philosophique de l'Antiquité. Le cynisme est instauré par Antisthène, mais est mené au plus haut de sa gloire avec la vie de Diogène de Sinope. Ce philosophe jouait avec les représentations les plus communes de son époque. Il a, entre autres, lancé un coq déplumé aux pieds de Platon après que ce dernier a décrit l'homme comme un bipède sans plumes. Ce geste singulier va de pair avec son mode de vie. Reconnu pour vivre dans son tonneau dans la plus radicale des frugalités, Diogène le cynique n'avait aucune gêne à se comparer au chien. D'ailleurs, le mot *cynique* vient du terme grec *kunikos*, c'est-à-dire «qui concerne le chien». Le personnage cynique n'a pourtant ni laisse ni collier et refuse qu'un abruti, aussi puissant soit-il, devienne son maître. Pour Léonce Paquet, professeur à l'Université d'Ottawa, le cynisme se caractérise par «l'audace du comportement, la rudesse goguenarde du franc-parler, le goût du paradoxe et de la saillie voisine de l'obscénité, tout en eux semble vouloir bouleverser l'étiquette, les coutumes et les opinions reçues dans la société environnante» (Paquet, 1988: 7). Les cyniques entretiennent traditionnellement un goût très aiguisé pour une vie de dépouillement et un dégoût tout aussi acéré pour les illusions que les puissants propagent afin de maintenir les naïvetés de leur temps. L'idéal cynique est d'entretenir une conscience de soi très développée et de devenir plus intelligent que les maîtres tout en refusant systématiquement d'être leur complice ou de succomber aux plaisirs artificiels des classes aisées.

Tout cela n'est pas trop loin de l'humour des Cyniques. Le ton est donné dans une chanson au début d'un spectacle:

Les Cyniques sont venus ce soir
Pour vous mettre des frissons sur le corps
Cyniquement en vous parlant surtout de la po-
D'la politique, et de la police, la pauvreté d'esprit

Les pauvres et la misère, car tout ce que l'on veut
C'est vous faire rire

(Chanson thème, 1965)

Le rire contagieux du groupe humoristique n'épargne pas les figures d'autorité comme les hommes d'Église dépeints en personnages despotiques et ridicules. Le fameux *Examen de conscience* rendu par Serge Grenier en témoigne. Avec un ton cérémonieux parodiant le sermon, le personnage détourne tout le moralisme catholique de l'époque en posant des questions à ses fidèles du type : « Est-ce que j'ai fait des mauvaises choses ? […] Est-ce que j'ai montré mes foufounes ? Ai-je suçoté des jujubes ? Est-ce que j'ai pris ma douche NU ? Me suis-je déjà couché sur le ventre pour mieux jouir ? Hmmm ? […] » (*L'examen de conscience*, 1967) Réal Caouette, chef du mouvement créditiste de l'époque, est pour sa part « passé de la porcherie au parlement » (*Le recteur : Réal Caouette*, 1970) sans s'en rendre compte. En un mot, bien qu'ils ne soient pas identiques, le rire cynique traditionnel et le rire des Cyniques de la Révolution tranquille ont du « chien ». Leur mordant a tout à voir avec la formule dorénavant bien connue des Zapartistes : « Le rire est une si belle manière de montrer les dents ».

Le refus d'un état de fait

La première caractéristique essentielle pour qu'un mouvement soit émancipateur est, selon Georges Navet, le refus d'un état de fait. L'émancipation commence au moment où l'on désire sortir du temps et de l'espace régulés par les groupes dominants. Il s'agit de fissurer cet espace-temps pour y introduire ce qui est étouffé dans le temps ordinaire, pour faire place à autre chose. L'émancipation est l'événement qui fêle et fissure le quotidien policé. Au lendemain de l'élection des libéraux progressistes[70] de Jean Lesage en 1960, on ne peut douter du refus que les Cyniques opposaient à la société que Maurice Duplessis laissait derrière lui. Pour Marc Laurendeau, le règne de Duplessis peut se résumer en ces mots : « pouvoir très personnalisé, vision autoritaire de la loi et de l'ordre, antisyndicalisme et allergies aux nouveaux courants d'idées» (Laurendeau, 2011 : 186). Pour sa part, Serge Grenier affirme dans le documentaire radio *Les Cyniques : méchante révolution* que le sentiment de 1960 poussait à ouvrir les fenêtres : « Aérons et sortons, faisons circuler de nouvelles idées. » Ces propos ressemblent curieusement à la description de la personne éman-cipée selon Jacques Rancière. Celle-ci « marche sans cesse, circule et converse, fait circuler du sens et communique le mouvement de l'émancipation » (Rancière, 1998 : 94). L'humour émancipateur des Cyniques permet ainsi d'ouvrir et non de clôturer le sens.

Justement, le *sens* de l'humour émancipateur fait des zigzags, sa route est imprévisible, il ne donne pas son itinéraire, il surprend. Il ne peut suivre docilement un sens unique prescrit par quelques élites dites vertueuses ou par la logique hégémonique de la capitalisation. En fait, les lueurs fugaces projetées dans nos vies par le sens de l'humour, comme autant d'éclaircies inattendues dans la pénombre du quotidien, nous permettent de rire ou simplement de sourire malgré l'angoisse (qu'elle soit aiguë ou modérée) qui nous traverse face à l'existence. Il nous rappelle notre liberté fondamentale et les possibles que nous pouvons ouvrir malgré les impératifs du quotidien. Bref, la sensibilité au sens de l'humour permet de pressentir – de deviner confusément – que si la vie a un sens, ce n'est pas nécessairement celui qu'on nous impose. Les mouvements de l'émancipation, comme une bonne partie de l'humour des Cyniques, tirent ainsi leur origine d'une rupture consciente avec les idées dominantes d'une époque, ils sont une échappée de la « répétition sur place du même » (Navet, 2002 : 8) ou du sens unique qu'assignent le capital ou quelques moralistes détenant des branches du pouvoir. L'émancipation permet alors d'actualiser « un passé qui semble avoir toujours été là », mais qui a « été jusque-là dissimulé ou refoulé par les puissants » (Navet, 2002 : 7-8). La domination de Duplessis cachait et étouffait les rires subversifs et les possibles du Québec dans un sens bien contraignant jusqu'à ce que ceux-ci viennent au jour par les mouvements de l'émancipation.

Comme l'indique Marc Laurendeau, il y avait déjà «des étincelles qui brillaient ici et là» (Laurendeau, 2011 : 187) pendant la Grande Noirceur. Les rires critiques et caustiques à l'égard du pouvoir fusaient déjà en quelques lieux plus ou moins publics[71], mais jamais encore un groupe n'avait pu rejoindre autant de personnes en refusant explicitement l'état du pouvoir de l'Église, de l'Union nationale, des créditistes et du conservatisme en général. Si Maurice Duplessis tenait des propos tels que «nous considérons que le mandat qui nous a été donné vient en définitive de Dieu, source de toute autorité» ou encore que «sans capital, [il n'y a] aucune possibilité humaine de progresser, de prospérer ou même de vivre» (Duplessis cité dans Sarra-Bournet, 1997 : 178-179), on ne peut douter que le rire des Cyniques manifestait un refus tout à fait original de ce genre de discours. Cet humour est plutôt la marque d'une ouverture d'un nouvel espace et d'un nouveau temps pour le Québec.

Mise en acte de la liberté, de l'égalité et de la dignité

Si le refus d'un état de fait a quelque chose de libérateur en soi, ce genre d'objection n'est pas suffisant pour être émancipateur. Il faut encore que cette révolte soit accompagnée d'une remise en cause des manières de se comporter dans nos rapports sociaux. Le fait de demander une augmentation de salaire, bien que cela soit souvent une très bonne chose, n'est pas lié à l'émancipation d'un employé si celui-ci travaille toujours dans des conditions dégradantes. Cela nous amène à une autre caractéristique des mouvements d'émancipation qui est de «modifier les rapports fondamentaux entre les humains et [de] les modifie[r] déjà par [leur] seule existence» (Navet, 2002 : 10). Viennent alors s'ajouter au refus d'un état de fait des principes élémentaires et primordiaux pour commencer à penser l'idée de justice. Il s'agit de principes à vocation universelle telles l'égalité, la liberté et la dignité. Ces universaux deviennent plus tangibles en évoquant les besoins communs à toutes les personnes comme avoir les moyens de vivre, de se nourrir, d'avoir un toit ou encore d'accéder à l'éducation.

Toutes les chartes « de droits et de libertés » peuvent servir parfois de voile à une actualisation plus concrète de ces principes. Comme le dirait Yvon Deschamps, « on veut pas le sawouère [qu'on est égaux], on veut le wouère » ! C'est-à-dire que les mouvements de l'émancipation permettent de vivre et de ressentir ces grands principes, aussi flous puissent-ils paraître conceptuellement, dans nos comportements les plus quotidiens. À sa manière, l'humour des Cyniques exige bien souvent une vérification pratique des principes reliés à l'idée de justice. Les rires qui y correspondent visent en ce sens une modification des rapports sociaux.

La minorité québécoise française

D'abord, les Cyniques ont beaucoup insisté sur les inégalités entre les francophones et les anglophones. Avec leurs rires, le sentiment d'infériorité des Canadiens français se dissipe et cela permet de sentir momentanément que la situation pourrait très bien s'inverser ou simplement devenir plus égalitaire. Prenons par exemple un numéro où un représentant de la commission d'assurance chômage s'adresse à la salle qui, le temps du monologue, joue le rôle d'une assemblée de chômeurs :

> Chômeurs du Québec, cherchez-vous de nouveaux débouchés ? L'assurance chômage du Canada vous aidera à profiter de la prospérité qui déferle actuellement sur le Québec. [...] L'indépendance, ça serait mauvais pour le Québec. La preuve c'est que tous les Anglais le disent. Pis pas n'importe quels Anglais anglais, là ! Des Anglais intelligents ! Comme par exemple Stanfield[72], Smallwood[73], Trudeau [avec un accent anglophone]. Non, pis à part de ça, pourquoi se séparer ? Les Anglais ont toujours pris nos intérêts. [...] Chômeurs du Québec, suivez plutôt la devise de l'assurance chômage : vivons heureux, vivons niaiseux ! Et si vous avez besoin de quelque chose, venez nous voir. On va vous montrer comment vous en passer.   (*L'assurance chômage*, 1970)

Dans ce monologue, l'autorité du discours d'Ottawa et de certains leaders des provinces maritimes est parodiée. Les Cyniques mettent en évidence le penchant paternaliste et manipulateur de la rhétorique fédéraliste. En s'adressant directement aux chômeurs, le personnage essaie de convaincre les moins nantis de remettre leur sort dans les mains d'un pouvoir toujours plus éloigné et inconscient de leur réalité quotidienne. La tournure humoristique des Cyniques mène à la profanation de la parole politique officielle. L'effet est plutôt réussi : on sent bien que, si les chômeurs du Québec désirent un tant soit peu que leurs conditions s'améliorent, l'indépendance à l'égard d'Ottawa et des autres provinces pourrait leur permettre de s'approcher des lieux décisionnels et de mieux faire valoir leurs besoins. Plus encore, vers la fin de l'extrait, les Cyniques, par leur habileté humoristique, montrent qu'au final, les inégalités sociales ne sont pas tellement une préoccupation pour les classes dirigeantes. Ces dernières « écoutent » les besoins des moins fortunés pour maintenir leur pouvoir au lieu de travailler réellement pour que les problèmes vécus au quotidien par les chômeurs soient surmontés. Il est possible d'entrevoir derrière ces rires un désir d'émancipation à la fois pour les groupes subalternes et pour le Québec en général à l'égard de la domination politique d'Ottawa. Les chômeurs sont ainsi invités à exiger la dignité et à transformer leurs rapports avec l'hypocrisie gouvernementale.

De la subjectivation politique

Dans un autre monologue racontant l'histoire de deux jeunes garçons vivant des situations sociales distinctes, les Cyniques mettent en relief les inégalités entre les Canadiens francophones de Montréal selon les quartiers où ils habitent. Le récit met en parallèle des segments de la vie de deux jeunes garçons du même âge nommés Jean-Claude et Ti-Claude (*Ti-Claude*, 1972). Le premier vit à Outremont, et le second dans « l'est ». Le père de Jean-Claude est gérant du personnel dans une entreprise anglophone tandis que celui de Ti-Claude vient de perdre son emploi au sein de cette même compagnie. L'ensemble du récit est rythmé par le changement d'accent du narrateur en fonction du personnage dont il parle. Pour conter la vie de Jean-Claude, le vocabulaire est soutenu et la diction est impeccable. De l'autre côté, l'accent de « l'est », les anglicismes et un vocabulaire très familier permettent de donner une idée de la réalité de Ti-Claude.

Dans ce numéro, les Cyniques divisent pour une rare fois l'identité canadienne-française en deux : en Jean-Claude et en Ti-Claude. Selon le vocabulaire de Jacques Rancière, les Cyniques pratiquent un processus émancipateur de subjectivation politique en croisant l'identité du hors-compte (Ti-Claude) avec une identité dominante qui s'acoquine volontiers avec les pouvoirs (Jean-Claude). À la même époque, mais sur un ton beaucoup moins rieur, Pierre Vallières utilise le même procédé avec l'expression *Nègres blancs d'Amérique*. Exactement comme dans le cas des Cyniques, les cartes sont mélangées si l'on cherche à identifier le «Québécois» comme un pur colonisateur ou un pur colonisé, comme un dominant ou un dominé, complice ou victime du pouvoir. Qui correspond à l'identité québécoise? Jean-Claude dont la famille reproduit les inégalités ou Ti-Claude qui subit les contrecoups du capitalisme malgré lui? Jean-Claude qui «habitait une magnifique maison en haut de la montagne» ou Ti-Claude qui «restait dans un shack en bas de la track»? On ne peut trancher. La subjectivation politique est «un croisement d'identités reposant sur un croisement de noms : des noms qui lient le nom d'un groupe ou d'une classe au nom de ce qui est hors-compte, qui lient un être à un non-être ou à un être-à-venir» (Rancière, 1998 : 119). La subjectivation fait ainsi appel à une identification impossible, à l'inadéquation entre Jean-Claude et Ti-Claude malgré leurs noms qui se ressemblent étrangement et leur appartenance commune à l'identité canadienne-française. Ce n'est pas un appel implicite à forger une identité québécoise qui serait un entre-deux, mais plutôt un redécoupage du monde commun, du monde sensible que l'on partage par un effet de contradiction identitaire. La subjectivation politique ne permet pas seulement de «manifester une faille logique qui dévoile elle-même les tours de l'inégalité sociale. [Elle permet] aussi d'articuler cette faille comme une relation, de transformer le non-lieu logique en lieu d'une démonstration polémique» (Rancière, 1998 : 117-118). Cette manière de brouiller les pistes de l'ordre policier nous ramène aux principes dits universaux comme l'égalité, la liberté et la dignité. Cette histoire démontre de manière exemplaire l'égale humanité de Jean-Claude et de Ti-Claude en explicitant l'inégalité sociale sédimentée en habitude et en préjugé dans l'ordre social de l'époque[74].

Les agents de la «paix»

Au-delà de cette forme de subjectivation politique, l'audace du rire des Cyniques a pris une direction que peu d'humoristes osent adopter, puisqu'elle remet en cause un élément fondamental dans la structure de nos rapports sociaux. Il s'agit du monopole de la violence légitime par l'État. Cette thématique n'est jamais abordée explicitement par les Cyniques; elle l'est peut-être même malgré eux. Pourtant, les nombreuses blagues portant sur la «stupidité» des policiers, en tant que bras armé de l'État, posent tacitement ce problème. N'est-il pas paradoxal que ce soit des étourdis qui détiennent le monopole de la violence physique légitime? Veut-on vraiment donner des fusils, des matraques et des menottes à des personnes qui, comme le prétendent les Cyniques, n'ont pas les capacités intellectuelles de terminer une septième année? Tout de suite après la chanson d'ouverture du spectacle *Exit* on retrouve la blague suivante: «— Sais-tu pourquoi il y a toujours deux policiers dans les auto-patrouilles à Ottawa? — Non, pourquoi? — Il faut une douzième année pour conduire ça» (*Chanson d'ouverture*, 1972). Dans le même spectacle, le chef de la police de Montréal affirme avec assurance que l'on enseigne son métier selon les méthodes «idiot-visuelles» (*L'école de police*, 1972). Plus tard dans le même numéro, un policier doit y penser longtemps avant de répondre à la question 5 + 5. Après un silence, sa réponse est 11.

Les Cyniques ne s'en tiennent pas à ce genre de blague. Ils ne se gênent pas pour parler du chef de la police de Montréal comme du «meilleur ami de l'homme» (*La police et le sexe*). Plus encore, dans le numéro du Grand Mandrake, on demande au voyant combien vaut le chien du policier de Québec assis dans le fond de la salle. Le Grand Mandrake répond: «10 000 piasses». L'autre rétorque que c'est plus cher que le policier, ça. Et le Grand Mandrake conclut: «Il y a des chiens qui valent plus que d'autres» (*Le Grand Mandrake*, 1968). Les Cyniques s'attaquent dans ces extraits au manque flagrant de culture et d'éducation des policiers qui, malgré tout, tiennent un rôle social déterminant. Ces critiques remettent en cause les rapports que nous entretenons avec la violence. En montrant par l'humour que les seules personnes ayant le droit de nous contraindre physiquement sont comparables à des enfants du primaire, nous en venons, peut-être, à nous demander pourquoi et sous quels prétextes l'usage de la force par les agents de la paix est légitime.

Faisons ici une courte digression pour parler de deux exemples où la violence (l'une physique, l'autre humoristique) est différemment instituée socialement. Montaigne a réalisé une expérience bien singulière en 1562. Le philosophe a décidé d'amener des autochtones d'Amérique du Sud connus sous le nom de Tupinambas (et sous le surnom de «philosophes nus») séjourner en France. Les Tupinambas posent un regard étonnant sur la civilisation qu'ils découvrent. Ils s'étonnent, selon les propos de Montaigne rapportés par l'historien Jean-Marie Therrien, «de l'inégalité des conditions qui permet que les hommes gorgés de toutes sortes de commodités» vivent à côté de mendiants «décharnés de faim et de pauvreté [...]. Ils ne comprennent pas pourquoi ils ne prennent pas à la gorge les riches et ne mettent pas feu à leur maison» (Therrien, 2007 : 27). Du côté de l'Amérique du Nord, le père Lejeune a constaté la même dissymétrie entre la culture européenne et celle des autochtones alors que ceux-ci «reprochent souvent aux Occidentaux de craindre leurs "capitaines" alors qu'eux-mêmes se moquent et se gaussent des leurs» (Therrien, 2007 : 27). Ces rires à l'égard des dirigeants avaient, semble-t-il, plus d'impact que les moqueries ciblant les chefs contemporains. Ces rires menaçaient réellement et avaient pour fonction d'empêcher que le chef accapare trop de pouvoir. Le but de ces exemples n'est pas d'en appeler à un idéal perdu ou à des communautés idylliques. Ces traces historiques montrent seulement que la question de l'institution de la violence dans nos rapports sociaux dits civilisés a peut-être plus à voir avec le politique et le maintien de certaines inégalités matérielles flagrantes qu'avec une quelconque essence humaine, un pouvoir naturel ou un aboutissement progressif de la justice contre la prétendue barbarie des peuples autochtones. Le rire des Cyniques à l'égard de la police n'a certainement pas l'intention de pousser la réflexion à ce point, mais il permet au moins de pressentir que le monopole de la violence physique par les policiers n'est peut-être pas directement lié à l'émancipation.

L'émancipation et l'éphémère

Il est maintenant largement reconnu que le concept d'émancipation a perdu tout *telos*. Il n'est plus vraiment question de fonder une société où la justice serait enfin achevée. Une société où les multitudes seraient réunies autour d'un projet social consensuel mené par une certaine avant-garde a peu à voir avec l'émancipation. Cela n'implique pas que «tout se vaut» et que les rapports de domination ne sont qu'illusion à une époque entièrement désenchantée. Il en résulte plutôt que l'émancipation ne peut se figer en un seul grand projet ou en une seule grande œuvre, aussi noble ou enthousiasmante puissent-ils paraître. Les événements émancipateurs ne règlent pas leur compte définitivement avec les processus policiers, loin de là. En fait, ceux-ci reviennent parfois bien rapidement ou se reforment en arborant une forme ou des visages différents. Ni la Révolution tranquille ni les Cyniques n'ont pu contrer le retour en force des processus policiers. Pour prendre un exemple fort, ce n'est pas parce que les Cyniques ont montré le ridicule de certains principes politiques de l'Église que l'inquisition morale des tenants du pouvoir a été enrayée sous toutes ses formes et pour de bon dans notre quotidien. En fait, le monde politique et le monde de l'humour (qui se mélangent parfois plus qu'on ne le croit) ont engendré leurs parts respectives de figures pouvant réordonner, reclasser, encadrer à nouveau les identités et imposer des normes que certains rires subversifs ont pu brouiller dans les années 1960. Bien entendu, d'autres types d'humour luttent tant bien que mal devant les inquisiteurs contemporains et leur obsession pour la capitalisation[75].

Les Cyniques, comme il en a été discuté, s'inscrivent à plusieurs égards dans les mouvements de l'émancipation. En effet, le groupe se forme en plein sentiment de révolte collective à l'égard des politiques conservatrices de Duplessis et de l'influence démesurée de l'Église sur les mœurs quotidiennes. Seulement, une fois que les forces politiques qu'ils ridiculisaient ont commencé à battre de l'aile au début des années 1970, les Cyniques ont réagi comme nombre d'autres le font après avoir participé à des mouvements d'émancipation. Voici comment Georges Navet explique le phénomène : « Que l'émancipation soit un effort et un mouvement prend ici toute son importance : le sujet qui la véhicule et qui, aussi bien, est véhiculé par elle, se dissout ou est, à tout le moins, exposé au risque de se dissoudre, lorsque la revendication apparaît comme satisfaite » (Navet, 2002 : 9). En d'autres termes, les Cyniques portaient les mouvements de l'émancipation et étaient portés eux-mêmes par ces mouvements qui existaient déjà au sein de la société. Mais, une fois que les grandes figures de la domination semblent passées au tordeur du rire des Cyniques, le groupe humoristique ne voit plus trop la pertinence de continuer à marteler le public de blagues contre les conservatismes politique et religieux de l'époque. Marc Laurendeau soutient que le groupe ne souhaitait pas « devenir des exploiteurs d'une recette sans se remettre en question » (*Les Cyniques : méchante révolution* : 2010). André Dubois, pour sa part, explique ainsi la dissolution du groupe en 1971 :

> Nous on est arrivés en pleine ébullition de la Révolution tranquille, on était portés par un mouvement. Les gens ont été ravis de nous voir arriver parce que nous, on disait tout haut ce que les gens pensaient tout bas. On a accéléré un mouvement, ça a été extraordinaire de faire partie de ça et on le sentait. C'était vraiment fantastique. Au début des années 1970, ça avait changé. Ce n'était plus la même ébullition. Le vent avait tourné, le Québec avait changé. C'est comme si notre humour était moins nécessaire.
> (*Les Cyniques : méchante révolution* : 2010)

Les Cyniques avaient une grande lucidité à l'égard de ce qui se passait autour d'eux. Un certain enthousiasme permettait de penser que les gains sociaux et politiques de la Révolution tranquille étaient durables. Il peut être tout à fait normal, dans ce cas, de vouloir s'occuper à autre chose. D'ailleurs, si l'on pense notamment aux Zapartistes, une relève humoristique a bien su reprendre les voix de la subversion.

Des processus policiers chez les Cyniques ?

Plus de quarante ans plus tard, il est intéressant de se demander si l'humour des Cyniques que nous avons en héritage depuis 1972 a ouvert la voie seulement à des rires émancipateurs. La réponse est bien évidente dans la mesure où les quatre humoristes du groupe ne sont pas et n'ont fort heureusement pas la prétention d'être des saints politiques. Cela ouvre la porte à l'analyse d'un certain humour policier qui est encore très présent aujourd'hui dans le monde de l'humour et qui prenait déjà forme dans les propos des Cyniques. Cette analyse reste pertinente même s'il est très difficile de soutenir une critique du milieu de l'humour et que les attaques académiques ou journalistiques[76] contre la vulgarité[77], les blagues racistes et sexistes ont été entendues à maintes reprises. En fait, il n'est plus très original aujourd'hui de dénoncer le caractère parfois écrasant de l'industrie du rire qui a toute une réserve de rires en conserve pour défendre ses intérêts. Mais tout comme certains humoristes tiennent mordicus à se moquer des faibles au nom d'une conception toujours douteuse de la liberté d'expression ou du droit de rire de tout (rit-on vraiment de tout dans l'industrie ?), d'autres personnes n'arrivent pas à s'empêcher de souligner l'embarras que l'on peut ressentir à l'écoute de l'humour policier. L'humour des Cyniques – aussi importante que puisse être leur contribution à un moment émancipateur – avait aussi son lot de blagues que l'on pourrait qualifier de policières. L'objectif ici n'est pas de faire un procès politique aux Cyniques en prétendant démystifier leurs intentions intimes et encore moins de reproduire un comportement «policier» en dictant ce qui est drôle et ce qui ne l'est pas au nom d'une morale inébranlable. Il s'agit encore moins de vouloir ériger des barrières sous prétexte qu'ils sont allés «trop loin» dans ce qui peut choquer. L'idée est plutôt de mettre quelques nuances et bémols à une analyse qui serait strictement élogieuse. La réflexion sur l'humour policier en général, en tant que pratique devenue presque banale au quotidien, révèle plutôt des côtés de nous que nous préférerions souvent ne pas voir. Il en va ainsi pour les Cyniques comme pour toute personne dotée de la capacité de rire.

L'humour des Cyniques, à plusieurs égards, reste un humour de «gars» que l'on pourrait aussi nommer «humour de caserne». Si les rires sont souvent provoqués par le ridicule des intégristes de tous poils, les Cyniques ne se gênent pas pour se moquer des victimes habituelles des courants réactionnaires occidentaux telles que les femmes[78], les homosexuels et les immigrants. Il aurait été plus facile de faire l'économie de cette critique si les Cyniques avaient, comme plusieurs le soutiennent, ri vraiment de tout. Or, sauf erreur ou exception, le nationalisme québécois, la domination blanche en Amérique ou l'hétéronormativité, par exemple, sont complètement épargnés. Le propos peut être illustré par un numéro portant sur le travail des infirmiers de l'hôpital Saint-Charles-Borromée où, à l'époque, un scandale de maltraitance envers les patients avait choqué la population. Les Cyniques se vengent à leur manière en parodiant les infirmiers qui semblent plus préoccupés par leur vie sexuelle que par leur travail. Bien que cet humour souhaite dénoncer la négligence éthique des infirmiers, la situation devient également un prétexte pour se moquer de l'homosexualité et, par ricochet, réitérer l'association commune de cette profession à un rôle maternel ou essentiellement féminin. C'est une cassette dont certains ne se lassent toujours pas. Les Cyniques laissent tomber un humour qui ébranle les normes sociales dominantes pour affirmer à nouveau les stéréotypes concernant les homosexuels. Le portrait est connu. Ils sont exagérément efféminés (comme si l'attirance pour d'autres hommes venait avec une disparition nécessaire de tout comportement viril). Les deux infirmiers se parlent parfois au féminin en s'appelant, par exemple, «ma grosse» (*Les infirmiers*, 1972). Ils sont aussi très maniérés et incapables de tenir une discussion sans faire une tonne d'allusions à leurs pratiques sexuelles. Le degré humoristique est le même dans une parodie du *Téléjournal*. On y annonce que les leaders du mouvement pour la libération des «fifis» se seraient adressés aux Nations unies pour réclamer la tenue de «grandes Olympiques de tapettes» avec compétitions de «lancer du mouchoir», de «tir au poignet» et de tournoi de badminton où l'on pourrait voir «les petits moineaux se faire aller» (*Le* Téléjournal *de Radio-Canada*, 1972). L'humour des Cyniques, même s'il se veut le plus souvent subversif et original, est aussi teinté d'un fond plutôt conventionnel, car il reproduit les stéréotypes véhiculés par l'hétérosexisme. Les rires de l'émancipation font dès lors place aux processus policiers.

L'insistance avec laquelle les Cyniques revendiquent l'idée de l'identité canadienne-française pose également quelques problèmes pour une analyse de l'émancipation. Sans négliger l'oppression perpétrée par les Anglais puis par les Canadiens anglais dans l'histoire du Québec, l'œuvre des Cyniques ne semble pas faire grand cas des luttes sociales dont les revendications ne s'enracinent pas dans l'affirmation d'une culture québécoise pure laine et progressiste. Le nationalisme, même dans les luttes de libération, flirte toujours avec le danger du repli identitaire. Plusieurs numéros des Cyniques donnent l'impression que les personnes à «émanciper» sont avant tout des Blancs francophones souhaitant l'indépendance du Québec. Nous le sentons d'abord par les attaques multipliées non seulement contre les personnalités anglophones détenant le pouvoir, mais contre l'ensemble des personnes parlant anglais. Par exemple, les «Italiens de Saint-Léonard» ne seraient pas assez intelligents pour apprendre le français (*Le racisme*, 1970), un «fou» viole une Anglaise en croyant que c'était une morte (*Le* Téléjournal, 1972), les Canadiens anglais ne sont pas civilisés et tous les Américains sont des imbéciles (*Le racisme*, 1970). Débordant du cadre strictement anglophone, les Cyniques vont jusqu'à nous inviter à être plus subtils quand nous tenons des propos racistes : « Ne dites pas "Les immigrants viennent toutes nous voler nos jobs." Dites plutôt "Les immigrants viennent emprunter nos emplois pour aller vivre ensuite aux États-Unis" » (*Le racisme*, 1970). Les immigrants sont donc des imbéciles en puissance, puisqu'ils deviendront des Américains. Dans l'humour des Cyniques, les Chinois, les Noirs, les Italiens et les Anglais apparaissent le plus souvent comme cet Autre dans lequel le Canadien français ne peut se reconnaître. L'Autre est alors un objet extérieur à un « nous » circonscrit. Toutefois, un numéro comme *Le racisme,* dont nous venons de citer des passages, peut tout aussi bien donner l'impression que les Cyniques dénoncent avant tout et à juste titre l'hypocrisie de la rectitude politique des bien-pensants qui, avec leurs bonnes manières, camouflent leurs comportements racistes. Mais il est aussi possible de conclure que le groupe d'humoristes préfère un racisme qui défend un Québec social-démocrate indépendant au racisme des plus puissants. L'analyse de l'humour a toujours ses zones d'ombre. Il est difficile de trancher. Donc, la critique menée ici est plus motivée par le désir de bien distinguer l'humour émancipateur que par l'envie de mener une inquisition morale contre les Cyniques.

En faisant consciemment fi de cette possible nuance et si l'on ajoute la quantité de blagues ridiculisant les personnes obèses (les gros, les « tas », les « grosses torches », etc.), les Cyniques dessinent à travers leur œuvre un certain prototype de la personne qui ne serait jamais l'objet d'une plaisanterie railleuse. Cette personne serait blanche, pour l'indépendance du Québec, opterait pour un gouvernement de gauche, parlerait français, serait hétérosexuelle et aurait une silhouette plutôt mince. En d'autres mots, nous pouvons percevoir dans l'humour des Cyniques un certain glissement nationaliste aux teintes conservatrices qui propose implicitement un modèle comme référence. Or, l'émancipation ne peut passer par ce principe d'identification à un centre identitaire ou à un modèle type de ce qu'il est bien d'être. Cela est plus proche du processus de police que de celui de l'émancipation. Le problème réside dans l'édification du *propre* d'une société ou d'une communauté. L'impasse politique à laquelle plusieurs mouvements d'émancipation se butent depuis nombre d'années est «l'identification de la politique à la manifestation du *propre de la communauté*. Le processus de l'émancipation est plutôt l'affirmation d'un "propre impropre"» (Rancière, 1998: 115), comme nous pouvions le sentir dans l'histoire parallèle de Jean-Claude et de Ti-Claude. L'émancipation ne clôture pas les identités. Elle est, selon Jacques Rancière, sans *arkhè*, une hétérologie.

Conclusion

À tout prendre, les Cyniques s'inscrivent bien dans les mouvements de l'émancipation de la Révolution tranquille. Par leur humour, ils ont refusé l'héritage de Duplessis et ont participé à une modification fondamentale des rapports sociaux au Québec. Ces mouvements subversifs ont permis de débrider les rires publics et de bouleverser les morales conservatrices de l'époque. Pourtant, l'humour des Cyniques lui-même n'est pas exempt de traces d'humour policier. Les mouvements et les rires émancipateurs, quant à eux, ne peuvent garantir que les processus policiers ne reviennent en force sous d'autres formes. Toute une réflexion pourrait ici être entamée sur la transformation de la domination depuis le milieu du 20ᵉ siècle. Si l'Église de Montréal, main dans la main avec le capitalisme, cherchait à l'époque à corriger nos mœurs de manière autoritaire, il se peut fort bien, par exemple, que tous nos dispositifs de communication débordant de publicités ciblées et de rires forcés aient pris le relais en nous promettant une liberté tout aussi galvaudée que celle du Paradis religieux. Pourtant, tout comme la spiritualité, les moyens de communication ne sont pas un mal en soi. Alors à nous de *profaner* ces dispositifs, c'est-à-dire de les restituer au libre usage de chacun (Agamben, 2006: 39), à l'aide de rires aussi justes et libres que ceux des Cyniques à leur époque. D'ailleurs, la philosophie elle-même (ainsi que de nombreux textes académiques incluant peut-être celui-ci) mérite, à bien des égards, d'être profanée. Tout cela, encore une fois, les Cyniques l'avaient certainement compris au moment où ils ont quitté les bancs de l'université pour faire rire le Québec au début des années 1960.

Bibliographie

Ouvrages

AGAMBEN, Giorgio. *Qu'est-ce qu'un dispositif?*, Paris, Payot et Rivages, 2007, 50 p.

GAGNON, Charles. *Feu sur l'Amérique. Écrits politiques, volume I (1966-1972)*, Montréal, Lux, 2006, 216 p.

LAURENDEAU, Marc. «La persistance de l'enjeu constitutionnel» dans Guy BERTHIAUME et Claude CORBO (dir.), *La révolution tranquille en héritage*, Montréal, Boréal, 2011, p. 183-205.

NAVET, Georges (dir.). «Introduction», dans *L'émancipation*, Paris, L'Harmattan, 2002, p. 6-11.

PAQUET, Léonce. *Les Cyniques grecs : fragments et témoignages*, Ottawa, Les Presses de l'Université d'Ottawa, 1988, 365 p.

RANCIÈRE, Jacques. *Aux bords du politique*, Paris, Gallimard, 1998, 254 p.

SARRA-BOURNET, Michel. «Duplessis et la pensée économique de l'Église», dans Alain GAGNON et Michel SARRA-BOURNET (dir.), *Duplessis : entre la Grande Noirceur et la société libérale*, Montréal, Québec Amérique, 1997, p. 173-181.

THERRIEN, Jean-Marie. *Parole et pouvoir : figure du chef amérindien en Nouvelle-France*, Montréal, Liber, 2007, 261 p.

Disques

Les Cyniques.
Les abominables Cyniques en spectacle, volume 1, 1965.
Les Cyniques, volume 2, 1966.
Les Cyniques à la Comédie-Canadienne, volume 3, 1967.
Les Cyniques, le meilleur !, volume 4, 1968.
Les Cyniques, volume 5, 1970.
Les Cyniques : exit, 1972.

Radio-Canada, *Les Cyniques : méchante révolution*, http://www.radio-canada.ca/emissions/les_cyniques_mechante_revolution/2010-2011/speciale.asp (consulté le 6 août 2013).

« Un coup de matraque ça frappe en tabarnac ! »
Regard parodique sur l'œuvre des Cyniques

Yvon Laplante
Université du Québec à Trois-Rivières

Introduction

Les Cyniques sont nés en plein cœur de la Révolution tranquille au Québec. Composés de Marc Laurendeau, de Marcel Saint-Germain, d'André Dubois et de Serge Grenier, le groupe s'est rapidement fait connaître pour son humour caustique et irrévérencieux. Sous le regard des Cyniques, le clergé, les députés, ministres et gouvernants, les puissants et autres représentants de l'État (policiers, juges, etc.) deviennent les cibles privilégiées qui participent à un réel processus de carnavalisation, un renversement momentané de la pyramide sociale. À travers la moulinette des Cyniques, les puissants se révèlent les porteurs d'eau de la Révolution tranquille. Le rire que génère ce carnaval, s'il donne à voir une société en pleine mutation, laisse surtout percevoir des enjeux collectifs profonds à travers lesquels se redéfinissent les rapports État-citoyens. Au cœur de l'humour du groupe se concrétise le bouillonnement d'une jeunesse dont l'action s'organise sous le signe de la rupture.

C'est cette rupture qui nous intéresse dans l'œuvre des Cyniques. Ce renversement carnavalesque qui travestit les enjeux réels pour en faire émaner un sens parodique inédit. À travers les nombreux thèmes abordés par le groupe se construit en mode ludique une structure cohérente et récurrente de la représentation de l'État. Au fil des blagues, des sketchs et des chansons se dresse une architecture narrative impressionnante qui se moque d'une histoire en train de s'écrire maladroitement. Le regard sémiotique sur le travail des Cyniques est éloquent. L'œuvre du quatuor frappe par l'acuité avec laquelle son humour trace les contours d'un diagnostic toujours actuel. À telle enseigne que le véritable cynisme ne réside pas tant dans les parodies du groupe que dans le triste constat que le répertoire d'enjeux qu'il met en scène compose encore aujourd'hui le programme politique du Québec.

Problématique

Dans ce texte, nous nous intéressons donc à la représentation de l'État dans l'œuvre des Cyniques. Cet intérêt réside dans la nécessité de mieux comprendre comment le discours ludique peut constituer un indicateur pertinent, valide et fidèle de l'état du discours social. L'étude des œuvres ludiques permet de saisir sous l'angle du carnaval les modes de parodisation que les sociétés mettent en œuvre pour se raconter et se moquer d'elles-mêmes. L'analyse de la représentation de l'État dans les œuvres comiques nous autorise alors à inférer les conceptions du monde qui émanent de la triade État-média-citoyen. Ainsi, nous pouvons considérer que, si elles se rient de la démocratie, les œuvres participent activement à sa constitution et à sa représentation.

La problématique du rôle de l'État dans nos sociétés contemporaines suscite un débat fort animé sur l'avenir de la citoyenneté. En effet, le développement de l'économie mondiale, l'éclatement et la libéralisation des marchés nationaux et l'explosion des nouvelles technologies de l'information et de la communication s'inscrivent dans une logique marchande qui commande une redéfinition du statut de l'État comme entité régulatrice des rapports sociaux.

Le concept d'État, et son incarnation comme entité transcendante du social, résulte de la phénoménologie historique de l'exercice du pouvoir en société. Si « les hommes ont inventé l'État pour ne pas obéir aux hommes» (Burdeau, 1970 : 15), il n'en demeure pas moins que son existence résulte d'une pure construction de l'esprit. L'État est une forme d'encadrement du pouvoir qui ennoblit l'obéissance civile. Il est en quelque sorte le régulateur des enjeux qu'il incarne.

C'est donc à l'étude de la représentation de l'État que nous consacrons la présente recherche. Afin de circonscrire cette image de l'État qui circule au sein du corps social à travers l'œuvre des Cyniques, il nous apparaît pertinent de questionner la fécondité du lien privilégié qu'entretiennent le citoyen, les médias et l'État au moment où ils occupent une place de premier plan au sein de l'espace public.

Nous proposons d'explorer un territoire en apparence incongru pour faire émerger des indices de la représentation de l'État. C'est en effet à travers l'œuvre des Cyniques que nous envisageons de traiter la problématique de la représentation de l'État.

Nous nous intéressons plus particulièrement au processus d'énonciation qui guide la mise-en-média de l'État, et du corps social qu'il représente, dans l'œuvre du groupe. Par mise-en-média nous entendons le processus par lequel les médias (ici les enregistrements distribués sous forme de disques) s'approprient une réalité pour la représenter et la diffuser au sein du corps social. Nous tenterons de montrer que l'œuvre des Cyniques rencontre les prétentions carnavalesques de la fête médiévale et ses différents modes de rabaissement. Nous tâcherons de montrer, dans la perspective de Mikhaïl Bakhtine, élaborée autour d'une étude du monde de Rabelais, des relais d'interprétation présentant un intérêt pour la circonscription de la figure de l'État dans l'œuvre des Cyniques. La contribution fondamentale de Bakhtine à la compréhension du phénomène comique en société réside précisément dans la démonstration que celui-ci, au même titre que le sérieux, constitue un système de représentations qui révèle un aspect profond du monde. Le carnaval (ou parodisation sociale) célèbre la seconde vie du peuple fondée sur le principe universel du rire. Par ses nombreux rabaissements, il constitue une véritable victoire du peuple sur le monde rigide des idéologies dominantes. Dans la fête populaire, le rire est porteur d'une signification positive, régénératrice et créatrice qui entretient des relations indissociables avec la liberté et la vérité populaire.

Le carnaval est prétexte au triomphe d'une sorte d'affranchissement provisoire de la vérité dominante, et de l'abolition intermittente, voire d'un renversement, des rapports hiérarchiques habituels. Pour Bakhtine, il apparaît évident que la culture du peuple trouve son inscription la plus profonde dans les comportements et les discours du carnaval : « ce qu'il nomme "vision carnavalesque" peut être et doit être légitimement entendu comme signifiant la vision globale du monde propre à la culture populaire » (Belleau, 1990 : 142).

La problématique du discours social ouvre la voie à une compréhension globalisante de la façon dont une société construit son identité et se représente à travers toutes les formes de manifestations discursives. Dans l'esprit du travail rabelaisien, le carnaval est, dans le discours social, de l'ordre de l'écart délibéré. Nous démontrerons que le discours des Cyniques participe à creuser cet écart par des fonctions de rabaissement et de renversement de la pyramide sociale vouées à l'éclatement du discours carnavalesque.

L'hypothèse de départ de la présente recherche s'inspire du postulat fondamental qui guide les travaux de Bakhtine. Le discours comique d'une société, par sa nature éminemment économique (Freud, 1930), génère un système de représentations qui donne accès à la vérité populaire. C'est dans cet esprit que nous prétendons que l'œuvre des Cyniques peut être considérée comme un objet sémiotique qui, dans sa structure, sa forme et sa narrativité, donne à voir, par diverses stratégies de travestissement, des indices de l'état du lien social au sein de la collectivité. La comédie comme acte discursif construit des lieux de représentation desquels émanent certains indicateurs de la condition du social.

Présentation du corpus

Le corpus étudié s'étale sur l'ensemble de l'œuvre des Cyniques entre 1962 et 1972. Le corpus complet comprend plus de cinquante sketchs d'une durée variant entre quinze secondes et cinq minutes. Pour chacun d'eux, nous avons fait une analyse narratologique en fonction de quatre paramètres principaux : protagonistes, enjeux, espace et temps.

Le texte comique comme objet sémiotique

La présente étude requiert une instrumentation théorique et méthodologique qui permette l'analyse de l'inscription et de la circulation du signe en société. Plus précisément, il faut se référer à une théorie qui reconnaisse la participation du langage comique à la constitution du discours social.

La sémiotique s'offre à nous comme un lieu de saisie privilégié de la circulation du signe en société. D'abord parce que, comme science des langages, elle permet de comprendre le discours ludique en même temps qu'elle fait émerger l'organisation structurelle des récits mis en œuvre à travers chaque sketch qui compose l'œuvre du groupe. Ensuite parce que l'objectif du présent travail nous impose d'approcher l'étude de l'œuvre dans une perspective diachronique. Car, étant donné la facture fondamentalement parodique de l'œuvre des Cyniques, on ne pourrait faire ressortir la figure de l'État à travers les seuls sketchs. Les indices de sa représentation émanent de multiples relations dialogiques, c'est-à-dire à travers une diversité de discours à caractère plus ou moins officiel qui circulent en société. La circonscription de la représentation de l'État doit nécessairement se conjuguer ici avec une démarche sociohistorique afin de trouver, dans l'œuvre comique, l'empreinte de cette représentation au sein du discours social.

Les travaux de Charles S. Peirce apparaissent d'emblée d'une pertinente fécondité pour comprendre les fondements et les transformations des signes qui circulent au sein du discours social, et sur la base desquels s'érige le contrat plus ou moins implicite qui lie le citoyen à l'État qui le représente. D'inspiration logique, la théorie de Peirce ouvre des perspectives qui permettent de dépasser les limites de la sémiologie linguistique de tradition saussurienne (Saussure, 1913). Si, par exemple, il existe bel et bien une grammaire des langages visuel, musical ou corporel, rien ne nous autorise à croire qu'elle dépende d'une dichotomie linguistique sur le mode signifiant/signifié, puisque leur fondement n'est pas linguistique ; il repose davantage sur une phénoménologie de la perception (Saouter, 1994) que la langue naturelle « traduit » méta-discursivement.

C'est autour de cette logique que se construit le présent projet. Il s'agit d'isoler dans le temps et dans l'espace une sémiose particulière et particularisante afin de la traiter comme un indice de l'évolution du discours social. Si elle demeure inférentielle, la démarche ne prétend pas moins trouver sa pertinence et sa légitimité dans une argumentation historique toujours à revisiter. Le parcours diachronique que commande alors la sémiose peircienne nous permet de considérer les fragments de signification qui émanent d'une sémiose particulière, sur la base de la dichotomie objet sémiotique/objet sémiosique, comme des indicateurs de l'évolution du discours social.

Ce discours social s'articule autour de l'ensemble des discours, officiels comme officieux, qui circulent dans une société à un moment donné de son histoire. Angenot (1991) reconnaît la pertinence de toutes formes de manifestations discursives lorsqu'il affirme que « les pratiques discursives sont des faits sociaux et, partant, des faits historiques ». L'intérêt particulier du discours social réside précisément dans la reconnaissance explicite de plusieurs types de pratiques langagières au sein du discours social.

Julia Kristeva propose la notion de texte pour désigner ces productions de sens qui s'élaborent et circulent au sein d'une société. En tant que productions de sens, les nombreux *textes* qui circulent au sein du discours social entretiennent un rapport redistributif à la langue. Conséquemment, ils sont «abordables à travers des catégories logiques plutôt que linguistiques» (1969: 113). Cette dynamique sémiosique est à l'origine de la production et de la circulation de chacun des *textes* qui circulent au sein du discours social. Elle autorise également les différents modes d'emprunt et d'interpénétration textuelle que Kristeva appelle *intertextualité*. D'autres écrits nous autorisent à croire qu'il existe plusieurs types de relations textuelles qui participent au processus sémiosique mis en œuvre par la formalisation d'un texte sur un axe diachronique. C'est là que réside l'intérêt principal de conjuguer la perspective logique de Peirce avec une théorie de l'intertextualité, puisque la première s'intéresse à la circulation du sens dans le temps alors que la seconde consacre son étude à l'interpénétration textuelle.

Les travaux de Genette (1982) sur la *transtextualité* demeurent fort éclairants pour comprendre cette interpénétration des textes qui occupent l'espace public médiatisé d'un territoire à un moment ou à un autre de l'existence des peuples qui l'habitent. La *transtextualité* renvoie à la coprésence d'éléments qui permettent d'identifier la marque délibérée d'un texte dans un autre. Pour les besoins de notre étude, nous postulons qu'il existe un lien de *transtextualité* entre les revues humoristiques annuelles, en tant qu'*hypertextes*, et les sous-unités discursives du discours social auxquelles elles réfèrent, les *hypotextes*.

La force principale de la *transtextualité* réside dans la possibilité de circonscrire la relation qui existe entre l'*hypertexte* et l'*hypotexte* en vue de reconstituer la sémiose à laquelle ils participent. La spécificité des revues humoristiques annuelles commande une forme de *transtextualité* toute particulière qui s'établit sur la base du travestissement et de la parodie. Un *hypertexte* se construit en référence plus ou moins implicite par rapport à l'*hypotexte* sur un mode parodique, c'est-à-dire en opérant un détournement de sens délibéré. Comme représentamen, le premier se construit par rapport au second pour générer un troisième travesti, son interprétant. Dans cette logique sémiosique, les textes puisent à même le discours social pour se former et contribuer à leur tour à le constituer. Ils s'élaborent comme une mosaïque de citations que Bakhtine appelle dialogisme (1978). Ils sont simultanément absorption et transformation d'autres textes sur le mode du travestissement, et c'est à cet égard qu'ils demeurent les lieux privilégiés de la représentation.

Les sketchs des Cyniques sont donc considérés comme des indicateurs de l'état du discours social au Québec entre 1962 et 1972. Leur statut de *texte* implique la pénétration de l'histoire dans leur construction. C'est ce qui justifie les références obligées à l'histoire nationale dans la présente entreprise, pour situer la parodie sociale dans son contexte socio-discursif d'émergence. Les enseignements de Koselleck (1990) sur l'importance de situer « l'avant et l'après » dans l'interprétation d'un événement historique, ici le texte parodique, nous engagent dans une telle démarche.

La représentation de l'État dans l'œuvre des Cyniques

L'œuvre des Cyniques se construit essentiellement autour du processus de carnavalisation décrit par Bakhtine. L'humour caustique du groupe met en scène le renversement de différents lieux de pouvoir et de leurs représentants. En plein cœur de la Révolution tranquille, le discours des Cyniques s'érige comme une attaque fertile à l'endroit des institutions contre lesquelles s'élève une jeunesse de plus en plus instruite et revendicatrice. Au premier chef, l'Église catholique, ses idées et ses représentants, demeure une des cibles privilégiées du quatuor. En effet, de nombreux sketchs donnent à voir une institution religieuse rigide et retorse, animée par l'asservissement du « petit peuple de croyants ». À cet égard, le sarcasme et la fronde du discours humoristique des Cyniques s'inscrivent dans la lignée de nombreux autres récits qui circulent dans la sphère publique du Québec des années 1960. La particularité de leur genre ouvre cependant la voie à une fronde inégalée dans le registre sérieux. Évidemment, l'humour ne donne ni dans la nuance ni dans l'explication. Il se construit inévitablement sur des raccourcis efficaces et audacieux ; sur la figure de la parodie et du travestissement.

Mais, comme nous l'avons précisé plus avant, c'est ici l'originalité du discours humoristique des Cyniques autour de la figure de l'État qui nous interpelle. Celle-ci se construit essentiellement sur les fondements de l'identité canadienne-française, façonnée par une double conquête (française et anglaise), de laquelle émane toute la représentation de l'État chez les Cyniques. Elle s'érige sur différents axes thématiques que nous traiterons de façon juxtaposée pour les besoins de l'exercice, mais qui s'énoncent transversalement dans l'œuvre du groupe. C'est donc à travers les récits sur les conquêtes et la parodisation des politiciens fédéraux et provinciaux que se bâtit l'architecture discursive de l'État dans l'œuvre du groupe.

Les conquêtes

L'œuvre des Cyniques regorge de références explicites et mordantes aux conquêtes française et anglaise, qui tracent les contours d'une identité canadienne-française floue et indécise. Une identité en totale mutation qui témoigne de l'ébullition extraordinaire qui anime la société québécoise en pleine Révolution tranquille.

Le discours sur le statut doublement colonisé des Canadiens français se définit par les deux thématiques particulières que sont la langue, et le bilinguisme et le biculturalisme. En effet, quelque cinquante années avant la commission Bouchard-Taylor sur les accommodements raisonnables, les Cyniques s'attaquent avec virulence aux lois sur les langues officielles, au biculturalisme canadien et au métissage de plus en plus visible de la société québécoise. D'ailleurs, dans un sketch de 1966 intitulé *Le biculturalisme*, les Cyniques posent d'entrée de jeu la problématique de l'identité canadienne-française en ces termes : « Vous n'êtes pas sans savoir qu'un problème soulève actuellement le Canada tout entier, c'est le problème du biculturalisme » (*Le biculturalisme*, 1966). C'est donc à travers la problématique de la langue, et du statut des langues officielles au Canada, que se construit le discours du groupe sur l'identité. Dans la même veine, ils chantent :

> Y a la commission de notre ami Laurendeau
> Les Anglos s'y fient, les Anglais en ont plein l'dos
> On nous apprendra, c'est pas d'la dépense pour rien
> Nos langues officielles sont l'anglais et l'ukrainien
> Wo ! André ! Quel scandale si la Reine savait ça
> Wo ! André ! Elizabeth, l'ukrainien elle ne parle pas
>
> (*Scandale dans la poubelle*, 1966)

C'est évidemment dans un texte destiné à la Conquête sur la bataille des plaines d'Abraham que s'énonce le plus clairement la position éditoriale du groupe sur l'identité canadienne-française :

> Nous autres on est du monde chanceux, on habite deux pays bilingues. En effet, le Canada est bilingue, et le Québec est bilingue. Tout ça remonte à 1759, année de la bataille des plaines d'Abraham. Eh oui, sur les plaines on se bat à mort, d'un côté les braves Français et de l'autre les autres. Alors, voici comment, en toute objectivité évidemment, un commentateur sportif de l'époque aurait pu décrire la situation. (*Les plaines d'Abraham*, 1970)

S'ensuit une description volontairement parodiée, dans un bilinguisme approximatif, de la conquête par les Anglais. La longue citation qui suit illustre à merveille non seulement la maîtrise exceptionnelle de la parodisation sociale, mais aussi l'extrême efficacité de l'écriture comique du groupe :

> Hello racing fans ! Bonjour éventails de course ! Here we are, nous voici, today, aujourd'hui, à la brunante, at the browning. C'est le derby de la Conquête, the Conquest derby, sur les plaines d'Abraham, on the fulls of Abraham. It's a sweepstake, c'est un

steak balayé. Nous voyons arriver les Anglais, we see arriving the Blokes. Les bateaux sont en marche, the boats are now moving. Ils arrêtent à Cap-Rouge, they stop at Red Cap. Ils débarquent, they are debarking, à l'anse au Foulon, at the handle of the Long Crazy.

Voici maintenant les Français, here come the French pea soup ! Here they are, les voici, excellent, good, bravo, hurray. Get ready to place your bets, préparez-vous à gager. C'est un départ, it's a go ! Les Français foncent les premiers, the French are foncing first ! Montcalm en tête du peloton, my calm at the head of the plotton ! Ils tirent, they shoot, dans le beurre, in the butter ! Montcalm, my calm, recule, backs up, with his gang, avec sa bunch. Il est en beau joual vert, he is in nice green horse ! Il prend le mors aux dents, he takes the death by the teeth ! The soldiers of Wolfe, les soldats de ti-loup, les étripent, are etriping them. Les Français rient jaune, the French laugh yellow ! Ils sont au coton, they are at the cotton ! Montcalm est tiré, my calm is pulled, il dit « merde », he says « meurde » ! He is badly hurt, il est mal amanché ! Il a trois balles, he has three balls. He dies, il meurt, il dit « woah », he says « weuuurgh » ! Dommage, damage, he was only forty-nine, il était seulement quarante-neuf. Voici venir la noirceur, here comes the black nun. Les Français sont vaincus, the French are twenty asses. Ici votre commentateur, Zéphirin Brisebois, Sweet Breeze Crackwood, qui vous dit « Oh ! fly bine », « bine volante » ! Un soldat pointe un gun sur moi, a soldier points a gun at me. Hey tirez-moi pas s'il vous plaît, don't shoot me please, je vais sacrer mon camp, I will swear my camp ! J'ai la chienne ! I have the bitch !

(Les plaines d'Abraham, 1970)

À travers ce seul monologue s'énonce toute la critique de l'ambivalence identitaire des Canadiens français dans l'œuvre des Cyniques. D'ailleurs, le discours sur l'identité se construit toujours sous l'angle du « bon parler français » en référence à un AUTRE, tantôt français, tantôt anglais, tantôt enfin immigrant. Cet AUTRE que le groupe s'amuse à parodier témoigne des enjeux extraordinaires de cette nouvelle « ouverture sur le monde » que célébrait l'Expo 67. Nous en avons pour preuve cet inénarrable extrait tiré du sketch *Le racisme* (1970) :

Faut faire attention à ce qu'on dit; la semaine dernière, je me suis fait bousculer par un Noir. Il pensait que je l'avais traité de singe, je lui avais simplement demandé dans quelle branche il était... Je suis d'ailleurs ici pour vous donner un cours: comment ne pas être raciste.

De la modération! Ne dites pas: «Les Français puent!» Dites plutôt: «Il est possible que, n'ayant pas les moyens de s'acheter du savon, les Français dégagent certaines odeurs intimes.»

Ne dites pas: «Les Américains ont l'air niaiseux avec leurs grosses culottes bermudas carreautées.» Dites plutôt: «Les Américains ont des grosses culottes bermudas carreautées qui leur conviennent bien.»

Parlant d'Anglo-Saxons, évitez de confondre l'Anglais et le Canadien anglais, le premier est civilisé.

Ne dites pas: «À Saint-Léonard, les Italiens veulent pas apprendre le français.» Dites plutôt: «À Saint-Léonard, les Italiens n'ont pas la capacité intellectuelle d'apprendre le français.»

Ne dites pas: «Les immigrants viennent touttes nous voler nos jobs!» Dites plutôt: «Les immigrants viennent emprunter nos emplois pour aller vivre ensuite aux États-Unis.»

Quand vous serez modérés, l'on vous aimera, car vous ne direz plus: «J'haïs les Italiens, les Polonais, les Nègres pis les Anglais.» Mais vous direz affectueusement: «J'adore les Wops, les Polacks, les Niggers pis les Blokes»! (*Le racisme*, 1970)

L'analyse complète de l'œuvre du groupe humoristique révèle une panoplie incommensurable de références à cette réalité complexe du biculturalisme et du multiculturalisme qui redéfinit le Canada et le Québec modernes (*À la sellette*, 1965; *Scandale dans la poubelle*, 1966). Si les enjeux traités s'organisent presque exclusivement autour des débats entourant le statut des langues officielles et la condition minoritaire des Canadiens français, les Cyniques se montrent intraitables quant à l'impossible réconciliation entre le gouvernement fédéral et les provinces:

Jean Lesage :	En tant que premier ministre du gouvernement de la province... ouuah...(*tic attribué à Jean Lesage, un amateur de bon vin*), j'ai décidé de construire, sur le site de l'Exposition universelle de 1967, un pavillon entier... ouuah... qui montrera justement les merveilles de la culture du Canada français.
Bruichési :	Mais vous pensez pas, monsieur Lesage, qu'un pavillon comme ça là, il risque de se mêler de la politicaillerie ?
Jean Lesage :	Ouuah... Évidemment, c'est une chose qui est toujours possible. Mais il y aura par exemple, dans ce pavillon, une salle qui sera la salle du vaudeville, plus précisément ce sera la salle des conférences fédérales-provinciales. Cette salle se situera, évidemment, dans un corridor sans issue...

(Le biculturalisme, 1966)

Cet extrait constitue une des rares références explicites au statut du Québec dans le Canada. Pour l'essentiel, la représentation de l'État entourant le discours sur les conquêtes se construit sur les enjeux de la langue et du biculturalisme. La représentation de l'État qui en émane traite les enjeux démocratiques qui animent cette période de « bouleversements tranquilles » sous l'angle presque exclusif de la présence quasi irréconciliable de deux « nations » à l'intérieur du Canada. Il faut jeter un œil sur un texte inédit des Cyniques pour y entrevoir une référence explicite à la question constitutionnelle, et plus implicitement à la place du Québec à l'intérieur du Canada.

Selon moi, je parle ici en tant que femme, n'est-ce pas, le facteur le plus déterminant, ça a été la question constitutionnelle. Comment voulez-vous résister à la constitution d'un Pierre Elliott Trudeau ? Je les comprends, ceux qui veulent des changements, rien qu'à les regarder. Prenez, par exemple, monsieur Stanfield (*chef du PC*), c'est bien normal que cet homme-là souhaite une autre constitution.

(Les élections fédérales, 29 juin 1968)

La poursuite de l'entrevue donne à voir une confrontation de deux solitudes, de deux visions du monde, qui traduit une logique d'enfermement que deux référendums n'ont pas réglée.

Intervieweuse : Nous allons maintenant céder la parole à notre dernier invité, monsieur Davidson de Moose Jaw en Saskatchewan. Monsieur Davidson ne s'exprime pas en français, il va donc parler anglais et ses propos seront traduits par traduction simultanée. Monsieur Davidson, quel sera le rôle de cette élection dans les relations entre Canadiens anglais et Canadiens français ?

Davidson : Well I would like to say first *j'aimerais dire d'abord* we are not interested in those damn French Canadians *que nous voulons entretenir un dialogue constant avec nos chers amis Canadiens français*. What was important for me in this election *ce qui était important pour moi dans ces élections*, it was the problem of the economy *c'était le problème des deux langues*. For the rest, I think that there is only one language in Canada *je crois qu'il y a deux langues au Canada, le français et l'anglais*. Anyway, I don't give a damn hell about Quebec *le problème du Québec m'intéresse beaucoup*, they are making trouble all over Canada...

(*Les élections fédérales*, 29 juin 1968)

La parodisation satirique de cet extrait synthétise le discours des Cyniques sur le Canada, le renouvellement constitutionnel et l'incompréhension mutuelle des deux «peuples fondateurs». Ironiquement, s'il s'est énoncé en synchronie avec la mouvance des idées qui ont traversé le Québec de la Révolution tranquille, le point de vue des Cyniques montre à quel point l'histoire s'écrit à l'encre de la lenteur, des paradoxes démocratiques et des confrontations identitaires.

S'ils se sont intéressés à l'identité canadienne-française, les Cyniques ont aussi dépeint avec véhémence les principaux acteurs des scènes politiques fédérale, provinciale et municipale montréalaise. Il va de soi que l'extraordinaire contexte de transformation sociale qui a frappé l'époque des années 1960 a constitué un terreau fertile à la parodisation des enjeux démocratiques. C'est à travers plusieurs thèmes que le groupe a attaqué la représentation de l'État (les grèves, la crise d'Octobre, l'armée, la police, etc.). Mais c'est surtout sous l'angle de la personnalité des politiciens que les Cyniques ont mis à jour une représentation de l'État qui témoigne de profondes mutations sociales.

Les politiciens

Les politiciens de tous les paliers de gouvernement ont subi la fronde des Cyniques. En effet, tant les figures du gouvernement fédéral (Trudeau, Diefenbaker, Caouette, Stanfield) que celles des gouvernements provincial (Samson, Bourassa, Lesage, Johnson, Bellemare) et municipal (Drapeau, Saulnier) définissent l'humour du groupe. À travers ces figures du pouvoir, les Cyniques mettent en scène des thèmes récurrents que nous pouvons aisément regrouper autour de trois axes principaux.

D'abord, la langue française. Toute l'œuvre des Cyniques est marquée d'une préoccupation constante pour la langue française et la condition minoritaire des Canadiens-français dans un Canada faussement bilingue. Les blagues sont nombreuses autour de l'incapacité fonctionnelle des élus anglophones à s'exprimer en français. En témoignent les parodies fréquentes de politiciens fédéraux incapables d'articuler une pensée claire en français. Mais aussi par l'absurde, la maîtrise volontairement approximative et irrévérencieuse de l'anglais par les députés francophones, comme le souligne l'extrait suivant : « And now, for the English Quebecers, ladies and gentlemen, I thank you from the bottom of my heart, and my wife, she thanks you from her bottom too ! » (*Pancrasse Pot-de-vin*, 1965)

Ensuite, les Cyniques s'attaquent de plein fouet à des problématiques fondamentales du pouvoir et de la gestion des affaires publiques. C'est ainsi que l'œuvre du groupe dépeint une classe politique malhonnête et corrompue. « Nos députés sont des tripoteurs : je remercie tous les ceusses qui ont voté pour moi, particulièrement les ceusses qui ont pas craint de se déranger deux fois» (*Chanson thème*, 1966). Certains représentants apparaissant même comme de purs idiots illettrés !

> Dans le comté que j'ai reçu mon instruction dedans, le comté que j'ai été élu par exclamation devant ma ville natale, mon clocher natal, mon cimetière natal. Avec l'Union nationale, le gouvernement que je travaillais pour, l'agriculture sera bien défendue, car selon l'expression venue du tiroir, protéger les cochons, c'est nous protéger nous-mêmes ! Et je pourrais vous faire des promesses que je vais tiendre, mais que je ne m'attarderai pas à énumérer ce soir.
>
> (*Pancrasse Pot-de-vin*, 1965)

Même Jean Lesage, pourtant fier porte-parole des idées et du mouvement de la Révolution tranquille, se fait égratigner dans un passage pour le moins caustique dans un sketch de 1965. «Jean Lesage : Mon cher Flamand, je vous répondrais que depuis 1960, les pots-de-vin il n'y en a plus. Parce que, voyez-vous, moi, les pots-de-vin, je ne les donne plus, je les bois.» (*À la sellette,* 1965)

Enfin, le dernier thème récurrent qui trace les contours de la représentation de l'État dans l'œuvre des Cyniques regroupe toutes les références explicites aux relations troubles entre le gouvernement fédéral et le gouvernement provincial du Québec. Au premier chef, le groupe critique la subordination et la servilité du premier ministre Jean Lesage.

> Y a Ti-Jean Lesage qui pense plus à Ottawa
> Ce qu'il ne sait pas c'est qu'Ottawa n'en veut pas
> Il veut voir Québec comme un État associé
> L'idée vient pas d'lui, c'est Lévesque qui l'a dit
> Wo ! Ti-Jean ! Quel scandale si Pearson savait ça
> Wo ! Ti-Jean ! C'est pas grave il comprendrait pas ça
>
> (*Scandale dans la poubelle*, 1966)

Quelques années plus tard, le sketch sur l'assurance chômage (1970) s'énonce comme un présage de la rhétorique fédéraliste du camp du NON au référendum de 1980. Les Cyniques mettent en scène, encore une fois sous l'angle de la domination des Anglais conquérants, la mollesse identitaire des Canadiens français.

> N'écoutez pas ceux qui prêchent l'indépendance du Québec. On peut pas se permettre l'indépendance, les taxes augmentent, les loyers augmentent, le chauffage augmente.
> Pis à part de ça, l'indépendance, ça serait mauvais pour le Québec. La preuve c'est que tous les Anglais le disent. Pis pas n'importe quels Anglais anglais là! Des Anglais intelligents! Comme par exemple Stanfield, Smallwood, Trudeau... Non, pis à part de ça, pourquoi se séparer? Les Anglais ont toujours pris nos intérêts. Chômeurs du Québec, suivez plutôt la devise de l'assurance chômage : vivons heureux, vivons niaiseux. Et si vous avez besoin de quelque chose, venez nous voir. On va vous montrer comment vous en passer. Adoptons tous le slogan de notre bon premier ministre : Québec s'laisse faire. (*L'assurance chômage*, 1970)

La charge contre les Anglais et l'asservissement des Canadiens français culmine dans l'œuvre du groupe autour de la figure emblématique du premier ministre du Canada Pierre E. Trudeau. Personnage arrogant et méprisant, le premier ministre canadien apparaît en toutes occasions comme un être exécrable et hautain.

> Interviewer : Dans un tout autre ordre d'idées, comment expliquez-vous que monsieur Jean-Jacques Bertrand ait été premier ministre du Québec ?
> Trudeau : Écoutez, vous n'avez qu'à lire la Constitution, n'importe qui peut être premier ministre du Québec. (*Le dés-honorable Trudeau*, 1970)

La question constitutionnelle fait également l'objet d'une parodie fort éloquente. Dans un sketch de 1972, les Cyniques n'en portent pas moins bien leur nom au moment où, dans un tête-à-tête satirique, l'humour décapant du récit dévoile la quadrature du cercle. Le premier ministre québécois se trouve complètement manipulé, sous la forme réelle d'une marionnette, par le premier ministre canadien.

Trudeau : Comment ça va, mon p'tit Robert ? Dis : « Ça va bien, monsieur Trudeau ! »

Bourassa : Ça va bien, monsieur Trudeau !

Trudeau : Alors, dis-moi mon p'tit Robert, qu'est-ce que tu viens faire à Ottawa ?

Bourassa : J'm'en viens... demander... des amendements... à la Constitution... OK ?

Trudeau : Est-ce que tu pourrais répéter ça ?

Bourassa : J'm'en... J'm'en viens, de-de-de-demander des amen-amen-amen-dements à la Co-con-co-con-co-con-co-constitution !

Trudeau : Tu t'en viens demander des amendements à la Constitution ? Mange d'la marde ! T'as compris espèce de p'tit niaiseux ? Oublie pas que t'es seulement le premier ministre du Québec ! J'peux aller plus haut que toi si je veux ! J'peux aller voir le maire Jean Drapeau ! Pourquoi t'as peur quand je parle du maire Drapeau ? Il est pas ici le gros chien-chien.

(*Tête-à-tête avec Boubou-Pet*, 1972)

Le fait que Trudeau appelle Bourassa « petit Robert » ne relève pas de l'anecdote ! Cela confirme ce que dessine toute l'œuvre des Cyniques, c'est-à-dire l'ambivalence identitaire fondée sur un double processus de colonisation. Et, comme tout général de guerre doit pouvoir compter sur de fidèles soldats, le premier ministre canadien sait s'entourer ! C'est dans une tirade absolument succulente que Jean Crétin présente le Canada à un touriste français dans une envolée pancanadienne.

Crétin : Comptez sur moi, je vais vous renseigner sur mon pays le plus sincèrement et le plus honnêtement que je peux. [...] Le Canada est un pays tellement grand que vous pouvez trouver en même temps quelqu'un qui déjeune à Vancouver, quelqu'un qui dîne à Calgary, quelqu'un qui soupe à Toronto pis quelqu'un qui a mal au cœur à Halifax. Le Canada peut répondre à tous les goûts comme aux gens qui ont pas de goût !

(*Tourisme Canada avec Jean Crétin*, 1969)

Conclusion

Comme nous l'avons vu, la représentation de l'État dans l'œuvre des Cyniques se construit autour de trois thématiques principales animées par une problématique transversale. D'une part, le Canadien français, pas encore devenu québécois, est le fruit d'un double processus de colonisation. D'autre part, son identité se fonde essentiellement sur la langue française. C'est à travers elle que s'énonce une vision ambivalente et fragmentée de la nation, voire de la condition de la province de Québec à l'intérieur du Canada. Enfin, les acteurs de la scène politique, dignes représentants de la classe dirigeante dans un Québec en pleine mutation, apparaissent malhonnêtes, corrompus et serviles.

C'est autour de ces thèmes récurrents que se manifeste, dans le registre du carnaval, une représentation de l'État qui témoigne d'un dédoublement identitaire aux contours bien définis, mais au centre flou. Ainsi, le Canadien français apparaît comme une victime cynique et lucide, à la fois forte et soumise, résolument en phase avec l'ensemble du discours social ambiant. Conséquemment apparaissent des thèmes secondaires, mais bien ancrés, qui donnent vie à cette représentation complexe, paradoxale et fascinante.

Plus d'un demi-siècle plus tard, l'œuvre des Cyniques se révèle d'une profondeur discursive et sociohistorique indiscutable. Au moment où nous écrivons ces lignes, un parti souverainiste minoritaire est à la tête de la province et un gouvernement conservateur est majoritaire au Canada, malgré une absence presque complète de députés québécois. La commission Charbonneau s'active à débusquer les stratagèmes de politiciens, de fonctionnaires et d'entrepreneurs pour construire une mécanique structurelle efficace de collusion et de corruption. Et la Ville de Montréal vient d'élire son troisième maire en moins d'un an.

Relire aujourd'hui l'œuvre des Cyniques, c'est comprendre que l'humour n'est pas qu'une blague qui traduit l'air du temps.

C'est accepter que le processus de carnavalisation écrit l'histoire à l'envers, opposant possédés et possédants, dirigés et dirigeants. Relire aujourd'hui l'œuvre des Cyniques, c'est comme un coup de matraque, « ça frappe en tabarnac ! ». (*La recette Laberge*, 1972)

Bibliographie

ANGENOT, Marc. « L'analyse du discours: esquisse d'une problématique générale », dans *Bulletin de l'ACLA*, Printemps, vol. 13, n°.1, 1991.

BAKHTINE, Mikhail. *Esthétique et théorie du roman*, Paris, Gallimard, 1978.

BELLEAU, André. *Notre Rabelais*, Montréal, Boréal, 1990.

BURDEAU, Georges. *L'État*, Paris, Seuil, 1970.

FREUD, Sigmund. *Le rire et l'inconscient*, Paris, Gallimard, 1930.

GENETTE, Gérard. *Palimpsestes: la littérature au second degré*, Paris, Seuil, 1982.

LAPLANTE, YVON. *Étude de la représentation de l'État à travers les revues humoristiques annuelles de Radio-Canada entre 1980 et 1995*, Montréal, UQAM 2000.

LAPLANTE, Yvon. *Étude du discours de Yvon Deschamps*, Montréal, UQAM, thèse de doctorat, département de sémiologie, 1993.

KOSSELLECK, Reinhard. *Le futur passé: contribution à la sémantique des faits historiques*. Paris, Écoles des hautes études en sciences sociales, 1990.

KRISTEVA, Julia. *Semeiotike. Recherches pour une sémanalyse*, Paris, Seuil, 1969.

SAUSSURE, Ferdinand de. *Cours de linguistique générale*, Paris, Payot, 1913.

SAOUTER, Catherine. *Introduction à une théorie de l'image: éléments pour une approche sémiotique et diachronique des expressions visuelles*, Montréal, UQAM, thèse de doctorat, département de communication, 1994.

Discographie des Cyniques

Les abominables Cyniques en spectacle, volume 1, 1965.

Les Cyniques, volume 2, 1966.

Les Cyniques, le meilleur !, volume 4, 1968.

Les Cyniques, volume 5, 1970.

Les Cyniques/6, 1971.

Les Cyniques : exit, 1972.

2. LE SACRE ET LE SEXE

Les Cyniques, pédagogues de la langue…

Michèle Nevert (UQAM)[79]
avec la collaboration Lélia Nevert (UQAM / EHESS)

Introduction

À l'instar des quelques humoristes – rares – dont le langage créatif et savoureux constitue une part importante de leur originalité (Raymond Devos, Sol, Claude Meunier), les Cyniques font de la question de la langue, et de l'inventive manipulation à laquelle elle les conduit, une de leurs caractéristiques majeures. Aucun des niveaux articulatoires n'est épargné par le ludisme verbal que la plupart des textes donnent largement à voir et à entendre.

1. Les Cyniques et les jeux de langage

1.1. Les jeux sémantiques

Comme il se doit, l'avantageuse polysémie des termes fournit l'occasion d'un bon nombre de jeux de mots : « Tuez souvent au revolver… c'est bon pour la détente (*Les assassins*, 1966) ; « Les prostituées ont menacé d'occuper l'un des plus gros bordels de Montréal […] Drapeau a fait fermer l'hôtel de ville » (*Chartrand et la prostitution*, 1972) ; « un homme […] a décidé de vous donner un cours d'équitation […] il est très ferré en la matière » (*Cours d'équitation*, 1970) ; « Un cannibale […] c'est quelqu'un qui aime son prochain mais avec d'la sauce » (*Le menu du parfait cannibale*, 1965). Parmi les divers sens produits s'élève l'antonymie entre les énoncés, où les termes se contredisent de façon manifeste. Ainsi, le «Labrasud» s'oppose au «nord du Labrador» (*Claude Jean Devenu-Vieux*, 1968), un sourd-muet se nomme «Louis Beauparlant» (*Les noms*, 1972), «le lieutenant Latendresse» est le «spécialiste» des «souffrances morales» (*L'école de police*, 1972) et un autre personnage encore, qui se dit «en faveur [...] d'une politique de silence», énonce qu'il «pourrait en parler pendant des heures» (*Pancrasse Pot-de-vin*). Mais ce que les Cyniques semblent affectionner davantage dans l'actualisation des divers sens des mots, c'est ce que les études littéraires nomment la démétaphorisation ou la relittéralisation d'expressions figées et de formules toutes faites. Les exemples, à cet égard, sont légion : «les pots de vin, je ne les donne plus, je les bois» (*À la sellette*, 1965); «un bon cosmonaute [...] doit toujours avoir les deux pieds sur terre» (*Les cosmonautes*, 1968); «la tête de ce monsieur ? – un communiqué de guerre [...]. Rien à signaler sur le front!» (*Le Grand Mandrake*, 1968); «Pompier [...] la seule profession où on reste pas longtemps en bas de l'échelle» (*Les pompiers*, 1965), etc.

1.2. Les jeux phoniques

Tandis que le niveau sémantique favorise ainsi la création de nombreux exemples, les jeux phoniques qui se fondent sur l'aspect sonore du langage sont loin d'être en reste. L'on en relève beaucoup où les images acoustiques du mot présent et du mot évoqué se confondent parfaitement : «des pianos aqueux» (*Les pompiers*, 1965); «Les vraies bonnes feuilles de tabac [...] ne poussent qu'en serre» (*À la sellette*, 1965); «vous lui enlevez sa montre ! [...] vous faites un attentat... "a l'a pu d'heure"» (*Les assassins*, 1966). De ces jeux phoniques innombrables, il en existe tout autant où l'image acoustique du terme sous-entendu s'apparente à celle du mot énoncé sans toutefois la recouvrir totalement : «Ali Baba et les 40 voyeurs» (*Tante Lucille*, 1968); «du steak à chiche» (*Cendrillon*, 1970); «une heure hindoue» (*Le Grand Mandrake*, 1968); «feux, feux pas» (*Les pompiers*, 1965); «gardien de bru»

(*La soirée du hockey*, 1967); «méthodes idiot-visuelles» (*L'école de police*, 1972); «Sept plus deux, ça Phaneuf!» (*Les noms*, 1972); «L'avenir [...] dira qui oraison» (*Les échos du concile*, 1965). Il arrive aussi qu'à l'intérieur d'une phrase l'on entende deux fois une image acoustique qui véhicule cependant des mots différents. Ainsi, «Radio-Canada restera la télévision d'État et le canal 10, la télévision des tas!» (*Le* Téléjournal *de Radio-Canada*, 1972); «Je vais mettre le feu à son taudis. Aussitôt dit, aussitôt fait[80]» (*Tante Lucille*, 1968); «deux beaux pieds bots» (*Cendrillon*, 1970); «Ne jamais tuer avec une pelle [...] on peut à jamais vous refuser l'appel» (*Les assassins*, 1966). Et parfois, là aussi, les deux images acoustiques divergent légèrement: «la Vierge viarge!» (*L'agent Glad*, 1971); «vous n'avez pas peur [...] des vols spatiaux? — Non. L'espace, c'pas si haut!» (*Les cosmonautes*, 1968); «Michelle de l'Échelle Tisseyre ou de l'Échelle qui sert» (*Aujourd'hui*, 1966).

1.3. Les jeux lexicaux

À son tour, le niveau lexical génère plusieurs procédés ludiques; l'un d'entre eux consiste dans le télescopage de deux termes. C'est ainsi que dans *Le menu du parfait cannibale* (1965), où l'on traite de cannibalisme et de religion, on trouve parmi les plats au choix «une demi-douzaine de "Jéshuîtres"», et dans une parodie d'émission radio consacrée à la limitation des naissances, le refus des «méthodes "contracaptives"» (*Les échos du concile*, 1965). Quant au (faux) recteur Caouette, il parle d'«inflation "gralopante"» et s'exclame que: «nous sommes gouvernés par un "triumverrat"[81]!» (*Le recteur: Réal Caouette*, 1970). Demeure que, si l'on peut télescoper les mots, on peut tout aussi bien, et à l'inverse, les décomposer. Et de fait, en regard des télescopages – autrement nommés «mots-valises» par Lewis Carroll[82] –, on relève plusieurs décompositions: le pilote de l'avion du pape se nomme «le père Turbation» (*Les mots croisés*, 1968), la grand-mère d'un personnage de conte bien connu a «attrapé le scorbut, le chancre mou et cinq ou six "Phylis"»[83] (*Le petit chaperon rouge*, 1968), tandis qu'un infirmier avoue aimer «mieux être protestataire qu'avoir la prostate à terre!» (*Les infirmiers*, 1972) Quant à «Marchand et Pearson[84]», ils «se sont déguisés en compromis. – Marchand faisait l'promis – Pearson faisait comme d'habitude!» (*Les déguisements*, 1967) Un autre procédé encore, cette fois nommé «dérivation» (Nevert, 1993), engendre des unités assimilables à des mots sans qu'elles appartiennent pour autant au dictionnaire de la langue: «un jeune étudiant qui fait son cours "classifique"» (*Le père Legault*, 1968); «madame Bélisle, décida de lui acheter des lunettes et l'amena chez l'"œilliste"» (*Cendrillon*, 1970). Fort prisé de Sol qui en a fait sa marque de commerce linguistique («J'exagérationne») (Favreau, 1979), ce type de création verbale demeure surtout la prérogative du personnage de Pancrasse Pot-de-vin, qui suggère de rendre un «vibrant hommage à la démocrasserie» et «préconorise une politique de silence»[85]. D'autres jeux plus fréquents s'apparentent à des choix verbaux incongrus et hors de propos: «Je suis daltonien [...] Je suis presbytère» (*Le député libéral fédéral*, 1971); «J'ai donné à une belle jeune fille la récréation artificielle» (*L'homme-grenouille*, 1970). La confusion dans l'emploi des mots peut surgir d'une ressemblance formelle évidente entre les termes: «une pieuvre qui a essayé d'me saisir à l'aide de ses longs testicules!» (*L'homme-grenouille*, 1970) «l'épée de Périclès» (*L'école de police*, 1972), comme elle peut provenir également d'un rapprochement conceptuel entre les mots: «Je m'approche à pas de serpent» (*L'école de police*, 1972). Dans certains cas, la production du mot est distinctement liée aux deux: «l'Immaculée-Contraception» (*Le père Legault*, 1968); «élu par exclamation» (*Pancrasse Pot-de-vin,* 1965). Tous ces jeux évoquent le roman *Originaux et détraqués* de Louis Fréchette, dont les personnages présentent des caractéristiques verbales analogues, notamment celui de Cardinal, qui substitue ainsi «coalition» à «collision» et «badigeonner» à «bourgeonner»[86]...

Dans l'œuvre des Cyniques, la diversité des jeux verbaux est quelquefois systématisée à l'intérieur de quelques textes (*Les assassins, La censure, Le menu du parfait cannibale*, etc.) qui donnent l'impression du même coup d'avoir été conçus dans le but premier d'en illustrer leur variété et leur efficacité. Tous les procédés créatifs y sont de fait en action et il arrive même que plusieurs d'entre eux soient convoqués dans la même phrase. C'est ainsi que, dans le sketch *Les assassins*, l'on entend en quelques mots («Ne tuez pas une coiffeuse, vous ne pourrez pas l'atteindre, c'est pas une solution permanente, ça frise le ridicule...») : une image acoustique qui renvoie selon le procédé de *condensation phonique* à deux termes dont les images graphiques sont différentes («l'atteindre» / «la teindre»), deux images phoniques et graphiques identiques qui se chevauchent et véhiculent deux sens différents («permanente»). Elles illustrent le procédé de *condensation sémantique* au même titre que le double sens supplémentaire («friser») qui permet, en outre, de relittéraliser une expression figée («friser le ridicule»)[87]. Les exemples de déplacements, qui consistent à répéter au sein d'une phrase une image acoustique identique ou quasiment identique («Rigoletto déclare sans rigoler son amour à Rigoletta», *L'opéra du Québec*, 1971), sont également présentés comme des illustrations[88]. Leur amalgame avec des condensations crée des jeux plus complexes. Dans l'exemple suivant : «Notre prestige s'en va, ça vient de s'éteindre» (*Les pompiers*, 1965), les deux formules toutes faites évoquées («ça va, ça vient» et «ça vient de s'éteindre») s'imbriquent l'une dans l'autre par l'entremise d'une modification phonique («s'en va» substitué à «ça va») et annulent sur le plan sémantique tout mouvement amorcé («s'en va» aussitôt suivi de : «ça vient de s'éteindre»). Dans cet arrêt imposé par le sens, seul le langage opère un mouvement. N'est-ce pas ce que signifie autrement, par ailleurs, l'extrait qui suit : «omnibus ou autobus, c'est synagogue» (*Les élections fédérales*)[89] dans lequel «le mot pour un autre»[90] («synagogue» au lieu de «synonyme» ou d' «analogue») est chargé d'indiquer toute la préséance du son sur la signification ?...

Il reste que notre tentative d'élaboration d'une typologie des jeux de langage produits par les Cyniques a pour seul but, ici, de montrer comment le quatuor d'humoristes – et parmi eux plus encore peut-être Marc Laurendeau – exploite l'ensemble des procédés ludiques que met la langue à la disposition des écrivains et des poètes. Même la grammaire, cet ensemble de règles autoritairement respectables – et d'ordinaire toujours respectées par les amateurs de jeux de langage – subit leurs assauts. La conjugaison et la syntaxe sont les premières touchées.

2. La langue malmenée

2.1. «Erreurs» de conjugaison

À la différence des «humoristes de la langue» qui prévilégient le son, la lettre, le mot, ce sont les verbes et la conjugaison qui livrent fréquemment chez les Cyniques l'occasion de débaucher le langage. À un premier niveau, toutefois, c'est le type de verbe («verbe réfléchi» et «verbe non réfléchi») et le double sens que celui-ci détient qui servent de prétexte à un jeu de mots : «Nous allons tout d'abord vous apprendre à distinguer les verbes réfléchis des verbes non réfléchis. Ainsi dans la phrase suivante : "J'ai voté pour l'Union nationale", le verbe *voter* est non réfléchi !» (*Les interjections*, 1970)[91]. Un peu plus loin, une image acoustique subtilement dissimulée («passé») précise le temps du verbe utilisé : «"Après cinq ans de mariage sans enfants, une femme s'est plainte de son mari". Ici le mot *plainte* est comme le mari ! Il participe pas assez» (*Les interjections*, 1970). Mais le plus souvent, l'emploi des verbes s'apparente à une faute de langage. Quand il ne s'agit pas de conjuguer un verbe inexistant, forgé en l'occurrence à partir d'un substantif («hypothèsons», *L'école de police*, 1972)[92], les Cyniques s'attaquent à la conjugaison et à ce qu'elle comporte de moins aisé : les verbes du troisième groupe et le passé simple.

Pour un certain nombre d'entre elles, les infractions que l'on remarque laissent l'impression d'avoir déjà été entendues autour de soi : un chanteur, «vedette numéro un» d'un soir, s'écrie : «Dis-moi quand tu vas me "reviendre" / Je n'en peux plus de "m'retiendre"» (*Je me sens très seul*, 1965). Un infirmier, à l'instar de l'enfant qui s'applique au difficile apprentissage des conjugaisons de la langue française, se fourvoie lui aussi à deux reprises : «il y en a un qui s'est plaindu. Je l'ai brassé un peu fort, il m'a mouru dans les mains » (*Les infirmiers*, 1972). Les verbes que ce dernier dévoie ne respectent ni leur forme verbale conventionnelle ni la concordance des temps (un passé simple là où on attend un passé composé), et pas davantage leur auxiliaire (*avoir* là où *être* se devrait d'être employé). En revanche, ils suivent parfaitement – et comme ceux du chanteur de charme – la règle implicite des Cyniques voulant une préséance de l'écho qui les relie. Il est vrai aussi que le choix de faire entendre plus d'une fois les terminaisons inventées évite l'interprétation toujours possible de la faute grammaticale au profit d'une démonstration de la créativité et des rires qu'elles produisent.

À de nombreuses reprises cependant, les détournements subis par les verbes sont autrement forgés. La première confusion consiste à plaquer sur des verbes du premier groupe les terminaisons du passé simple des verbes du deuxième groupe : (« le spectacle commencit » ; « la fumée se dissipit » ; « la danseuse s'immobilisit ») *La police et le sexe*, 1970). Le choix du temps (le passé simple) est approprié – le récit est au passé –, de la même manière que l'accord du verbe est conforme avec son sujet. Seule donc la terminaison fait défaut. Pour autant, ce n'est pas toujours le cas, puisqu'on relève dans le même texte des exemples où la forme verbale adéquate du passé simple ne coïncide pas avec le pronom personnel qui l'accompagne : « nous pénétrâtes » ; « nous vîtes » ; « nous protestâtes » (*La police et le sexe*, 1970). En d'autres termes, l'erreur ne se loge pas dans le passé simple du verbe en tant que tel mais dans l'inadéquation entre les formes verbales et les pronoms personnels qui les joignent. L'aspect répétitif du mécanisme (confusion à trois reprises entre des verbes du premier et du deuxième groupe dans un cas, puis le même nombre de fois entre la première et la seconde personnes du pluriel, dans l'autre) indique là encore un parti pris des auteurs, qui affirment de cette manière l'existence d'un procédé créateur. Ainsi, et à aucun moment, il ne s'agit de fautes de grammaire mais bien de l'envie de céder au plaisir de la transgression. D'ailleurs, il ne fait nul doute que les quatre humoristes maîtrisent parfaitement la langue et, pour en délivrer la preuve, ils n'hésitent pas à utiliser dans le même paragraphe des formes verbales parfaitement correctes (« Nous nous assîmes » ; « nous fûmes troublés »). Et, comme si ces indices n'étaient pas en nombre suffisant ou assez clairs pour que le spectateur et le lecteur saisissent la nuance entre la faute de grammaire et l'intention créative, les auteurs ajoutent à juste titre : « nous aperçûmes des formes suspectes ».

2.2. Distorsion de la syntaxe

Avec la syntaxe, les Cyniques vont franchir encore une fois la frontière des conventions grammaticales. La subversion est d'autant plus marquante qu'il est très rare que l'on croise des énoncés dyssyntaxiques dans les textes autres que les fruits d'individus souffrant de troubles neurologiques (Nevert, 1993). Chez les Cyniques, pourtant, cette façon de subvertir la langue en transgressant une quelconque règle normative grammaticale se produit à différents moments. Dans un sketch intitulé ironiquement *L'école de police* (1972), un chef de police au langage franchement déficient[93] livre quelques exemples éclatants d'une syntaxe hautement perturbée : « dont à laquelle » ; « De comment c'est que le policier fait [...] ? » ; « de qu'est-ce que c'est que c'est que ça vous fait penser à ? » Au sein d'un autre texte, l'irrespect de la construction syntaxique conventionnelle prend de la même manière la forme d'un emploi erroné de prépositions (« avec » et « pour »), d'adverbes (« dedans ») ou pronoms (« que ») : « Je rends ce soir un vibrant hommage à celle que je partage mon foyer avec » ; « Dans le comté que j'ai reçu mon instruction dedans, le comté que j'ai été élu par exclamation » ; « le gouvernement que je travaillais pour » (*Pancrasse Pot-de-vin,* 1965). La plupart des erreurs syntaxiques citées sont le fait du dénommé Pancrasse dans un texte diffusé à la radio en 1994. Le personnage était apparu dans un texte antérieur – du temps où le quatuor se produisait – et flirtait déjà beaucoup avec la faute de langage par l'entremise de mots dérivés dont il se faisait le chantre. C'est donc à un souci de cohérence de l'œuvre qu'on assiste ici, puisque, lorsque Marc Laurendeau consent lors d'un hommage à reprendre ce personnage, il lui restitue ses attributs langagiers et pousse encore plus loin l'audace de la transgression. Mais peut-être aussi qu'en évitant de multiplier sur trop de personnages différents l'une des transgressions langagières les plus spectaculaires, il s'agit d'éviter que cette déficience verbale n'envahisse tout le langage et finisse par conséquent, dans la tête du spectateur ou du lecteur, par appartenir aux auteurs, voire à l'auteur du sketch lui-même...

Ainsi, du son et du mot jusqu'à la phrase et au texte, les Cyniques attaquent la langue et les codes qui l'enserrent dans tous ses contreforts. Même les signes de la ponctuation, qui reproduisent à l'écrit le ton verbal, alimentent ce festival de productions ludiques ; c'est le cas toujours pour une virgule minuscule : « Qu'est-ce qu'on a pour dîner maman ? — Le cannibale, lui, dit : Qu'est-ce qu'on a pour dîner, Maman ? » (*Le menu du parfait cannibale*, 1965). En multipliant de la sorte les procédés ludiques et les niveaux articulatoires, les Cyniques laissent à voir et à entendre qu'en matière de linguistique ils maîtrisent le champ dans toute son étendue. Car dans l'élan, on l'a vu, les approximations et les coïncidences phoniques et sémantiques dont ils jouent conduisent le jeu verbal à dépasser le simple stade du calembour et à s'étendre à une partie de la phrase, voire à la phrase tout entière selon des mécanismes qui leur sont propres. Qu'ils concernent le niveau sémantique, phonique ou lexical, les jeux de langage et les créations verbales des Cyniques ressemblent peu ou prou à ceux créés par ceux que nous avons déjà appelés les « humoristes littéraires »[94]. Il est vrai qu'à tout système créé et structuré par le cerveau humain – donc décomposable, analysable – correspond la possibilité pour icelui de le pervertir : soit pour l'annuler dans sa fonction[95], soit pour en recréer un, semblable par la structure et certains éléments, différent par d'autres. Or le langage étant un code établi par la société à partir d'un nombre fini de règles strictes, et qui ne font au bout du compte que refléter les limites biologiques du cerveau humain, il va sans dire que les possibilités de le perturber ne sont pas illimitées. On ne s'étonnera donc pas de constater que les manipulations langagières auxquelles se livrent les Cyniques en rappellent d'autres que l'on relève, entre autres, chez les professionnels du ludisme verbal (Sol, Meunier, Devos) et dans une certaine littérature (Roussel, Carroll, Leiris, Perec).

3. Répétition, permutation, énumération

3.1. Répétition et permutation

L'un des mécanismes opératoires qui président à l'écriture des textes des Cyniques consiste dans la répétition. Pour être simpliste, tout au moins par endroits, le procédé n'en est pas moins efficace : « suis-je immobile ou me meus-je ? » (*L'examen de conscience*, 1967). Certains des enchaînements ludiques qu'il enfante sont de fait élémentaires, et on les dirait même parfois empruntés aux comptines enfantines[96]. Une première étape consiste en une simple répétition de mots : « Elle était myope, myope, myope, comme une taupe, taupe, taupe » (*Cendrillon*, 1970). À un autre moment, il s'agit de répéter comme en écho la dernière syllabe d'un mot placé en fin de vers dans la mesure où elle constitue en elle-même un mot de la langue : « Je peux pas modérer mes transports, ports / Tu seras pour toujours mon pétard, tard / Si la vie nous sépare pour toujours, ours / [...] / T'en va pas, je mourrai de chagrin, grin grin grin » (*Les noces de Figaro*, 1968)[97]. Enfin, le processus de réitération ou de persévérance phonique simple prend la forme de slogans, aux allures publicitaires dans certains cas : « cette semaine le chic Café Tourbillon a engagé Georgette et ses claquettes, Eusèbe et ses tapettes ! » (*La revue des spectacles*, 1988), et de contestation dans un autre : « Un coup d'matraque, ça frappe, ça frappe ! Un coup d'matraque, ça frappe en tabarnac ! » (*La recette Laberge*, 1972)

Un autre type de résonance identique (ou presque) se transforme en une exploitation des défauts de langue. Plus encore là qu'ailleurs, c'est la production du son et les problèmes qui l'entourent qui entraînent la chaîne associative. Mais, derrière l'apparente difficulté de langage éprouvée par les personnages, on discerne le procédé de la répétition comme une des caractéristiques langagières de l'humour des Cyniques. On relève ainsi des exemples de bégaiement : « ils exploitent nos fermiers ignomignomigneu... ignominieu... » (*Camil Samson*, 1971) ; « Je m'en... Je m'en viens de-de-de-demander des amen-amen-amen-dements à la Co-con-co-con-co-con-co-Constitution ! » (*Tête-à-tête avec Boubou-Pet*, 1972) ; mais aussi de chuintement : « on est pogné dans un "marrachme" », « les "fédérachtes" » (*Camil Samson*, 1971) ; « la "marish" » (*Le député libéral fédéral*, 1971) ; et encore de zozotement : « Quand nous zentrâmes / Zentrâmes zau zuvénat / Nous zétions zazés de douze ans » (*Les frères du Sacré-Cœur*, 1965). On rencontre même des complications langagières moins connues et qui mêlent sans vergogne bégaiement et chuintement. Un politicien notoire fournit le prétexte à un début de déclinaison de syllabes inversées : « J'ai eu des hallanuci... des hallunacha... des hallanuchi... » (*Camil Samson*, 1972)

Par ailleurs et pas si éloignée de la répétition qu'elle vampirise de façon à lui faire subir une légère transformation, l'interversion offre aux Cyniques quelques trouvailles, peu fréquentes, il est vrai, mais marquantes. À l'occasion, en effet, les humoristes s'appuient sur les ressources offertes par la combinatoire avec la permutation de deux lettres : « un sujet qui vous touche de porc frais euh... de fort près » (*Les soutiens-gorges*, 1966) ; « de l'obstruction "systématrique" ? De "l'obstétrique systématrice" » (*L'école de police*, 1972). Comme il se doit, le procédé s'empare de la phrase et opère du coup plus largement : « nos filles de joie sont dans la rue, mais nos filles de rues ne sont pas dans la joie » (*Chartrand et la prostitution*, 1972). N'eût été la règle qu'elle impose de produire un énoncé licencieux dissimulé sous une apparence anodine par l'entremise de ces échanges, on parlerait à cet endroit avec affirmation de contrepèterie...

3.2. L'énumération

Quoi qu'il en soit, c'est l'énumération qui constitue la

pratique langagière favorite des Cyniques : énumération de films improbables dans *La censure* (1965), de plats de nourriture à base d'humains et de jeux de mots pour *Le menu du cannibale* (1965), énumération encore de meurtres loufoques et invraisemblables dans *Les assassins*, de déguisements au sein du sketch du même nom (1967) et même, ailleurs, de noms propres (*Les noms*, 1972). Nombreux dans les faits sont les textes construits sur le principe de l'inventaire ou du catalogue, fréquentes sont les énumérations qui traversent les sketchs. Dans certains cas, en effet, elle a lieu à l'intérieur d'une seule phrase : « Il prit un panier et le remplit de bonnes beurrées de beurre de pinottes et y ajouta du coleslaw, des dills, une chef salad's, du ketchup, des tomates, des patates, des egg rolls, du porc frais pis une boîte de Dr Ballard, ainsi que des trous de pic » (*Le petit chaperon rouge*, 1968). Mais l'énumération la plus spectaculaire, c'est dans les textes fondés sur son principe qu'on la trouve ; et toujours, elle est liée à un jeu de langage. Ainsi, dans le texte intitulé *La censure* (1965) – un des premiers des Cyniques –, des titres de films pour la plupart imaginaires (« *Scandale aux Folies-Bergères* » ; « *L'eau à la bouche* » ; « *Dracula et les vampires dans Sus à l'ennemi* » ; « *J'irai cracher sur vos tombes* ») déclenchent un jeu verbal sémantique livré comme le résumé de l'histoire (« une commère qui répand des cancans » ; « ce qui arrive quand on coupe le câble d'un scaphandrier », « Film sur la Croix-Rouge et les donneurs de sang », « la vengeance d'Urgel Bourgie »). Deux membres des Cyniques se partagent la diction du texte, une phrase chacun, en alternance. Dans *Le menu du parfait cannibale* (1965), l'énumération des plats les uns après les autres se réduit souvent à l'énonciation d'un seul mot qui porte en lui-même un jeu de mots à prédominance phonique (« Deux "œufs-nuques" » ; « L'"avodka" de la défense » ; « Deux "seins-zano" » ; « un sirop d'arabe » ; « Des confitures aux frères » ; « un "homolaitte au fromage" »). Dans *Les assassins* (1966), en revanche, les condensations sémantiques avec les doubles sens dominent. Le plus souvent en amorce de la phrase, le verbe *tuez* à l'impératif déclenche toute une série de situations verbales identiques. Qu'il s'agisse en effet de « tuer » des individus (« votre hôte » ; « un chômeur » ; « une femme » ; « vos victimes » ;

«un quinquagénaire»; «la femme d'un policier»; «l'épicier»; «un éléphant»; «le laitier»; «un boulanger») ou de la façon de le faire («avec une hache»; «à coup de crosse»; «à coup de marteau»; «à coup de dictionnaire»; «à coup de téléphone»; «avec un tronc d'arbre»; «une patère»; «une bouteille de bière»), l'objectif est identique: élaborer dans le cadre d'une énumération un jeu de mots. À chaque meurtre envisagé avec sa méthode bien particulière correspond un jeu verbal («tuez votre hôte à coup de marteau, il sera le clou de la soirée»). Plus précisément, le jeu de langage induit la méthode et, par conséquent, l'assassinat. Lors des *Déguisements* (1967), comme dans le sketch précédent, deux membres des Cyniques se partagent le texte en alternance. Le nom d'une personne publique («John Diefenbaker»; «Yves Christian, le subtil») suivi du verbe «se déguiser» ou de l'un de ses synonymes («s'habiller»; «se travestir») et du choix du déguisement («en poisson»; «en pâtissier») constitue la première partie de la phrase; la seconde comporte le jeu verbal («l'obliger à suivre le courant»; «une excellente tarte»).

Une dernière série d'énumérations traverse l'œuvre des Cyniques. Elle est composée des noms propres réels ou attribués aux différents personnages de leurs sketchs. Le sens que possèdent en partant certains d'entre eux est largement mis à contribution, illustrant du même coup la théorie de Platon[98]. Dans cette perspective, les pompiers d'une caserne se nomment Lalancette ou Larivière (*Les pompiers*, 1965) et France Gall est présentée comme la «chanteuse préférée des lépreux» (*Les mots croisés*, 1968), tandis que le métier de «Jean-Baptiste Laforest» est «coureur des bois» (*Aujourd'hui*). Lors d'une parodie de l'émission *Jeunesse d'aujourd'hui*, renommée pour l'heure en son antonyme «Vieillesse d'aujourd'hui», l'animateur judicieusement appelé Alexis Metière raconte «l'envers des funérailles avec Larry Quiem!» (*Les morts*, 1967) Mais, comme s'il s'agissait de se dédouaner du penchant qui les conduit inexorablement à exploiter les sens offerts par les noms propres, les Cyniques rappellent la réalité québécoise: «plusieurs noms de famille à nous, les Québécois [...] sont des noms descriptifs, comme par exemple : Lebeau, Lebel, Labelle, Lecours, Lefort, Lebon, Ledoux, Legrand, Legros et Lebœuf. […] Y a aussi les noms optimistes comme : Sanschagrin, L'heureux, Beausoleil, Sansregret, Belhumeur, Lajoie, Lespérance et Lacharité. » (*Les noms*, 1972) Tout un texte est construit une fois de plus sur le mode de l'énumération et voué au ludisme nominal[99]. Et, dans la pléthore de sens mis au jour, l'antonyme n'est pas le dernier à se faire entendre par l'entremise de deux individus repérés dans l'annuaire téléphonique : « Yvon Larosée, pompier […] et un certain docteur Latortue [qui] travaille à l'urgence » (*Les noms*, 1972).

Manipulation de la grammaire (conjugaison et syntaxe) et énumération attribuent donc aux Cyniques une originalité verbale qui ne leur a pas permis encore de nos jours de trouver de réels successeurs. À l'instar cependant des artistes de la langue (parfois nommés « magiciens du verbe » ([Nevert, 1994]), ils jouent du double sens, des déplacements et des enchaînements phoniques ; comme eux, ils tordent, distordent et torsadent le lexique, ils le télescopent et participent même à son élaboration si nécessaire. En laissant deviner le lien inéluctable entre la manipulation du langage et l'intérêt pour la langue qu'ils manifestent, les Cyniques se portent à leur tour à la défense de cette dernière, et même la théorisent. Pour ce faire, ils s'emparent pour les dénoncer de deux facteurs d'oppression sociale : la domination du clergé et l'envahissement de la langue anglaise.

4. Transgression et subversion

4.1. Ludisme et charge anticléricale

Dès leurs premiers textes, les Cyniques prennent pour objet les religieux et le pouvoir qu'ils ont longtemps exercé sur le Québec. Nombreux sont de fait les sketchs qui s'y réfèrent et qui s'en moquent ; plusieurs s'y consacrent même pleinement. Et alors que « la période 1945-1965 est, en histoire religieuse du Québec, toute à la gloire de l'Église et de la religion » (Laperrière, 1996 : 329-348), les Cyniques vont dès la fin de cette époque accompagner la province

« dans sa désaffection pour l'Église catholique » (Laperrière, 1996 : 329-348). Ils participent à ce détachement déjà en le soulignant : « les films à caractère religieux [auxquels] il faudra donner une note attrayante » (*La censure*, 1965) ; « ma communauté [...] désire que je fasse du recrutement [et] m'a demandé [...] de vous convaincre tous tant que vous êtes de vous joindre à nous » (*Les frères du Sacré-Cœur*, 1965) et d'autre part du fait de la familiarité à l'endroit de certains membres du clergé que traduit leur langage. Dans un de leurs tout premiers textes, en effet, le cardinal Léger est tutoyé et interpellé à l'aide d'un diminutif appliqué à son rang : « À toi, Paul-Émile » ; « mon cher Card » (*La soirée de culte*)[100]. Pour l'essentiel, toutefois, les humoristes se moquent du clergé et de ses dogmes. Par le biais de la parodie d'un jésuite qui animait une tribune téléphonique, ils visent l'autoritarisme des religieux : « le révérend père Marcotte de la compagnie de Jésus et fils, qui va nous livrer [...] des propos rudes, intempestifs et brutaux » (*Les échos du concile*, 1965). Dans leur moquerie, ils pointent la vie sexuelle que mènent certains prêtres malgré leur vœu de chasteté : « le péché motel » (*Les échos du concile*, 1965) ; « les péchés de la nuit » (*L'horaire du séminaire*, 1965) ; « on pourra manger [...] du curé pour 100 $. Quoique ça se fait déjà mais gratuitement » (*Le menu du parfait cannibale*, 1965). Les relations sexuelles des prêtres avec les femmes concernent avant tout des prostituées mais s'apparentent davantage à un fantasme qu'à la réalité : « Prions maintenant pour la plus mauvaise femme de la paroisse et chantons en chœur "J'irai la voir un jour" » ! (*Chanson thème*, 1966) C'est que leur vie sexuelle consiste essentiellement en la masturbation : « pour tester la montre Timex, nous l'avons confiée [au] frère Rosaire ! [...] Pendant une semaine je l'ai portée à mon poignet, et pourtant elle fonctionne encore ! » ; (*Les messages publicitaires*, 1970) ; « nous pratiquons l'amour de l'adolescence [...] » (*Les frères du Sacré-Cœur*, 1965). Et même si elle demeure interdite : « À neuf heures, nous dormons. Et pour vous empêcher de faire autre chose, toute la nuit les lumières restent ouvertes », (*L'horaire du séminaire*, 1965), la masturbation se réalise à plusieurs et renvoie dans le contexte à l'homosexualité : « nous couchons deux dans le même lit […] rien ne vaut de jolis garçons l'amitié» (*Les frères du Sacré-Cœur*, 1965). Parallèlement, les Cyniques dénoncent la position de l'Église, opposée à la contraception : «le pape Pie X s'est penché sur la question ! De même que le pape Pie XI et également le pape Pie XII ; de sorte qu'on peut espérer que le tout sera réglé par le pape pilule» (*Le père Legault*, 1968).

On le constate aisément, les propos destinés à la critique de l'Église sont marqués du sceau du ludisme verbal. Le lien entre la sexualité et les religieux s'opère précisément par le biais d'un jeu de mots : «*Le plaisir de la Chaire* ! Venez voir un vicaire qui adore faire des sermons !» (*La censure*, 1965) Il en va de même lorsqu'il s'agit de critiquer leur prosélytisme : «Venez voir *La passion* ! Vous serez cloués à votre siège» (*La censure*, 1965). Dans les faits, l'angle choisi de la subversion par les humoristes est celui du langage : «le prêtre n'aura plus besoin de kyrie […] ils vont cesser de faire l'épître […] l'on ne servira plus le pain sans levain» (*Les échos du concile*, 1965). Mais la force et la présence du ludisme verbal sont telles que l'on s'interroge à savoir si certains recours à l'isotopie de la religion ne servent pas parfois uniquement le jeu verbal : «Vous ne savez plus à quel sein vous vouer ?» (*Les soutiens-gorges*, 1966) D'autant que les noms et leur énumération tant prisée par les Cyniques trouvent là leur justification : «On a aussi beaucoup de noms qui ont été influencés par la religion catholique, puisqu'on retrouve des Cardinal, L'Archevêque, Lévesque, Labbée, Desautels, Derome, Thivierge et Tibedeau» (*Les noms*, 1972). Il reste qu'à la jonction du religieux et du ludisme verbal, la subversion exercée par les Cyniques va prendre la forme d'un texte emblématique.

4.2. La leçon de «sacres»

Avec *Le cours de sacre* (1966), c'est à une véritable leçon (de maîtrise) de la langue que se livre Marc Laurendeau. Dans ce texte, en effet, l'humoriste accomplit l'exploit de remplacer un sacre par un autre dont l'image acoustique renvoie à un mot de la langue «conventionnelle» mais qui entretient malgré tout des liens sémantiques avec le terme qu'il qualifie. Ainsi, dans «ne dites pas : " C't'une crisse de belle montagne". Dites plutôt : "C'est une calvaire de belle montagne."», le terme *calvaire* proposé pour remplacer *crisse* est à la fois un sacre et un mot ordinaire dont le sens l'apparente à celui de *montagne* du fait de sa signification de colline sur laquelle le Christ fut crucifié. De la même manière, dans : «En vous baladant à Versailles [...] en regardant les grandes eaux, ne dites pas : "C't'une calvaire de belle fontaine." Dites plutôt : "C'est une baptême de belle fontaine"», le juron religieux *baptême* qui vient se substituer à *calvaire*, entretient un lien étroit avec «la belle fontaine» qu'il désigne, de par l'allusion à l'eau qu'il contient et qui caractérise la cérémonie du baptême. Ce principe de chevauchement, d'une condensation qui s'effectue sur le clavier de deux langues à la fois (français/joual) parcourt ainsi tout le texte. Mais le jeu du double sens obtenu par les deux niveaux de langue se double parfois d'un jeu phonique qui vient rappeler à son tour la signification des sacres utilisés. Dans la phrase : «"C't'un crisse de bon vin." Dites plutôt : "C'est un câlice de bon vin! Comme il est bon de pouvoir ainsi boire."», on assiste d'une part à un premier déplacement d'un juron à un autre (de «crisse» à «câlice») – qui appartient également au dictionnaire de la langue –, suivi d'un second déplacement fondé sur un jeu phonique (d'«ainsi boire» à «ciboire»); de surcroît, le troisième sacre obtenu représente, au même titre que le «calice», un vase sacré de la liturgie chrétienne. Et, puisque les sacres proviennent du vocabulaire de la religion, on ne s'étonne pas qu'ils y retournent dépourvus cette fois de leur connotation sacrilège : «ne dites pas : "C't'une baptême de belle soirée." Dites plutôt : "C'est une extrême-onction de belle soirée." "C'est une confirmation de belle soirée."» En une seule phrase, l'humoriste cite les trois cérémonies qui correspondent tour à tour à l'entrée dans la religion catholique (habituellement à la naissance), au sacrement administré au moment du trépas et à la cérémonie qui renouvelle d'ordinaire à la fin de l'enfance le sacrement d'appartenance à la religion.

Une fois les transpositions de convenance exposées, Marc Laurendeau poursuit avec une chaîne de déplacements phoniques au cours de laquelle il «décline» toutes les possibilités que le dictionnaire offre à partir de l'image acoustique [sacrée]: «Sacrez peu, sacrez mieux. Ça crée de l'ambiance»; «ces petits sacres, ces sacrets. Ça n'est un sacret pour personne, "sacrève" les yeux». Et, puisqu'il a entrepris de livrer les versions multiples de la forme *sacre*, il fournit également avec exemples à l'appui les différentes combinaisons qu'autorisent ces termes sur le plan formel. Précisément et en premier lieu «le sacre combiné: "Crisse de câlice" ou lorsqu'il ne livre pas le procédé de construction, l'auteur fournit le contexte l'explicitant: «Le sacre matinal: "Ostitoastée"». Et en second lieu, les différents emplois sémantiques: «le sacre audacieux et grossier»; «le terrifiant»; «le sacre atténué»; et même «le sacre historique», qui entraîne un télescopage on ne peut plus éloquent: «je m'en contresaintciboirise!»

Après une première partie de leçon plus lexicale, puis une seconde consacrée aux différentes utilisations possibles avec exemples à l'appui, vient la théorisation de la leçon de grammaire pour les sacres et leurs emplois: «le sacre peut servir à la fois de nom, de prénom, d'adjectif, de verbe et d'adverbe». La transposition suit le mouvement inverse de celui du début du texte. Dans le premier temps du sketch, il s'agit de partir du joual pour aller vers le québécois (et, dans un mouvement circulaire, revenir encore au joual). Ici, la phrase est d'abord en français et ensuite traduite en joual: "Jean, qui était irrité, a expulsé Jules violemment", deviendra et là, c'est l'éloquence pure: «Le sacrement qui était en calvaire a câlicé dehors l'ostie en tabarnac.» Ce passage à l'efficacité indéniable et qui provoque à coup sûr le fou rire ne suscite guère d'autre commentaire que le rappel d'un extrait d'un film, scénarisé et dialogué par Patrick Huard entre autres, *Bon cop, bad cop* (2006). L'humoriste devenu comédien y joue le rôle d'un policier québécois qui donne à un certain moment une leçon de joual à son coéquipier anglophone. La scène se déroule alors que le Québécois cherche à refermer le coffre de sa voiture sur un bandit qu'ils viennent d'arrêter. Nous citons le dialogue:

Tu peux le conjuguer aussi… — Ho! like a verb? — M'en ta calicer une […] — Tu peux le faire au masculin aussi, comme *jva t'en crisser un* (il le frappe) — I got it —Toi mon tabarnac —Ah! Merci! Tu vois, je l'avais oubliée celle-là… Tu peux l'utiliser comme un nom… y a raison… comme *je vais t'en donner un tabarnac* (*il le frappe*). C't'un nom… propre! … Ah! c'est vrai! On a des expressions aussi! Comme *j'm'en câlisse* (*il referme le coffre de la voiture sur la tête de Luc*).

Il est difficile de ne pas penser que, dans cette scène, un humoriste a voulu rendre hommage à ses prédécesseurs en humour…

Quoi qu'il en soit, et derrière l'humour, il résulte de ce texte deux aspects fondamentaux: d'une part la volonté affirmée des Cyniques d'expliquer et d'exposer leur langue, d'autre part le fait que le joual constitue cette langue.

5. À la défense de la langue

5.1. En deux langues…

Ce désir (dont on doute qu'il soit inconscient) d'être en tant qu'artistes des pédagogues de la langue traverse une grande part de l'œuvre des Cyniques. Compte tenu des «erreurs» ludiques volontaires qui relèvent de la syntaxe et de la conjugaison, on ne s'étonne pas que, dans un élan pédagogique, les Cyniques se préoccupent de ces aspects précis de la langue: «je me prépare à vous dévoiler le passé, le présent et l'imparfait du subjonctif» (*Le Grand Mandrake*, 1968). La stratégie annoncée est celle d'un cours ordinaire de grammaire: «Afin de vous rafraîchir la mémoire, à propos de notre belle grammaire française, nous allons procéder avec vous comme avec des enfants, c'est-à-dire par des exemples» (*Les interjections*, 1970). Parallèlement, il est question d'envisager la construction «d'une grande salle des spectacles où l'on présentera une grande tragédie […] pour booster le bon langage» (*Le biculturalisme*, 1966). Un jeu de mots fait office de titre de la pièce: «*Le cidre*». Dans ces exemples où il est question de la langue française, deux éléments attirent l'attention. D'une part, le jeu verbal qui vient clore la présentation de ce qui devrait devenir un « pavillon » consacré à la promotion de « la bonne culture du Canada français » et, d'autre part, l'anglicisme « booster » dans une phrase qui annonce justement l'importance de la sauvegarde de cette culture. Condenser les deux éléments (ludisme verbal et défense de la langue) pour n'en plus faire qu'un relève d'une stratégie littéraire dont les Cyniques s'emparent allègrement.

Et de fait, les exemples de jeux de mots qui chevauchent les langues anglaise et française sont nombreux[101]. Une fois de plus, tous les procédés linguistiques sont mis à l'épreuve. On relève des doubles sens (« les vaches étaient tellement high qu'il a été obligé de les traire avec une échelle », *Bye Bye, 71*) et des jeux phoniques (« la guerre en Extrême-Orient, guerre qui se poursuit ad "Viêtnam" Æternam » [*Le* Téléjournal *de Radio-Canada*, 1972]). On note même la présence d'un télescopage qui résulte d'une concaténation de l'anglais et de l'allemand et dont le sens a partie liée avec la phrase énoncée en français : « Portez la fameuse brassière allemande "Stopemfromfloppen" » (*Les soutiens-gorges*, 1966)[102]. Parallèlement au mot-valise, on trouve son pendant, la décomposition : « l'Espagne est le pays que les torys-adorent » (Télégazette *de Radio-Canada*, 1968). Il reste que cette présence de termes anglais n'est ni fortuite ni innocente. Une explication historique est fournie avec le récit de la bataille des plaines d'Abraham, contextualisée d'emblée par rapport à la question de la langue : « Nous autres, on est du monde chanceux, on habite deux pays bilingues. En effet, le Canada est bilingue, et le Québec est bilingue. Tout ça remonte à 1759, année de la bataille des plaines d'Abraham » (*Les plaines d'Abraham*, 1970). La prise de position est dépourvue d'ambiguïté : « d'un côté les braves Français, et de l'autre les autres. » Le titre du sketch renvoie à l'Histoire, mais il pourrait plus justement être un extrait du récit lui-même : « C'est le derby de la Conquête, the Conquest derby » (*Les plaines d'Abraham*, 1970). Quoi qu'il en soit, le conflit historique rapporté à la question de la langue entraîne la création d'un délire bilingue où alternent expressions et mots (parfois inventés) français et anglais :

« Here we are, nous voici, today, aujourd'hui, à la brunante, at the browning. » (*Les plaines d'Abraham*, 1970)

5.2. La traduction comme forme d'opposition

Partant, le glissement d'une langue à l'autre engendre de véritables trouvailles langagières (« Hello racing fans ! Bonjour éventails de course ! » [*Les plaines d'Abraham*, 1970]) et pose par contrecoup le problème de la traduction. Celle-ci justement s'attarde plus aisément au phénomène de résonance qu'à la problématique du transfert de sens : « It's a sweepstake, c'est un steak balayé » (*Les plaines d'Abraham*, 1970) « I am pleased to see you ! Je suis plissé de vous voir ! I am delighted to see you ! Je suis dilaté de vous voir ! » (*La visite de l'Oratoire*, 1967) Et Montcalm (« my calm »), qui "dit merde" en français et "says meurde !" en anglais pour que l'on entende bien « meurs ! » induit les onomatopées à s'adapter à leur tour : « il dit "woah", he says "weuuurgh" » (*Les plaines d'Abraham*, 1970). Rien ne résiste à l'immense vague de la traduction ; même les noms sont pris dans son rouleau (« Ils arrêtent à Cap-Rouge, they stop at Red Cap » ; « l'anse au Foulon [...] the handle of the Long Crazy » ; « Zéphirin Brisebois, Sweet Breeze Crackwood » [*Les plaines d'Abraham*, 1970]). Les expressions figées et leur relittéralisation subissent également son assaut : « Il prend le mors aux dents, he takes the death by the teeth ! » (*Les plaines d'Abraham*, 1970) C'est à un véritable festival de jeux de langage que se livre Marc Laurendeau ; aucun niveau de langue n'est épargné, aucun procédé n'est écarté, et surtout pas celui de la décomposition verbale, que Sol ne désavouera pas à quelque temps de là[103] : « Voici venir la noirceur, here comes the black nun. » Et dans ces jeux multiples de sons et de lettres, les chiffres comptent aussi : « Les Français sont vaincus, the French are twenty asses » (*Les plaines d'Abraham*, 1970) ; « directement de Saint-Henri, directly from five Henry » (*Tony Mazzola*, 1972).

Il reste que la question du bilinguisme n'est pas un prétexte exclusif à l'élaboration de jeux de langage, quand bien même seraient-ils tous extrêmement drôles et particulièrement réussis. En juxtaposant ces (fausses) doubles versions, les Cyniques ont aussi pour objectif de mettre en garde le Québec contre la domination de la langue anglaise, et même peut-être d'amorcer et d'instaurer une forme de lutte contre son invasion. Le message, ils l'indiquent et le répètent de plusieurs façons : d'emblée, par l'accumulation de ces exemples loufoques où les deux langues se mélangent pour ne produire aucun autre sens que celui d'une forme de traduction circulaire, qui tourne en rond. Ensuite, par un exemple particulièrement éloquent qu'ils donnent de ce que la langue au Québec pourrait devenir : « les Acadiens c'est des gens qui parlent français comme toé pis moé, pis vous allez admirer leur way qu'y ont "successé" à "protecter" leur french language grâce à leur "persévération" pis à leur "spirit de combattement" » (*Tourisme Canada avec Jean Crétin,* 1969). Finalement, leur ironie et leur incrédulité affichées alors qu'ils font état de la décision de Trudeau d'imposer le bilinguisme partout au Canada participent également à leur résistance et à leur pédagogie : « Pour terminer ce cours de bon langage : la lucidité (*rire moqueur tonitruant*). Pierre Elliott Trudeau réussira à répandre le bilinguisme partout au Canada (*rire moqueur tonitruant*) » (*Les interjections,* 1970) Ainsi les Cyniques expriment une position sans équivoque par rapport à la langue et au langage, auquel ils attribuent un pouvoir primordial. Comment ne pas comprendre de cette manière l'extrait suivant où ce sont les pronoms – autant dire le langage – qui déterminent le genre sexuel et non l'inverse : « je mets un grain de blé à terre, pis si IL le mange, c'est un coq, si ELLE le mange, c'est une poule » (*Colonel Sanders,* 1972) ? Le soin et la détermination que les quatre humoristes prennent à (re)travailler sans cesse le langage fournissent un argument largement suffisant pour s'en convaincre. Avant tout pédagogues de la langue, ils offrent un regard critique – et cynique ! – sur les événements politiques, culturels et sociaux que connaît le Québec d'alors et vont dans le sens d'une protection et d'une valorisation du français, par ailleurs encore d'actualité.

Bibliographie

AIRD, Robert (2013). «Les Cyniques et leur époque», dans Robert Aird et Lucie Joubert (dir.) *Les Cyniques: le rire de la Révolution tranquille*, Montréal, Triptyque, 512 p.

Bon cop, bad cop (2006). Réalisation: Érick Canuel, scénario: Patrick Huard, Leila Basen, Kevin Tierney et Alex Epstein. Avec Patrick Huard et Colm Feore, 116 min.

BUTTARD, Stéphanie *et al.* (2010). *Le dictionnaire des verbes qui manquent*, Paris, Chiflet & Cie, 2010, 158 p.

CARROLL, Lewis. (1971 [1865]). *De l'autre côté du miroir et de ce qu'Alice y trouva*, Paris, Aubier-Flammarion, 315 p.

FAVREAU, Marc (Sol). (1979). *Les œufs limpides*, Montréal, Stanké, 149 p.

_____ (1995) *Presque tout Sol*, Montréal, Stanké, 464 p.

FRÉCHETTE, Louis. (1892). *Originaux et détraqués*, Montréal, Louis Patenaude, 361 p.

FREUD, Sigmund. (1971). *L'interprétation des rêves*, Paris, Presses universitaires de France, 1971, 569 p.

LAPERRIÈRE, Guy. (1996). «L'évolution de l'histoire religieuse au Québec depuis 1945: le retour du pendule?» dans Yves Roby et Nive Voisine (dir.), *Érudition, humanisme et savoir. Actes du colloque en l'honneur de Jean Hamelin*, Québec, Presses de l'Université Laval, p. 329-348.

LAPOINTE, Boby. «Andréa, c'est toi», dans *Chansons*, Paris, Maison de disques Fontana, 1969.

NEVERT, Lélia. (2013). *Les caricatures de Mahomet entre le Québec et la France*, Montréal, Presses de l'Université du Québec, 248 p.

NEVERT, Michèle. (1992). *La langue qu'on affiche,* Montréal, VLB, 229 p.

_____ (1993). *Des mots pour décomprendre*, Candiac, Balzac, 173 p.

_____ (1994). *Devos, à double titre*, Paris, Presses universitaires de France, 126 p.

_____ (2000). *La petite vie ou Les entrailles d'un peuple*, Montréal, XYZ éditeur, 199 p.

_____ (2010). «Verbe, vertige et virtuosité» dans Normand Baillargeon et Christian Boissinot (dirs), *Je pense, donc je ris*, Québec, Presses de l'Université Laval, p.113-130.

PLATON, (1998). *Le cratyle*, Paris, Flammarion, 1998, 317 p.

TARDIEU, Jean. (1951) «Un mot pour un autre» dans *Œuvres*, Paris, Gallimard, 1567 p.

Les Cyniques, le sexe et les femmes

Lucie Joubert
Université d'Ottawa

Introduction

Le tout premier disque des Cyniques, *Les abominables Cyniques en spectacle*, qui est en fait le premier spectacle officiel de l'illustre groupe, s'ouvre sur ces paroles de chanson révélatrices : «Les Cyniques sont venus ce soir / Pour vous mettre des frissons sur le corps / Cyniquement en vous parlant d'la po- / D'la politique, et la police» (*Chanson thème*, 1965[104]). Ainsi la peau s'impose d'emblée comme un des thèmes humoristiques prédominants du groupe. Sujet toujours émoustillant – attention instantanée du public, rire assuré –, le sexe, au milieu des années 1960, devient l'un des vecteurs d'une société en pleine Révolution tranquille : le clergé perd son emprise sur une population autrefois dominée par les diktats religieux pendant que les mœurs évoluent à toute vitesse. Les Cyniques participent de ce mouvement de transformation : on retrouve en effet dans ce spectacle de nombreux sketchs qui abordent la question du sexe sous tous ses angles (la censure, l'homosexualité et, bien sûr, les femmes).

Ces interventions, toutes gaillardes et audacieuses qu'elles soient, n'en révèlent pas moins un aspect paradoxal de la position des Cyniques et de leur public sur ce thème lorsqu'on les relit ou les écoute aujourd'hui : l'énergie qu'ils mettent à parler de sexe – et le succès qu'ils remportent, ce faisant – ne traduit pas nécessairement une libération jouissive et collective d'un sujet que l'on abordait autrefois en catimini. Tout comme le rire peut être parfois une réponse maladroite à ce qui nous embarrasse ou nous fait peur, l'humour des Cyniques est reçu comme un moyen de soulager un inconfort (un trac) devant de nouvelles possibilités sociales. L'auditoire rit aux allusions sexuelles car elles lui permettent de s'inscrire, par Cyniques interposés, dans un processus d'émancipation qui n'est peut-être pas encore vraiment assumé chez chaque individu. Les Cyniques, par leur – heureuse – obsession sexuelle, obligent leur auditoire à se ranger, par ses rires, du côté des progressistes. « Nous on rit du sexe et des femmes parce qu'on n'a pas peur d'en parler », semblent-ils nous dire. Mais sont-ils, d'un côté comme de l'autre de la scène, aussi émancipés qu'ils veulent le laisser paraître ? Il faut voir.

Une étude et une écoute attentives des textes des Cyniques permettent en effet de distinguer, en filigrane dans l'humour et l'ironie du groupe, la présence d'une tension constante entre évolution et tradition, entre conservatisme du propos et audace de la dénonciation.

Pour prendre la mesure du paradoxe, il ne s'agira pas ici de relire ni d'interpréter les textes des Cyniques à l'aune des théories actuelles sur le genre et la socio-sexuation. Une analyse féministe risquerait fort de tomber dans le piège d'un révisionnisme malvenu. Une telle perspective en effet, tel l'ouroboros qui se mord la queue, se refermerait vite sur elle-même étant donné qu'on ne peut reprocher aux Cyniques d'avoir été des témoins et des commentateurs de leur temps et de tenir des discours qui feraient grincer des dents aujourd'hui[105]. Il reste que le choix de leurs cibles ainsi que le contenu discursif qui porte leur humour sont, même en contexte, même maintenant, singulièrement révélateurs d'une posture, il faut le dire, encore toute patriarcale. Mais qu'on se rassure : le but de la présente réflexion sera non pas de *juger* la teneur des propos des Cyniques mais bien d'en saisir les liens avec les changements sociaux qui s'opéraient alors au Québec.

L'homosexuel comme repoussoir

En 1965, date d'entrée en scène des Cyniques, le Québec est encore bien loin de la reconnaissance du mariage entre conjoints de même sexe. Pour mémoire, il faut se rappeler qu'à l'époque le Québec était dirigé par un gouvernement qui avait le pouvoir de punir d'emprisonnement les homosexuels; aux États-Unis, on voyait l'homosexualité comme un trouble de personnalité sociopathique (Lévy et De Pierrepont, 2009 : 162-163), rien de moins. À partir du « début des années 1970, on assiste[ra] à un remodelage profond de la question homosexuelle [...], avec comme arrière-fond une internationalisation des revendications liées aux mouvements des gais[106] et lesbiennes » (Lévy et De Pierrepont, 2009 : 163); lorsque les Cyniques commencent à imposer leur humour, nous n'en sommes pas encore là. L'homosexuel, comme individu réel ou comme personnage, fera donc encore figure de repoussoir dans l'univers du quatuor humoristique. Certes, il serait expéditif de taxer le groupe d'homophobie, tant étaient faciles (et convenues) à l'époque les blagues sur quiconque affichait une différence dans son orientation sexuelle, ou en était soupçonné; il reste que la teneur des blagues prenant les homosexuels pour cible et, surtout, le nombre de leurs occurrences méritent que l'on s'y arrête pour les interprétations qu'on peut en dégager.

Les Cyniques, d'abord, vont s'attaquer aux idoles de l'heure en parodiant des héros pour enfants :

Batman :   Je m'appelle Batman...
Robin :   Je m'appelle Robin hihi !
Batman :   Je suis toujours avec Robin.
Robin :   Je suis toujours avec Batman, on est toujours ensemble !
Batman :   R'garde-moi pas comme ça, faut pas que les enfants le sachent.
Robin :   Aucun danger Batman, la Comédie-Canadienne est un théâtre, les enfants n'entrent pas au théâtre, donc il n'y a pas d'enfants ici Batman.
Batman :   Excellente déduction Robin, tu es en forme ce soir. On n'est pas ici pour s'amuser.
Robin :   C'est dommage.   (*Batman*, 1967)

Cette idée d'un *Dynamic Duo* homosexuel, audacieuse pour l'époque et répandue aujourd'hui[107], n'est pourtant pas neuve. En fait, dès que son créateur, Bob Kane, a décidé d'adjoindre Robin à Batman, pour que le lectorat plus jeune, rebuté par le grand homme masqué, s'identifie plus facilement au deuxième personnage, la machine à rumeurs s'est mise en marche, à la grande surprise du créateur lui-même qui voyait dans Robin un assistant (Tipton, 2008 : 322-323) ou, à la limite, l'expression d'une relation père-fils ! Les Cyniques, si novateurs par ailleurs, relayaient dès lors (à leur insu, probablement) une tradition presque burlesque dans la mesure où l'homosexualité, présentée ici comme un ravalement, dépouille les héros de leur superbe et fait basculer le propos vers la bouffonnerie, dans « une revanche allégorique contre les "grands", contre la discipline morale et contre l'ordre ». (Hébert, 1981 : 201)

La maîtrise parodique du dialogue, avec ses fausses déductions et ses sophismes, ne cache pas toutefois l'un des nombreux sous-entendus de l'époque : des hommes qui s'aiment (ou qui « s'amusent » ensemble) sont forcément ridicules. De même, Marc Laurendeau, qui amorce le sketch intitulé *Les déguisements* par cette apostrophe : « Mesdames, messieurs, et ceux qui sont pas encore décidés... » provoque un éclat de rire qui cristallise l'idée centrale de la boutade : l'homosexualité est ici présentée comme une option volontaire et non pas comme une caractéristique intrinsèque de l'individu. De plus, elle est marquée par le genre dans la mesure où elle s'adresse plus particulièrement aux hommes : seuls les hommes, en effet, semblent susceptibles de dévier de la trajectoire sexuelle traditionnelle. On ne relève pratiquement aucune allusion aux lesbiennes dans l'œuvre des Cyniques.

Cette absence, alors que les homosexuels sont si souvent convoqués, peut relever de bien des facteurs : ou bien l'homo-sexualité féminine, encore aujourd'hui moins visible que sa contrepartie masculine et qui a été plus longtemps occultée[108], est considérée comme négligeable et bénigne (on sait qu'au début du 20e siècle on considérait le lesbianisme comme un prolongement presque inévitable des grandes amitiés féminines) ou bien elle est moins menaçante parce qu'elle concerne le sexe traditionnellement dit « faible » : le rapport à l'autorité n'est pas le même. Afficher son homosexualité (à l'époque) peut apparaître comme une provocation ou une trahison pour l'homme car il déserte le domaine du pouvoir – officiel – pour se ranger du côté des valeurs féminines, comme le laisse entendre ce mot du commanditaire :

> Messieurs, ne soyez pas à demi sûrs, pour stopper les odeurs, employez le désodorisant pour hommes Stopette ! Messieurs, c'est le format compact, il fait bien dans votre sac à main. Quand vous allez à la pharmacie dites : « Une Stopette et que ça saute ! » Prenez un peu de Stopette, vous en appliquez sous les aisselles et on dira : « Mmmh il sent assez bon Stopette-là ! »
>
> (*Le mot du commanditaire*, 1965)

L'allusion au sac à main et au parfum achève de classer l'homosexuel (le tapette avec toute la connotation diminutive que recèle le son [ette]) comme un être efféminé, donc inoffensif, comme ce sera le cas pour Guilda, un célèbre travesti de Montréal, qui sera souvent ridiculisé par le quatuor :

> — Bonjour père Marcotte, savez-vous je ne suis pas tellement en faveur de la limitation des naissances, entre parenthèses je suis danseuse à la Casa Loma.
> — Bravo, bravo.
> — Eh bien je dois vous dire que jamais je n'ai employé de toutes ces pilules et de tous ces appareils et pourtant, mon doux, jamais je n'ai eu d'enfants.
> — Mais quel est votre secret !
> — Oh ! je n'ai pas de secret, mon nom c'est Guilda.
>
> (*Les échos du concile*, 1965)

On peut penser ici que le fait pour Jean Guida de Mortellaro de renoncer à sa masculinité, ne serait-ce que pour le temps de ses spectacles, constitue une transgression qui titille les Cyniques, expliquant leur besoin de se moquer de ce qui s'éloigne de la norme ; ils plaisanteront aussi à propos de Michel Girouard, homosexuel avoué aux comportement flamboyants qui a épousé son amant au début des années 1970 et de Liberace, qui pourrait faire la promotion du «savon "Homo"» (*Les marques de commerce*, 1966). Sans se faire nécessairement et officiellement les gardiens de l'hétérosexualité, les Cyniques n'en adoptent pas moins l'attitude de tout individu issu d'une société «qui distingu[e] fortement les rôles et les *habitus* féminins et masculins» (Steinberg, 2001 : 95) et qui se sent menacé par le brouillage des genres : ils raillent «l'exhibitionnisme et la théâtralité» de ces personnalités, comportements qui ont de tout temps été perçus comme un défi lancé à «l'hégémonie hétéronormative» (Éribon, 1999 : 154).

Ces blagues sur les homosexuels, ou plus généralement sur des hommes qui défient les canons de la masculinité, émaillent tous leurs spectacles : à côté des «"homolaitte[s]" au fromage» (*Le menu du parfait cannibale*, 1965), on entend plusieurs allusions au fait que Radio-Canada serait l'employeur privilégié des gais (*La* Télégazette *de Radio-Canada*, 1968 ; *Finale*, 1966 ; *Chanson d'ouverture*, 1972). On compte sur les gens de l'assistance pour créer l'effet comique : «Il y a dans la salle une personne qui aimerait me serrer, me presser, m'embrasser. Cette personne pourrait-elle se lever ? Assoyez-vous, monsieur» (*Le Grand Mandrake*, 1968). Une ironie savoureuse se cache d'ailleurs derrière cette obsession de l'homosexuel : les Cyniques, par leur volonté d'aller plus et trop loin, apparaissent aujourd'hui comme des visionnaires. Ils ont mis en scène dès 1972 le mariage gai, entre autres dans le sketch *Les infirmiers*, lesquels discutent ici de convention collective :

> Infirmier 1 : Ça tu peux l'dire ! C'est pas avec nos salaires de crève-faim qu'on peut faire vivre un homme.
> Infirmier 1 : Dis-moi pas ! T'as l'intention de te marier !
> Infirmier 2 : Ben certain ! Georges pis moi, ça fait sept ans qu'on vit ensemble. On est tannés du célibat, on a le droit de mener une vie normale.
> Infirmier 1 : Marie-toi pas, j'suis marié depuis deux ans avec Gilles, pis on peut pu se regarder, on peut pu s'voir dans' maison. C'est pas mêlant, si j'étais notaire, je l'tuerais. Mais où vous allez en voyage de noces ?

Infirmier 2 : Ben on savait pas trop, finalement on a regardé l'atlas, tout ça, on avait pas d'idées ça fait que, finalement, on est allés dedans un agent de voyages...

Infirmier 1 : Dedans, ah ! oui...   (*Les infirmiers*, 1972)

Ils ont aussi annoncé les Jeux olympiques gais[109] dont « les grandes épreuves sont le lancer du mouchoir, les sauts à la corde et la nage papillonne » ; ils ont salué « le Canada qui a remporté la victoire aujourd'hui car la championne, Roger Ouellette, s'est classée première dans la course à bicyclette, ce qui fait d'elle la reine de la pédale[110] » (*La* Télégazette *de Radio-Canada*, 1968).

Bref, par leur insistance à aborder de front la question homo-sexuelle, les Cyniques l'ont finalement sortie du placard, pour ainsi dire. Ont-ils fait avancer les choses ? Le gai, qui pourrait être ici une incarnation de l'Autre dont parle Robert Aird (2012 : 23), « se voit-il exclu lorsqu'on se moque de ses prétendus travers et de certains de ses traits culturels, ou le fait d'en rire contribue-t-il, au contraire, à l'intégrer à la majorité ? » Bien malin qui pourrait le dire, compte tenu surtout de l'époque. Une chose est certaine : les quatre humoristes ont poussé l'audace un cran plus loin en endossant la cause, ne serait-ce que sur le mode de la dérision : « — Paraît que... y aurait deux des Cyniques qui seraient "comme ça" ? — C'est pas vrai ! On l'est tous les quatre ! » (*Chanson thème*, 1970)

Le sexe à l'église

Michèle et Lélia Nevert ont évoqué plus abondamment, dans ces pages, l'inspiration qu'ont fournie aux Cyniques le clergé et ses représentants. Dans l'optique privilégiée ici, on se bornera à souligner au passage les liens ironiques que les Cyniques tissent entre les membres du clergé et la question sexuelle. Le quatuor, en effet, en cette décennie qui sonne le glas de la mainmise du clergé sur le quotidien des Québécois, pose au contraire les religieux comme personnes-ressources, en leur restituant une autorité qui, par ailleurs, est en train de fondre comme neige au soleil, pour la gestion des interrogations de la vie quotidienne. Cet habile ressort humoristique permet de conférer une posture d'experte à la religion, alors que, dans les faits, elle est plus que jamais déconnectée de la réalité. Les humoristes s'inscrivent alors en porte-à-faux par rapport au clergé, comme ils l'ont fait avec l'homosexualité : en abordant le sujet, en en faisant une récurrence surtout, ils lui donnent une légitimité paradoxale. Comme le fait remarquer Hubert Aquin en 1961, dans un article au titre suave, «Qui mange du curé en meurt», n'est pas nécessairement antireligieux celui qu'on croit :

> Je considère les anticléricaux comme des êtres existentiellement religieux, exprimant une révolte qui, en dépit des protestations que certains d'entre eux opposeraient à mon raisonnement, n'est qu'un dérivé de la vie religieuse. À la limite, toute révolte contre le clergé correspond à une profession de foi et investit la religion de réalité. Seule l'indifférence équivaudrait à l'irréligion. (1961 : 618)

Même si l'on n'endosse pas totalement l'idée des Cyniques comme personnages religieux, et pour cause, il subsiste de cette réflexion un élément intéressant concernant l'impact du groupe sur les nombreux publics qu'il a rassemblés : *l'indifférence* devant la religion évoquée (et sans doute souhaitée) par Aquin est ici remplacée par la *distance* de l'humour des Cyniques, comme si les comiques aménageaient un espace de transition entre le Québec traditionnel et cette même société en train de se redéfinir comme laïque. Ne pouvant s'en dégager complètement, le groupe a fait de cet aspect très prégnant de la réalité québécoise un sujet de dérision et a participé à en miner l'influence, par le truchement du rire, qui est, on le sait, l'un des plus puissants remèdes contre les inquiétudes de l'existence : le public pouvait alors enfin rire de ses curés, l'esprit (presque) en paix…

Le père Émile Legault par exemple, qui jouissait généralement de l'estime des Québécois, figurera dans un sketch de tribune téléphonique et prodiguera des conseils qu'on devine peu pertinents :

Auditrice :   Mon mari, je vais demander la séparation de corps, je suis bien tannée de lui, il se prend pour un Frigidaire.

Père Legault : Écoutez madame, il n'y a pas lieu de demander la séparation pour autant.

Auditrice : C'est qu'il dort la bouche ouverte pis la p'tite lumière m'empêche de dormir.

Père Legault : Bon, écoutez madame, premier conseil : il ne faut pas vous séparer de votre mari. Vos deux jeunes enfants ont l'air assez bien partis. Il ne faudrait pas leur donner le mauvais exemple. Prenons en particulier votre fille de 16 ans. Eh bien, retenez-la au foyer. Ainsi, elle ne cherchera pas d'autre façon d'être en famille. Quant à votre fils de 17 ans qui part avec deux ou trois filles les fins de semaine, eh bien ce n'est pas grave. Par les temps qui courent, il pourrait facilement se taper deux ou trois hommes[111]. [...]

Auditrice : Oui, mais justement père Legault, qu'est-ce que c'est, la position de l'Église à propos des pilules, là ? J'ai entendu dire qu'ils allaient passer bientôt le dogme de l'Immaculée-Contraception.

Père Legault : L'Église attend, avant de se prononcer sur les pilules, le rapport des experts, qui doit paraître bientôt vers 1990. Il y a une longue tradition à ce sujet dans l'Église. En effet, le pape Pie X s'est penché sur la question, de même que le pape Pie XI et également le pape Pie XII, de sorte qu'on peut espérer que le tout sera réglé par le pape pilule.

(*Le père Legault*, 1968)

On lit en filigrane dans cet extrait le bouleversement qu'est en train de créer dans la vie québécoise – et ailleurs dans le monde – l'avènement de la pilule, qui va donner une certaine liberté sexuelle aux femmes et causer bien des maux de tête (encore actuels !) à l'Église, toujours en réaction devant « l'empêchement de la famille ». Le mélange sexe et religion que concoctent les Cyniques reflète très bien l'ambivalence d'une société qui se débarrasse peu à peu du joug religieux mais indique aussi que l'un ne va pas encore sans l'autre. La résistance ne vient pas seulement des ecclésiastiques, d'ailleurs :

Père Marcotte : Mais madame, [s]elon vous, devrait-on mettre les moyens contraceptifs à la portée des jeunes ?

Auditrice : Mais jamais de la vie, je suis contre l'emploi des méthodes « contracaptives » ! On en voit trop de ces jeunes gens qui vont dans le Nord aux fins de semaine commettre le péché « motel ». On en voit trop de ces jeunes filles qui vont dans le Nord aux fins de semaine avec leur ami de garçon... Elles vont à la sapinière là... et puis là elles se font passer un sapin ! C'est comme ça qu'ils attrapent des maladies « vénénériennes » !

Père Marcotte : Mais comme quoi, par exemple ?

Auditrice : La saint Philippe.

Père Marcotte : Mais madame je vous en prie, un peu de retenue. Selon vous quel serait le meilleur moyen de limiter les naissances ?

Auditrice : Ben je pense que tous les jeunes gens qui sont trop entreprenants, on devrait touttes les castrer.

Père Marcotte : Allô ? Allô ? Ne coupez pas !

(Les échos du concile, 1965)

Habilement, ici, les Cyniques font porter aux citoyens l'odieux du conservatisme, conférant du même coup au père Marcotte un certain libéralisme : c'est lui qui pose les questions, qui confronte ses ouailles à leurs propres préjugés. Mais les Cyniques n'en dénonceront pas moins le religieux rétrograde et obsédé sexuel pour autant, comme ce frère Rosaire, champion de l'onanisme : « Pendant une semaine, [j'ai porté une montre Timex] à mon poignet, et pourtant elle fonctionne encore ! » (*Les commerciaux*, 1970) Ces intrusions comblent le public, qui trouve peut-être en elles un exutoire à sa propre gêne devant l'émancipation des mœurs (merci Serge Grenier) :

Est-ce que j'ai fait des mauvaises choses ? Seul ou avec d'autres ? Et si c'est avec d'autres, de quel sexe ? Est-ce que j'ai chanté des chansons cochonnes ? Est-ce que j'ai raconté des histoires cochonnes ? Est-ce que j'ai mangé comme un cochon ? Ai-je souhaité la mort de Claude-Henri Grignon ? Serai-je bientôt exaucé ? Suis-je abonné à *Playboy* ? Est-ce que j'ai montré mes foufounes ? Ai-je

suçoté des jujubes? Est-ce que j'ai pris ma douche NU? Me suis-
je déjà couché sur le ventre pour mieux jouir? Hmmm? Ah oui?
Chanceuse... Dans mon lit, suis-je immobile ou me meus-je?

(*L'examen de conscience*, 1967)

Ainsi donc, les religieux sont, pour les Cyniques, de sympathiques obsédés sexuels ou d'ironiques personnes-ressources; mais ces allusions répétées au clergé tendent à montrer que les Cyniques, eux, ne peuvent faire abstraction de la religion. Ils sont révolutionnaires, certes, par de nombreux aspects de leurs performances, mais ils doivent demeurer au diapason d'un public qui, pour avancer, a toujours besoin de ces repères qui lui permettent de mesurer la distance parcourue.

Femme et sexe

L'époque durant laquelle ont sévi les Cyniques est marquée aussi, on l'a mentionné, par la libéralisation des mœurs et, ipso facto, par une plus grande ouverture face à la sexualité. Toutefois, certaines critiques jettent un regard rétrospectif assez acidulé sur cette émancipation en général, et en principe universelle, qui s'est faite, selon Andrea Dworkin entre autres, essentiellement aux dépens des femmes et non avec elles:

> la libération sexuelle fut pratiquée à une vaste échelle par les femmes durant les années soixante, et elle échoua: c'est-à-dire qu'elle ne les libéra pas. Son but – découvrit-on – était de libérer les hommes afin qu'ils puissent utiliser les femmes hors des contraintes bourgeoises, et en cela elle a réussi. Une de ses conséquences pour les femmes fut d'intensifier l'expérience d'être sexuellement typées comme femmes – précisément le contraire de ce que ces filles idéalistes avaient envisagé comme avenir. [...] L'idéologie de la libération sexuelle [...] postulait plutôt que la liberté pour les femmes consistait à être baisées plus souvent et par plus d'hommes, une sorte de mobilité latérale au sein de la même sphère inférieure (2012: 95-96).

Les femmes auront été surtout spectatrices et objets de cette révolution : elles n'en ont jamais été les agentes. En termes clairs, alors que le Québec entier expérimente l'amour libre et s'envoie en l'air, les femmes, on le voit maintenant, restent aussi dévalorisées et confinées à des figures traditionnelles : il leur faudra attendre les années 1970 pour se définir comme sujets. Pour le moment, elles demeurent des accessoires pour la « libération sexuelle » de l'homme québécois, qui n'est plus gêné de montrer les seins de sa femme.

Cet état de fait explique sans doute en partie la portion congrue qu'occupera la femme, pourtant « la cible favorite des satiristes » (Stora-Sandor, 1984 : 79), dans l'univers du quatuor, qui lui préfère, de loin, les personnalités publiques qui font *quelque chose*, ces personnes d'avant-plan étant, on s'en doute, essentiellement masculines. Les féministes ne sont pas encore là pour leur servir de têtes de Turc (il aurait été intéressant d'ailleurs d'entendre ce que les Cyniques auraient eu à dire à cet égard !).

En politique, les femmes, peu nombreuses à l'époque il est vrai, sont à peine écorchées au passage : Claire Kirkland-Casgrain, la première députée québécoise, qui, incidemment, a mis « sur pied un projet de loi pour modifier en profondeur le statut légal de la femme mariée » (Clio, 1985 : 427) – ce qui n'est pas sans conséquence pour la portion masculine du Québec –, sera plutôt prise à partie, comme nouvelle ministre des Affaires culturelles, pour son refus de subventionner la pièce *Les belles-sœurs* de Michel Tremblay : la différence entre elle et une patate ? « La patate est cultivée » (*Chanson thème*, 1972). Judy LaMarsh est confondue avec un homme (*Scandale dans la poubelle*, 1966) ; on recense une allusion à Charlotte Whitton, qui fut mairesse d'Ottawa (*La censure*, 1965). On retrouve bien quelques flèches décochées à l'endroit de certaines vedettes québécoises (comme Muriel Millard, Élaine Bédard, Michèle Richard), mais force est de constater que les types féminins les plus évoqués sont des personnages anonymes, mais fortement connotés sexuellement, comme la prostituée, la danseuse, la vierge à conquérir et, agissant comme repoussoirs, la vieille (qui «arrange des vieux restants» en se maquillant, [*Le Grand Mandrake*, 1968]) mais surtout l'obèse. Ainsi, dans l'imaginaire des Cyniques, même sous le couvert de l'humour, la femme est intéressante surtout en tant que machine à fantasmes.

Les allusions aux danseuses, d'abord, nous donnent une bonne idée de la fascination sur la gent masculine qu'exerce l'évocation seule du métier :

> Mesdames, mesdemoiselles, en avez-vous assez de passer de longues soirées à rien faire ? Si oui, j'ai une suggestion à vous faire : devenez danseuses cochonnes ! Pourquoi pas ? Pour devenir danseuse cochonne, il faut remplir deux conditions. Premièrement, être danseuse. Deuxièmement...
>
> (*Les danseuses cochonnes*, 1972)

> — Hey patron, y a rien de sexy sur l'émission.
> — Ouais ? Qu'est-ce que tu fais de la danseuse ?
> — Elle est malade.
> — Prends une secrétaire au deuxième.
> — Heille... heille on va-tu lui faire porter le topless ?
> — Ouais, la télévision a besoin de nouveaux visages...
>
> (*Télé-Métropole, votre canal 10*, 1967)

Ces deux extraits accusent leur époque mais sont aussi en même temps étrangement actuels. La danseuse cochonne ne porte plus guère ce nom aujourd'hui ; on lui préfère l'épithète pudique *exotique* ; toutefois, elle est toujours aussi utile : c'est un objet interchangeable qui permet d'ajouter du piment à une émission qui s'enlise. Le fait de substituer une secrétaire à une professionnelle suggère aussi que le métier est à la portée de n'importe qui ou qu'en chaque secrétaire sommeille une cochonne, un présupposé que certains magazines remettent allègrement de l'avant par les temps qui courent[112].

Dans ce hit-parade des formes féminines s'impose aussi la prostituée, dont le métier, il va sans dire, dérange et émoustille, comme en font foi les extraits suivants :

Prions maintenant pour la plus mauvaise femme de la paroisse et chantons en chœur : « J'irai la voir un jour » !

(*Chanson thème*, 1966)

— Mon très cher fils, pourriez-vous me verser une aumône pour les prostituées de la paroisse ?
— Non monsieur le curé, elles me coûtent déjà assez cher comme ça !

(*Chanson thème*, 1967)

— Moi non plus, j'te dis que je suis pas ben ben riche. À mon âge, j'ai pris mon premier taxi hier. C'était une femme taxi à part de ça, elle m'a demandé jusqu'où je voulais aller, j'y ai dit !
— Et puis ?
— Je passe en cour lundi.

(*Les balayeurs*, 1972)

On le constate : la femme, l'interdit, exerce une telle fascination chez l'homme qu'il en perd son sens critique et prend ses fantasmes pour des réalités. Les prostituées, toutefois, jouissent chez les Cyniques d'un statut plus autonome que la danseuse : en effet, un sketch les présente en train de faire un « fuck out », une grève qui a « pris plusieurs clients les culottes baissées. Certains ont protesté en cour, mais leur affaire est encore pendante devant les tribunaux » (*Chartrand et la prostitution*, 1972). Mine de rien, les Cyniques confèrent un pouvoir politique, autant que sexuel, inédit aux travailleuses du sexe : ce sont les clients qui écopent, pas les filles.

Mais, pour faire contrepoids aux figures précédentes, plus subversives, on retrouvera aussi la jeune fille pure, la bonne épouse, la femme « respectable » : toutes ces catégories de femmes qui forment le premier élément de la binarité traditionnelle vierge / putain, sont menacées de dépravation, victimes potentielles du vent lubrique qui souffle sur le Québec. Camil Samson, l'ineffable, le déplorera :

Au Québec, en 1972, la foi, la morale et les bonnes mœurs prennent une simonac de débarque! Y a des femmes de chez nous qui se mettent des diaphragmes en plastique transparent, sous prétexte d'avoir des fenêtres panoramiques dans leur salle de jeu!

(*Camil Samson*, 1972)

Le sexe est présent dans la tête de mes meilleurs amis. L'autre jour, je me promenais sur la rue Saint-Jean, j'ai vu Gilberte Côté-Mercier assise sur un parcomètre! Vous savez ce qu'elle faisait là la cochonne? Elle attendait la violation! (*Camil Samson*, 1971)

La virginité des filles perd tranquillement sa valeur symbolique à l'époque[113]. Le sketch *La soirée du hockey*, qui raconte une cérémonie de mariage comme si c'était un match, constitue une savoureuse allégorie de ces étapes qui mènent à «la première fois»; on y lit les avancées, la résistance, l'hésitation devant le mouvement à effectuer ainsi que l'irrépressible désir d'arriver au but, dans toute la charge sportive du terme:

Eh bien on sent ici que les deux fiancés sont très impatients, et on sait que durant toutes les fréquentations, et c'est vraiment un phénomène assez rare, le fiancé n'a pas réussi une seule fois à déjouer la vigilance de sa fiancée. Et ce soir, on les sent impatients, en effet ils gigotent, et pour eux c'est vraiment la soirée du OK. [...]
[La mariée] jette son bouquet par terre, elle s'approche du marié, elle s'élance vers lui et là oh! elle lui administre un violent baiser! Et c'est sûrement un des plus beaux moments du match! Mais je crois qu'il y aura des punitions sur ce jeu. En effet, c'est confirmé par le bedeau officiel. Punition mineure double: à la suite de ce baiser, la mariée sera punie pour assaut et le marié pour avoir porté son bâton trop élevé.
Eh bien là-dessus nous vous quittons, et n'oubliez pas que, si le compte demeure égal, il y aura une période supplémentaire qui sera jouée à minuit ce soir. On s'attend alors à du jeu offensif, et à de nombreux corps à corps. Et n'oubliez pas que malheureusement cette période ne sera pas télévisée. (*La soirée du hockey*, 1967)

L'obèse comme éteignoir de concupiscence

Enfin, la femme obèse, comme dernier type féminin, semble avoir inspiré passablement les Cyniques : située aux antipodes de la prostituée ou de la danseuse, dont les corps ou l'expertise (quelquefois les deux) font rêver, la grosse incarne le repoussoir de la féminité par excellence. Cette répulsion pour l'enveloppe adipeuse ne date certes pas d'hier. Déjà en 1924, « un médecin publiant dans un périodique médical renommé soulignait que le corps "gros" est encore plus répugnant lorsqu'il s'agit de celui d'une femme, car il représente un affront social esthétique » (Mackay et Dallaire, 2010 : 8). De fait, les humoristes seront beaucoup plus cinglants à l'endroit des grosses que des gros, reliant clairement le tour de taille à une certaine idée de l'éducation et de la culture :

> Le canal 10 a décidé de maintenir sa politique d'engager son personnel au poids, alors qu'au canal 2, on engage des gens minces, comme Nadeau, Charette, Montreuil, Fauteuil. Au canal 10, on engage le talent dans le gros : le gros Réal Giguère, le gros Roland Giguère, le gros Serge Bélair, le gros Rod Tremblay, le gros Claude Lapointe, le gros Gilbert Chénier et la grosse Huguette Proulx. Le tout devant un public de grosses bonnes femmes, les trucks de la rue Panet.   (*Le* Téléjournal *de Radio-Canada*, 1972)

Ces « trucks de la rue Panet » constituent les membres du « club des varices » (*Le* Téléjournal *de Radio-Canada*, 1972) qui hantent les émissions du canal 10. C'est à ces mêmes personnes que Serge Grenier, camouflé en Gontran de L'Aiguille, prodigue ses conseils, prototype encore actuel de tous ces spécialistes de la prescription qui disent aux femmes comment elles doivent gérer leur vie :

> Bon après-midi mesdames ! Il me fait plaisir de venir vous donner de judicieux conseils sur l'art de bien vivre et de bien profiter de la vie. Tout d'abord, lorsque vous êtes à la maison, effouérez-vous devant la TV... Avec des chips d'un bord, du chocolat de l'autre pis du Kik dans le milieu. Vous allez être ben...
>
> [...] N'oubliez pas mesdames, la simplicité en tout. Portez, par exemple, un joli chandail avec une mignonne petite jupette.

Choisissez des couleurs sobres comme le rouge, le mauve et le drabe... Ceci convient particulièrement aux femmes minces, autrement dit aux échalotes. Mais si vous êtes grasse et qu'on vous appelle « la grosse toutoune », portez du noir, y' en a autant, mais ça paraît moins... Mais si vous êtes très très grasse et qu'on vous appelle la pompe à steam... sortez pas.

(*Gontran de L'Aiguille*, 1967)

Les Cyniques reprennent ce procédé humoristique dans un autre sketch ; cette fois c'est le Dr Frisette, une autre autorité masculine, qui donne des conseils à une « surveilleuse de poids, une Weight Watcher » :

Chère "Boeing 747", en regardant votre photo, je vous ai pas trouvée grosse, vous paraissez comme ça à cause de vos quatre mentons. Votre problème c'est pas que vous êtes trop grasse, c'est que vous êtes pas assez grande pour votre poids. Vous devriez mesurer sept pieds huit. Vous mesurez cinq pieds... couchée ! Votre mari doit être fier, non seulement vous avez gardé votre taille de jeune fille, mais vous l'avez doublée.

(*Le courrier du Dr Frisette*, 1972)

L'embonpoint féminin ne pardonne pas : la mère de Cendrillon, madame Belisle, « la grosse torche, puisqu'il faut l'appeler par son nom[114] » (*Cendrillon*, 1970) se gave de malbouffe, rote et défait sa gaine Playtex pour pouvoir respirer. On imagine la scène.

Manifestement, dans l'univers des humoristes, l'enveloppe adipeuse éloigne la femme de l'idéal qu'elle se doit d'incarner, peu importe ses qualités intrinsèques. Un rien paternalistes ou adolescents ici, les Cyniques endossent et reconduisent un discours social ambiant au lieu de le contester ; le rire est certes assuré mais perd son mordant satirique : on ne se moque plus des comportements erratiques ou aberrants des gens au pouvoir mais bien de l'aspect physique de madame Tout-le-Monde[115], ce qui est beaucoup moins subversif. Mon collègue Boily dira plus loin dans ces pages que ce type de blague ne vise pas réellement une spectatrice et que la moquerie n'est pas bien méchante. Soit : mais cela ne change rien au choix, systématique, de la cible. On fustige les grosses mais on épargne les gros... sauf Réal Giguère, tête de Turc récurrente des Cyniques, cristallisée dans le leitmotiv « Prends le gros Giguère, y est parfait » (*Télé-Métropole, votre canal 10*, 1967), qui a bien marqué les esprits.

Montrez ce sein qu'il fera bon voir

S'ils ont une sorte de fixation sur les grosses, les Cyniques en ont aussi une sur les seins. En cette époque de libération sexuelle (et conditionnelle, comme on l'a vu, du fait qu'elle est surtout masculine), les films se font plus osés. Denis Héroux se vante d'avoir déshabillé la p'tite Québécoise et le public, masculin s'entend, peut enfin se rincer l'œil comme il lui plaît. Les Cyniques vont participer à ce mouvement en proposant des sketchs qui s'attardent à l'anatomie féminine dans ce qu'elle a de plus sexué et qui proposeront une écriture proche du carnavalesque dans ses métaphores et ses exagérations :

> Madame, avez-vous les seins bas ? Êtes-vous découragée ? Ça va de mal en pis ? Vous ne savez plus à quel sein vous vouer ? […] Madame, cessez de vous érafler les genoux. Avec madame J.A. Bourré, ayez confiance, depuis 60 ans sa maison brasse de grosses affaires ! Elle possède la foi qui soulève les montagnes. […] Portez une brassière et allez de l'avant. Nous avons trois grandeurs : petit, médium et « Vois-tu ce que je vois ? » (*Les soutiens-gorges*, 1966)

On remarquera au passage que les Cyniques, pour une fois, semblent n'avoir rien contre les formes un peu plus grosses... L'exercice de style, aux nombreux rebondissements, c'est le cas de le dire, s'appuie surtout sur l'exploitation d'un champ lexical déterminé qui n'est pas bien nouveau ; le haut du corps féminin a toujours fait l'objet de plaisanterie et de convoitise (ceci expliquant cela, dans une large mesure). Le commentaire fait mouche toutefois, entre autres choses, parce que la tirade n'est plus réservée aux fins de soirée et aux piliers de cabaret : c'est désormais en famille, dans le salon, par le truchement du microsillon, que le rire (gaillard, gêné, festif, peu importe) peut jaillir.

À cet égard, le sketch *La police et le sexe* constitue une illustration particulièrement réussie de ce malaise devant la sexualité. Ici, les policiers qui s'enfargent dans leur passé simple traduisent le manque de culture que leur reprochent entre autres les Cyniques, mais deviennent surtout des métaphores du Québec curieux du sexe (féminin surtout, est-il besoin de le répéter) quoiqu'en même temps pas encore tout à fait affranchi des interdits d'antan. Il ne faudrait pas rire trop vite de ces malheureux qui font ce qu'ils peuvent et qui, tels des miroirs, renvoient l'image d'un inconfort encore bien répandu à l'époque :

> — Rapport de police. Le vendredi 13 décembre, je me suis rendu au club Casa Loma. J'avais emmené avec moi le caporal Éthier, très intelligent, car il a complété sa septième année. Aussi, j'avais amené avec moi l'agent Robert, spécialiste dans l'identification des seins nus, pour son aptitude à différencier avec un minimum d'erreurs un sein d'homme d'un sein de femme.
>
> Tous les trois nous étions prêts à mettre fin à l'indécence, à l'obscénité et à toutes les autres patentes de ce que c'est que le monde aime. Armés de nos garcettes et de nos longues vues, mine de rien, nous pénétrâtes par la porte d'en avant. Nous nous assîmes drette à côté du stage, et le spectacle commencit. D'abord, nous fûmes troublés par l'entrée de la danseuse qui était habillée d'un vêtement transparent, à travers lequel il nous était impossible de voir vu l'épaisse fumée. Mais la fumée se dissipit, et nous vîtes qu'elle avait un haut et un bas. Tout à coup, elle enleva son vêtement transparent, et là nous aperçûmes des formes suspectes. Le caporal Éthier se sentit mal à l'aise, l'agent Robert renversa son verre de bière et tacha son pantalon. Et moi-même, sentant le danger venir, de m'assurer que j'étais bien armé.
>
> Tout à coup, la danseuse enleva son vêtement du haut. La surprise fut double. Étrangement l'éclairage baissa.
>
> — Avez-vous protesté ?
>
> — Euh oui, nous protestâtes, mais sans succès... Tout à coup la danseuse s'immobilisit, et porta ses mains au petit vêtement de base que les gens enlèvent le soir avant de se coucher. Et elle

l'enleva ! Nous avons vu là quelque chose que nous n'avons pas pu identifier.

— Je crois bien que nos experts arriveront à mettre le doigt dessus.

— Interrogé là-dessus, le caporal Éthier, qui a pourtant fait sa septième année, ne pouvait que balbutier. Quant à l'agent Robert, il était penché en dessous de la table et ramassait ses esprits. C'est tout, chef. (*La police et le sexe*, 1970)

Les Cyniques ne sont pas des pornocrates, beaucoup s'en faut ! Toutefois, leur façon de découper le corps des femmes «en haut et en bas», pour reprendre les termes de l'inénarrable agent, de mettre l'accent sur les seins ou sur l'endroit du «OK» relève d'une conception particulière du corps féminin qui se limite aux endroits bien circonscrits du désir et du fantasme masculins. Cette vision stratégique, au comique malgré tout irrésistible, se trouve résumée par Marcel Saint-Germain qui chante à Rigoletta : «Si tu veux que je râle, ôte ta brassière !» (*L'opéra du Québec*, 1971)

Car ces façons de caractériser les femmes, aussi comiques soient-elles, s'inscrivent bien dans l'époque d'avant le féminisme : y prévalait alors exclusivement ce que Laura Mulvey a nommé le *male gaze*, c'est-à-dire la relation patriarcale et symbolique entre objet regardé (la femme) et sujet observant (l'homme) (1989 : 15-17), relation qui ne connaissait pas de réciproque. Le regard masculin, omniprésent et tyrannique, tant décrié plus tard par les féministes, peut, sous le couvert de l'humour chez les Cyniques et par personnages interposés, détailler, soupeser, juger et cataloguer les femmes en toute impunité. On arguera que le quatuor ne ménage pas non plus les hommes : ce serait perdre de vue l'ancrage de leur humour à l'endroit des femmes, qui prend racine dans leur potentiel de disponibilité sexuelle. (Il faut dire, à la décharge des Cyniques, que l'habitude de rire de l'autre sexe, toujours actuelle, trouvait son pendant à l'époque dans le spectacle que les Girls ([Clémence DesRochers, Paule Bayard, Diane Dufresne, Louise Latraverse et Chantal Renaud]) présentaient à la même période. Ces filles faisaient un humour que l'on pourrait qualifier de «néoféministe», prenant quelquefois les hommes comme têtes de Turc mais prônant surtout une liberté d'expression nouvelle pour les femmes.)

Conclusion : et aujourd'hui ?

On voit à la lecture des exemples qui précèdent à quel point l'humour des Cyniques se nourrit de paradoxes et qu'il n'est pas nécessairement là où on l'attend. Il donne en effet l'impression que les membres du quatuor sont toujours au-dessus de la mêlée, qu'ils observent la société québécoise à distance, pour en révéler ensuite au public les vicissitudes et les travers, comme toute bonne entreprise satirique cherche à le faire. C'est partiellement vrai : les quatre compères ont certes profité de la tribune de l'humour pour critiquer le monde qui les entoure, ils ont su cerner la tension qui sépare le Québec traditionnel de celui post-Révolution et distinguer le Québécois plus conservateur de celui qui choisit l'émancipation. Toutefois, ils ont toujours été juges et parties et les mots qu'ils ont prêtés à leurs personnages devenaient, par moments et dans une certaine mesure, des projections de leurs propres interrogations, l'expression de leurs propres doutes, résistances ou audaces. Plus encore, ils ont été, dans toute la force *genrée* – mais pas nécessairement péjorative – de l'expression, des hommes de leur temps, c'est-à-dire des individus du bon côté du pouvoir.

À cet égard, on conviendra qu'une foule de blagues des Cyniques, faites aux dépens des femmes, des homosexuels ou des obèses, ne passeraient plus la rampe aujourd'hui. Faut-il s'en désoler et déplorer la rectitude politique qui *sévit* en ce moment ? Voyons un peu :

Interviewer :	Et dans quelles circonstances s'est déroulé votre premier viol ?
Mouche-à-feu :	Un soir, mon collègue pis moi, on était assis ben tranquilles, on regardait la télévision, pis à un moment donné, y a une fille qui a sonné à la porte. Elle disait qu'elle était comme égarée. Quand la police est arrivée, elle était complètement écartée.

Interviewer :	Mais comment en êtes-vous arrivés à commettre un crime aussi bas que le viol ?
Mouche-à-feu :	Je me suis penché.
Mouche-à-marde :	Pas moé. *(Deux prisonniers,* 1971)

Il est difficile de deviner comment un public élargi (c'est-à-dire composé de représentants de toutes les strates de la société) réagirait à de tels propos. Il est presque assuré cependant que le groupe aurait les féministes aux trousses. Mais on ne saura jamais non plus si les Cyniques eux-mêmes auraient aujourd'hui envie de (re)faire ce genre de farce ; ils carburaient à l'actualité, savaient ajuster leurs discours en conséquence, aimaient provoquer. Mais ils étaient aussi furieusement conscients des limites du discours social de l'époque. S'ils se sont moqués des prêtres obsédés, c'est qu'ils sentaient le public prêt à en endosser la critique sous-jacente ; s'ils ont parlé des danseuses et des prostituées, c'est qu'ils savaient que le vent de libération titillait tout le monde et que la fesse avait la cote ; s'ils ont tant parlé des homosexuels, c'est peut-être pour lever le voile sur une nouvelle réalité qui allait bientôt se manifester haut et fort.

Les Cyniques avaient du flair et étaient visionnaires : on aime à penser qu'ils auraient prévu, si une telle chose est possible, l'impact négatif de blagues dépassées comme celle évoquée plus haut. Le viol, en effet, a été matière à rire tant et aussi longtemps que les victimes se sont tues. Il en va un peu de même pour tous les sujets « à risque » : le Québec, depuis la Révolution tranquille, ne s'est pas seulement affranchi de l'emprise de l'Église, il s'est aussi approprié une parole, qu'il utilise pour protester, le cas échéant. C'est pourquoi, au grand dam de certains humoristes actuels qui considèrent « qu'ils n'ont plus le droit de rien dire », le public qui se sent heurté dans ses convictions rouspète et le fait savoir. Cela change la donne de la latitude en humour. S'ils étaient actifs maintenant, les Cyniques devraient eux aussi composer avec des auditoires moins passifs, qui en ont entendu d'autres. Mais ils sauraient sans doute maintenir le bateau à flot. J'en veux pour preuve cet extrait de la dernière apparition des Cyniques, en 1990, alors qu'ils recevaient leur prix Victor au Gala Juste pour rire :

André : Une autre bonne raison pour partir aussi, c'est qu'on s'est rendu compte que nos gags étaient complètement déphasés, que ça collait plus du tout avec l'actualité. Imaginez : on faisait des blagues sur le renouvellement de la Constitution.

Marcel : On disait de la Sûreté du Québec qu'ils étaient notre produit national « brute ».

Marc : On faisait des blagues sur les Amérindiens. Un sujet qui est complètement disparu de l'actualité. On demandait à un chef mohawk comment il disait dans sa langue « voilà une chose inutile, dépassée et ridicule ».

André : Et il répondait quoi ?

Marc : Ottawa.

André : Mais soyons sérieux un petit peu, on est effectivement très touchés de recevoir ce prix et cette émotion, d'ailleurs, on voudrait la partager parce que l'humour au Québec c'est une grande tradition et, en définitive, on a été seulement un maillon de la chaîne.

Marcel : Et avant nous, il y avait de grands et d'extraordinaires humoristes et comiques et après nous, ç'a été une explosion, il y en a eu encore plus, et c'est tant mieux.

Marc : Alors ce prix Victor vient confirmer ce que nous pensions déjà fondamentalement.

Serge : On était les meilleurs.

(*Le Gala Juste pour rire*, 1990)

Bibliographie

Disques

Les abominables Cyniques en spectacle, volume 1, 1965.
Les Cyniques, volume 2, 1966.
Les Cyniques à la Comédie-Canadienne, volume 3, 1967.
Les Cyniques, le meilleur !, volume 4, 1968.
Les Cyniques, volume 5, 1970.
Les Cyniques / 6, 1971.
Les Cyniques : exit, 1972.

Divers

«La Télégazette», *Émission impossible*, Radio-Canada, 20 juillet 1968.
Le Gala Juste pour rire, 1990.

Ouvrages de référence

AIRD, Robert. «Des humoristes jongleurs d'identité», *Relations*, décembre 2012, n° 761, p. 22-24.

AQUIN, Hubert. «Qui mange du curé en meurt», *Liberté*, 1961, vol. 3, n°s 3-4 (15-16), p. 618-622.

CHAMBERLAND, Line. *Mémoires lesbiennes*, Montréal, Éditions du remue-ménage, 1996.

COLLECTIF CLIO (LE). *L'histoire des femmes du Québec depuis quatre siècles*, Montréal, Quinze, 1985.

DWORKIN, Andrea. *Les femmes de droite*. Traduit de l'américain par Martin Dufresne et Michele Briand, Montréal, Éditions du remue-ménage, 2012 [1983].

ÉRIBON, Didier. *Réflexions sur la question gay*, Paris, Fayard, 1999.

HÉBERT, Chantal. *Le burlesque au Québec : un divertissement populaire*, LaSalle, Hurtubise HMH, 1981.

KNIBIEHLER, Yvonne. *La virginité féminine : mythes, fantasmes, émancipation*, Paris, Odile Jacob, 2012.

LÉVY, Joseph J. et Catherine DE PIERREPONT. «Homosexualités et reconnaissance sociale : perspectives canadiennes et québécoises», *Globe : revue internationale d'études québécoises*, 2009, vol. 12, n° 2, p. 159-167.

MACKAY, Stéphanie et Christine DALLAIRE. «La contestation des discours sur l'obésité : YouTube et la femme "grosse" parrhésiaste», *Recherches féministes*, 2010, vol. 23, n° 2, p. 7-24.

MULVEY, Laura. *Visual and Other Pleasures*, New York, Palgrave Macmillan, 2009 [1989].

STEINBERG, Sylvie. *La confusion des sexes : le travestissement de la Renaissance à la Révolution*, Paris, Fayard, 2001.

TIPTON, Nathan G. «Gender Trouble : Frank Miller's Revision of Robin in the *Batman : Dark Knight* Series», *The Journal of Popular Culture*, 2008, vol. 41, n° 2, p. 321-336.

3. LE FILM

Le cynisme élevé à la puissance IXE-13

Jean-Marie Lafortune
UQAM

Introduction

> Un film n'est pas seulement un récit,
> c'est aussi un discours sur le monde.
> (Soulez, 2011 : 9)

L'année 1971 est particulièrement faste pour les Cyniques. Au faîte de sa gloire, un an avant sa séparation, le quatuor humoristique lance un nouveau disque, *Les Cyniques / 6* et fait salle comble pendant deux mois au Patriote de Montréal avant de monter sur les planches de la prestigieuse salle Wilfrid-Pelletier. De plus, il collabore à la fin de l'année, aux côtés de Dominique Michel et de Denise Filiatrault, à la revue satirique télévisée *Bye Bye 71*, après s'être associé au cinéaste Jacques Godbout dans la première comédie musicale du répertoire québécois, qui deviendra un film culte. Filmé du 6 mai au 6 juillet 1971, le long métrage *IXE-13* permet aux Cyniques d'ajouter une corde à leur arc contre le carcan moral du clergé catholique, la corruption du système politique québécois et l'ingérence du gouvernement canadien.

Mis en musique par François Dompierre et porté par la voix de Louise Forestier, le film est produit par Pierre Gauvreau et l'Office national du film (ONF). Sans autre formation de chanteurs ou de comédiens que celle exigée par l'exercice du droit[116], André

Dubois, Marc Laurendeau, Serge Grenier et Marcel Saint-Germain ajoutent par leur jeu amateur et certains propos cinglants une dose d'ironie au pastiche de films d'espionnage scénarisé et réalisé par Godbout avec l'aide de Claude Lafortune à la direction artistique.

Adapté d'un populaire roman-feuilleton d'espionnage publié de 1947 à 1966 par Pierre Daignault sous le pseudonyme de Pierre Saurel[117], le film *IXE-13* est une caricature décapante des mœurs sclérosées de la société québécoise en contexte d'inachèvement de la Révolution tranquille. L'intrigue présente l'agent secret IXE-13, joué par Dubois, non seulement comme le fleuron de l'identité canadienne-française, puisqu'il a gagné l'estime des Britanniques et réussi à l'échelle internationale, mais surtout comme le promoteur des valeurs occidentales, fondées sur la patrie, la liberté de croyance et de marché, à l'assaut desquelles se portent les régimes dictatoriaux tant d'extrême gauche (maoïste) que d'extrême droite (nazi). Dépeintes à travers le discours réactionnaire du clergé, l'emprise du monde interlope sur la vie politique québécoise et la sujétion de la province de Québec au pouvoir d'Ottawa, ces valeurs apparaissent toutefois archaïques et dérisoires. C'est en parodiant des positions canoniques de l'Église et les dérives autoritaires du système «démocratique» canadien, un an après les événements d'Octobre, que le film *IXE-13* élève le cynisme à un degré rarement égalé.

Appréhendée dans son espace communicationnel, l'œuvre convie à une double analyse, selon qu'on la classe dans le genre «comédie musicale», puisant sa forme débridée dans le cinéma muet et le music-hall, ou dans le «cinéma d'auteur», affichant un caractère critique et engagé qui s'inscrit dans une vision cynique de l'ordre[118]. Rappelons que le cynisme désigne une certaine attitude face à la vie sociale, qui stimule la contestation des valeurs dominantes et invite à la désinvolture. Matérialiste et anticonformiste, l'humour des Cyniques prolonge dans le film l'idéal du plus connu des philosophes cyniques, Diogène, en proposant une philosophie subversive et jubilatoire.

Nous présentons dans la première partie de ce texte une analyse de l'œuvre en commentant sa mise en scène, en musique et en images. L'esthétique d'*IXE-13* repose sur l'étroite collaboration entre Godbout, Dompierre et Lafortune. Nous aborderons dans la seconde partie le discours du film en dévoilant, sous l'apparent éclatement de son traitement cinématographique, la charge corrosive du duo Godbout-Cyniques à l'intérieur du cadre de production de l'ONF, charge qu'il portait à l'origine et qu'il conserve, à bien des égards, de nos jours.

L'approche sémio-pragmatique adoptée dans cette étude est empruntée aux théories de la communication (Meunier et Peraya, 2004). Cette approche combine l'analyse sémiologique[119], centrée sur la logique formelle du film, avec la pragmatique communicationnelle[120], qui s'intéresse aux éléments référentiels à partir desquels les destinataires du film construisent des lignes de sens. L'analyse consiste alors à articuler le système symbolique d'*IXE-13* autour de son cadre institutionnel de production et sa portée réelle en regard de l'actualité culturelle et politique. Partant de l'hypothèse que la signification d'une œuvre cinématographique relève moins d'un phénomène d'échange que d'un double processus de production sur lequel pèsent des contraintes spécifiques (Esquenazi et Odin, 1990), l'approche sémio-pragmatique propose un cadre et des outils méthodologiques pertinents pour analyser tant le récit du film que son discours sur le monde.

1. Les codes de la parodie

> L'acte de faire ou de voir un film n'est pas d'emblée un fait de discours, mais un fait d'institution qui passe par l'adoption d'un rôle programmé par un faisceau de déterminations issu de l'espace social.
>
> (Odin, 1988 : 121)

L'affiche publicitaire qui annonce la sortie du film au cinéma Saint-Denis le 26 janvier 1972 évoque davantage le dessin du roman-feuilleton que le cinéma. Elle met l'accent sur la présence des Cyniques et de Louise Forestier en inscrivant leurs noms en larges caractères rouges et en illustrant certains personnages qu'ils incarnent à l'écran. La mention que le film émane d'une collaboration entre Godbout et Dompierre assortie de l'invitation *Pour rire en musique!* ne laisse aucun doute sur son statut de comédie musicale. Le choix de couleurs, où dominent le jaune pinson et le rose pimpant, et la composition graphique procurent des repères additionnels quant à la période qui a vu naître l'œuvre, marquée par l'influence de l'esthétique psychédélique.

Intrigue

L'agent IXE-13, de son vrai nom Jean Thibault, est la cible d'un complot ourdi par un sbire national-socialiste, Von Tracht, et la reine des communistes chinois, Taya, pourtant secrètement éprise de lui, car les valeurs qu'il défend sur la scène internationale, fondées sur la foi chrétienne, le patriotisme et une démocratie au service de la classe dirigeante, menaceraient la stabilité de ces régimes. L'assassinat de son collègue Bob West a tôt fait d'obliger IXE-13 à interrompre ses vacances dans les Laurentides (« Salut, ô les plus vieilles montagnes du monde») afin de retrouver les coupables à Montréal avec l'aide de son partenaire, le Marseillais Marius Lamouche. L'enlèvement de sa fiancée Gisèle Tubœuf, alias agent T42, le conduit à un affrontement sans merci avec ses ennemis. La force morale et physique de l'as des espions canadiens triomphe de l'esprit perfide de ceux-ci alors qu'il élimine Von Tracht et ses acolytes tout en laissant Taya s'échapper.

D'une durée de 114 minutes, le long métrage est divisé en dix chapitres d'inégale longueur précédés d'un long prologue, jetant les bases de l'intrigue, et suivis d'un court épilogue en forme d'ouverture inattendue pour de nouvelles aventures[121].

DISTRIBUTION :
les personnages joués par les membres des Cyniques sont en caractères gras

Diane Arcand :	Ginette
André Dubois :	**Jean Thibault, alias IXE-13**

Louisette Dussault :	Chauffeuse de taxi
Louise Forestier :	Taya, Gisèle Tubœuf, Lydia Johnson
Marcel Gauthier :	Lutteur (alias Sky Low Low)
Serge Grenier :	**Prêtre, MC Larry Delisle, propriétaire du magasin d'articles de sport, Herr Burritz, Wen-Li, policier**
Luce Guilbeault :	Palma
Suzanne Kay :	Secrétaire
Carole Laure :	Shaïra
Marc Laurendeau :	**Von Tracht, Longtin, journaliste, Smiley**
Little Brutus :	Lutteur
Jean-Guy Moreau :	Jean-Guy Major, Michel Normandin, voix du narrateur
Marcel Saint-Germain :	**Marius Lamouche, policier**

Mise en scène

Né à Montréal le 27 novembre 1933, Jacques Godbout est un touche-à-tout qui a mené de front des carrières de cinéaste, de romancier, de poète et d'essayiste. Avec une cinquantaine de documentaires et quatre longs métrages à son actif à titre de réalisateur, de scénariste, de monteur ou de producteur, sa feuille de route est longue. En 1968, peu avant l'aventure d'*IXE-13*, mais non sans l'avoir en quelque sorte préparé, Godbout dépeint une jeunesse francophone bourgeoise et américanisée dans la fiction *Kid Sentiment*.

L'adaptation d'un roman-feuilleton d'espionnage publié en 934 fascicules hebdomadaires en une comédie musicale, par définition éclatée, offrait à Godbout des possibilités d'autant plus grandes d'exploration cinématographique qu'il s'associait à un groupe rapproché de créateurs talentueux. D'emblée, la production du film, confiée à Claude Gauvreau, confirme des choix de collaborateurs puisés dans l'avant-garde. En effet, les comédies musicales constituent un genre à part. Rébarbatif à toute linéarité narrative, *IXE-13* renoue avec le rythme saccadé des premières projections, dans lesquelles la trame est fréquemment interrompue par des attractions spectaculaires (Paci, 2011), dont l'origine réside dans les revues de music-hall de Broadway. Conçues comme une série de numéros de variétés prenant la forme d'intermèdes musicaux et de chants souvent chorégraphiés, ces attractions sont aisément identifiables dans le corps de l'œuvre et constituent en quelque sorte des éléments autonomes qui n'ont pas toujours de lien de cause à effet avec le déroulement de l'intrigue.

En adaptant le roman-feuilleton sous la forme d'une comédie musicale, le cinéaste pouvait créer une œuvre à multiples niveaux, mais l'ensemble, excessivement théâtralisé et naturellement décousu, fut accueilli par certains critiques comme un pastiche moins des films d'espionnage que du roman lui-même, dénonçant chez Godbout son snobisme envers les produits de la culture de masse (Baby *et al.*, 1979).

L'autre controverse entourant l'adaptation du réalisateur concerne la collègue et fiancée d'IXE-13, Gisèle Tubœuf. En effet, Godbout métamorphose complètement le portrait de l'espionne française pour en faire une femme moins compétente et active que le personnage du roman (Des Rivières, 1978). De surcroît, il la montre jalouse et hostile à la figure d'IXE-13, dépeint comme un play-boy à la fin du film à l'instar des derniers numéros du roman-feuilleton, dont Pierre Daignault avait toutefois effacé l'image de cette fiancée pour éviter de placer l'as des espions canadiens en situation d'adultère.

Godbout se permet également un clin d'œil à l'auteur du roman en présentant très brièvement sa photo alors qu'IXE-13 tente d'apaiser les inquiétudes de la chauffeuse de taxi qui le conduit en lui révélant la menace qui pèse sur Gisèle : [« Si je n'ai pas raison de m'inquiéter, c'est que] je connais celui qui rédige sa vie » (début : 51 min. et 8 sec.).

Signalons en terminant que l'imaginaire oriental imprime à l'époque sa marque sur Godbout, qui publie en 1969 un ouvrage de poésie intitulé *La Grande Muraille de Chine* en collaboration avec John R. Colombo. En faisant paraître l'année précédente une œuvre du même titre en langue anglaise, ce dernier voulait dénoncer dans son texte les restrictions aux libertés individuelles érigées par des pouvoirs politiques centralisés. L'adaptation française à laquelle s'associe Godbout fait toutefois de la Muraille moins le symbole des limites juridico-politiques imposées à l'exercice des droits que des limites géographiques et culturelles à l'intérieur desquelles la cohésion sociale peut se réaliser.

Mise en musique

La collaboration de François Dompierre, figure marquante de la musique québécoise, fut déterminante dans le projet. Né à Ottawa le 1er juillet 1943, soit le jour de la fête du Canada (coïncidence, destinée ?), Dompierre est un compositeur, un chef d'orchestre et un producteur qui évolue en phase avec les sons et les rythmes du moment[122]. Après avoir enregistré un 33 tours réalisé par John Damant en 1963-1964 pour la maison Sélect Archambault (*François Dompierre vol. 1*), où il propose comme interprète dix de ses compositions, Dompierre délaisse l'interprétation pour mettre son talent musical au service d'artistes comme Renée Claude, Emmanuelle, Louise Forestier, Claude Gauthier, Pauline Julien, Félix Leclerc et Monique Leyrac.

Il participe bientôt à la partition de pièces de théâtre musicales, dont celle écrite par Robert Gauthier et mise en scène par Richard Martin, *Ballade pour un révolutionnaire* (1965-1966), qui décrit le parcours de jeunes patriotes québécois qui basculent dans la violence, et la comédie sur le milieu montréalais des travestis dans les décennies 1950-1960 *Demain matin, Montréal m'attend* (1970), écrite par Michel Tremblay et mise en scène par André Brassard. Dompierre compose la musique originale, dont la bande s'étend sur une vingtaine de minutes, de la comédie scénarisée par Gilles Richer et réalisée par Jean Bissonnette *Tiens-toi bien après les oreilles à papa* (1971). C'est le début d'un cycle soutenu qui le conduira à signer la trame musicale d'une soixantaine de films[123]. À compter des années 1980, Dompierre se consacrera à la direction d'orchestres symphoniques, dont ceux de Montréal, de Québec et de Vancouver, l'Orchestre Métropolitain ainsi que l'Orchestre de l'Opéra de Paris.

Dans le cas d'*IXE-13*, Godbout convie Dompierre à un travail d'envergure, considérant l'omniprésence de la trame musicale (près de la moitié de la durée du film), qui regroupe 13 chansons écrites par le cinéaste. Interprétées en postproduction par Louise Forestier, les membres des Cyniques, Louisette Dussault et Luce Guilbeault, ces chansons, chorégraphiées de manière théâtrale et minimaliste par Jack Ketchum, sont autant de numéros de variétés à l'instrumentation variée et aux styles dépareillés qui entrecoupent à intervalles irréguliers le déroulement de l'intrigue conformément aux dogmes d'une comédie musicale. Quelques-unes méritent qu'on s'y attarde.

La chanson thème, « IXE-13, *the French Canadian Dream* » (début : 2 min. et 21 sec.), qui accompagne le défilement du générique en début de film où sont intercalées des images du roman-feuilleton et des saynètes de rituels religieux, reproduit l'ambiance des salles de cinéma gagnées par les produits de consommation. Interprétée en joual par Louise Forestier, elle dépeint l'attrait qu'exerçait le roman-feuilleton sur la population, notamment en vertu du fait que l'agent IXE-13 incarne un Montréalais issu de l'est de la ville qui a gravi tous les échelons du contre-espionnage, devenu en cela un symbole de la réussite individuelle et collective, auquel un peuple entier peut s'identifier.

Texte de « IXE-13, *the French Canadian Dream* »
Durée : 2 min. et 39 sec.

IXE-13, *the French Canadian Dream*
Demandez not' programme pis not' popcorn ice cream
IXE-13, 5 cents de chips Duchesse
2 Kik Cola pis des outils en chocolat

IXE-13, *the French Canadian Dream*
Demandez not' programme pis not' popcorn ice cream
IXE-13, de la réglisse, un May West
Une orange Crush pis mets le p'tit change dans ma sacoche
Eh le smatte, ferme ta gueule pis prends-la, ta bière
Laisse-moi lire mon roman que j'préfère

Moman, j'ai assez peur qu'il se fasse pogner
J'dors pus, j'sais pu quoi faire de moé

IXE-13, faut pas partir comme ça
Moé je vais t'attendre demain au restaurant du coin
IXE-13, faut qu'on s'en aille à' messe
C'est pas péché mais fais ça vite pis lâche mes fesses

IXE-13, *the French Canadian Dream*
Demandez not' programme pis not' popcorn ice cream
IXE-13, 5 cents de chips Duchesse
T'es pas trop pire pour un p'tit gars qui nous vient d'l'est

La prestation de la plus célèbre des pièces du film, « La chanson vulgaire » (début : 24 min. et 29 sec.), est assurée par les membres des Cyniques. Livrée dans le décor d'un magasin d'articles de sport tenu par un propriétaire homosexuel (Grenier), dans lequel un journaliste du journal *Le chien* (Laurendeau) épie la rencontre de l'agent IXE-13 (Dubois) avec son collègue Marius Lamouche (Saint-Germain), son air est inspiré de la musique de cirque. Évoquant une danse folklorique québécoise, la chorégraphie est exécutée par le quatuor avec plus d'entrain que de talent. La chanson constitue tout de même, dans sa forme condensée de jurons québécois alignés dans une litanie de propos intimidants, une attaque en règle contre toutes les sources de censure et plus particulièrement une fronde envers le clergé catholique. Godbout ajoute à la provocation en faisant suivre le numéro d'un intertitre où l'on peut lire : « Pourquoi sacrer ? c'est pas payant. »

Texte de «La chanson vulgaire» – Durée : 2 min. et 3 sec.

Fais pas d'grimaces, ça porte malheur
Grouille ta carcasse, c'est pas ta sœur
Si je t'embrasse, toi tu m'écœures
Tu me fracasses mon doux Seigneur
T'es une lavasse, un amateur
Je te terrasse maudit faiseur
T'as les oreilles comme un chou-fleur
Prends ta bouteille vieil enfant d'chœur

Mon ostie d'tabarnac
Tu vas manger ma main dans'face
M'as t'en fourrer une claque
M'as t'casser les deux échasses
Mon câlice de baveux
Y a pus personne pour me r'tenir
M'as t'moucher mon morveux
Tu vas crier pis dire martyre

Ostie, ostie, ostie, ostie, ciboire

J'te mords les couilles, lève ton nombril
Ostie d'citrouille, crisse de fifi

T'as pas connu Yvon Robert,
Là t'aurais eu un adversaire
Y a Gorgeous George, y était cochon
Ça, ça t'égorge un cornichon
Larry Moquin y lâchait pas
L'huile de ricin, mouman, poupa

Refrain
Ostie, ostie, ooostie

Envoye accouche, montre qu't'es un homme
Pas une fausse couche qui chique d'la gomme
Tu récalcines, j'te casse les dents
J'te décapite mon sacrament
Pis fais pas d'bluff avec Bibi
Nous on joue tough t'as pas fini

M'as t'faire manger d'la marde en tas
M'en vas t'crever sur le matelas

Refrain
Ostie, ostie, os-tie, ostie

Louisette Dussault et André Dubois partagent la vedette du numéro hautement théâtralisé «Toutes les semaines» (début : 49 min. et 9 sec.) où les niveaux de sens s'entremêlent. Dans une ambiance de ruelle urbaine chargée mélancoliquement par les notes d'un piano intimiste, la pièce relate l'attachement d'une chauffeuse de taxi pour l'as des espions canadiens développé au fil de la lecture hebdomadaire des fascicules publiés par Daignault. Son idylle prend étrangement forme en présence d'IXE-13, qui jette un regard extérieur sur son existence en parlant de lui-même à la troisième personne, puisqu'il est à la merci de l'imagination souveraine de Daignault, dont l'image apparaît furtivement à l'écran. Révélant les rouages d'une aliénation quotidienne, mais aussi des aspirations légitimes des gens ordinaires, le chant entrecoupé de courts dialogues rappelle la pièce de théâtre musical *Demain matin, Montréal m'attend* à laquelle avait étroitement collaboré Dompierre.

Texte de «Toutes les semaines» – Durée : 3 min. et 31 sec.

Chauffeuse
Toutes les semaines, toutes les semaines
Quel l'bon Dieu amène, quel l'bon Dieu amène
Je ne saurais vivre, je ne pourrais vivre
Sans une aventure, sans une aventure
De celui que j'aime, de celui que j'aime

IXE-13
Toutes les semaines, toutes les semaines
Je pourrais vous dire, je pourrais vous dire
Ce qui le menace, des histoires cocasses
Sa façon de rire, sa façon de rire
Du danger de la mort comme un toréador

Chauffeuse – Comment vous savez tout ça, vous ?
IXE-13 – Je connais celui qui rédige sa vie

Chauffeuse
Mais alors dites-moi, il faut me dire
Il est là prisonnier, je m'attends au pire
Les Allemands sont féroces
Ce que j'imagine est atroce

IXE-13
Mais non, rassurez-vous, Marius le protège
Il sera au rendez-vous avec tout son cortège

Ensemble
Toutes les semaines, toutes les semaines
Quel l'bon Dieu amène, quel l'bon Dieu amène
Je ne saurais vivre, je ne pourrais vivre
Sans une aventure, sans une aventure
Avec celui que j'aime, avec celui que j'aime

Ayant pour cadre la boîte de nuit, Le sarcophage, où sévissent nombre de chanteurs de charme, « Marie-Rose » (début : 86 min. et 7 sec.) se présente d'emblée comme un numéro de music-hall. Jean-Guy Moreau, alias Jean-Guy Major, y interprète en se dandinant langoureusement avec un fort accent italien une chanson d'amour latine, imprégnée de références religieuses douteuses, en resituant le propos dans le contexte québécois.

Texte de « Marie-Rose » – Durée : 2 min. et 35 sec.

Marie-Rose, ma biche pure comme un bouleau blanc
Marie-Rose, mon épouse, ma sœurette, mon enfant
Quand je songe à la Vierge, je suis prêtre et pourtant
Ton image et ma fièvre font de moi ton amant

Marie-Rose, ta robe blanche à Venise tous les dimanches
Attire les regards frivoles des garçons qui en gondole
Rêvent encore d'amours légères
Marie-Rose, tes seins pointus se reposent quand tu es nue
Dans des mains qui ont vingt ans et leur baiser frémissant
Créent mon chagrin lancinant

Marie-Rose, ma biche pure comme un bouleau blanc
Marie-Rose, mon épouse, ma sœurette, mon enfant
Quand je songe à la Vierge, je suis prêtre et pourtant
Ton image et ma fièvre font de moi ton amant

Marie-Rose, ta robe blanche à Venise tous les dimanches
Attire les regards frivoles des garçons qui en gondole
Rêvent encore d'amours légères
Marie-Rose, Venise est loin, missionnaire chez les Indiens
Le dimanche je pense à toi près d'un lac au Canada
Et je chante Alléluia (bis)

Le volet romantique de l'intrigue atteint son apothéose avec la dernière chanson, dans laquelle Taya, transformée par la magie de la chirurgie esthétique en Lydia, déclare son amour impossible à notre héros. Ayant pour cadre la chambre d'hôtel où elle s'est réfugiée avec IXE-13, intimité favorisant l'expression des sentiments, « Jean je t'aime » (début : 91 min. et 41 sec.) est une envolée lyrique qui n'a rien d'humoristique, amplifiée par les instruments à cordes et interprétée avec sensualité par Louise Forestier.

Texte de « Jean je t'aime » – Durée : 3 min. et 54 sec.

Quand je me retrouve en Chine
Jean je t'aime, Jean je t'aime
Entends mon cœur qui tambourine
Jean je t'aime, Jean je t'aime

Plus encore que la Chine
Jean je t'aime, Jean je t'aime
Comme une fleur de mandarine
Jean je t'aime, Jean je t'aime

J'irai sur la Grande Muraille crier aux Mongols ton nom
Et annoncer nos fiançailles aux quatre portes de Canton
Je suis reine et toi l'empereur des tortues, des lunes et des moissons
Les lotus répandent l'odeur de ton nom, de ton nom, de ton nom

Parfois si je me fais câline
Jean je t'aime, Jean je t'aime
C'est que j'envie ta concubine
Jean je t'aime, Jean je t'aime

Refrain
C'est ainsi que je nous imagine
Jean je t'aime, Jean je t'aime
Quand je me retrouve seule en Chine
Jean je t'aime, Jean je t'aime

Mise en images

L'esthétique du film *IXE-13* témoigne de plusieurs influences. Parmi elles, on peut noter le roman-feuilleton dont il s'inspire, qui porte la griffe de l'illustrateur André L'Archevêque et évoque de manière expressionniste des scènes urbaines nocturnes. Usant adroitement des huiles, caséines, aquarelles, pastels comme moyens d'expression, L'Archevêque réalise dès 1946 les pages couvertures de romans en fascicules, dits «romans à dix cents», publiés par Edgar L'Espérance aux Éditions de l'Homme. Il illustre tout autant les couvertures d'histoires d'amour, d'espionnage, de science-fiction que de romans policiers.

Sur le plan visuel, *IXE-13* doit beaucoup à la créativité d'un jeune professeur d'arts plastiques, Claude Lafortune. Godbout lui confie une première occasion de montrer ses talents à l'écran en tant que directeur artistique et décorateur, avant qu'il ne marque une génération de Québécois avec les émissions télévisées *L'Évangile en papier, La Bible en papier* et *L'Église en papier* de 1975 à 1978.

Avant cette incursion dans le cinéma, l'artiste collabore à plusieurs projets de graphisme et de conception de décors pour le théâtre, dont *Ballade pour un révolutionnaire* de Robert Gauthier (Théâtre du Gesù, 1965), un drame musical de 100 minutes dont le jeune François Dompierre a écrit la musique, comme mentionné plus haut.

Relatant les aventures d'un espion international avec un faible budget, *IXE-13* est entièrement tourné dans un studio – à l'exception des scènes se déroulant dans l'église dans le prologue et l'épilogue –, où les décors suggèrent des régions exotiques et les coins les plus reculés du globe. Pour simuler les déplacements incessants en avion, en train ou en jeep de l'agent secret, on recourt à l'animation de maquettes. À l'instar du roman-feuilleton, le film relègue les décors à l'arrière-plan par l'usage abondant du gros plan sur les personnages.

Ce film au caractère éclaté est tourné en 16 mm couleur, même s'il comporte son lot d'images d'archives en noir et blanc. Pour appuyer la narration, ses artisans empruntent un procédé bien connu du cinéma muet en insérant des intertitres qui apportent des précisions écrites sur le déroulement de l'intrigue.

Comme les décors, les costumes et le maquillage sont davantage empruntés au théâtre qu'au cinéma. Une absence complète de réalisme se dégage du film, ce qui force à l'aborder au deuxième degré.

Conclusion

La transposition de l'univers de la bande dessinée dans le film *IXE-13*, constatable par l'échelle des plans, le montage, le cadrage des personnages, la bande sonore (dialogues, musique et chansons) et la relation entre le son et l'image, se prêtait à un traitement personnalisé. La singularité esthétique d'*IXE-13* tient à l'étroite collaboration de trois créateurs qui consolident alors leurs formes d'expression artistique respectives. En décidant d'adapter le roman en comédie musicale, Jacques Godbout troque le documentaire pour un spectacle de variétés comportant plusieurs scènes d'anthologie. Donnant forme et profondeur aux treize chansons de la trame sonore, les arrangements de François Dompierre, compositeur éclectique, peuvent être compris comme autant de pastiches de styles musicaux qui participent intégralement de la parodie conçue par Godbout. Directeur artistique et décorateur,

Claude Lafortune ajoute à la théâtralité du long métrage par le caractère expressionniste de ses décors en carton et une symbolique convenue, achevant formellement l'œuvre en y apportant une signature unique sur le plan visuel.

2. De la parodie au cynisme

L'osmose apparente entre Godbout et les Cyniques qui définit la ligne éditoriale du film, ainsi que la marque de commerce de l'ONF, reconnaissable au caractère engagé des œuvres produites à cette époque, incitent par ailleurs à considérer *IXE-13* comme du cinéma d'auteur.

Le genre « cinéma d'auteur » désigne les productions cinématographiques qui reflètent avant tout la vision et le style des cinéastes. C'est pourquoi il est fréquemment assimilé au cinéma d'art et d'essai. Depuis la Nouvelle Vague, apparue en France au cours des années 1950, ce genre rompt avec l'académisme. L'économie de moyens recherchés dans la production, souvent pour compenser de faibles budgets, garantit l'authenticité de l'artiste et la sincérité de l'œuvre.

On reconnaît donc le cinéma d'auteur à la maîtrise étendue du cinéaste sur son film. Or, en signant à la fois le scénario et la réalisation d'*IXE-13*, Godbout s'inscrit dans ce genre. Mais il n'agit pas seul. L'influence des Cyniques, palpable à bien des égards, notamment dans les condamnations les plus virulentes de l'ordre dominant, et la tradition militante de l'ONF, dans laquelle s'enracine le film du point de vue de sa production, constituent des compléments essentiels pour saisir le discours du film. En d'autres termes, le sens profond d'*IXE-13* doit être appréhendé à la rencontre de ces trois sources.

Le scepticisme de Godbout

Jacques Godbout est un créateur prolifique dont les œuvres s'enracinent dans un questionnement sur le sens historique et culturel que prend la transition de la société québécoise dans le contexte de la Révolution tranquille. Très actif dans les milieux culturels et politiques, il cofonde en 1959 la revue *Liberté*. En 1962, il participe à la création du Mouvement laïque de langue française, puis, en 1968, à la fondation du Mouvement souveraineté-association, ancêtre du Parti Québécois.

Jacques Godbout reçoit le Prix du Gouverneur général en 1967 pour son troisième roman, *Salut Galarneau!*, qui s'est vendu à plus de 50 000 exemplaires. L'ouvrage, qui préfigure *IXE-13* dans sa métaphore de la quête identitaire du peuple québécois, prend la forme du journal intime d'un propriétaire de roulotte à hot dogs à L'Île-Perrot, en banlieue de Montréal, François Galarneau, qui raconte par bribes l'histoire de sa vie manquée, qu'il entrecoupe d'observations candides sur la société dans laquelle il vit. Se sentant de plus en plus isolé, le Roi du hot dog se dissimule derrière un mur de briques qu'il dresse lui-même. Il conserve toutefois une échelle, lui permettant au besoin de reprendre contact avec le reste du monde. Le texte révèle le style sarcastique de Godbout, qui questionne la situation géopolitique embourbée du Québec et le rôle de l'artiste dans la société québécoise.

En optant pour le genre de la comédie musicale, rarement employé à l'époque où est réalisé le film, Godbout fait d'*IXE-13* un cinéma moins accessible au grand public qu'au cercle restreint des amateurs de films d'art, et conséquemment le soumet moins à la sanction du marché qu'à celle de la critique. D'aucuns accusent Godbout d'adopter une attitude de classe en se moquant d'un produit médiatique de masse reproduisant des comportements conformistes. La forme parodique qu'emprunte le cinéaste «nous instrui[rai]t finalement mieux sur la position historique de l'adaptateur que sur les motifs réels du succès de l'œuvre originale» (Baby *et al.*, 1980: 299).

La charge cynique des humoristes

Avant de se lancer dans l'aventure d'*IXE-13*, les Cyniques avaient eu certains contacts avec la production médiatique. Lors des saisons estivales de 1968 et 1969, ils proposent leur humour chaque semaine dans *Émission impossible*, à Radio-Canada, qui interdit certaines blagues jugées trop choquantes. Ils entreprennent parallèlement plusieurs tournées au Québec, notamment à la Comédie-Canadienne de 1966 à 1969, où ils enregistrent leur troisième disque en 1967. Enfin, ils signent un conte de Noël intitulé *La mouffette et les lapins*, publié par *La Presse* au mois de décembre 1970, qui expose une vision cynique des événements d'Octobre.

Tout comme Godbout, les Cyniques sont nés en pleine Révolution tranquille. Membres du Barreau du Québec, à l'exception de Serge Grenier qui a opté pour des études en philosophie, les humoristes contestent ouvertement l'ordre culturel, politique et économique dominant. L'objet privilégié de leurs sarcasmes est la classe régnante au Québec à l'époque, composée des Canadiens anglais, des membres du clergé, des politiciens, des juges et des policiers. Contrairement à l'approche empirique et pragmatique de Godbout, qui s'interroge constamment sur les fondements du monde à reconstruire à mesure que la «révolution» mine les bases de l'ordre antérieur, les Cyniques campent leur position sur une vision philosophique anarchiste qui conduit à la contestation perpétuelle des pouvoirs en place.

L'amalgame des perspectives est toutefois bien réel dans le discours du film, où les questions existentielles de Godbout côtoient les flèches tirées par les Cyniques sur leurs cibles préférées. Si le processus créatif liant Godbout et les Cyniques dans l'écriture d'*IXE-13* n'est pas facile à démêler, certaines scènes et diatribes semblent sortir tout droit du répertoire du groupe humoristique. En voici des exemples.

Le film s'ouvre sur le discours réactionnaire d'un prêtre, joué par Serge Grenier, dans une église vide, qui se couronne par un constat sans équivoque, typique de l'humour d'un Marc Laurendeau : « Lire, c'est dangereux : ça donne des idées ! » Dans ce même registre, et bien que Godbout en soit le parolier, « La chanson vulgaire » s'alimente à la ferveur provocatrice du groupe d'humoristes devant les pouvoirs qui interdisent.

Plus loin, lors de l'assassinat de l'agent Bob West, le narrateur indique, comme le ferait André Dubois, qu'il « est suivi par deux individus louches qui ont l'air de deux honnêtes travailleurs d'élection ». Plus tard, on apprend par le truchement de la radio qu'écoute distraitement IXE-13 qu'une enquête sur la moralité débutera à Montréal, l'animateur déclarant dans une formule classiquement cynique que « Jean Drapeau et Pacifique Plante ont encore une fois dénoncé la prostitution et la pourriture des services de la police ». Signalons enfin que de manière aussi flagrante le nom donné au journal de la police montée pour lequel travaille le journaliste incarné par Marc Laurendeau est *Le chien*.

Ailleurs, dans l'échange entre l'espion canadien, déguisé en Gendron, l'entraîneur d'un lutteur français nommé Hercule et le promoteur Longtin, joués respectivement par Marcel Saint-Germain et Marc Laurendeau, ce dernier manifeste de fortes réserves vis-à-vis des ambitions du protégé : « Tous les Français sont pareils, dès qu'ils mettent le pied au Canada, ils veulent tout de suite passer à la télévision. »

Après que son collègue et ami Marius Lamouche lui a dit avoir rencontré une fille sensationnelle, IXE-13 rétorque, étonné, à la manière de Serge Grenier : « À Ottawa ? » Dans la même veine, après avoir arrêté la séduisante espionne Shaïra dans un désert africain, l'espion canadien lui dit : « Je ne comprends pas que vous soyez aussi jolie et tellement communiste. [...] Si vous veniez dans mon pays, vous pourriez être danseuse et gagner honorablement votre vie. »

Fortement teintée du cynisme propre au quatuor d'humoristes, l'œuvre engagée qu'est le film *IXE-13* a davantage pour cible le conservatisme clérical, la corruption du système politique québécois et le centralisme du gouvernement fédéral que la menace communiste venue de l'étranger, dépeinte dans le roman-feuilleton.

Le militantisme social de l'ONF

Créé en 1939, l'Office national du film (ONF) joue un rôle de pionnier sur le plan des techniques cinématographiques appliquées au documentaire social, au cinéma d'animation, au docudrame et au cinéma-vérité. Après le déménagement de ses bureaux à Montréal à la fin des années 1950, l'ONF embauche plusieurs jeunes cinéastes, dont Pierre Perrault, Gilles Carle, Michel Brault, Gilles Groulx et Denys Arcand, qui joueront un rôle important dans l'essor du cinéma québécois.

Or, ces cinéastes contestent l'autorité des administrateurs anglophones de l'ONF. Leurs récriminations conduiront à la division de la production en deux aires linguistiques en 1964 et à la nomination du premier commissaire de langue française, Guy Roberge (ONF, 1991). Au même moment, la production de longs métrages de fiction à des fins commerciales commence avec *Drylanders* (1963), du réalisateur Don Haldane, en dépit du débat qu'elle suscite. En effet, certains acteurs du milieu estiment que ce genre de production est incompatible avec la vocation de l'organisme d'État. Ce débat sera ravivé avec la sortie en salles du film *IXE-13* le 26 janvier 1972.

En 1969, année où Godbout est nommé directeur de la production française pour un mandat de deux ans, l'ONF met sur pied *Société nouvelle* au Québec dans le cadre du programme de la lutte contre la pauvreté instauré par le gouvernement fédéral. Il vise ainsi à façonner de nouvelles techniques de communication destinées à renforcer la participation de la population canadienne à l'évolution de la société contemporaine (ONF, 1991). Il est alors question d'utiliser le film ou le ruban magnétoscopique comme catalyseur social et culturel.

Une ère nouvelle s'ouvre en 1970 avec l'adoption de mesures permettant à certains films produits par l'ONF de passer à la télévision d'État aux heures de grande écoute pour en élargir la diffusion. Par ailleurs, l'ONF s'engage dans la nouvelle technologie reposant sur l'usage de vidéocassettes, ce qui le conduit à jeter les bases d'une nouvelle programmation des films et de nouvelles méthodes de distribution. L'affiche et la bande-annonce d'*IXE-13*, plus clinquantes que la facture plutôt sobre normalement de mise à l'ONF, traduisent ce virage.

Au cours de cette période, la montée du nationalisme québécois donne lieu à des films axés sur des problématiques politiques dans le style «cinéma direct». Dans la foulée de la crise d'Octobre, le commissaire Sydney Newman impose des mesures de censure à deux documentaires qui suscitent la controverse: *Cap d'espoir*, de Jacques Leduc (1969), qui propose une vision contestataire du Québec, et *On est au coton*, de Denys Arcand (1970), qui dénonce les conditions de travail dans l'industrie du textile. Cet interdit de diffusion ne sera levé qu'en 1976 par le commissaire André Lamy (ONF, 1991). La fantaisie qui enveloppe le film *IXE-13* l'a peut-être préservé de la censure qui aurait pu s'abattre sur lui, vu son ton irrévérencieux et son contenu politique.

À compter de 1971, le financement des longs métrages de la production française de l'ONF est régi par un accord qui prévoit des avances de fonds par le distributeur, qui seront déduites du montant des recettes provenant de l'exploitation commerciale du film. Le film *IXE-13* est réalisé en vertu d'un tel accord financier.

Conclusion

Le discours d'*IXE-13* relève de la fusion entre le scepticisme de Godbout à l'endroit des progrès réels de la Révolution tranquille, le cynisme des humoristes envers les élites et le militantisme social de l'ONF dans un contexte de censure. Ce long métrage s'inscrit dans la lignée du cinéma d'auteur. Par son caractère engagé, il témoigne de la synergie entre le cinéaste, le groupe d'humoristes et l'ONF, qui reflète les conditions de travail de l'organisme au début des années 1970. Si l'époque prêtait aux débats et aux remises en question dans le contexte d'effervescence nationale au Québec et du lendemain des événements d'Octobre, l'enrobage fantaisiste des propos acerbes a sans doute permis au film d'éviter sa mise à l'index. Il appert qu'il est toujours plus ardu pour les pouvoirs en place de s'attaquer à des expressions artistiques, qui plus est humoristiques bien qu'éminemment critiques et vexatoires, qu'à des œuvres documentaires sérieuses orientées vers l'éveil populaire, même lorsqu'elles sont produites par un organisme gouvernemental.

3. *IXE-13* a-t-il seulement un sens ?

Après avoir analysé le film à travers le prisme des comédies musicales, en examinant la mise en forme parodique du long métrage ou de son récit, incluant ses attractions spectaculaires, nous l'avons étudié comme l'œuvre d'un cinéma d'auteur pour en dégager l'intentionnalité de ses artisans en regard du message livré par le film, ou son discours, avec sa logique cynique et ses flèches. Dans le premier cas, nous avons rattaché l'esthétique singulière d'*IXE-13* aux trajectoires artistiques croisées du trio Godbout-Dompierre-Lafortune. Le réalisateur a préparé le film à travers ses textes de roman et de poésie, tandis que le compositeur et le décorateur affûtaient leur style en s'associant conjointement à la production de pièces de théâtre musical. Dans le second cas, nous sommes remontés aux sources de la charge corrosive du film, qui consistent en les interrogations existentielles de Godbout sur l'identité et l'avenir du Québec secoué par une «révolution» inachevée, l'incessante insolence des Cyniques envers les pouvoirs institués, qui appelle une «révolution permanente», et l'engagement de l'ONF à faire de ses productions des œuvres qui contribuent au changement social.

Pastiche du roman-feuilleton et des films d'espionnage, des numéros de variétés et des décors de cinéma, *IXE-13* verse, avec la participation des Cyniques, dans la contestation ouverte de la société de l'époque. Si les fascicules hebdomadaires des *Aventures étranges de l'agent IXE-13* de Pierre Daignault incarnaient une vision conformiste du contre-espionnage à l'ère de la guerre froide, le film traduit une vision anticonformiste des verrous qui bloquent le développement politique et culturel du Québec : l'état provincial des mœurs sous l'emprise du clergé catholique, la décrépitude du système politique québécois, rongé par la corruption, et la tentation autoritaire du gouvernement fédéral, au mépris de l'autodétermination du peuple québécois.

L'approche sémio-pragmatique employée a ainsi permis de révéler les ressorts symboliques formels de l'œuvre, notamment le rythme saccadé de l'intrigue, la place centrale des nombreuses chansons chorégraphiées et le recours à des techniques scéniques minimalistes, et la charge cynique qu'elle contenait vis-à-vis des traditions et des tabous qui freinaient alors le développement de la société québécoise, qui continuent de sévir un demi-siècle plus tard.

Ciblant des phénomènes constitutifs de l'évolution sociale et historique du Québec, cette dénonciation n'est pas sans rappeler l'actualité politique d'aujourd'hui, marquée par les manigances des forces fédéralistes et la corruption institutionnalisée à tous les paliers de gouvernement[124]. Seule la critique de l'emprise du clergé catholique sur la société semble datée, encore que le monde a bien failli hériter d'un pape québécois en 2013[125] ! Par ailleurs, qui sait si, avec le renouveau fondamentaliste des gouvernements nord-américains, le prêchi-prêcha d'un nouveau clergé chrétien ne présidera pas bientôt à une gestion rigoriste des mœurs. Décidément, le cynisme d'*IXE-13* a une portée qui le rend encore de mise aujourd'hui.

ANNEXE

Description du film *IXE-13* par chapitre

Prologue
Québec, 1950-1960 – Le sermon d'un curé catholique nous renseigne sur l'état arriéré des mœurs du Québec de l'époque et l'inquiétude manifestée par le clergé vis-à-vis du changement appréhendé devant l'influence de l'esprit révolutionnaire français et du lucre états-unien.

Hong Kong, 1949 – Secrètement amoureuse d'IXE-13, Taya, en mission pour l'Empire céleste nationalisé, fomente un plan pour éliminer l'espion, prêté par le gouvernement canadien aux Nations unies. Elle s'associe à un agent allemand, Von Tracht, qui craint également que la cause anglo-clérico-capitaliste que défend IXE-13 ne sape les bases du régime idéologico-politique qui l'emploie.

Chapitre 1 : Où est donc passé West ?
Le plan de Taya consiste tout d'abord à supprimer un autre agent canadien, répondant au nom de Bob West, dont la mission était de démasquer un réseau d'espionnage interlope dans le monde du sport montréalais, afin que la direction des services secrets canadiens dépêche IXE-13 pour élucider l'affaire. Notre héros constate alors qu'« il y a des bandits partout, même dans la lutte ». Voulant faire chanter IXE-13, Taya fait également enlever sa fiancée, Gisèle Tubœuf, ou agente T42 du 2e Bureau, et la tient prisonnière à Paris.

Chapitre 2 : Des lutteurs espions
Marius Lamouche, fidèle compagnon d'IXE-13, originaire de Marseille, se fait passer pour un lutteur venu d'outre-mer afin de s'introduire auprès de l'entraîneur de feu West, le promoteur Longtin, associé au monde interlope. L'adjoint de Von Tracht, Herr Burritz, tente sans succès d'obtenir des renseignements de Gisèle Tubœuf.

Chapitre 3 : Rendez-vous avec la mort
De retour à Montréal après avoir fait le point avec son supérieur Smiley à Ottawa, IXE-13 affrète un taxi pour une nuit d'enquête, notamment dans l'ancien logement de West, où il trouve la clé d'un coffret de sûreté dont il ignore la localisation.

Chapitre 4 : Les choses se corsent
Au bar Le sarcophage, IXE-13 retrouve Shaïra, une espionne égyptienne autrefois ennemie et ouvertement éprise de lui, qui le sauve d'une tentative de meurtre perpétrée par l'agent chinois Wen-Li. Adoptant l'identité du gérant Gendron, il négocie avec Longtin un contrat pour son protégé Hercule-la-terreur, en fait Marius Lamouche.

Chapitre 5 : L'ennemi a-t-il les yeux bridés ?
Le chapitre s'ouvre avec l'explosion du taxi et la mort de la chauffeuse, ce qui attriste l'espion. Taya témoigne de son impatience devant l'incompétence de Von Tracht et passe aux commandes de la mission en se transformant en Lydia Johnson afin de tendre un nouveau piège à IXE-13.

Chapitre 6 : IXE-13 se laissera-t-il avoir ?
IXE-13 accepte de faire équipe avec Lydia Johnson, une employée de Longtin, ignorant qu'il s'agit en fait de Taya transformée. Il rencontre Marius comme prévu au cinéma Le Bijou. Coriace, Gisèle parvient à s'échapper.

Chapitre 7 : Palma l'amazone
L'espion canadien prend enfin conscience que Longtin est en fait Von Tracht. Il fait la rencontre de Palma, la « monarque des lutteuses », une entraîneuse maîtresse de Longtin, qui se charge d'accueillir Hercule, le colosse français.

Chapitre 8 : Hercule sème la terreur
Dépêchée par le colonel Smiley, Shaïra annonce l'évasion de Gisèle à IXE-13, qui s'en réjouit. S'ensuit un combat de lutte, que remporte Hercule hors du ring. Il accepte ensuite l'invitation de Longtin d'aller prendre un verre au bar Le sarcophage.

Chapitre 9 : Une nuit d'amour
Palma envoûte et drogue Marius pour qu'il lui révèle sa véritable identité, alors qu'IXE-13 raccompagne la fausse Lydia, toujours aussi éprise de lui, à l'hôtel. Si IXE-13 refuse d'abord ses avances, prétextant être déjà engagé, il baisse sa garde une fois dans l'état d'hypnose où le plonge Taya, d'abord pour en abuser sexuellement, puis pour lui faire éliminer Von Tracht, devenu encombrant.

Chapitre 10 : Une nuit de cauchemar
De retour chez Longtin après la soirée au bar, Palma et son amie ont tôt fait de percer le mystère entourant l'identité du lutteur. Exécutant involontairement

le plan de Taya, IXE-13 tire à bout portant sur Von Tracht et ses acolytes, avant de reprendre soudainement conscience, juste à temps pour le retour de Gisèle à Montréal. Le chapitre se termine par la fuite de Taya et le triomphe apparent du héros, sans souvenir d'avoir été manipulé par l'espionne communiste.

Épilogue

L'heureuse conclusion du film fondée sur le mariage annoncé du héros et de sa complice est interrompue par un appel de Dieu réclamant les services d'IXE-13 pour une nouvelle mission en Chine.

Bibliographie

BABY, Françoise, Louise MILOT et Denis SAINT-JACQUES. «Jacques Godbout rencontre IXE-13 ou du texte au film: quelles transformations?», *Études littéraires*, 1979, vol. 12, n° 2, p. 285-302.

BERTRAND, Luc. *Pierre Daignault: d'IXE-13 au père Ovide*, Montréal, Éditions de l'Homme, 1995.

BOUCHARD, Guy *et al. Le phénomène IXE-13*, Centre de recherche en littérature québécoise, Québec, Presses de l'Université Laval, 1984.

DES RIVIÈRES, Marie-José. *La représentation de la femme dans le roman populaire: les aventures étranges de l'agent IXE-13, l'as des espions canadiens*, mémoire, Université Laval, 1978.

ESQUENAZI, Jean-Pierre et Roger ODIN. *Cinéma et réception*, Paris, Hermès, 2000.

GODBOUT, Jacques et Robert LALONDE. *IXE-13 ou L'impuissance réalisée et le texte inédit de Jacques Godbout*, Montréal, Université de Montréal, 1975.

GODBOUT, Jacques et John Robert COLOMBO. *La Grande Muraille de Chine*, Montréal, Éditions du Jour, 1969.

MEUNIER, Jean-Pierre et Daniel PERAYA. *Introduction aux théories de la communication: analyse sémio-pragmatique de la communication médiatique*, Bruxelles, De Boeck, 2004.

MICHON, Jacques. «Le phénomène IXE-13», *Voix et images*, vol. 10, n° 2, 1985, p. 201-204.

_____ «Le retour d'IXE-13», *Lettres québécoises*, 1980, n° 17, p. 41-43.

ODIN, Roger. «Du spectateur fictionnalisant au nouveau spectateur: une approche sémio-pragmatique», *IRIS*, 1988, n° 8, p. 121-139.

_____ *Cinéma et production de sens*, Paris, A. Colin, 1990.

_____ *Les espaces de communication: introduction à la sémio-pragmatique*, Grenoble, Presses universitaires de Grenoble, 2011.

OFFICE NATIONAL DU FILM DU CANADA. *Le répertoire des films de l'ONF : la production de l'Office national du film du Canada de 1939 à 1989*, Montréal, ONF, 1991.

PACI, Viva. *La comédie musicale et la double vie du cinéma*, Udine (Italie) / Lyon, FORUM/ALEAS, 2011.

SOULEZ, Guillaume. *Quand le film nous parle : rhétorique, cinéma, télévision*, Paris, Presses universitaires de France, 2011.

WAGNER, Serge. *Le monde actuel dans l'œuvre de Jacques Godbout jusqu'en 1968*, Ottawa, National Library of Canada, 1970.

WHITFIELD, Agnès. «Le phénomène IXE-13 de Guy Bouchard, Claude-Marie Gagnon, Louise Milot, Vincent Nadeau, Michel René et Denis Saint-Jacques», *Lettres québécoises*, 1985, n° 38, p. 54-55.

4. L'HÉRITAGE ET LES INFLUENCES

Une herméneutique de l'humour?
L'influence des Cyniques dans l'appréciation de l'humour québécois contemporain

Christelle Paré
Université INRS – Urbanisation Culture Société

Introduction: l'humour francophone québécois, les médias en général... et les Cyniques en particulier

Ces dernières années, les membres des Cyniques se sont retrouvés dans les pages des quotidiens et sur les ondes télévisuelles à maintes reprises, notamment pour fêter leur 50e anniversaire, pour souligner le lancement de leurs disques compacts ou, dans des circonstances plus tristes, pour souligner le décès de l'un de leurs membres. Par contre, leur présence ne s'arrête pas là. Elle semble faire partie du langage journalistique lorsqu'il est question d'humour au Québec, notamment d'humour politique et social.

Les Cyniques, tout comme Yvon Deschamps, Clémence DesRochers et Marc Favreau, sont devenus des «immortels», de «grands maîtres» de leur art. Ils sont la référence artistique en matière d'humour, ceux à qui sont comparés les nouveaux joueurs, à partir desquels s'est bâtie une grille d'évaluation de ce qu'est «une grande œuvre» humoristique, une sorte de baromètre de la légitimité de l'humour. Un coup d'œil rapide dans les médias, et plus particulièrement dans les critiques de spectacles, suffit pour le prouver. Ce texte entend donc explorer l'influence des Cyniques dans l'appréciation de l'humour québécois contemporain.

La lutte bipartite que l'on retrouve au sein des industries culturelles entre les œuvres à plus grande et plus courte vue ou, de manière plus globale, entre des objectifs économiques et des visées artistiques, selon l'appréciation que l'on en fait, se retrouve d'une manière bien particulière dans l'humour québécois. En plus d'une défense de la créativité et de l'art derrière certains types de contenus, il existe toujours, semble-t-il, un sentiment de recherche de légitimité artistique chez les acteurs de l'humour francophone québécois, comme si le simple fait de faire de l'humour et, parallèlement, d'en tirer un bon revenu, n'était pas une activité artistique noble. Voici un exemple provenant de Martin Matte, un humoriste qui œuvre dans cette industrie depuis sa sortie de l'École nationale de l'humour (ENH) en 1995 :

> Qui peut dire qu'un spectacle d'Yvon Deschamps n'est pas de l'art, et majeur par-dessus le marché ? Un spectacle, c'est une œuvre. Il y en a de mauvaises, comme il y en a de très bonnes. Même chose en théâtre, en danse, en peinture. Moi, qui suis profondément un humoriste, je trouve ça noble l'humour. [...] Qu'on arrête de nous critiquer en bloc, sans même avoir vu nos spectacles, de nous blâmer parce qu'on remplit nos salles et qu'on fait de l'argent.
> (Martin Matte cité dans Ducharme, 2006 : s. p.)

Même que certains, tel Gilbert Rozon, « grand manitou » de l'industrie québécoise de l'humour (Deglise, 2009b : B9 ; 2009c : B7 ; 2010 : A4), tentent par tous les moyens de donner à l'humour ses lettres artistiques de noblesse en le présentant comme le « 10e art, dans la foulée des six arts classiques définis par Hegel » (Deglise, 2009a : B10). Pour d'autres, comme Louise Richer, directrice de l'ENH, la solution à la guerre sans merci entre humour et légitimité passe par une meilleure communication et un approfondissement des connaissances (Deglise, 2008a : A1). C'est d'ailleurs avec cet objectif en tête qu'elle a lancé l'Observatoire de l'humour – Recherche in(ter)disciplinaire sur le rire et l'humour, regroupement de chercheurs et praticiens de l'humour, dont l'ensemble des auteurs de ce livre fait partie.

Une analyse du discours médiatique ne laisse aucun doute sur la légitimité culturelle de l'œuvre des Cyniques, du moins de nos jours. De plus, cette analyse permet d'identifier plusieurs perceptions du monde de l'humour québécois, auxquelles les Cyniques sont associés, et ce, souvent à titre comparatif ou de référence. On note des présomptions concernant le manque de culture générale des humoristes contemporains ou encore l'absence de profondeur des textes humoristiques, reproches qui mettent en lumière les attentes ou les standards concernant la qualité de l'offre de textes et de produits humoristiques. On constate que ces standards semblent, selon les auteurs des articles, prendre racine chez les humoristes des années 1960 et 1970, dont Clémence DesRochers, Yvon Deschamps, Marc Favreau et bien sûr les Cyniques, ainsi que dans la traditionnelle revue de l'année de la Société Radio-Canada, le *Bye Bye*, dont les numéros et monologues portaient beaucoup sur des questions sociales de l'époque et mettaient un fort accent sur le nationalisme québécois (Aird, 2010). D'autres standards proviennent de la génération d'humoristes des années 1980 et 1990, qui aurait été inspirée, entre autres, par les Cyniques, et reconnue pour avoir présenté un humour décapant et irrévérencieux, mais réfléchi, à propos de la société de l'époque, à la limite « intello » selon certains (Baillargeon, 2009b : B8). L'ensemble de ces standards semble polariser les « bons » textes et les « mauvais » à partir de leur saveur sociale et politique et du respect de la langue française dans les contenus, attribuant aux autres types de textes, notamment ceux portant sur le vécu personnel, une qualité artistique moindre[126].

Devant de tels constats, il devient pertinent de se demander comment les Cyniques sont plus particulièrement interpellés et interprétés aujourd'hui. Dans le cadre d'une recherche sur l'industrie de l'humour au Québec, une vaste analyse du discours de presse des dernières années (2008 à 2012) et de certaines périodes des années 1990 et 2000 est présentement en cours. Cette recherche tente de cerner les réalités des acteurs de cette industrie, quels qu'ils soient (humoristes, auteurs, gérants, agents, producteurs, diffuseurs, etc.). Un intérêt est également porté à la place qu'occupe l'humour dans la société québécoise et aux tensions entre économie et culture. C'est à l'intérieur de ce cadre de recherche que cet aspect de l'héritage des « immortels », dont les Cyniques, a émergé.

À l'aide de la base de données sur les médias *Eureka*[127], une fouille a été effectuée afin de repérer de manière plus précise certains exemples de ces observations. Idéalement, une analyse quantitative, mesurant le nombre de références aux Cyniques dans les médias et la répétition de certaines occurences, aurait été d'actualité. Malheureusement, plusieurs éléments jouaient contre cette démarche. Tout d'abord, le temps requis pour une telle recherche, qui se serait déroulée sur plusieurs mois. Ensuite, la volatilité de la base de données *Eureka* : en moins d'une semaine, plusieurs sources journalistiques ont été ajoutées et les quelques résultats numériques obtenus préalablement sont devenus désuets. De plus, plusieurs tests effectués une même journée avec des critères de recherche identiques offraient des résultats différents. Nous ne pouvons que conclure qu'*Eureka* est une source incontournable pour obtenir des articles de presse, mais que l'analyse quantitative de ces articles requiert une attention particulière et aiguisée qui exige une longue période de temps pour être effectuée.

C'est pourquoi notre analyse se restreint à l'aspect qualitatif. Cette démarche n'en demeure pas moins pertinente. L'analyse qualitative de discours permet d'examiner comment le langage est utilisé selon certains contextes (Rapley, 2007 : 2). Ce type d'analyse reconnaît que le langage ne peut être perçu seulement comme une forme de communication neutre et transparente (*idem*). Dans le cadre de cette recherche, alors que nous nous intéressons fortement aux enjeux de légitimité culturelle de l'industrie de l'humour et à l'appartenance de certains acteurs à la catégorie « légitime » d'artistes de l'humour, l'analyse de discours sied fort bien.

C'est donc à partir de ces pistes de réflexion sur l'industrie de l'humour francophone au Québec que ce texte explore la participation contemporaine des Cyniques à notre façon de percevoir et d'apprécier cette forme culturelle si populaire chez nous, autrement dit à la construction de la légitimité artistique d'une œuvre humoristique. Notre analyse a permis de regrouper les commentaires et réflexions transmis dans les médias en trois grandes catégories : l'actuelle perception d'un manque d'humour réfléchi, la qualité de la langue française utilisée par les humoristes, et les nouveaux paradigmes de l'humour québécois contemporain.

C'était bien plus intelligent dans ce temps-là !
L'actuelle perception d'un manque d'humour réfléchi

Au cours des dernières décennies, et de manière plus importante depuis les années 2000, on note dans les médias une recrudescence de la critique envers des contenus humoristiques dits « faciles » faisant référence à la vie quotidienne, aux relations hommes-femmes, aux enfants, etc. Dans les articles des quotidiens, ces critiques proviennent de tous les horizons : dans les entrevues avec des chercheurs et des acteurs de l'industrie de l'humour, dans les critiques artistiques, et même dans le courrier des lecteurs :

> où sont passés nos satiristes d'antan, les Cyniques, Rock et Belles Oreilles et autres Fridolin ? On a tendance à penser que la culture du rire se porte bien au Québec puisque nous avons un festival Juste pour rire, un musée Juste pour rire, une École nationale de l'humour, et que les humoristes, nombreux, font salle comble. Erreur. L'humour est mal en point au Québec parce qu'il est détourné de ce qui, par le passé, était sa fonction première [l'humour politique, se moquer des travers des puissants du monde].
>
> (Charron, 2002 : B9)

Souvent, on pointe du doigt l'entreprise Juste pour rire et l'École nationale de l'humour, qui, aux dires de certains, joueraient un rôle important dans l'homogénéisation des contenus[128]. Lorsqu'on considère que cette crainte est partagée par les acteurs de l'industrie de l'humour eux-mêmes, on ne peut qu'y voir le signe d'un questionnement bien réel au cœur même de l'industrie de l'humour francophone québécois, et non pas une simple querelle entre critiques et artistes. Deux exemples en ce sens nous semblent particulièrement parlants. Un premier est relayé par le journaliste Stéphane Baillargeon du *Devoir*, qui exprime la pensée de l'humoriste Daniel Lemire :

> Il [Daniel Lemire] pense aussi que la production industrielle de comiques à l'École nationale de l'humour stimule l'homogénéisation autour d'un plus petit commun dénominateur : le cul, le petit vécu, les «jokes de blondes», la télé... «Les diplômés semblent trop souvent coulés dans le même moule alors que la base même de l'humour, c'est l'originalité.» La remarque a d'autant plus de poids que le stand-up a passé la majeure partie de sa carrière dans l'empire du promoteur Gilbert Rozon.
>
> (Daniel Lemire, cité dans Baillargeon, 2000 : A1)

Le deuxième exemple provient de Christian Vanasse du groupe les Zapartistes, souvent étiqueté comme l'un des derniers groupes héritiers des Cyniques, publié dans *La Presse* :

> En humour, la recherche n'est pas encouragée [...]. On encourage plutôt le conventionnel. On ne donne pas les moyens aux humoristes de pousser leur réflexion, ce qui conduirait à plus de diversité. (cité dans Massé, 2008 : Arts et spectacles 3)

Ce manque d'originalité et de diversité est maintes fois associé à une forte diminution du discours social et politique dans les textes humoristiques. Selon Aird (2004 ; 2010), cette diminution provient de l'échec du projet de souveraineté. Alors que la question nationale avait richement alimenté la culture québécoise depuis la Révolution tranquille, que l'on soit séparatiste ou pas, la déception liée à la faillite d'un rêve identitaire et les profondes divisions issues du débat ont eu raison de l'humour politique, un peu comme si les Québécois en avaient eu assez, voire trop. Il fallait tourner la page et parler de n'importe quoi... sauf de politique :

> «Le Québec s'est éloigné du bon humour politique, que l'on a perdu de vue entre le premier et le deuxième référendum», a indiqué la politicologue Josée Legault [...]. «Nous manquons aujourd'hui de cet humour politique subversif qui déshabille l'ordre établi pour le citoyen et qui est nécessaire dans une société saine et démocratique.» (Deglise, 2008b : B8)

Cela ne veut pas dire qu'il n'existe plus du tout de place pour ce genre d'humour, qu'il a été totalement absent depuis. Cependant, cette explication vient en partie, et certainement pas en tout, apporter une interprétation possible aux critiques.

Chose certaine, ceux qui viendront, par la suite, tenter de raviver cette flamme se retrouvent souvent accolés à des propositions telles que «dans la lignée des Cyniques», «après les Cyniques» ou «depuis les Cyniques». La comparaison avec leurs prédécesseurs est omniprésente. Prenons quelques exemples du discours de presse lié au groupe militant humoriste les Zapartistes:

> Depuis quelques années, l'humour politisé crie famine. Les belles années des Cyniques sont loin derrière, Yvon Deschamps se fait plus discret, Jean-Guy Moreau se tient coi. Mais voilà que les Zapartistes débarquent avec leur Cabaret politisé et revitalisent le genre en mordant dans l'actualité à pleines dents.
>
> (Houle, 2003: C8)

> Après les Cyniques, jamais une formation d'humoristes ne s'était attaquée à la politique d'une façon si marquée. Il y a eu bien sûr RBO (Rock et Belles Oreilles) dont quelques numéros ont touché à certains aspects du paysage politique québécois ou encore *Les parlementeries* mais c'était, osons le dire, de la petite bière en comparaison avec ce que fait le groupe Les Zapartistes.
>
> (Crépeau, 2004: s. p.)

> Un spectacle qui promet d'offrir une bonne dose d'humour comique-intello, très critique sur la vie publique, artistique et politique [...]. De l'humour réfléchi qui ne manque pas de nous rappeler l'humour cinglant et délirant des Cyniques des années 70. Bref de l'humour d'actualité accessible à tous.
>
> (Carbonneau, 2004: D14)

> En dignes descendants des Cyniques et d'Yvon Deschamps, «bien décidés à tout mettre en œuvre pour que la stupidité de notre époque soit montrée du doigt, pis on va prendre le doigt qui faut», comme ils le proclament dans leur manifeste, François Parenteau, François Patenaude et Christian Vanasse n'épargnent rien ni personne.
>
> (*Le Messager de LaSalle*, 2008: 26)

Dans le cas des Zapartistes, la comparaison est généralement élogieuse. On note un certain soulagement de pouvoir (enfin ! selon certains) retrouver le goût du fruit acerbe de l'humour qui attaque l'autorité. D'autres humoristes de cette veine reçoivent également un traitement similaire même si, de leur propre aveu, faire de l'humour engagé n'est pas chose facile dans le contexte actuel :

> cet humoriste [Louis T.] issu de la génération Y et descendant direct et assumé des Cyniques et Deschamps d'une autre époque [...].
>
> Le cap est bon, et Louis T. compte bien le garder, même s'il reconnaît que l'humour engagé cultive depuis toujours un paradoxe au Québec : «C'est quelque chose de très valorisé, mais ce n'est pas populaire, dit-il. J'ai déjà été exclu de quelques rassemblements d'humoristes ou de projets parce qu'on me disait trop politisé. C'est dommage.» (Deglise, 2011 : A1)

Être un héritier des Cyniques, dans le choix du type d'humour utilisé, n'est cependant pas synonyme d'éloges à tout coup, au contraire. Si l'artiste n'est pas assez mordant, cinglant et original, l'évaluation à son sujet en souffrira. Daniel Lemire, dont la longue carrière s'est bâtie grâce à ses crocs acérés mordant l'actualité à pleines dents, semble en avoir pris pour son rhume avec son dernier spectacle, présenté après dix ans d'absence sur scène :

> Dans la tradition des Cyniques, ce héraut de notre exaspération pouvait renvoyer à l'époque les sophismes au visage des politiciens avec un sens unique de la répartie (sic). [...]
>
> Daniel Lemire livre désormais un humour politiquement correct. [...]
>
> Daniel Lemire fait encore sourire. Mais il ne surprend plus, ni ne force la réflexion comme à ses belles années. (Laroche, 2011 : 19)

Si les articles de presse des années 1990 et du début des années 2000 semblent très pessimistes en ce qui concerne des contenus réfléchis, qu'ils soient politiquement ou socialement engagés, on note un changement progressif, à partir de 2005, une plus grande politisation des humoristes. En effet, à la suite de la publication en 2004 de son *Histoire de l'humour au Québec: de 1945 à nos jours*, Robert Aird, en entrevue, mentionne que cette tendance «pourrait s'amplifier» et cite en exemples plusieurs «émissions de satire politico-sociales, dont *Les Bougon*, *Le Bunker*, *Infoman* ou *Et Dieu créa... Laflaque*». Selon lui, «il y a autant sinon plus d'humour engagé qu'avant» (Baillargeon, 2009a: A1).

Même son de cloche de la part de la directrice de l'École nationale de l'humour, Louise Richer, dans un article paru en 2007:

> Après les grands conteurs à la Jean-Marc Parent et l'humour absurde des Denis Drolet, les comiques de demain seront plus engagés. C'est du moins le constat que dresse Louise Richer, directrice générale de l'École nationale de l'humour.
>
> «La société redevient de plus en plus engagée […]. Il y a une prise de parole des citoyens et l'humour reflète ça», constate Louise Richer.
>
> Les étudiants de l'École nationale de l'humour d'aujourd'hui, qui ont toutes les chances de devenir les vedettes de demain, ont donc changé au rythme de la société.
>
> «On sent que, chez les jeunes, il y a une volonté de comprendre, et une volonté de profondeur et de contenu», souligne Louise Richer.
>
> «On voit un peu moins de cynisme que dans les dernières années. Le cynisme, c'est une sorte de désengagement. Ça mène à l'inaction. Les jeunes des trois dernières années sont aussi critiques, mais moins cyniques», ajoute-t-elle.   (Patry, 2007: 64)

Par contre, si cet aspect de l'héritage des Cyniques tend à revenir en force, il n'en va pas de même pour l'ensemble de leurs legs. En effet, on ne compte plus, dans les médias, les références à une piètre qualité de la langue utilisée par les humoristes, et à l'usage de l'obscénité pour le simple plaisir de provoquer, sans avoir réellement de message à transmettre.

Du vulgaire d'assez bonne qualité pour la Place des Arts: l'équilibre fragile entre obscénité, bon goût et qualité de la langue française

Les historiens de l'humour, tout comme les observateurs de la scène humoristique québécoise, ainsi que les fans, nous rappellent que la langue française a été l'un des chevaux de bataille des Cyniques, notamment lors du *Bye Bye* de 1971. Et même s'ils ont été accusés d'être vulgaires (pensons au *Cours de sacre*, 1966, donné par Marc Laurendeau ou à «La chanson vulgaire» du film *IXE-13* – Godbout, 1971), il semble que leurs numéros de haute voltige mariant agilité, vulgarité et bon goût ont su frapper la cible. On se remémorera la critique de René Homier-Roy du spectacle des Cyniques donné en 1971. Selon lui, il s'agissait d'un «très bon spectacle», «le meilleur» du quatuor. Même s'ils sont «extrêmement vulgaires» – ce qui le surprend, car le spectacle était présenté à la Place des Arts –, les Cyniques sont d'une «vulgarité qui nous touche». Il n'en demeure pas moins qu'il s'agissait d'une «vulgarité efficace» dans un «spectacle plein de rythme, très bien fait» (Homier-Roy, 1971: s. p.).

Ce difficile ménage à trois entre la qualité de la langue, la vulgarité des sujets (dans leur traitement et/ou dans leur choix) et la qualité artistique d'une œuvre humoristique est toujours d'actualité. En fait, ces thèmes ont fait la manchette à plusieurs reprises encore récemment. Souvenons-nous, entre autres, de la sortie de Denise Bombardier contre l'ensemble des humoristes québécois en 2005 et, plus tôt, du traitement de ce sujet dans un long article de la revue *L'actualité* en 1997:

> Dans son commentaire du bulletin de 22 heures à TVA mardi soir, madame B [Denise Bombardier], réagissant au gala des Jutra animé par l'humoriste Patrick Huard, a dénoncé vivement «le massacre du français juste pour faire rire».
> «Trop d'humoristes parlent comme des demeurés et des ignares quand ils veulent nous faire rire. Est-ce normal?» [...]
> Selon Denise Bombardier, «encore une fois on a assisté dimanche à un gala où la langue fut malmenée. Combien de temps

va-t-on continuer de traiter de snobs et d'élitistes les gens qui respectent la langue en faisant un effort pour la bien parler?»

(Coudé-Lord, 2005 : s. p.)

Que peut faire le pauvre professeur de français le lundi matin quand, la veille, ses élèves ont «trippé» en regardant Juste pour rire, les Bleu Poudre, Jean-Marc Parent et MusiquePlus? [...]
«Dans le domaine des spectacles de variétés, on commença dans les années 60 à prendre plus de libertés. Marc Laurendeau, du groupe d'humoristes les Cyniques, donnait un «cours de sacres». «Mais, rappelle Marcel Saint-Germain, autre ex-Cynique, le juron ne constituait pas le gag. Le gag, c'était le cours lui-même. Et puis, nous étions toujours au second degré. Aujourd'hui, la plupart des humoristes parlent moins bien que leur public... Paradoxalement, les meilleurs, comme Daniel Lemire (L'actualité, 1er avril 94), utilisent un français très correct.»   (Courtemanche, 1997: 55)

Le dernier extrait exprime le difficile exploit de jonglerie auquel se sont livrés les Cyniques. Le contexte social de l'époque, bien avant Les belles-sœurs de Michel Tremblay, était plutôt fermé au langage populaire, une frontière que les membres du groupe ont aidé à faire tomber, de même que plusieurs autres carcans imposés par les élites politiques et religieuses. Malgré tout, ils se moquaient également des dérives du langage, comme démontré, par exemple, dans Le cours de sacre (1966). Le tout en traitant de divers sujets de manière provocatrice. Donc, il semble qu'aujourd'hui la critique transmise dans les médias interpelle avec nostalgie un talent pour une utilisation appropriée de la langue française (qui est liée au projet de société souveraine francophone au nord d'un continent majoritairement anglophone) dans le traitement de sujets politiques et sociaux avec un ton acerbe et sans compromis. Voilà toute une commande pour les humoristes contemporains!

Et, à en croire les articles rassemblés dans le corpus de presse, ce trait caractéristique des Cyniques est devenu plutôt rare. Pour un chercheur tel que Robert Aird, en entrevue dans Le Devoir, on ne peut nier que la langue française subisse de bien mauvais traitements en général, mais de remettre le fardeau de la preuve sur le dos des humoristes seulement serait exagéré. Il rappelle également à quel point il peut être ardu de trouver l'équilibre entre un art et un langage populaire, et la reconnaissance d'une légitimité artistique de bon goût dans un contexte de marchandisation de la culture :

> C'est un fait que la langue française est malmenée sur nos ondes. On a juste à ouvrir les oreilles. Est-ce à cause des humoristes ? Plus ou moins. D'abord, il y a le souci des cotes d'écoute [...]. Est-il vraiment nécessaire de parler mal pour rejoindre le public ? Est-ce snob de s'efforcer à élever la qualité du français ? Je ne crois pas. À la défense des humoristes, l'humour est un art populaire et ils incarnent des personnages populaires. [...] Ce qui n'exclut pas qu'il soit possible de parler un bon français et de faire de l'humour : regardez les Zapartistes. Il y a aussi une question de dosage. [...]
>
> L'humour est une industrie, une institution, un produit et un véhicule qui sert à vendre de la marchandise. Ainsi, l'humour a développé ses propres travers, alors que, paradoxalement, l'humour a pour fonction de ridiculiser les travers des autres. L'humour a traditionnellement été utilisé pour rabaisser la culture sérieuse dominante. Or c'est l'humour qui domine aujourd'hui. En quelque sorte, l'humour est devenu un pouvoir. Bref, il est normal que l'humour et les humoristes soient la cible de critiques. Rien n'est plus sain dans une démocratie. (Girard, 2005 : B8)

Encore une fois, comme l'exprime l'extrait précédent, les Zapartistes sont souvent nommés à titre d'exemple qui incarne ce difficile état d'équilibre. Ils sont cités autant par les journalistes que par les citoyens, qui sont publiés dans les sections d'opinions et le courrier du lecteur, non seulement concernant la qualité de la langue qu'ils utilisent, mais aussi pour leur implication dans sa défense :

> Préoccupés par la survie de la langue française au Québec, Emmanuel Bilodeau, les Zapartistes, Marie-Denise Pelletier, Michel Rivard et de nombreuses autres personnalités ont pris part à l'événement, auquel assistaient aussi les chefs du Parti québécois, Pauline Marois, et du Bloc québécois, Gilles Duceppe.
>
> (Pellerin et Agence QMI, 2010 : 6)

J'ai, comme toutes les personnes n'aimant pas la vulgarité, envie de revoir les productions basées sur un contenu recherché et élaboré, dans les normes de politesse et de qualité telles que celles que l'on nous présentait avec Dominique Michel, les Cyniques et autres du même genre. Ces *Bye Bye* étaient autrement plus drôles et comiques sans avoir à verser dans la grossièreté et la facilité.

Les sacres et la vulgarité ne me font pas rire ni d'ailleurs beaucoup de monde ayant une certaine éducation.

(Nalis, 2012 : s. p.)

Ils [les Zapartistes] font de l'humour intelligent, à partir d'un regard documenté sur l'actualité sociopolitique et d'un positionnement clair, à gauche. Caustiques, brillants, engagés, fins imitateurs et habiles manieurs de la langue.   (Couture, 2012 : B8)

Il semble donc encore possible aujourd'hui, non pas seulement pour les Zapartistes, mais aussi pour plusieurs autres artistes de l'humour, de conjuguer critique sociale et politique avec un bon usage de la langue et un zeste juste assez piquant de vulgarité et de provocation. Prenons, par exemple, l'humoriste Sylvain Larocque et cet extrait de la critique de son spectacle *Vu d'même* dans *Le Soleil* :

Sylvain Larocque peut parler de n'importe quoi, de sexe ou de La Fontaine, il est direct mais pas vulgaire, cultivé mais accessible. Disons-le franchement, voilà un spectacle d'humour bien au-dessus de la moyenne.   (Lesage, 2009 : 39)

Par contre, à la lecture des articles de presse, ce zeste de vulgarité et de provocation ne peut plus désormais constituer l'ingrédient principal d'une œuvre humoristique. Les conséquences qui, au temps des Cyniques, pouvaient se résumer à faire la manchette, représentent de nos jours un risque beaucoup plus important. Censure et procès ne sont pas étrangers à l'univers de l'humour contemporain.

On ne pourrait plus dire ça aujourd'hui !
Les paradigmes contemporains de l'humour francophone québécois

Les chroniqueurs et critiques contemporains de l'humour québécois francophone admettent souvent que le type d'humour critique et acerbe ou de second degré, tel que celui des Cyniques ou, à leur suite, de RBO, ne pourrait plus aussi librement circuler dans les médias. En prenant exemple sur les sketchs de son groupe concernant les minorités visibles au Québec, et en référant à l'œuvre de RBO, Marc Laurendeau, l'un des membres des Cyniques, mentionne que ce «qui est tabou de nos jours, c'est rire des groupes minoritaires. Je me souviens d'une année où RBO avait modifié une pub de médicament Antiphlogistine pour une pub "Antipalestine". Ce serait très mal accueilli aujourd'hui, les minorités sont très protégées» (Gaudet, 2006 : C9).

Yvon Laplante, chercheur, en entrevue au *Devoir*, insiste sur le fait que le «paradigme de la création et de l'industrie a changé» (Deglise, 2009d : E1), notamment à cause des différents procès d'intention et plaintes formelles utilisés par les victimes de la caricature et, conséquemment, des craintes des créateurs. Plusieurs exemples sont d'ailleurs venus nourrir l'actualité, notamment au cours des années 2000. Pensons aux Grandes Gueules qui ont reçu une mise en demeure en 2002 pour avoir parodié une chanson de Céline Dion ou encore aux démarches de Daniel Pinard contre l'émission *Piment fort* en 2000[129].

La rectitude politique semble donc avoir ralenti les ardeurs de l'humour québécois, et ce, pour plusieurs raisons. La peur des poursuites judiciaires, illustrée précédemment, en est une, mais d'autres éléments doivent être pris en compte, si l'on se fie au corpus de presse. Pour Nathalie Petrowski, chroniqueuse à *La Presse*, la deuxième moitié des années 1990 a présenté l'industrie de l'humour comme une forme culturelle très *glamour*, laquelle a commencé à attirer de plus en plus d'humoristes en devenir d'inégale valeur. Ce qui, du même coup, a forcé les artistes à se démarquer du lot par tous les moyens :

Au lieu de travailler l'humour comme un matériau précieux ou d'explorer la richesse de ses nombreuses facettes, les humoristes, surtout ceux de la télé, ont développé le créneau le plus facile et le plus payant: celui du bitchage, le bitchage de gens connus et identifiables au quart de seconde.

Portés par un public de plus en plus jeune et de plus apolitique et acculturé, les humoristes se sont mis à tirer sur tout ce qui bougeait et souvent sans discernement.

Passe encore quand la cible était un homme ou une femme politique. [...] Mais quand la cible était une athlète olympique recyclée en animatrice de télé [...], l'humour a perdu sa raison d'être. Il est devenu gratuit, con et méchant. Il est devenu gaspillage de liberté. (Petrowski, 2000: A23)

Elle déplore du même souffle la perte de l'humour grinçant et réfléchi que cela a entraînée, et évoque une autre raison pour expliquer le phénomène, soit la peur de déplaire et d'offenser:

une des grandes peurs québécoises: la peur de faire de la peine à son voisin. Peu importe si ce voisin est un politicien croche ou un avocat tordu, lui faire de la peine, c'est risquer qu'il se fâche et qu'il se venge. Et ça, personne dans la société tricotée serrée n'en veut.

Permettez-moi de m'inscrire en faux contre cette tendance lourde. Permettez-moi de revendiquer un humour méchant, corrosif et caricatural, un humour dangereux qui n'a pas peur de faire de la peine à son voisin. (*idem*)

À cela, nous pourrions ajouter une certaine fatigue, de la part des artistes, de tirer à boulets rouges sur les figures d'autorité et sur la société en général, car, malgré les efforts de dénonciation, rien ne semble changer pour le mieux. Cette perspective est d'ailleurs mise de l'avant par François Parenteau, en 2011, pour expliquer son refus de participer à la revue annuelle des Zapartistes:

Malgré le succès de ses imitations de Jean Charest et de Stephen Harper, Parenteau s'est retiré pour «chercher des solutions dans le grand brainstorming politique que le Québec connaît actuellement. Proposer plutôt que rigoler», a-t-il expliqué sur le site Internet du groupe. «J'avais une usure à voir que les choses ne changent pas, à voir que notre public génial est malheureusement bien minoritaire dans ses sensibilités politiques et sociales», a poursuivi François Parenteau en entrevue téléphonique. «Oui, je suis découragé par moments de notre scène politique, et non, je n'avais pas le cœur d'en refaire une joke "hop la vie nous vaincrons !". Je ferais plus un show de blues, pour être juste dans le ton de ce que je ressens.»

(Lalonde, 2011 : A1)

Ainsi, la crainte des poursuites ou de la censure, l'attrait de la facilité de tirer sur tout ce qui bouge, la crainte de déplaire et une fatigue ou un découragement face à des contextes sociaux et politiques qui semblent immuables résumeraient, du moins en partie, l'absence actuelle supposée de l'humour sans vergogne à la Cyniques. Mais certains s'y adonnent encore, et avec succès. Encore une fois, les Zapartistes incarnent cette réalité, mais il y a également de la place pour d'autres artistes dans ce courant :

> J'avoue avoir été secoué par la revue de l'année que présentent les Zapartistes […]. J'avais l'étrange impression de retrouver l'humour des Cyniques, du Jacques Normand des beaux jours et des chansonniers de la rive gauche à Paris. Enfin de l'humour cinglant, irrévérencieux, qui mord dans les événements de 2001. Enfin un cabaret politique qui ose se moquer des travers de nos hommes politiques, de nos vedettes kétaines et même de certains comportements ridicules autour des événements du 11 septembre.
>
> Personne ne s'étouffe avec le politically correct dans cette revue.
> (Beaunoyer, 2002 : D6)

> L'humour qui le caractérise est décapant, parfois insolent. Mike Ward dérange, dit-on, comme l'ont déjà fait les Cyniques dans les années 1970 et les humoristes Guy A. Lepage et Patrick Huard.
> (Paulin-Grondin, 2006 : 30)

Par contre, une telle aventure n'est pas si facile que cela à concrétiser. Il faut être capable de vivre avec la critique, peu importe de quel côté elle penchera. Mais, pour certains, tel Maxim Martin, l'autocensure est intolérable. Voici sa réponse à une question posée lors d'un épisode de clavardage chapeauté par *La Presse* :

gwenn : Je suis arrivée il y a peu de temps je ne sais pas si la question a déjà été posée... Est-ce que t'as peur des poursuites comme René Angélil a fait aux Grandes Gueules ? Est-ce que ça serait assez (la peur d'une poursuite) pour modifier un contenu avant de le risquer ?

Maxim Martin : Je n'y pense pas. Ça me censurerait. J'aime mieux dealer avec les conséquences.

(*Cyberpresse*, 2003 : s. p.)

Aussi, ne serait-il pas exagéré de qualifier le jeu difficile entre provocation et scandale de véritable art, art qui n'est pas à la portée de tous, mais qui était maîtrisé par les Cyniques :

Selon le gérant (François Rozon), il faut aujourd'hui tout un doigté pour être audacieux en évitant les pièges du scandale.

« Il y a des aberrations dans la société, mais il faut se creuser les méninges pour trouver le bon angle pour les traiter, dit-il. C'est le lot des grands humoristes. Les gens aiment qu'ils soient audacieux. Alors, ils évoluent à la limite sur le fil d'un rasoir. S'ils tombent de l'autre côté, ils sont morts. »

François Rozon rappelle que les plus grands moments de l'humour ont été ceux d'Yvon Deschamps et des Cyniques, ainsi que des Bleu Poudre parce qu'ils osaient.

« C'était aussi le cas avec *Les Bougon* qui disaient des choses épouvantables, mais des choses qui faisaient réfléchir, dit-il. Patrick Huard a aussi réussi à faire ça, dans la peau de son personnage dans *Taxi 0-22*. Ça passe mieux quand c'est un personnage. »

(Gaudet et l'Agence QMI : 2011 : 42)

Ainsi, il existe toujours ce besoin de s'abreuver à un humour qui n'a pas peur de provoquer. Ce besoin est très présent dans les médias, et pas seulement de la part des journalistes et des chercheurs. En effet, dans les nombreuses réactions suivant la diffusion des *Bye Bye* de Louis Morissette et Véronique Cloutier, événements qui ne se sont pas toujours passés sans heurts, on retrouve ce goût pour le mordant :

Qui a dit que l'humour devait être politically correct ou pas trop trop méchant ? Au Québec, RBO et avant eux les Cyniques

n'y sont pas allés de main morte dans l'humour corrosif critique de
notre société contemporaine.   (Giguère, 2011 : 11)

Conclusion : l'héritage pour la relève

Que doit-on retenir alors ? Quels sont les standards de qualité
recherchés pour livrer un humour digne des Cyniques ? Notre
corpus de presse nous permet de répondre en partie à cette question,
sans totalement offrir une liste exhaustive de réponses. Ainsi, un
tel artiste doit être prêt à se mouiller, à provoquer, et surtout ne doit
pas faire preuve de retenue. Il doit être cinglant, irrévérencieux,
même bête et méchant s'il le faut, tout en étant subtil et recherché.
Il doit offrir une certaine forme de génie dans ses textes, transmettre
un message bien appuyé, être capable de surprendre et d'offrir un
contenu au fait de l'actualité tout en faisant preuve de rigueur dans
ses démarches. Il lui faut critiquer le pouvoir sans faire la morale,
sans tomber dans la démagogie, tout en utilisant un langage soigné
mais accessible à tous. L'artiste doit également être sensible en ce
qui concerne des sujets délicats. Et, bien sûr, cela va de soi, être
drôle !

Avec une telle liste à respecter, peut-on vraiment se demander
pourquoi les candidats ne sont pas légion ? Et pourtant, la relève
semble bien présente. Lors du *Gala 25ᵉ anniversaire* de l'ENH,
le 2 avril 2013, le public n'a pu que constater que les sujets des
finissants correspondaient à différentes critiques politiques et
sociales. Prenons par exemple Korine Côté et son évaluation de la
publicité, notamment des compagnies de bières, et Adib Alkhalidey
et ses expériences à propos des stéréotypes et préjugés. D'autres
finissants, tels que Louis T. et Kim Lizotte, font directement dans
la critique politique et, avec Adib Alkhalidey, forment un trio de
fins observateurs de l'actualité pour l'émission *Selon l'opinion
comique* diffusée sur MaTV.

La relève répond donc à l'appel, comme exprimé dans le
corpus de presse. Mais encore faut-il leur offrir une tribune.
Précédemment, nous citions les difficultés rencontrées par Louis T.

alors qu'il cherche à obtenir une plus grande visibilité, car certains lui reprochaient d'être trop politisé. Il n'est pas le seul à avoir exprimé un tel constat. Avant 2006, Guy Nantel semblait subir le même sort :

> Pendant 17 ans, Guy Nantel n'a pas été à la mode, avec son humour engagé qui n'a pas peur d'aborder le climat « politiquement correct » au Québec, l'empire américain, la surconsommation, la réforme scolaire, etc. C'est sans doute pour cela qu'il ne faisait pas les grandes salles, remplies par les maîtres de la rigolade légère. Mais depuis que les gens se sont lassés des amuseurs, Nantel est devenu in ! Après les bars et les salles de congrès, on lui déroule le tapis rouge jusqu'aux grandes scènes.　(Tremblay, 2006 : C10)

L'avenir nous dira si, finalement, les humoristes engagés réussiront l'ultime exploit de conjuguer succès artistique, appréciation de la critique, et succès populaire. Chose certaine, l'avenir a été drôlement généreux avec les Cyniques. En effet, si ce texte souligne à gros traits l'aura mystique actuelle qui plane sur ce groupe des années 1960 et 1970, il ne faudrait pas oublier qu'à leur époque, eux-mêmes n'arrivaient pas à concrétiser le mariage (heureux ?) du succès populaire et de la reconnaissance artistique :

> Du pire et du meilleur, voilà ce que nous ont offert Marc Laurendeau, André Dubois, Serge Grenier et Marcel Saint-Germain. Du pire parce que certaines de leurs blagues pourraient être racontées dans certains cabarets de troisième classe. [...] du meilleur à cause de la finesse, de la subtilité, de la mise en boîte auxquelles ils nous ont habitués et qu'ils nous redonnent.
> (Nadeau, 1966 : 131)

Bien malin qui peut prédire aujourd'hui la, le ou les artistes contemporains qui se verront « déifier » au niveau des Cyniques au cours des prochaines décennies !

Bibliographie

AIRD, Robert. *L'histoire de l'humour au Québec: de 1945 à nos jours*, Montréal, VLB Éditeur, 2004, 164 p.

_____ *Histoire politique du comique au Québec*, Montréal, VLB Éditeur, 2010, 260 p.

BAILLARGEON, Stéphane. «Denis[130] Lemire: l'humoriste de la responsabilité», *Le Devoir* (Montréal), 31 mars 2000, Les actualités, p. A1.

_____ «Rire du pire: la crise inspire les humoristes qui multiplient les bonnes blagues», *Le Devoir* (Montréal), 17 mars 2009, Les actualités, p. A1.

_____ «Sylvain Larocque au Cabaret Juste pour rire: un regard oblique», *Le Devoir* (Montréal), 22 octobre 2009, Culture, p. B8.

BEAUNOYER, Jean. «Enfin de l'humour cinglant!», *La Presse* (Montréal), 12 février 2002, Arts et spectacles, p. D6.

CARBONNEAU, Maryse. «Les Zapartistes à Coaticook», *La Tribune* (Sherbrooke), 13 novembre 2004, Actualités, p. D14.

CHARRON, Claude G. «Humour: un Québec juste pour rire? Où sont passés nos satiristes?», *Le Devoir* (Montréal), 30 mars 2002, Idées, p. B9.

CRÉPEAU, Guy. «Les Zapartistes montrent les dents! *Les Zapartistes contre l'empire* présenté au TVT», *Le trait d'union* (Lachenaie), 28 février 2004, s. p.

COUDÉ-LORD, Michelle. «Langage des humoristes: les humoristes furieux contre Denise Bombardier», *Le Journal de Montréal (Canoë.ca)*, 24 février 2005, Divertissements, nouvelles. En ligne: http://fr.canoe.ca/divertissement/arts-scene/nouvelles/2005/02/24/1732869-jdm.html (page visitée le 4 mars 2012).

COURTEMANCHE, Gil. «Parle, parle mal, mal», *L'actualité*, 1997, vol. 22, n° 13, p. 55.

COUTURE, Philippe. «Critique: Zapartistes en manque de férocité», *Le Devoir* (Montréal), 24 décembre 2012, Culture, p. B8.

CYBERPRESSE. «Clavardage avec Maxime Martin», *Cyberpresse* (Montréal), 3 mars 2003, Clavardage, s. p.

CYNIQUES, Les. *Les Cyniques*, volume 2, 1966.

DEGLISE, Fabien. «Fini de rire: la première grande rencontre nationale sur l'humour au Québec s'amorce demain à Montréal», *Le Devoir* (Montréal), 20 octobre 2008, Les actualités, p. A1.

_____ «Colloque: pour un humour plus grinçant et engagé», *Le Devoir* (Montréal), 23 octobre 2008, Culture, p. B8.

_____ «Le festival Juste pour rire veut faire de l'humour un art», *Le Devoir* (Montréal), 29 avril 2009, Culture, p. B10.

_____ «Dieudonné: le clown ne fait plus rire», *Le Devoir* (Montréal), 9 mai 2009, Culture, p. B9.

_____ «Zoofest: voyage dans les tripes de l'adolescence», *Le Devoir* (Montréal), 16 juillet 2009, Culture, p. B7.

_____ «RBO – The hommage: vingt-huit ans après leur formation, les drôles de Rock et Belles Oreilles se préparent à faire enfin rire d'eux, lundi soir, dans le cadre d'un gala spécial orchestré par le festival Juste pour rire», *Le Devoir* (Montréal), 18 juillet 2009, Culture, p. E1.

_____ «Bêtes de cirque, talents cachés et gros canons: la deuxième édition du festival promet d'être plus resserrée, plus cohérente», *Le Devoir* (Montréal), 10 juillet 2010, Culture, p. E3.

_____ « Le fondateur de Juste pour rire à la mairie ? Gilbert Rozon dément les rumeurs », *Le Devoir* (Montréal), 10 juillet 2010, Actualités, p. A4.

_____ « L'entrevue – Un remède contre le cynisme : l'humoriste engagé Louis T. veut "semer des graines de réflexion dans l'esprit des gens" », *Le Devoir* (Montréal), 19 septembre 2011, Actualités, p. A1.

DUCHARME, André. « Monsieur Baveux : l'humoriste de l'année 2006 est un perfectionniste, doublé d'un hypersensible », *Sélection Reader's Digest*, Périodiques. En ligne : http ://www.selection.ca/mag/2006/04/martin_matte.php.

GAUDET, Agnès. « À la une – *Bye Bye* : rester drôle et pertinent », *Le Journal de Montréal*, 30 décembre 2006, week-end, p. W7.

GAUDET, Agnès et Agence QMI. « Verdict de Turcotte – Le gag de Martin Matte ne fait pas l'unanimité », *Le Journal de Québec*, 19 juillet 2011, Spectacles, p. 42.

GIGUÈRE, Yvan. « *Le Bye Bye* 2010, de Véronique à Molière », *Le Quotidien* (Saguenay/ Lac-St-Jean), 8 janvier 2011, Votre opinion, p. 11.

GIRARD, Jean-Yves. « Humour – C'est l'histoire filles… (sic) », *Le Devoir* (Montréal), 11 mars 2005, C'est la vie – Sorties, p. B8.

HOMIER-ROY, René. « Cyniques et vulgaires ? », *Les 2 D*, Montréal, Société Radio-Canada, audio d'une émission de télévision, 20 avril 1971, 3 minutes.

HOULE, Nicolas. « Les Zapartistes : les sept fous du roi », *Le Soleil* (Québec), 26 avril 2003, Arts et spectacles week-end, p. C8.

LALONDE, Catherine. « Vaut-il mieux en rire ? Pas sûr ! », *Le Devoir* (Montréal), 31 décembre 2011, Actualités, p. A1.

LAROCHE, André. « Critique : Lemire ne mord plus », *La Tribune* (Sherbrooke), 7 mai 2011, Arts et spectacles, p. 19.

LE MESSAGER DE LASALLE. « Les Zapartistes au théâtre du Grand Sault », *Le Messager de LaSalle*, 26 octobre 2008, Vie de quartier, p. 26.

LESAGE, Valérie. « Critique – Sylvain Larocque à la salle Albert-Rousseau : rendez-vous subtil », *Le Soleil* (Québec), 3 novembre 2009, Arts et spectacles, p. 39.

MASSÉ, Isabelle. « Colloque *l'Humour, quosse ça donne ?* Méprise-t-on les humoristes ? », *La Presse* (Montréal), 22 octobre 2008, Arts et spectacles, p. 3.

NADEAU, Monic. « Les Cyniques, du pire au meilleur », *Télé-Radiomonde*, 24 décembre 1966, Point c'est tout, p. 131.

NALIS, Jacques. « Grossier et facile : en réaction au texte "Étiez-vous obligés de regarder" de Mme Nathalie Caron », *Cyberpresse* (Montréal), 3 janvier 2012, Vos réactions au *Bye Bye 2011*, s. p.

PATRY, David. « En manchette – Les artistes et la politique : les humoristes de demain seront plus engagés », *Le Journal de Montréal*, 13 mars 2007, Arts et spectacles, p. 64.

PAULIN-GRONDIN, Sylvie. « L'enfant terrible de l'humour à Campbellton », *L'Acadie Nouvelle* (Caraquet), 10 février 2006, Arts et culture, p. 30.

PELLERIN, Marie-France et Agence QMI. « Les nationalistes québécois "commencent à être tannés" », *Le Journal de Montréal*, 19 septembre 2010, Nouvelles, p. 6.

PETROWSKI, Nathalie. « L'humour de Pandore », *La Presse* (Montréal), 21 mars 2000, Arts et spectacles, p. A23.

RAPLEY, Tim. *Doing Conversation, Discourse and Document Analysis*, Los Angeles, Londres, New Delhi, Singapour, SAGE Publications, 2007, 138 p.

TREMBLAY, Régis « Humour : l'humour à risque de Guy Nantel », *Le Soleil* (Québec), 4 février 2006, Arts week-end, p. C10.

Genres et procédés chez les Cyniques

Luc Boily
Auteur humoristique, professeur à l'École nationale de l'humour

Préambule : les Cyniques et moi

Août 1972, par un beau samedi matin nous nous préparons à partir pour le chalet du cousin André. Ma sœur vient d'y passer deux semaines et le reste de la famille s'apprête à la rejoindre pour un week-end avant son retour (N.D.A. Vous lisez bel et bien le texte analysant l'écriture des Cyniques et non une chronique de Stéphane Laporte). Maman a coincé derrière le siège avant sa rôtissoire dans laquelle marine une tonne d'ailes de poulet pour le repas du soir. Ça y est, la voiture est paquetée, papa le sera sous peu... (je romance, la p'tite Laurentide stratégiquement localisée entre ses jambes est réservée pour nos balades dominicales dans le rang de la baie Moïse). Mes frères et moi ne tenons plus en place et ce n'est pas parce qu'on est surexcités, mais, en 1972, l'autoroute 70 Alma-La Baie est encore (et sera longtemps) une promesse électorale ; la route nous menant à Laterrière est sinueuse et le duo «banquette arrière / ceinture de sécurité» ne fait pas encore partie de nos vies. De mon côté, j'ai une très bonne raison de ne pas tenir en place : les Cyniques !

À cette étape de ma vie, le chalet d'André égale les Cyniques, ou plus précisément une cartouche huit pistes d'un spectacle *live* des Cyniques. J'aurai onze ans dans un mois, on s'en va dans un endroit où se combinent plage, grand terrain gazonné, embarcation à moteur, filles en maillot... et moi j'espère les Cyniques (je peux bien avoir connu la paternité à quarante-six ans !). De toute façon, avec mes palettes de petit castor, mes lunettes de Joe 90 et mon physique de Q-tips mononucléosé dont les seuls renflements aux bras sont mes coudes, m'intéresser aux filles n'aurait que contribué à me rendre amer. Je visais plutôt à devenir Cynique ! Alors que mes frères et les autres gars espéraient les jumelles Gaudreault et la belle Sylvie Tremblay, moi je m'amusais ferme avec «Chiquita Tétreault et Rita Robitaille» ! (*La revue des spectacles*, 1966)

Près de quarante ans plus tard, mes frères n'ont aucune idée de ce qu'il est advenu des sœurs Gaudreault et de la belle Sylvie. Tandis que moi, je fréquente toujours Chiquita Tétreault et Rita Robitaille… avec le consentement de ma conjointe ! Ma passion pour l'humour avait déjà commencé à germer, grâce à Bobino (surtout à Bobinette et ses pétards à la farine), à *La Ribouldingue* et à Sol et Gobelet. Cependant, les Cyniques m'ont transporté dans des zones inconnues. D'abord, je découvre l'existence d'un rire du public. Bien que privé de l'image, la captation *live* de la fameuse cartouche huit pistes me permit de ressentir l'atmosphère d'un auditoire en salle et de comprendre que ce rire est plus intense, porteur, etc., que celui d'un auditoire de salon devant la télé. Deuxième zone inconnue, les thèmes qui m'étaient interdits : s'il y avait énormément de blagues que je ne comprenais pas, je comprenais qu'il y avait de quoi à comprendre (je me comprends). Évidemment, à onze ans, l'allitération de «des bonnes beurrées de beurre de pinottes» (*Le petit chaperon rouge*, 1968) ou de «T'as fait caca Guy Guay ?» (*Les noms*, 1972) me faisait bien rire, mais il y avait bien plus. Si je ne pouvais pas mettre le doigt dessus, au moins je pouvais mettre ce doigt sur mes lèvres afin de réfléchir. Et c'est ainsi que j'ai commencé à me questionner. (En plus, ça me permettait de cacher mes deux palettes de petit castor en permanence exposées malgré mes lèvres fermées.)

Dix ans plus tard, en 1982, avec mon chum Lamontagne, on fait des spectacles à la brasserie Piloup de Rivière-du-Loup. La piqûre est bien enfoncée… mais j'ai trop longtemps eu le doigt en position réflexion, je ne veux pas juste faire rire, je veux faire réfléchir. Dès lors, je recherche la juxtaposition des deux. Dix ans plus tard, en 1992, j'entre dans le programme Auteur à l'École nationale de l'humour. Sept ans plus tard, en 1999 (je ne peux pas toujours fonctionner par tranches de dix ans), je commence à y enseigner l'écriture humoristique. D'abord aux ateliers de soir et depuis 2003 aux programmes de jour. Finalement, en décembre 2012, soit quarante ans après ma première rencontre avec eux, on me demandait, en ma qualité de professeur (Ha! Ha! Ha!... ça me fait bien rire) du cours *Écriture humoristique ; genres et procédés* de rédiger un texte consacré à l'écriture des Cyniques. Vous comprendrez qu'avec ce que je viens de vous dévoiler sur mon passé, j'ai accepté avec empressement. Pour tout vous dire, je me sentais comme Luc (le saint avant qu'il ne soit saint) quand on lui a demandé d'écrire l'un des évangiles. D'ailleurs j'ai répondu (textuellement) : «Ah ben ostie! Ça va me faire câlicement plaisir de vous crisser ça sur papier!» (Interjection, adverbe, verbe.) Comme vous le constatez, j'ai bien suivi mon *Cours de sacre* (1966). Merci, monsieur Laurendeau. Merci également pour notre rencontre au début avril, elle me fut d'une grande aide. Sachez qu'une heure seul sur la glace avec Guy Lafleur ne m'aurait pas rendu plus heureux. Bon... en vérité, j'aurais préféré rencontrer André Dubois, mais, comme la tendance veut que les Cyniques décèdent par ordre croissant de grandeur, je n'ai pas pris le risque...

Introduction :
parce que la loi exige que je fournisse mon itinéraire

Comme auteur humoristique qui enseigne les genres et les procédés aux étudiants de l'ENH, je trouve fascinant de travailler sur l'écriture des Cyniques. Nous verrons que ces derniers utilisent un très large éventail de genres, de procédés et d'effets humoristiques. La richesse de l'écriture des membres des Cyniques mérite d'autant plus d'être soulignée que ces derniers procédaient d'instinct. Pour bien la faire ressortir, je commenterai leur utilisation variée des genres, formats, procédés et effets humoristiques. Évidemment, l'emploi de ceux-ci n'est pas compartimenté. Les Cyniques savent bien les manier et un seul gag peut donc contenir plusieurs techniques humoristiques, de même qu'un numéro peut toucher à divers genres. Le texte présent abonde d'exemples qui servent à démontrer la maîtrise et la justesse de l'écriture humoristique des Cyniques. Le lecteur pourra ainsi constater la redoutable efficacité comique qui explique, en partie du moins, le succès d'estime de ces histrions de la Révolution tranquille. Afin d'éviter la confusion dans les définitions et d'assurer une certaine clarté dans la démonstration, j'ai dressé un glossaire du vocabulaire technique de l'écriture humoristique.

Pour assurer une qualité d'écriture, il faut non seulement du talent, mais également une bonne méthode de travail, surtout lorsqu'on évolue au sein d'un groupe de comiques[131]. Les Cyniques comptent sur un fonctionnement démocratique par lequel l'ensemble de la production et des décisions est soumis à l'approbation de tous. Il n'y a pas de chef scénariste pour superviser l'écriture. Chacun propose ses textes lors de réunions de travail et tous travaillent à bonifier la production d'autrui. À la suite de quoi l'auteur, qui interprète la plupart du temps son numéro, en assure la finalisation. Les Cyniques ne développent pas une thématique précise ou une ligne directrice guidant l'écriture des spectacles. En revanche, deux consignes sont appliquées : être pertinent et drôle, et viser l'intérêt commun pour l'actualité politique. On s'assure ensuite que les numéros demeurent variés, selon les sujets, les formats et la durée. Finalement, Marc Laurendeau fixe l'ordre des numéros (le *pacing*).

Il convient, avant de plonger dans le cœur de notre sujet, de souligner une particularité des Cyniques. Chacun des numéros est précédé d'une présentation qui situe les spectateurs. Il peut s'agir d'un présentateur qui introduit le numéro ou d'un personnage qui débarque sur scène en amorçant sa prestation par une brève explication concernant les raisons de sa présence. Dans certains cas, les premières phrases du sketch nous indiquent le sujet. En plus d'avoir l'avantage de situer rapidement le public dans le contexte, cette façon de procéder donne à l'interprète quelques secondes supplémentaires pour compléter son entrée. Ce qui peut être salutaire… surtout s'il jouait dans le numéro précédent.

Genres humoristiques : le mélange des genres

Les genres humoristiques sont le socle du code humoristique composé des formats, des procédés et des effets. Afin d'illustrer ce propos, le recours à l'analogie avec le monde culinaire est éclairant en plus d'être en phase avec la mode des livres de cuisine. L'équivalent en cuisine des différents genres d'humour serait les différents types gastronomiques comme les cuisines française, italienne, chinoise, etc. Alors que, parmi les genres humoristiques, nous avons l'ironie, le burlesque, l'absurde, etc. Par exemple, Ding et Dong sont associés à l'absurde, Jean-François Mercier à la satire, et Yvon Deschamps à l'ironie. À l'exception du vaudeville, les Cyniques semblent avoir touché à tous les genres.

Ces derniers peuvent être partagés en deux grandes catégories : les genres portant un jugement et ceux qui n'en formulent pas. La critique politique et sociale caractérisant l'humour des Cyniques, on devine bien que le jugement domine largement le corpus. Mais les Cyniques ne boudent pas leur plaisir pour autant. En effet, ils ont construit de nombreux numéros fondés sur des genres qui ne formulent pas de critiques, comme *Les noces de Figaro* (1968), dans lequel Marcel Saint-Germain reprend la chanson en exagérant les effets lyriques, mais sans juger l'œuvre ou l'auteur. Les Cyniques s'exerçaient aussi à la raillerie qui tourne en ridicule, mais de manière plutôt inoffensive. Dans *Le menu du parfait cannibale* (1965), Laurendeau suggère « Brigitte Bardot en robe de chambre servie sous forme de ragoût de boulettes ». Encore ici, le jugement est absent, on se contente d'associer la vedette française à des boulettes. Dans *Le Grand Mandrake* (1968), l'interviewer interroge le magicien à propos d'une spectatrice :

Ali :   Et que fait-elle, cette bonne dame, pendant ses moments de loisir ?
Mandrake : Elle arrange des vieux restants.
Ali :   Elle fait la cuisine ?
Mandrake : Non, elle se maquille.

Précisons que le public sait très bien que le gag ne vise pas réellement une spectatrice, autrement la moquerie serait gratuite et méchante. Le cas suivant paraît cependant moins inoffensif, étant donné que la cible est une tête de Turc du quatuor : « Interviewé à la télévision par Réal Giguère, monseigneur Lavoie a rappelé que Dieu avait fait l'homme à son image et à sa ressemblance. En regardant Réal Giguère, de nombreux fidèles ont perdu la foi » (*Le Téléjournal de Radio-Canada*, 1972).

Les Cyniques ont également utilisé la combinaison pastiche/parodie. Le pastiche offre la structure nécessaire à l'histoire et la parodie permet d'exprimer une critique, un jugement. Par exemple, André Dubois imite René Lecavalier dans *La soirée du hockey* (1967), qui décrit un mariage à la manière d'un match de hockey. On ne juge pas l'émission qui sert de trame narrative, mais bien la cérémonie religieuse du mariage, dont les personnages et les situations sont parodiés. Dans *Scandale dans la poubelle* (1966), la chanson de Sacha Distel, « Scandale dans la famille », est employée comme véhicule satirique contre un député :

Y a Yvon Dupuis, maintenant qu'yé plus député
Dans le journalisme, y a décidé de se lancer
Avant y r'cevait 18,000 piasses pour flâner
Maintenant pour 5,000 yé obligé d'travailler.

Reste que, la plupart du temps, les Cyniques sont plutôt portés vers la critique caustique. La satire se veut plus ciblée et plus virulente, comme on peut le constater dans cet extrait du numéro *Les pompiers* (1965) : « Notre prestige s'en va, ça vient de s'éteindre. Autrefois tous les petits garçons voulaient faire des pompiers. Maintenant ça veut faire des premiers ministres. Ç'a pus d'ambitions! Pompier c'est une vocation, c'est comme être curé, l'appel de la hose.»

Les Cyniques employaient également l'ironie comme en témoigne *L'assurance chômage* (1970) avec André Dubois :

> Pis à part de ça, l'indépendance, ça serait mauvais pour le Québec. La preuve c'est que tous les Anglais le disent. Pis pas n'importe quels Anglais anglais, là! Des Anglais intelligents! Comme par exemple Stanfield, Smallwood, Trudeau... Non, pis à part de ça, pourquoi se séparer? Les Anglais ont toujours pris nos intérêts.

Dans *Les interjections* (1970), André Dubois conclut la démonstration : «Et pour terminer ce cours de bon langage : la lucidité (*rire moqueur tonitruant*). Pierre Elliott Trudeau réussira à répandre le bilinguisme partout au Canada (*même rire*).»

Ils ont utilisé à profusion le sarcasme, une forme d'ironie mordante où l'intention de méchanceté est apparente. Dans *Les échos du concile* (1965), on se moque de la propension du cardinal Léger à œuvrer pour sa gloire personnelle, alors qu'il entre en scène en demandant «Où sont les photographes?» Rappelons qu'après sa nomination comme cardinal, il avait déclaré à la foule venue l'acclamer à sa descente d'avion : «Montréal, MA ville, tu t'es mise belle pour accueillir ton prince.»

Le sarcasme s'allie parfois au mot d'esprit. Dans *Le biculturalisme* (1966), Daniel Johnson propose :

> Monsieur Lesage semble oublier qu'il est l'un des dix plus beaux hommes du Canada, c'est pourquoi je suggère qu'à l'entrée du pavillon, on place sa statue. Mais comme le corps de monsieur Lesage est un corps tellement parfait, on devrait le représenter dans toute sa nudité. [...] on pourrait voir enfin le vrai visage du parti libéral. Évidemment, il y a une autre partie qu'il faudrait cacher pour éviter le scandale. Eh bien pour la cacher, je suggère que l'on emploie une feuille d'érable.

Par la bouche du chef de l'Union nationale, les Cyniques tournent en ridicule l'apparence physique de Lesage, le vrai visage du parti libéral et « l'apport » du fédéralisme à la province.

Le menu du parfait cannibale (1965) use également de sarcasme, cette fois-ci à l'égard d'un groupe social : « Il existe en Afrique certaines tribus de cannibales, c'est-à-dire d'hommes qui mangent d'autres hommes, ce que nous, hommes civilisés, faisons assez rarement... à moins de travailler à Radio-Canada. »

Les Cyniques font beaucoup jaser avec leur recours à l'humour noir, ce qui n'était pas commun à l'époque. Le monologue de Laurendeau, *Tante Lucille* (1968), parodie la célèbre conteuse en exagérant son ton un peu facétieux. La distance avec l'original crée une pièce d'anthologie d'humour noir québécois : « Il était une fois un petit garnement nommé Pierrot qui était bien torrieu. Une fois, il avait entendu parler de la guerre contre la pauvreté, il lança une grenade sur un pauvre. Puis il se dit : « Je vais mettre le feu à son taudis. Aussitôt dit, aussitôt fait. » Le conte dans lequel Pierrot a « commis des indécences » sur sa sœur qu'il a fait avorter se termine par le grand tirage... d'une mitraillette : « Dans une semaine, vous serez le seul petit garçon du quartier avec une mitraillette. Et dans deux semaines, vous serez le seul petit garçon du quartier. »

La crise d'Octobre qui marque au fer rouge l'histoire politique du Québec est aussi l'occasion de verser dans l'humour noir, alors que le chef enseigne quelques rudiments du métier à l'étudiant Moquin dans *L'école de police* (1972) :

Saulnier : Ben non ! Un événement c'est quelque chose qui pend sur nos têtes, un peu comme l'épée de Périclès. Exemple : un kidnapping. Autre exemple ?
Moquin : Euh... Le FLQ a procédé à l'enlèvement des ordures.

Plus tard, le chef en rajoute : « Imaginons là, "hypothèsons", qu'il y a, dans une valise d'auto, un cadavre temporairement décédé. »

Formats humoristiques :
je monologue, nous « sketchons », ils rient

Poursuivons l'analogie avec le monde culinaire. Les formats sont le contenant. C'est la forme, la structure du numéro. Encore là, les Cyniques ont exploité à peu près tout ce qu'il existe comme formats et, bien évidemment, il leur est arrivé de les mélanger pour en créer d'autres. Ainsi, ils ont écrit et joué d'innombrables monologues, dont des « quatrième mur », comme *La visite de l'Oratoire* (1967), où Marc Laurendeau interprète un guide avec des visiteurs virtuels, ou *Le mendiant*, dans lequel Marcel Saint-Germain interpelle des passants. Bien des personnages ont été créés afin de véhiculer leurs propos, par exemple *Le greffé* (1970) et *Le Grand Mandrake* (1968). On ne compte plus les sketchs qui prennent diverses formes, que ce soit le pastiche, la parodie, la satire, l'interview ou tout simplement le sketch standard, ni les imitations, particulièrement celles de politiciens.

Si la version des Cyniques de Pierre Elliott Trudeau était assez près de l'original, l'imitation des autres victimes opère selon les deux procédés classiques de la caricature, c'est-à-dire exagération et/ou simplification. Contrairement à la caricature, l'imitation cherche à être identique au sujet imité. Pensons à ce valeureux Camil Samson... il ne produisait pas autant de crachins que celui interprété par André Dubois ! Le lecteur de nouvelles Gaétan Montreuil (le Bernard Derome des années 1960) voyait sa prononciation de certains sons (le [euil] particulièrement) largement amplifiée. Les syndicalistes Michel Chartrand et Louis Laberge, Robert Bourassa, Jean Lesage, le cardinal Léger ont été aussi personnifiés à défaut d'être imités (parfaitement), comme le fera Jean-Guy Moreau par la suite.

À mesure qu'ils se produisent sur scène, les personnages des Cyniques se raffinent... peut-être pas dans leur langage, mais particulièrement en ce qui concerne le jeu et l'interprétation. Par exemple, dans *Le cours de sacre* (1966), Marc Laurendeau devient simplement Marco Laurendeau et on ne distingue guère le personnage du comédien, à l'exception de son ton un peu plus pointu. Il y a fort à parier que, si Laurendeau avait créé ce monologue plus tard dans sa carrière, il aurait composé un personnage aux traits plus marqués.

Procédés humoristiques : ça + ça + ça = un punch

Les procédés humoristiques sont l'équivalent culinaire des recettes, soit une façon d'apprêter des ingrédients. Il n'en tient qu'au chef que ce soit bon ou meilleur. Les Cyniques ont évolué vers une plus grande variété dans l'usage des procédés et des effets humoristiques. Si, au début de leur carrière, ils étaient légion, les calembours, les réifications de l'abstrait et autres jeux de mots apparaissent moins fréquemment d'un spectacle à l'autre et laissent place à d'autres procédés comme les transpositions, les « bissociations », les incompatibilités logiques et les règles de trois. Voici quelques exemples de blagues pour chacun des procédés, parfois mélangés entre eux et combinés à un effet humoristique.

Calembour

Bref, Radio-Canada restera la télévision d'État et le canal 10, la télévision des tas !   (*Le* Téléjournal *de Radio-Canada*, 1972)

Mme Gingras : Un prêtre pis une femme mariée, mais quel genre de ménage ça va faire ça ? Qui est-ce qui va porter la culotte ?

Père Marcotte : Mais je crois, madame, qu'il n'y a pas de quoi s'inquiéter, les choses étant ce caleçon...
                                       (*Les échos du concile*, 1965)

Le guide de l'Oratoire fait même des calembours bilingues : « I am pleased to see you ! Je suis plissé de vous voir ! I am delighted to see you ! Je suis dilaté de vous voir ! » (*La visite de l'Oratoire*, 1967)

Réification de l'abstrait

Minoune et son œil de vitre, quand elle vous lance un regard, elle vous lance un regard ! (*Les danseuses cochonnes*, 1972)

Le député Louis-Philippe Lacroix vient de terminer son premier livre. L'an prochain, il va en lire un autre.
(*Le* Téléjournal *de Radio-Canada*, 1972)

Interviewer : Alors, je vous pose une question plus personnelle : qu'est-ce que vous pensez vous-même des relations sexuelles avant le mariage ?

Jos : Je n'ai rien contre ça, en autant que ça retarde pas la cérémonie. (*Un nudiste de chez nous*, 1972)

Balayeur 2 : En fin de semaine, je suis allé à la pêche avec ma blonde.

Balayeur 1 : Pis ? As-tu attrapé quelque chose ?

Balayeur 2 : J'espère que non... (*Les balayeurs*, 1972)

Mme Gingras : Ben il paraît que le concile va permettre aux prêtres de se marier, mais c'est effrayant, mon doux Seigneur !

Père Marcotte : Appelez-moi « mon père ».
(*Les échos du concile*, 1965)

On associe ici la réification de l'abstrait et le rieur-aveugle

Balayeur 2 : Moi non plus, je te dis que je suis pas ben ben riche. À mon âge, j'ai pris mon premier taxi hier. C'était une femme taxi à part de ça, elle m'a demandé jusqu'où je voulais aller, je lui ai dit !

Balayeur 1 : Et puis ?

Balayeur 2 : Je passe en cour lundi. (*Les balayeurs*, 1972)

Jeu de mots

Pourquoi se séparer ? Les Anglais ont toujours pris nos intérêts.
(*L'assurance chômage*, 1970)

Pour faire la lumière dans l'affaire Ted Kennedy, on déterrerait bientôt le cadavre de Mary Joe Kopechne, pour lui tirer les vers du nez. (*Les interjections*, 1970)

C'est maintenant l'heure des *Jeunes talents Catelli*, l'émission où on vous présente des nouilles !   (*Le Juif*, 1967)

Bourassa :   Ben c'est-à-dire tous les matins, avant le petit-déjeuner, je fais ma première visite au cabinet. Pour la première fois de la journée, j'exerce mes fonctions de premier ministre. J'aborde toujours les mêmes matières.
Interviewer : Mais à quelle heure allez-vous au bureau ?
Bourassa :   Ben c'est-à-dire tous les matins, je me rends au bureau vers 9 h et là, je convoque mes ministres. C'est ma deuxième visite au cabinet. C'est toujours plus emmerdant que la première.
(*Bourassa de 9 à 5*, 1972)

Le deuxième cabinet constitue ce qu'on appelle un *call back* que nous reverrons plus loin.

Règle de trois (ou triade)

Dans l'exemple suivant, on emploie à la fois le jeu de mots, l'exagération et le rieur-aveugle pour finir avec une règle de trois :

Portez une brassière et allez de l'avant : Nous avons trois grandeurs : petit, médium et « Vois-tu ce que je vois ? »
(*Les soutiens-gorges*, 1966)

Bourassa :   Ben c'est-à-dire le matin, je jase debout avec mes conseillers. Le midi, assis, avec mon attaché de presse, et le soir, à genoux, avec des financiers de Toronto.
(*Bourassa de 9 à 5*, 1972)

Ici la triade est musicale :

L'Assemblée des Nations unies a décidé d'adopter un nouveau langage international politique. Il s'agirait en l'occurrence de la musique, ainsi on exprimerait un imbécile (*une note*), 2 imbéciles (*deux notes*) et enfin, 200 millions d'imbéciles (*l'hymne national américain*).

(*Le* Téléjournal *de Radio-Canada*, 1972)

Exagération

Des journalistes ont demandé à la chanteuse Ginette Reno si elle faisait du sport. Elle a répondu qu'elle ne jouait pas au tennis parce que ça lui faisait des gros poignets, qu'elle ne faisait pas de ski parce que ça lui faisait des gros pieds. Elle se contente de faire de l'équitation. (*Le* Téléjournal *de Radio-Canada*, 1972)

le sacre peut servir à la fois de nom, de prénom, d'adjectif, de verbe et d'adverbe. Ainsi la phrase suivante : « Jean, qui était irrité, a expulsé Jules violemment » deviendra, et là, c'est l'éloquence pure : « Le sacrement qui était en calvaire a câlicé dehors l'esti en tabarnac. » (*Le cours de sacre*, 1966)

On note que l'exagération se fait par l'accumulation, et on peut y ajouter une brisure de forme.

Comparaison

Ben oui, elle pourrait faire de la natation, un excellent exercice. Mais n'allez pas vous baigner en haute mer ! Vous risquez de vous faire harponner ! (*Le courrier du Dr Frisette*, 1972)

La comparaison est ici suivie d'une exagération en surenchère :

L'opéra c'est un peu comme Muriel Millard, ç'a commencé au 18e siècle et ça grossit toujours. (*L'opéra du Québec*, 1971)

Renversement

Daniel Johnson s'est déguisé en premier ministre. Méconnaissable. » (*Les déguisements*, 1967)

— Tu sais que j'ai passé la fin de semaine avec Réal Caouette, mais il est à moitié fou !
— Ah ! oui ? Il va mieux ? (*Chanson thème*, 1970)

Les séminaristes sont invités à rencontrer régulièrement le père directeur spirituel de leur choix : le père Thibodeau.
(*L'horaire du séminaire*, 1965)

Le renversement se termine dans ce cas précis avec une surenchère :

Quand vous prenez des vacances, si vous êtes riches, allez à Plattsburgh et profitez-en pour acheter un paquet de bébelles. Vous pourrez les cacher sous les bancs de l'auto ou dans votre soutien-gorge, selon la grosseur de la bébelle... ou du soutien-gorge !

(*Gontran de L'Aiguille*, 1967)

Le cas suivant est particulier, puisqu'il s'agit d'un renversement muet. Le renversement consiste à changer la direction à la toute fin, mais ici, l'auditeur attend un énoncé qui ne vient pas :

Pour devenir danseuse cochonne, il faut remplir deux conditions. Premièrement, être danseuse. Deuxièmement...

(*Les danseuses cochonnes*, 1972)

Autre exemple de cette stratégie :

Parmi les invités, nous apercevons des sœurs, un voile à la main. Elles se voilent. Nous apercevons un évêque une crosse à la main...
Quel beau cortège !

(*La soirée de culte*, 1961)

Rieur-aveugle

Et voici maintenant le cœur du frère André à l'âge de quarante ans. Watch your step. Et voici maintenant le cœur du frère André à l'âge de cinq ans. Follow the guide. Suivez le guide. Ti-gars, remets ça dans le bocal ! [...] Et voici maintenant le hall des lampions ! The hall of the lampions ! [...] Ti-gars, arrête de souffler partout là, veux-tu arrêter ! Madame, dites donc à votre petit gars d'arrêter de me faire des grimaces... Quoi ? Ah ! c'est un mongol ? Pardon.

(*La visite de l'Oratoire*, 1967)

Ali : Et pour terminer en beauté, Grand Mandrake, que savez-vous sur cette dame à la poitrine opulente ?
Mandrake : Regardez donc comme il faut, c'est deux hommes chauves.

(*Le Grand Mandrake*, 1968)

Le chef pompier à l'un de ses hommes : Lamothe, tu conduis ben trop vite. Hier t'as manqué rentrer d'un arbre avec le grand camion. J'comprends que c'est pas grave si tu tiens pas compte des deux femmes écrasées, mais les gens vont jaser ! (*Avec ajout d'une surenchère*) D'ailleurs il est reconnaissable ton rire !

(*Les pompiers*, 1965)

Transposition

La transposition est doublée d'un rieur-aveugle :

Interviewer : Mais vous travaillez tellement. Comment vous détendez-vous ?

Bourassa : Ben, c'est-à-dire, je détache ma cravate, pour me détendre le cou, ou je détache mes souliers, pour me détendre la tête. (*Bourassa de 9 à 5*, 1972)

L'exemple suivant réalise un métissage réussi entre la comparaison et la transposition :

Colonel : Pour moi une fille en bikini c'est comme du poulet...
Interviewer : Vraiment ?
Colonel : C'est le blanc qui est le meilleur !
Interviewer : Mais vous êtes vicieux colonel Sanders ! Je ne vous pensais pas comme ça ! C'est si bon que ça ?
Colonel : C'est bon à s'en lécher les doigts ! (*Slogan publicitaire de PFK*) (*Colonel Sanders*, 1972)

Personnification (contre-personnification)

Jacques Normand s'est déguisé en chameau. D'ailleurs, il peut se passer d'eau pendant une semaine. (*Les déguisements*, 1967)

Bissociation

À l'émission *Madame est servie*, appelée également «Le club des varices», une concurrente a réussi à manger 80 Popsicle. En recevant son prix de présence, elle a neigé dans ses culottes. (*Le* Téléjournal *de Radio-Canada*, 1972)

Colonel : Ouais, j'ai croisé une poule avec un mille-pattes.
Interviewer : Qu'est-ce que ça a donné ?
Colonel : Un gros poulet : y a des cuisses pour tout l'monde ! (*Colonel Sanders*, 1972)

Incompatibilité logique

L'ex-maire de Montréal Jean Drapeau : Et quant à vous, messieurs les journalistes, je n'ai qu'une chose à vous dire, quand

je voudrai votre opinion, je vous la donnerai !
(Drapeau se déchaîne, 1972)

Chers amis, imaginez que vous avez de l'imagination.
(L'horaire du séminaire, 1965)

Le chef à ses pompiers : Et puis à l'avenir là, quand y aura un feu, on va se pratiquer la veille. (Les pompiers, 1965)

How do you do Sir, welcome to Ottawa.
Parlons français, notre entretien doit demeurer secret !
(Chanson thème, 1966)

À Montréal le 10 est décédé Urgel Bourgie... Le convoi funèbre quittera son propre salon et le défunt s'enterrera lui-même !
(Les morts, 1967)

Quand vous serez modérés, l'on vous aimera, car vous ne direz plus : « J'haïs les Italiens, les Polonais, les Nègres pis les Anglais. » Mais vous direz affectueusement : « J'adore les Waps, les Polocks, les Niggers pis les Blokes ! » (Le racisme, 1970)

Une dernière observation s'impose en ce qui concerne les procédés. Les Cyniques ont utilisé à quelques reprises des contrepèteries, un procédé humoristique fort populaire... au 18e siècle. Celui-ci consiste à inverser des lettres ou des syllabes pour donner un tout autre sens à l'énoncé. Par exemple : « La flotte de la reine est prête, la plotte de la reine est frette. » Dans *L'école de police* (1972), le chef dit au postulant : « Si vous voyez quelque chose qui court, tirez ! Si vous voyez quelque chose qui tire, courez ! » Parlant de prostituées manifestant dans la rue, le Gaétan Montreuil d'André Dubois conclut en disant : « Donc nos filles de joie sont dans la rue, mais nos filles de rue ne sont pas dans la joie. » (*Chartrand et la prostitution*, 1972)

Effets humoristiques : *la cerise sur le dimanche*

La démonstration demeurerait incomplète si l'on n'abordait pas la touche finale des « effets », l'équivalent des épices en cuisine, ce petit quelque chose qui rehausse la saveur. Comme si, sous une rose en crémage rouge sur un gâteau, on ajoutait une feuille en crémage vert et une pustule en crémage jaune... il faut seulement éviter d'en abuser pour ne pas donner mal au cœur. L'effet humoristique n'est pas une blague en soit. Certes, il provoque son propre rire, mais, règle générale, il vient soutenir un gag. C'est le délicat bouquet de persil déposé sur le filet de sole et non la botte de persil que l'on aurait grossièrement jetée dans l'assiette. De manière encore plus manifeste que pour l'usage des procédés, on observe chez les Cyniques une utilisation progressivement plus fréquente d'effets humoristiques. À leurs débuts, ils se contentent d'inventions lexicales s'approchant beaucoup du calembour, ainsi que de quelques *call back* et de surenchères.

Surenchère

> Est-ce que j'ai fait des mauvaises choses ? Seul ou avec d'autres ? Et si c'est avec d'autres, de quel sexe ?
>
> (*L'examen de conscience*, 1967)

> Balayeur 1 : Ben non, t'es toutt mélangé. C'est Jérôme Choquette, le ministre d' la Justice, député libéral d'Outremont.
> Balayeur 2 : Libéral d'Outremont... Les libéraux présenteraient un cochon dans Outremont pis y serait élu (*exagération*).
> Balayeur 1 : Justement, ils en ont présenté un ! » (*comparaison en surenchère*)   (*Les balayeurs*, 1972)

Call back

Tiré du monologue *Ti-Claude* (1972), le narrateur utilise la même chute pour deux situations opposées :

> Le papa de Jean-Claude était propriétaire d'une superbe Cadillac Eldorado. Pas snob pour deux sous, il la conduisait lui-même.
>
> Le père à Ti-Claude y avait une belle CCM 26 semi-course trois vitesses à *tire*-balloune. Il pétait pas plus haut que le trou, il la conduisait lui-même.

Running gag

L'exemple qui suit débute par la première d'une série d'homonymies : « Première découverte : c'est le nom le plus court du monde, qui est un nom bien québécois, bien de chez nous, c'est Guy Guay ! Guy Guay, Guy Guay ! T'as fait caca Guy Guay ? » Serge Grenier poursuit avec l'homonymie, mais y ajoute un *call back* qui préfigure le running gag : « Et finalement, dernière découverte, c'est les noms tout simplement étranges comme, par exemple : Linda Poitras. T'as fait caca Linda Poitras ? » L'humoriste continue dans la veine de l'homonymie en terminant par un calembour : « Parfait Phaneuf, t'es parfait Phaneuf ! Sept plus deux, ça Phaneuf ! » Il imite ensuite la voix de Pierre Trudeau et lance le running gag : « Justin Trudeau, "T'as fait caca Justin Trudeau ?" » Il poursuit en jumelant le running gag avec une homonymie. Il crée une surenchère en reprenant immédiatement le « T'as fait caca » : « Antoinette Ouellette, "T'as fait caca Antoinette Ouellette ?" » (*Les noms*, 1972) Autre exemple, cette phrase qui revient plusieurs fois dans le même numéro, créant un rire croissant : « Prends le gros Giguère, y est parfait ! » (*Télé-Métropole, votre canal 10*, 1967)

Riff

Le personnage du surveillant-chef du premier camp nudiste au Québec, Jos Lemoine, qui ponctue presque toutes ses interventions d'un rire démoniaque (*Un nudiste de chez nous*, 1972).

Invention lexicale

> On sait que les prostituées sont en grève [...]. Et dans toute l'histoire de la prostitution à Montréal, il s'agit là du premier « fuckout. »
> (*Chartrand et la prostitution*, 1972)

Le cours de sacre (1966) de Laurendeau se caractérise évidemment par des inventions lexicales, de même que par une brisure de forme :

> Le sacre historique... vous ne pouvez pas vraiment vous imaginer que Louis XV a pu dire à madame de Pompadour : « Après

moi, le déluge!» Non, voici ce qu'il a dit: «Madame, je m'en contresaintciboirise!»

Notre premier invité ce soir, il s'agit d'un jeune Juif, [...]:
Abraham Hezahelovasonovabitch! (*Le Juif*, 1965)

Décrochage

Les Cyniques ne semblent pas adeptes du décrochage, mais on peut penser que plusieurs n'ont tout simplement pas été enregistrés. C'était avant l'époque des «décrochages planifiés». Or dans un sketch où Dubois et Saint-Germain interprètent des infirmiers, l'un des deux frotte involontairement son micro sur son vêtement, causant un fort bruit. Saint-Germain improvise alors la phrase suivante: «Tu fais encore de la broue avec ton micro. – Quand j'ai quelque chose dans' main ça fait toujours d'la broue...». Puis Dubois renchérit: «Je vais toutte salir mon make-up.» (*Les infirmiers*, 1972)

Incompétence linguistique

La caricature du créditiste Camil Samson par Dubois est propice à cet effet humoristique. Dans l'exemple ci-contre, qui se termine par un renversement, il parle laborieusement de son expérience avec la drogue; de toute évidence, celle-ci ne fait pas partie de ses champs d'expertise. Samson a de la difficulté avec certains termes, particulièrement ceux qui entrent en conflit avec ses problèmes langagiers habituels:

L'autre jour, pour savoir de quoi je parle, j'ai fumé un peu de hââââchriiiiisch! Mais il m'est arrivé des choses qui ne m'étaient jamais arrivées! Après deux, trois touffes, mon cerveau s'est mis à réfléchir! J'ai eu des hallanuci... des hallunacha... des hallanuchi... J'ai vu des paquets d'affaires! (*Camil Samson*, 1972)

Tautologie

Le midi, la grosse mange un bol de soupe, pour faire un bon fond, un spaghetti meatballs avec des boulettes... C'est étrange, meatballs avec des boulettes... (*Le courrier du Dr Frisette*, 1972)

Homonymie

Et en grande vedette cette semaine, directement de Madrid Espagne : Chikita Tétreault et Rita Robitaille !

(La revue des spectacles, 1966)

Dynamisme

Le frère Serge présente *L'horaire du séminaire* (1965) en appuyant sur certains mots, afin de faire ressortir le sous-texte :

Sept heures : nous nous rendons à la chapelle, ou plutôt à la salle d'étude, où nous pouvons, ou bedon avoir d'édifiantes lectures, ou bedon écrire à nos parents pour leur dire que nous sommes TRÈS TRÈS HEUREUX D'ÊTRE AU SÉMINAIRE. HMMM ?

Niveaux de langage

La publicité Resdan est un bel exemple de niveau de langage comme effet comique. Cette parodie publicitaire d'un produit antipelliculaire met en vedette Brad, un anglophone au français soigné, malgré son lourd accent. Brad fait la lecture d'une lettre courtoise, envoyée à une copine québécoise, qui vante les mérites de Resdan. Les Cyniques ont imaginé ce qu'elle aurait bien pu lui répondre. Dans un langage familier et un ton de voix acariâtre, Renée lui rétorque : « J'ai des petites nouvelles pour toi, tes pellicules, y marchent ! » (*Resdan*, 1972) La démarcation entre les deux niveaux de langage fait rire et sourire et le tout se termine par un rieur-aveugle, qui constitue le punch final.

Le monologue *Ti-Claude* repose également sur le niveau de langage, qui sert ici à exprimer l'inégalité sociale entre deux milieux de vie opposés. Son narrateur, Serge Grenier, relate la vie de deux petits garçons. Pour parler du gamin d'Outremont, il emprunte un langage soigné et, pour celui qui habite dans l'est de la ville, un langage vulgaire. Précisons que l'exemple suivant se termine par une surenchère :

Chez Jean-Claude, à Noël, on mangeait de la dinde, des canneberges, des pommes de terre mousseline et une excellente bouteille de Château Gruaud Larose 1964.

Chez Ti-Claude, à Noël, ils mangeaient du dinde, des atacas, des patates pilées avec un trou en haut pour mettre la sauce, pis un bon Kik 1971. Frappé. Comme la bonne femme.   (*Ti-Claude*, 1972)

Brisure de forme

Le conteur Serge dans sa version particulière du *Chaperon rouge* débute avec un langage raffiné typique du conte et brise soudainement le ton par ses «bonnes beurrées de beurre de pinottes» (*Le petit chaperon rouge*, 1968). Dans un tête-à-tête, Pierre Elliott Trudeau dit à Bourassa : «Tu t'en viens demander des amendements à la constitution ? MANGE d'la MARDE !» (*Tête-à-tête avec Boubou-Pet*, 1972)

Conclusion : en guise de...

L'un des soucis des Cyniques était de provoquer le rire le plus souvent possible. Pour ce faire, ils ont échafaudé une écriture caractérisée par l'usage de bons nombres de genres, de procédés et d'effets humoristiques. On remarque que l'utilisation des techniques humoristiques s'enrichit au fur et à mesure que le quatuor prend de l'expérience et du galon. Il va de soi que les Cyniques ont influencé les humoristes qui les ont suivis. Outre les Carcasses, qui n'ont été qu'un bref épiphénomène et une pâle copie, le quatuor a annoncé l'humour de Paul et Paul, composé de Claude Meunier, Serge Thériault et Jacques Grisé, et ensuite de Ding et Dong. Bien que l'on puisse trouver des similarités, ne serait-ce que dans les jeux de langage, ils ne sont pas des satiristes comme les Cyniques et leur humour a un caractère profondément absurde et surréaliste. Mais on ne se trompe sûrement pas en affirmant que l'on observe le même souci de l'efficacité comique, la même recherche d'une écriture qui ne laisse pas de répit au rire. Les Cyniques ont certainement eu une influence inspirante pour les humoristes des générations suivantes, comme Claude Meunier et les membres de Rock et Belles Oreilles. Pour le plus grand bonheur de tous... sauf peut-être des victimes des rires méchants.

Glossaire

Genres humoristiques (sans jugement)

Burlesque
Traitement bas d'un sujet noble.

Vaudeville
Comédie légère fondée sur le quiproquo.

Raillerie
Tourner en ridicule de façon inoffensive. («Boily a deux grosses palettes, c'est le Petit Castor!»)

Pastiche
À la manière de... sans dénoncer l'élément imité.

Non-sens
N'importe quoi avec n'importe qui, n'importe quand. (La chanson *Fantastique* des Denis Drolet)

Genres humoristiques (avec jugement)

Absurde
Non-sens avec un point de référence spatiotemporel. (*La petite vie*)

Caricature
Accentuation de certains traits visant à critiquer le sujet imité.

Parodie
Imitation des procédés caractéristiques d'un style dans une intention burlesque ou satirique qui lui donne une signification nouvelle et détournée.

Satire
Discours pouvant prendre diverses formes (pièce, monologue, poème, chanson, etc.) qui attaque les vices et le ridicule de son temps, tourne quelqu'un ou quelque chose en dérision.

Ironie
Forme d'esprit qui consiste à se moquer en disant le contraire de ce que l'on veut faire entendre ou à présenter comme vraie une proposition manifestement fausse pour en faire ressortir l'absurdité.

Sarcasme
Ironie mordante, on y décèle de l'amertume, de la frustration ou du mépris. À la différence de l'ironie, l'intention d'insulter méchamment y est apparente.

Mot d'esprit
Phrase intelligemment tournée, souvent une observation ironique ou satirique utilisant le jeu de mots.

Humour noir
Souligne la réalité de façon cruelle.

Imitation
Prouesses vocales, dont le genre varie selon l'orientation du texte.

Les procédés

Arroseur arrosé
Abus d'un dominant sur un dominé, qui se retourne contre lui.

Transposition
Mettre un élément donné dans un environnement contraire à sa nature.

Bissociation
Associer deux univers qui, a priori, n'ont aucun rapport, pour en créer un troisième.

Personnification
Donner des caractéristiques humaines à des objets ou animaux.

Règle de trois (aussi appelée triade)
Briser l'énumération de trois éléments par un dernier surprenant.

Comparaison
Exagérer la ressemblance de deux éléments à partir d'un ou de plusieurs points communs.

Exagération
Exagérer un fait par l'absurde ou l'accumulation.

Renversement
Fin contraire à celle qu'on avait laissé croire.

Rieur-aveugle
Omettre volontairement de divulguer une information.

Incompatibilité logique
Éléments discordants rassemblés par une certaine logique.

Calembour
Jeu de mots fondé sur la différence de sens entre des mots de prononciation identique ou rapprochée.

Réification de l'abstrait
Prendre un fait, une réplique au pied de la lettre.

Jeu de mots
Utilisation d'un mot dans un autre sens que celui qu'on entend, sans le modifier ou le morceler.

Les effets

Surenchère
Ajouter un élément supplémentaire apportant le gag plus loin, ou dans une autre direction.

Call back
Rappel d'un élément d'un gag précédent.
Running gag
Utilisation répétée d'un gag ou de l'un de ses éléments.
Riff
Mot, suite de mots, telle une expression consacrée, qui revient de façon répétitive. («Est effrayante.»)
Invention lexicale
Création ou déformation d'un mot.
Incompétence linguistique
Difficulté langagière exagérée.
Clin d'œil
Accuser un gag tombé à plat.
Décrochage
Cabotinage improvisé ou non suivant une déconcentration ou un trou de mémoire.
Tautologie
Redondance voulue, pléonasme planifié.
Homonymie
Utilisation répétée d'un son similaire.
Dynamisme
Dialoguer ses monologues, incarner des voix.
Niveaux de langue
Grossir la distorsion entre les personnages en exagérant les différents niveaux de langue.
Brisure de forme
Faire une digression stylistique dans son discours. (Un personnage huppé qui lâcherait un sacre ou un mot vulgaire dans sa phrase.)

Bibliographie

Les abominables Cyniques en spectacle, volume 1, 1965.
Les Cyniques, volume 2, 1966.
Les Cyniques à la Comédie-Canadienne, volume 3, 1967.
Les Cyniques, le meilleur!, volume 4, 1968.
Les Cyniques, volume 5, 1970.
Les Cyniques / 6, 1971.
Les Cyniques : exit, 1972.

Notes sur les collaborateurs

Robert Aird

Historien, Robert Aird a publié plusieurs ouvrages dont *L'histoire de l'humour au Québec, de 1946 à nos jours* (VLB éditeur, 2004), *Histoire politique du comique au Québec* (VLB éditeur, 2010) et, avec Mira Falardeau, *Histoire de la caricature au Québec* (VLB éditeur, 2009). Il enseigne aussi l'histoire à l'École nationale de l'humour.

Luc Boily

Diplômé du programme Auteur à l'École nationale de l'humour en 1993, Luc poursuit sa carrière en humour. Comme auteur (de Daniel Lemire à Joël Denis, eh oui, occasionnellement pour Pierre Verville, particulièrement pour Christopher Hall, et évidemment pour Marc Beaudet). Puis comme humoriste, avec entre autres son one man show *Rabat-joie (amer, frustré... et plus heureux que jamais)*.
Professeur en écriture humoristique à l'École nationale de l'humour depuis 1999, il est toujours animé par cette même passion.

Jérôme Cotte

Diplômé de la faculté de science politique et de droit (M.A.) depuis 2012, Jérôme Cotte a rédigé un mémoire de maîtrise intitulé *L'humour et le rire comme outil politique d'émancipation ?* Il entame actuellement un doctorat en philosophie à l'Université de Montréal. L'humour, l'émancipation et le politique restent au cœur de ses recherches et des communications qu'il présente dans différents colloques. Jérôme Cotte est membre de l'Observatoire de l'humour depuis 2012.

Lucie Joubert

Professeure titulaire à l'Université d'Ottawa, Lucie Joubert s'intéresse depuis toujours à l'humour et à l'ironie des femmes, sujets auxquels elle a consacré deux ouvrages : *Le carquois de velours. L'ironie au féminin dans la littérature québécoise (1960-1980)*, à l'Hexagone, et *L'humour du sexe. Le rire des filles*, chez Triptyque. Elle a publié en 2010 un essai sur la non-maternité : *L'envers du landau. Regard extérieur sur la maternité et ses débordements* (Triptyque). Elle a aussi édité en 2012 avec Marcel Olscamp le premier tome des correspondances entre Jacques Ferron, Madeleine Ferron et Robert Cliche, *Une famille extraordinaire*, chez Leméac.

Jean-Marie Lafortune

Professeur au département de communication sociale et publique de l'Université du Québec à Montréal et rédacteur en chef de la revue scientifique internationale *Animation, territoires et pratiques socioculturelles*, Jean-Marie Lafortune s'intéresse à l'humour comme clé de compréhension de la communication dans la société contemporaine. Il est notamment l'auteur d'un ouvrage collectif sur *La médiation culturelle* publié aux Presses de l'Université du Québec en 2012.

Yvon Laplante

Yvon Laplante est professeur à l'Université du Québec à Trois-Rivières au département de lettres et communication sociale. Depuis plusieurs années il s'intéresse aux discours sociaux qui construisent la représentation de l'État québécois.

Guy A. Lepage

Membre du groupe RBO (Rock et Belles Oreilles), Guy A. Lepage est, entre autres choses, animateur de la très populaire émission *Tout le monde en parle*, diffusée à Radio-Canada.

Lélia Nevert

Lélia Nevert est l'auteure d'un ouvrage paru aux Presses universitaires du Québec (2013) : *Les caricatures de Mahomet entre le Québec et la France*, et prépare actuellement un doctorat en communication à l'Université du Québec à Montréal et en histoire à l'École des hautes études en sciences sociales de Paris. Ses travaux se concentrent sur la place de la religion dans les manifestations publiques, notamment dans les médias.

Michèle Nevert

Professeure au département d'études littéraires de l'Université du Québec à Montréal, Michèle Nevert s'intéresse à l'étude des rapports entre la littérature et la folie, au langage des malades mentaux et aux jeux de langage. Elle est l'auteure de plusieurs ouvrages sur ces questions, notamment d'un livre consacré à *La petite vie*, la série télévisée de Claude Meunier (*La petite vie ou Les entrailles d'un peuple*, XYZ, 2000).

Christelle Paré

Christelle Paré est étudiante au doctorat en études urbaines à l'INRS – Urbanisation Culture Société et détient une maîtrise en communication publique de l'Université Laval. Ses intérêts de recherche portent principalement sur les industries culturelles, l'humour et la comédie. Elle a participé à plusieurs projets de recherche et publications liés au développement des industries culturelles et à la culture.

Notes

1. Citation tirée du programme d'un spectacle présenté à la Comédie-Canadienne en 1967.
2. On pense à *Marie Calumet* (1904), *Le débutant* (1914), *La Scouine* (1918) et *Les demi-civilisés* (1934).
3. On pense aux journalistes Jules Fournier et Olivar Asselin, aux caricatures paraissant notamment dans *Le Canard, La Bombe, Les Débats, Le Nationaliste* et plus tard dans la presse de combat des années 1930 et 1940.
4. Mentionnons notamment la propagande de guerre, l'effort de guerre, le rationnement, la femme à l'usine, la «drôle de guerre», la conscription et la censure.
5. Voir Christian Rioux, «S'habituer à réussir», dans *Le Devoir*, 20 septembre 2010: «On comprend peut-être mieux pourquoi le quotidien *The Gazette* a qualifié la Révolution tranquille de "révolution vide" (the Empty Revolution).»
6. On appelait communément Télé-Métropole, aujourd'hui TVA, le canal 10.
7. Jean-Louis Brouillé, «Les Cyniques, joyeux assassins», *L'actualité*, mars 1970, p. 21.
8. Les Cyniques avaient présenté leur numéro *Les assassins*, mais ce gag où ils conseillaient de commettre la sodomie («ça détend») tout en soulignant que «Sodome est un Gomorrhe» (gars mort) fut retranché de l'enregistrement. Rappelons que trois des membres du groupe étudiaient le droit; ils étaient donc familiers avec le Code criminel, dont les termes demeuraient inconnus aux patrons et censeurs de Télé-Métropole. Précisons que la sodomie était toujours interdite par le Code criminel.
9. Dans le journal étudiant *Quartier latin*, en date du 21 septembre 1961, on peut lire: «Les 7, 28 octobre et le 9 décembre, au Grand Salon du Centre Social, vers 10 h 30. Soirée de Cabaret complétant parfaitement le Ciné-Campus. Bar ouvert jusqu'à 1 h, et danse avec le quatuor de François Cousineau, l'ensemble le plus "cool" autour d'ici. Spectacle émoustillamment crevant avec les animateurs Marc Laurendeau et Marcel Saint-Germain et leurs invités.» C'est signé «le directeur général de la Société Denys Arcand».
10. Paule Beaugrand-Champagne deviendra la présidente de Télé-Québec.
11. Richard Guay deviendra président de l'Assemblée nationale et Alain Cousineau président du Fonds canadien des médias.
12. Vérification faite, ce n'est pas Louise Richer, la directrice de l'École nationale de l'humour, à moins que le groupe n'ait recruté des gamines.
13. Fondé par Gratien Gélinas en 1957, ce théâtre cherchait à encourager le théâtre national puis ensuite les chansonniers. Il cesse ses activités en 1972 pour être remplacé par le Théâtre du Nouveau Monde.
14. Au *Festivart*, les Cyniques regroupaient une vingtaine de comédiens.
15. Jean-Louis Brouillé, *op.cit.*
16. Jean-Louis Brouillé, *op.cit.*
17. Martial Dassylva, «Les mousquetaires du cynisme», *La Presse*, 17 juillet 1965, p. 6, cahier Arts et lettres.
18. Le cabaret était situé au 94 rue Sainte-Catherine Est, tout près du boulevard Saint-Laurent.

19. On retrouve un numéro intitulé *Tony Mazzola* sur le dernier disque des Cyniques, *Exit* (1972). Saint-Germain chante l'air de «Aimer mentir». Saint-Germain parodie aussi le même chanteur dans *Je me sens très seul* sur *Les abominables Cyniques*. On peut écouter les chansons originales de Tony Massarelli à http://www.postedecoute. ca/catalogue/album/tony-massarelli-les-grands-succes-1.

20. Vincent Cotroni était propriétaire du Faisan Doré, cabaret fondé en 1947. Il aurait lui-même engagé Jacques Normand, qu'il avait envoyé à New York pour apprendre le métier d'animateur et de chansonnier.

21. Citation célèbre tirée du roman et du film *Le Parrain*.

22. Le Patriote était une boîte à chansons célèbre, fondée en 1965 et située sur Sainte-Catherine E.

23. Nous prenons cette expression judicieuse de la bouche de René Homier-Roy dans le documentaire *Les Cyniques: méchante révolution*, au troisième épisode.

24. Rappelons que le ministre Laporte avait été retrouvé mort dans le coffre d'une Chevrolet.

25. On peut écouter ce monologue sur le disque *Les Cyniques: volume 2*.

26. Le Code criminel prévoyait un libelle contre le blasphème. Un juriste a assuré à Marc Laurendeau que sacrer n'était pas blasphémer.

27. Ces pastiches s'inscrivent aussi dans un esprit carnavalesque. Ces contes pour enfants sont franchement pour un public adulte averti! Alors que les originaux reposent sur une leçon morale, le récit parodique des Cyniques se révèle plutôt immoral.

28. Réal Larochelle, *Denys Arcand: l'ange exterminateur*, Montréal, Leméac, 2004, p. 79.

29. Réalisation: Denys Arcand, Denis Héroux et Stéphane Venne.

30. Pour les non-initiés au catholicisme, soulignons qu'une burette est un petit récipient destiné à contenir les saintes huiles, ou l'eau et le vin de la messe.

31. La formule latine complète est la suivante: *Et benedictio Dei omnipotentis, Patris et Filii et Spiritus Sancti descendat super vos et maneat semper.* En français, on l'a traduite par «la bénédiction du Dieu tout-puissant, le Père, le Fils et le Saint-Esprit descende sur vous et y demeure à jamais.» Dans la formule parodiée par Marc Laurendeau, la bénédiction est remplacée par «maniaque», qui sert de jeu de mots avec *maneat*.

32. Précisons que les deux derniers vers de la chanson sont tirés de la version originale, selon le souvenir d'André Dubois. Il semblerait qu'ils aient été retirés pour l'enregistrement et remplacés par: «On y va pour la bavette. Mais pas pour les garçons.»

33. En fait, la mention de Trudeau se retrouve plutôt dans la version de l'émission *Bye Bye 71*. Sur le disque, on entend Pierre Lalonde, chanteur populaire et animateur télé. Parlant parfaitement l'anglais, il anime en 1967, à New York, le *Peter Martin Show*. L'avantage d'un sketch comme *Les gamins* est que l'on peut le réutiliser simplement en changeant les personnalités ou les références, selon le goût du jour.

34. Sur le disque, la victime est Gilles Latulippe.

35. Nous avons ajouté ce gag tiré du *Bye Bye 71*.

36. Voir http://archives.radio-canada.ca/emissions/2363/.

37. Gomme-laque utilisée parfois comme plastique naturel.

38. Steinberg était une chaîne de supermarchés fondée en 1917 qui fit faillite en 1992.

39. Il est bon de rappeler que le Carillon-Sacré-Cœur fut adopté par un groupe de jésuites et de laïcs comme le drapeau national des Canadiens français en 1903. Il connut un franc succès dans les milieux nationalistes jusqu'à l'adoption du drapeau national officiel par le premier ministre Duplessis en 1948.

40. Même Marc Laurendeau n'a pas réussi à élucider ce mot, vraisemblablement utilisé pour désigner... ce qu'on devine qu'il désigne.

41. En fait, c'est plutôt le Duc, au début du troisième acte, qui soupire après sa belle.

42. Cette boutade vient bien d'André Dubois. Selon Marc Laurendeau, bien des gens l'ont attribuée à Camil Samson.

43. La Canadian Vickers était une importante compagnie aéronautique et un constructeur naval qui avait des installations dans l'est de Montréal.

44. Il existe une blague des Cyniques concernant la crise d'Octobre, mais que l'on ne retrouve pas dans les enregistrements. Marcel racontait : « Tu sais Marc que Ford vient de sortir un nouveau gadget, une nouvelle voiture. — C'est quoi le gadget ? — La porte est dans le coffre. »

45. Voir l'émission *Le vent des années 60*, qui fait un magnifique retour sur ce phénomène social et musical.

46. Séraphin aimait les galettes de sarrasin parce qu'elles coûtent peu cher à produire et rassasient, mais il conseillait d'utiliser de l'eau plutôt que du lait et défendait d'y mettre du beurre, trop coûteux !

47. Il n'est sûrement pas fortuit que l'image des moutons apparaisse à la mention des « Canadiens français » et non à celle des « Québécois ». L'expression utilisée par les révolutionnaires tranquilles pour désigner les habitants du Québec deviendra progressivement *Québécois* et on tend donc à délaisser celle de *Canadiens français*, associée au passé nationaliste traditionnel. Le néonationalisme qui apparaît dans l'après-guerre se définit en fonction du territoire, de la langue française, de l'État québécois et d'une idéologie sociale-démocrate, et s'oppose à la dimension religieuse et passéiste du nationalisme traditionaliste.

48. Nom du village iroquois situé anciennement à l'emplacement de la ville de Québec.

49. On fait référence aux Filles du roi, envoyées en Nouvelle-France pour servir d'épouses aux colons.

50. En anglais, on appelle *tory* un conservateur.

51. Le pape Paul VI avait inauguré la saison de baseball en lançant la balle.

52. Rappelons que cet ancien premier ministre conservateur avait un français déficient.

53. Le document ne contient pas l'année de parution, mais les informations du programme renvoient au spectacle de 1968.

54. Le festival Juste pour rire clôture les galas avec la remise du prix Victor, décerné dans diverses catégories, comme le prix Hommage. Raymond Devos, Yvon Deschamps et Jean Lapointe en ont déjà été les gagnants.

55. Nous nous sommes permis de corriger certaines coquilles pour alléger les textes.

56. Organe de l'Union nationale.

57. André Dubois rejoint le groupe lors du deuxième spectacle, en novembre 1961.

58. L'immolation de bonzes venait de déclencher une crise qui allait dégénérer en la longue guerre du Viêt-Nam. L'élite au pouvoir, la famille Diem (dont madame Nhu, ambassadrice à l'ONU, était issue), venait d'être renversée par un coup d'État sanglant.

59. Chanteuse, auteure-compositrice québécoise, née en 1934.

60. Cette dame baptisa son nouveau-né Serge, en l'honneur de Serge Grenier, son humoriste préféré, selon les dires de ce dernier.
61. Le spectacle avait lieu à La Maison du pêcheur, un établissement qui sera fréquenté par les révolutionnaires du FLQ, dont Paul Rose.
62. Lutteur québécois célèbre.
63. Déclaration du père Ambroise Lafortune.
64. Le mot de Cambronne est «merde». Ce fut, raconte-t-on, la seule réplique du général de Napoléon, Pierre Cambronne, au général britannique Charles Colville qui le sommait de se rendre.
65. Son véritable nom est Laurette Auger, auteure de radio-feuilletons, morte en 1965.
66. Vous trouverez une courte note biographique des auteurs à la fin de l'ouvrage.
67. Pour en savoir davantage sur l'OH : www.observatoiredelhumour.org.
68. Expression empruntée à Marc Laurendeau lui-même : «Tout comme l'historien Yvan Lamonde, je reconnais que la Révolution tranquille fut globalement un vent de réformes, un sursaut de rattrapage plutôt qu'une révolution au sens strict» (Laurendeau, 2011 : 185).
69. Il faut lire le mot «minorité» non pas d'un point de vue quantitatif, mais qualitatif. C'est-à-dire qu'un groupe reste minoritaire même s'il est égal ou supérieur en nombre relativement à un groupe qui accapare les outils de pouvoir ou de gestion. Dans un milieu de travail, par exemple, les cadres sont «majoritaires» même s'ils sont peu pour gérer un grand nombre d'employés.
70. À l'époque, cette expression ne semblait pas être l'oxymore qu'elle est devenue.
71. Voir le texte de Robert Aird.
72. Robert Stanfield est un homme politique de la Nouvelle-Écosse. Il occupe la fonction de chef du Parti conservateur du Canada de 1967 à 1976.
73. Joey Smallwood est le premier ministre de Terre-Neuve-et-Labrador de 1949 à 1972.
74. Cela dit, la réalité n'a pas tellement changé. Environ 11 ans d'espérance de vie séparent toujours les résidents de Hochelaga-Maisonneuve et de Saint-Laurent à Montréal (Chouinard, 2011).
75. Prenons, par exemple, Nabila Ben Youssef qui offre un humour brisant les stéréotypes dominants sur les femmes arabes et/ou musulmanes. Autrement, le fameux «printemps érable» québécois de 2012 a permis de voir toute la puissance de l'humour populaire dans les rues ainsi que dans les médias sociaux.
76. Nous pensons ici aux nombreuses critiques de l'humour depuis les années 1980 qui s'apparentent de loin ou de près à la société humoristique de Gilles Lipovetsky. Dans les pages du *Devoir*, par exemple, Stéphane Baillargeon critique souvent l'insignifiance de l'industrie du rire.
77. La vulgarité comprise comme l'utilisation de sacres ou de blagues à caractère sexuel n'est aucunement problématique en soi. La vulgarité plus pertinente à dénoncer est celle de la pensée sociale et politique. C'est-à-dire celle qui s'appuie sur tous les préjugés du sens commun dominant pour faire de l'humour. La vulgarité dont il est question est présente dans toutes les couches sociales et elle est loin d'être attribuable seulement aux non-diplômés.
78. Voir le texte de Lucie Joubert pour une analyse plus détaillée et certainement plus éclairée sur le rapport entre les femmes et l'humour des Cyniques.
79. Les auteures tiennent à remercier Robert Aird et Lucie Joubert pour avoir mis à leur disposition le manuscrit du présent livre. Toutes les citations que nous donnons sont extraites des CD (disques Apex) des Cyniques ou de cet ouvrage.

80. L'anthologie dit «aussi taudis, aussitôt fait» pour rendre le jeu de mots plus visible, mais on privilégie «aussitôt dit, aussitôt fait» pour les besoins de la démonstration.

81. On notera que ces derniers exemples pourraient tout aussi bien être rangés parmi les jeux phoniques cités plus haut. Et de fait ils appartiennent à cette catégorie de jeux langagiers, comme d'ailleurs en font partie un grand nombre de télescopages. Ce qui les différencie toutefois d'une simple classification en *Jeux phoniques avec modification* (voir à ce propos Nevert, 1992), c'est que l'on reconnaît les mots cibles qui ont servi à la création de l'amalgame. Ainsi, l'on ne doute pas que ce soit le télescopage de «jésuites» et de «huîtres» qui engendre *jéshuîtres*, celui de «grave» et de «galopante» qui entraîne *gralopante*, celui de «contraceptif» et de «captive» d'où origine *contracaptive* et enfin celui de «triumvirat» et de «verrat» qui produise *triumverrat*.

82. «(...) *slictueux* signifie souple, actif, onctueux. C'est comme une valise, voyez-vous bien : il y a trois significations contenues dans un seul mot» (Lewis Carroll, 1971 [1865]).

83. Qui devient, par ailleurs, dans un autre texte où il est question de limitation des naissances : «La saint Philippe ! » (*Les échos du concile*, 1965)

84. On se souviendra que le premier était un syndicaliste et un homme politique de la province du Québec, tandis que Pearson fut premier ministre du Canada de 1963 à 1968.

85. Extrait de l'émission *20 ans express* du 2 mars 1963. Comme nous le rappelle Robert Aird (2013), Marc Laurendeau reprend son personnage pour l'émission de radio *Le Bigot* en 1994. À cette occasion, il lui conserve ses particularités langagières ; Pancrasse Pot-de-vin parle d'«oxyde cambronne» et de «voirie asphatalée ! ».

86. «Une fois qu'on lui annonçait que deux navires s'étaient heurtés en mer : — La coalition a dû être terrible, fit-il avec gravité» ; «le printemps n'est pas tardigrade cette année ; les arbres commencent déjà à badigeonner» (Louis Fréchette, 1892).

87. On trouvera une explicitation des procédés de *condensation* et de *déplacement* empruntés à Sigmund Freud (1890) dans une étude que nous avons consacrée aux textes de Sol et de Claude Meunier (Nevert, 2010 : 113-130).

88. «Y en a qui pensent que […] à ces gens, je n'ai qu'une chose à leur répondre […] Je vais donc de ce pas vous interpréter […]» (*L'opéra du Québec*, 1971).

89. Ce sketch se déroule lors de l'*Émission impossible*, le 29 juin 1968 (Cf. Robert Aird, 2013).

90. Dans une pièce fort justement intitulée *Un mot pour un autre* (1951), Jean Tardieu emploie les mots du lexique courant d'une façon très personnelle : «Ciel, mon zébu ! » s'exclame ainsi la marquise adultère...

91. Rappelons brièvement qu'on entend par «verbe réfléchi» des verbes pronominaux dont l'action exprimée se retourne vers le sujet (à titre d'exemple : «se regarder») et par «verbe non réfléchi» les verbes où le pronom est comme incorporé au verbe et ne détient qu'une valeur emphatique (par exemple : «s'évanouir»).

92. Il est amusant de constater que presque 40 ans plus tard, en 2009, Les Éditions du même nom, à l'île de La Réunion, publiaient un livre intitulé *Le dictionnaire des verbes qui manquent*, dans lequel se trouve précisément le verbe *hypothéser* accompagné d'une définition par ailleurs assez attendue : «Partir d'une supposition pour raisonner». Une mention précise que le verbe ainsi créé appartient à la catégorie des quelques-uns qui sont fréquemment consultés (Buttard *et al.*, 2010).

93. Il est «l'auteur» de quelques trouvailles spectaculaires que nous avons déjà citées («les méthodes idiot-visuelles», «l'épée de Périclès») et d'autres encore sur lesquelles nous reviendrons...

94. Michèle Nevert (2010).

95. Ce que font par ailleurs certains schizophrènes et quelques poètes qui cherchent à les imiter ou encore à explorer le langage dans ses derniers retranchements. (Voir à cet effet Nevert, 1993.)

96. Sans compter que les répétitions enfantines effectuées lors de l'apprentissage de la parole sont explicitement illustrées par des enfants eux-mêmes («il demanda à sa maman un éléphant faisant "grou, grou"»; «Si tu me donnes mon phant-phant, je serai mignon, mignon, mignon.»), comme par les adultes quand ils les imitent dans leur manière de répondre: «Tu veux un "phant-phant"?» (*Tante Lucille*, 1968) ou encore: «elle rencontra le bon loup. Le bon loup-loup […].» (*Le petit chaperon rouge*, 1968)

97. On songe à ce moment que Boby Lapointe a repris le procédé dans sa chanson «Andréa, c'est toi» (1969), mais en réécrivant les phrases au complet («dis à m'aimer, consens, va!/Dis à mémé qu'on s'en va?»).

98. «La propriété du nom consiste à représenter la chose telle qu'elle est» (Platon, 1998).

99. Nous ne résistons pas au plaisir de citer le texte *Hommage à Séraphin* (émission *De toutes les couleurs*: 11 septembre 1966), où, dans le déplacement du personnage à l'auteur, ce dernier se retrouve malicieusement nommé «Claude-Henri Grognon».

100. Ajoutons que le fait d'entremêler dans ce sketch la récitation du chapelet avec les commentaires d'un match de lutte suffit à lui seul à désacraliser un moment qui se voudrait religieux et, avec lui, ceux qui en ont la charge.

101. Compte tenu de la présence récurrente des représentants religieux dans les sketchs des Cyniques, on remarque sans surprise plusieurs autres jeux verbaux effectués avec la langue latine. Rappelons qu'elle était à l'époque la langue de la messe et des cérémonies religieuses: «sa bénédiction urbit et orbite» (*Les cosmonautes*, 1968). L'expression évoquée ici est *urbi et orbi* (à la ville et à l'univers), qui réfère au sein de la liturgie catholique à la bénédiction solennelle du pape du haut du balcon de la basilique Saint-Pierre.

102. Les exemples drolatiques de composition anglais/français sont suffisamment nombreux et éloquents pour que l'on n'imagine pas un seul instant que les «créations» composites que l'on relève puissent être des anglicismes. Dans le cas où, malgré tout, des esprits fâcheux et de mauvaise foi tiendraient à cette lecture, l'existence même d'un jeu analogue avec une autre langue que l'anglais (l'allemand en l'occurrence) suffit à l'écarter.

103. «Comment la grande noire sœur devint la belle trop mince à cause de l'excentricité» (1975), (Marc Favreau, 1995).

104. La date renvoie aux disques des Cyniques, dont on trouvera les titres dans la bibliographie.

105. Il y eut une période, dans la récente histoire de la critique féministe, où il faisait bon relire les anciens textes masculins pour en faire ressortir les marques de sexisme et de misogynie; c'est une lecture qui a fait son temps dans la mesure où elle fustigeait, quelquefois sans contextualisation, des inégalités sociales, des comportements machistes, etc., qui étaient à l'époque monnaie courante. (Si on poursuivait sur cette lancée, il faudrait jeter des siècles de littérature française à la

poubelle…) C'est différent dans la littérature hypercontemporaine : la misogynie ou le sexisme dans une œuvre traduit alors une posture particulière que l'analyse féministe peut documenter.

106. Je respecte ici la graphie du terme, même si on le voit plus souvent écrit avec un y.
107. La populaire émission *Saturday Night Live*, entre autres, en avait fait un sketch récurrent : « The Ambiguously Gay Duo ».
108. Voir Line Chamberland, 1996.
109. RBO a illustré des jeux de cet ordre dans le *Bye Bye 2006*.
110. On notera le glissement du masculin au féminin qui corrobore l'idée de déclassement par rapport à l'autorité évoquée plus haut.
111. Retour à la cible numéro 1…
112. Le succès du *pole dancing* n'est pas étranger à cette idée reçue.
113. Au Québec, s'entend. Voir Yvonne Knibiehler, (2012), pour une analyse historique de la question.
114. Elle est tout de même danseuse cochonne de son métier, dans le sketch. Cela ajoute au ridicule du personnage plutôt que de le rendre sexuellement attirant.
115. Ou de femmes connues : Lise Payette et Ginette Reno, entre autres, seront raillées à cause de leur tour de taille.
116. À l'exception de Serge Grenier, tous les membres du groupe sont avocats.
117. L'auteur publia aux Éditions Police journal 934 fascicules de 32 pages (quelques-uns ne faisaient que 28 pages) des *Aventures étranges de l'agent IXE-13* entre le 28 novembre 1947 et le 28 septembre 1966 et en écoula 25 000 exemplaires par numéro pour un total de 20 425 000 exemplaires (Whitfield, 1985 : 54). Cette production est considérée comme un phénomène littéraire et médiatique.
118. Le caractère iconoclaste de l'œuvre est notoire. Classée en tant que *comédie musicale* dans les catalogues universitaires, *film comique* au catalogue Nelligan des Bibliothèques de Montréal, elle apparaît parmi les *films d'espionnage* au catalogue Iris de la Bibliothèque et Archives nationales du Québec (BAnQ). Enfin, dans le catalogue du projet Éléphant, elle répond aussi bien du genre fiction que de la comédie et de la comédie musicale.
119. On doit à Ferdinand de Saussure (*Cours de linguistique générale*, 1909) la définition de la sémiologie comme « la science qui étudie la vie des signes au sein de la vie sociale ».
120. Dans la foulée des Cultural Studies, développées en Angleterre à compter des années 1950, les analyses s'intéressent au pôle récepteur de la communication en tant qu'il reformule les messages transmis par le pôle émetteur à partir de ses connaissances et ses expériences concrètes.
121. Voir l'Annexe : « Description du film *IXE-13* par chapitre ».
122. Dans une interview accordée à Yves Taschereau en 1979, le compositeur dressait la perspective de son travail : « Je ne me définis pas. Je serais d'accord avec l'idée de briser toutes les limites des genres. Les moyens de communication extrêmement efficaces de notre époque nous forcent à devenir des créateurs mixtes » (« Dompierre, créateur polyvalent », *Variations*, III).
123. Citons, parmi les plus connus : *O.K… Laliberté* de Marcel Carrière (1973), *Bonheur d'occasion* de Claude Fournier (1983), *Mario* de Jean Beaudin (1984 – Prix Génie de la meilleure musique de film en 1985), *Le matou*, également de Jean Beaudin (1985 – Prix Génie de la meilleure musique de film en 1986), *Le déclin de l'empire américain* et *L'âge des ténèbres* de Denys Arcand (1986 et 2007), *Les portes*

tournantes de Francis Mankiewicz (1988) et *L'odyssée d'Alice Tremblay* de Denise Filiatrault (2002).

124. Nous pensons ici à la fermeture expéditive par la Cour suprême du Canada du dossier délicat soulevé par l'historien Frédéric Bastien dans son livre *La bataille de Londres* publié en avril 2013 à propos du rôle secret tenu par le juge en chef Bora Laskin dans le rapatriement de la Constitution en 1982, pour y enchâsser la Charte des droits et les révélations de collusion et de corruption émanant des travaux de la Commission d'enquête sur l'octroi et la gestion des contrats publics dans l'industrie de la construction au Québec, mieux connue sous le nom de commission Charbonneau, qui a commencé ses audiences au mois de mai 2012.

125. En effet, dans les bonnes grâces du pape sortant, monseigneur Marc Ouellet avait en 2013 des chances réelles de succéder à Benoît XVI.

126. Cet article ne prétend pas se positionner dans ce débat. Il ne fait que démontrer l'influence des Cyniques dans l'appréciation de l'humour contemporain. En aucun cas l'auteure ne voudrait promouvoir ou dévaluer les différents types d'humour.

127. Dans le cadre de cette analyse sur les Cyniques, la base de données a été questionnée selon les paramètres de temps et de sources suivants : temps « toutes les archives » ; sources « Canada (FR) ». On retrouve parmi les sources les journaux des groupes Québecor, Gesca et Transcontinental, ainsi que l'accès aux verbatims de certaines émissions de la Société Radio-Canada et des articles de la revue *L'actualité*.

128. Encore une fois, il ne s'agit pas ici de faire le procès de Juste pour rire ou de l'École nationale de l'humour, bien au contraire, mais simplement de mettre en évidence des inférences qui reviennent couramment dans les médias.

129. L'auteure ne tient pas ici à faire le procès d'intention de ces événements et ne se prononce aucunement sur le bien-fondé des actions en justice qu'ils ont suscitées.

130. Il s'agit bel et bien d'un article traitant de l'humoriste Daniel Lemire, mais une erreur a été commise à la publication de l'article.

131. Nous tenons cette information de Marc Laurendeau qui nous a généreusement accordé une entrevue.

TABLE DES MATIÈRES

ANTHOLOGIE

4. L'HÉRITAGE ET LES INFLUENCES

GARANT DES FORÊTS INTACTES

Tous les livres des Éditions Triptyque sont désormais imprimés sur du papier 100 % recyclé postconsommation (exempt de fibres issues des forêts anciennes) et traité sans chlore.

L'impression de *Les Cyniques. Le rire de la Révolution tranquille* a permis de sauvegarder l'équivalent de 40 arbres de 15 à 20 cm de diamètre et de 20 m de haut. Ces bienfaits écologiques sont fondés sur les recherches effectuées par l'Environmental Defense Fund et par d'autres membres du Paper Task Force.

Imprimé sur du papier Silva Enviro 100% postconsommation traité sans chlore, accrédité ÉcoLogo et fait à partir de biogaz.